Jinga de Angola

# Linda M. Heywood

## Jinga de Angola

### A rainha guerreira da África

posfácio
Luiz Felipe de Alencastro

tradução
Pedro Maia Soares

**todavia**

Introdução **7**

1. O reino de Ndongo e a invasão portuguesa **25**
2. Crise e a ascensão de Jinga **42**
3. Uma rainha combativa **62**
4. Política traiçoeira **91**
5. Guerra e diplomacia **120**
6. Um ato de equilíbrio **163**
7. A caminho dos ancestrais **197**

Epílogo **249**

Jinga, um destino
Luiz Felipe de Alencastro **263**

Glossário **273**
Lista de nomes **274**
Cronologia **275**
Notas **276**
Agradecimentos **305**
Índice remissivo **309**
Créditos das imagens **317**

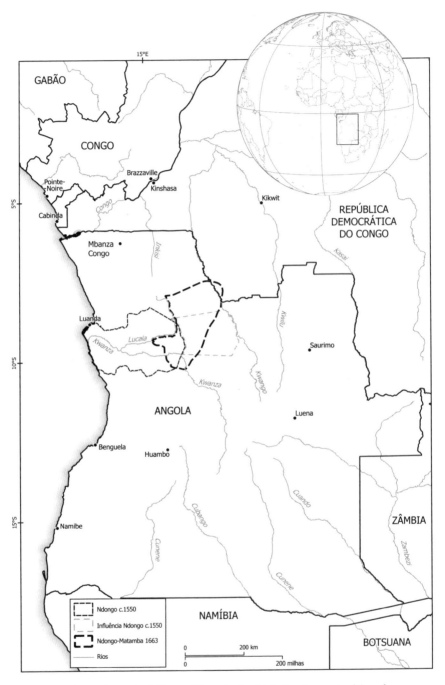

Ndongo (*c.* 1550) e Ndongo-Matamba (*c.* 1663) situados na atual Angola.

# Introdução

A rainha Jinga, que, durante o século XVII, governou o Ndongo, um reino da África Central localizado onde hoje é uma parte do norte de Angola, chegou ao poder graças à bravura militar, à manipulação habilidosa da religião, à diplomacia bem-sucedida e à notável compreensão da política. Apesar de seus feitos extraordinários e de seu reinado de décadas, comparável ao de Elizabeth I da Inglaterra, ela foi difamada por contemporâneos europeus e escritores posteriores, que a acusaram de ser uma selvagem incivilizada que encarnava o pior do gênero feminino.[1] Na época, os europeus a retrataram como uma canibal sanguinária que não hesitava em assassinar bebês e trucidar seus inimigos. Acusaram-na também de desafiar as normas do gênero ao vestir-se como homem, liderar exércitos, ostentar haréns de homens e mulheres e rejeitar as virtudes femininas de criar e cuidar dos filhos. Muito mais tarde, escritores do século XVIII e XIX criaram relatos fictícios sobre Jinga, retratando-a como uma mulher degenerada, movida por desejos sexuais heterodoxos, que se regozijava com rituais bárbaros.

A vida de Jinga continuou a ser vista principalmente como uma curiosidade. Mas o registro histórico revela uma coisa diferente: foi essa mesma Jinga que conquistou o reino de Matamba e o governou em conjunto com o remanescente do poderoso reino de Ndongo por três décadas; desafiou treze governadores portugueses de Angola entre 1622 e 1663, mantendo seu reino independente diante de ataques implacáveis; e fez importantes alianças políticas não só com várias entidades políticas vizinhas, mas também com a Companhia Holandesa das Índias Ocidentais. Foi a mesma Jinga cuja diplomacia religiosa lhe possibilitou entrar em contato direto com o papa, que a aceitou como governante cristã, e estabelecer o cristianismo em seu reino.

A história de Jinga é importante sob muitos aspectos diferentes. De um lado, é um capítulo significativo da história da resistência ao colonialismo.

Representação europeia tradicional da rainha Jinga.

Ao longo dos quatrocentos anos de ocupação portuguesa de Angola (1575-1975), a resistência nunca cessou. O lugar de Jinga como a mais bem-sucedida entre os governantes africanos na resistência aos portugueses influenciou não apenas o colonialismo português em Angola, mas também a política de libertação e independência na Angola moderna. A vida e a história de Jinga também tiveram implicações para as Américas. Os africanos capturados pelos portugueses ou comprados na região onde Jinga vivia e governava foram enviados como escravos para o Brasil e a América espanhola e foram os primeiros africanos a chegar às colônias norte-americanas. Esses escravos trouxeram a história e a memória de Jinga com eles.

Mas a vida e as ações de Jinga transcendem a história africana e a história da escravidão na África e nas Américas. Sua história revela temas maiores de gênero, poder, religião, liderança, colonialismo e resistência. Contam-se às centenas os livros sobre rainhas europeias famosas e, às vezes, famigeradas, como Elizabeth I da Inglaterra, que governou duas décadas antes de Jinga, e Catarina, a Grande, da Rússia, quase um século depois. Apesar dos muitos paralelos que Jinga compartilha com essas mulheres, não existia até agora nenhuma biografia séria sobre ela em inglês ou em qualquer outro idioma. Este livro revela a vida completa e complexa de Jinga, com foco nas questões de poder, liderança, gênero e espiritualidade.

### Montando o cenário

Antes de entrarmos em contato com Jinga, precisamos conhecer o mundo em que ela nasceu em 1582 — em seus aspectos geográficos, políticos e sociais. Antes do reinado de Jinga, o Congo, que fazia fronteira ao norte com Ndongo, era o único reino da África Central conhecido pelos europeus. É para lá que vamos primeiro, a fim de entender a região que Jinga transformaria de um modo que continua a nos informar não só sobre a história de Angola, mas sobre o lugar das mulheres na política na África e no mundo.

Os primeiros europeus chegaram à África Central em 1483, quase exatamente um século antes do nascimento de Jinga. Na época, o maior reino da região era o Congo, que ocupava em torno de 85 mil quilômetros quadrados e se estendia por quase quinhentos quilômetros das regiões de Soyo e Dande, na costa do Atlântico, até o rio Kwango. As fronteiras do norte do Congo incluíam terras logo ao norte do rio Congo, bem como algumas áreas na região sul da atual República Democrática do Congo. A fronteira meridional do reino abrangia as terras entre os rios Bengo e Dande. Uma colônia de cidadãos do Congo também vivia mais ao sul, na ilha de Luanda, onde eles recolhiam os jimbos, pequenas conchas que constituíam a principal moeda do reino. Apesar de seu tamanho, o reino era escassamente povoado, com cerca de 350 mil habitantes, principalmente porque sua zona ocidental árida e plana era inóspita. A maior parte da população se concentrava ao redor da capital, Mbanza Congo (situada hoje no norte de Angola e também conhecida como São Salvador), bem como nas províncias do sudoeste.

O alcance geográfico do reino não foi o único fator que fez dele a potência dominante na região. A organização política do Congo também o distinguia de seus vizinhos menores. Tratava-se de uma entidade política centralizada e governada por um rei escolhido entre várias linhagens reais elegíveis. Uma vez eleito, o rei detinha poder absoluto. Ele selecionava parentes próximos de sua própria linhagem para serem seus cortesãos e chefes de províncias. Mbanza Congo, onde se situava a corte do rei, era o centro administrativo e militar do reino. Era dali que o rei enviava seus cortesãos ou seu exército permanente para transmitir suas ordens ou fazer cumprir sua vontade nas províncias. Os governantes provinciais, apesar das forças militares próprias consideráveis, não tinham segurança no cargo e, durante os primeiros anos do reino, os reis concentravam força militar suficiente na capital para poder remover do cargo os representantes provinciais pretensiosos e confiscar seus bens.

Os primeiros governantes do reino escolheram Mbanza Congo como capital por razões estratégicas e defensivas. Situada em um planalto acima de um rio, a cidade estava bem protegida e tinha um bom abastecimento de água, bem como terras férteis para cultivo no vale do rio. As trilhas que ligavam Mbanza Congo às capitais de cada província estavam sempre cheias de representantes de províncias, assessores, exércitos, religiosos e pessoas comuns que viajavam à capital para participar de cerimônias religiosas e políticas e pagar impostos. Essas mesmas trilhas proporcionavam acesso a exércitos invasores.

O Congo aumentou seu poder graças ao relacionamento que seus reis cultivaram com os portugueses, que chegaram pela primeira vez à província litorânea de Soyo em 1483. Em 1491, o rei Nzinga a Nkuwu e toda a liderança do reino se converteram ao catolicismo e puseram em prática medidas para transformar o reino no principal poder católico na região. O governante do Congo que mais atuou para realizar essa transformação foi

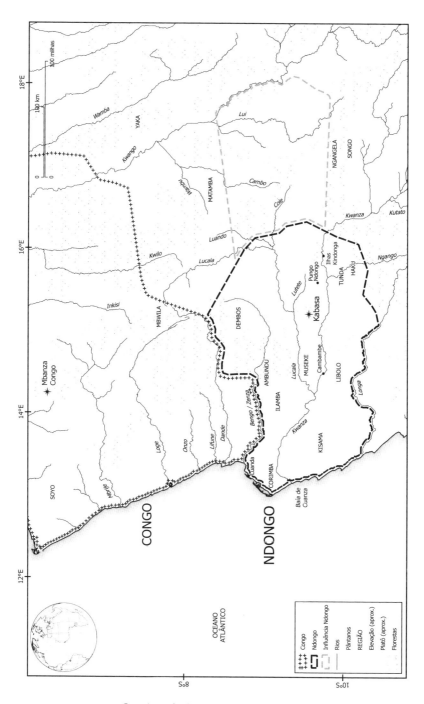

Os reinos de Congo e Ndongo (c. 1550).

o rei Afonso (que reinou de 1509 a 1543), filho de Nzinga a Nkuwu. Durante seu longo reinado, ele empreendeu a alteração física da cidade e supervisionou uma revolução religiosa e cultural que transformou o Congo num Estado cristão. Afonso enviou os filhos da elite para serem educados em Portugal e outros países católicos e acolheu missões culturais portuguesas que trouxeram artesãos qualificados para trabalhar ao lado dos congoleses com o intuito de construir as igrejas de pedra que dominavam a capital do reino. Afonso também mandou erguer escolas nas quais crianças da elite estudavam latim e português.

Os planos de Afonso de transformar o reino em um Estado cristão foram além da devoção pessoal, da instrução religiosa e da construção de igrejas e escolas. Uma verdadeira transformação cultural teve lugar durante o seu longo mandato. No Congo de Afonso, os membros da elite adotaram títulos como duque, marquês e conde, e, em pouco tempo, os processos legais portugueses se misturaram aos anteriores para reger os procedimentos judiciais. Além disso, o calendário religioso da Igreja católica governava a vida do reino, e os filhos de famílias tanto de elite como comuns aprendiam o catecismo com professores locais, recebiam nomes cristãos e congoleses e eram batizados. Havia sempre uma escassez de padres no reino, mas as cruzes eram onipresentes nas aldeias e as visitas dos padres serviam para lembrar aos moradores sua condição de cristãos.

A transformação cultural do país e o caráter cristão do reino eram evidentes para os visitantes europeus muito depois da morte de Afonso. Os europeus que conheceram o embaixador congolês Antônio Manuel, marquês de Ne Vundu, durante suas viagens a Portugal, Espanha e ao Vaticano, de 1604 a 1608, ficaram atônitos com sua sofisticação. Notaram que, embora tivesse sido educado apenas no Congo, ele sabia ler e corresponder-se em latim e português e falava essas línguas, além do quicongo nativo.

Mas a engenharia cultural de Afonso teve um custo trágico. Ele precisou envolver-se tanto em guerras de conquista como em tráfico de escravos para financiar e sustentar o projeto (assim como os reis que sucederam a ele). Durante seu reinado, aumentou exponencialmente o número de pessoas que eram capturadas e trazidas para o reino como escravas ou que eram condenadas à escravidão como punição por seus crimes. O comércio de escravos levou à expansão das guerras para sua captura, bem como ao aumento do tráfico e da posse de escravos pela elite do reino e seus parceiros portugueses. Os reis do Congo permitiam que os portugueses se dedicassem ao tráfico de escravos no reino, enviavam escravos de presente aos reis portugueses e às vezes pediam assistência militar portuguesa para enfrentar ameaças do interior do reino ou para auxiliar nas guerras expansionistas e de captura de escravos que faziam contra Estados vizinhos, entre eles Ndongo.

Foi durante o governo de Afonso que surgiram no reino três grupos sociais distintos com diferentes perspectivas de vida. No topo da sociedade, estavam o rei e os membros das várias linhagens reais, identificados pelo título português de *fidalgos*. Os membros desse grupo residiam na capital e constituíam o conselho eleitoral que escolhia o rei e ocupava cargos na corte. O grupo seguinte era formado por aldeões livres, chamados de *gente*. Abaixo deles estavam os *escravos*, cativos de guerras cujos donos pertenciam principalmente à elite, mas também eram encontrados nas casas dos cidadãos comuns.

Os reis que sucederam a ele seguiram o padrão que Afonso havia estabelecido. Por exemplo, Álvaro I (que reinou de 1568 a 1587), o rei que governava o Congo quando Jinga nasceu, expandiu o alcance diplomático e político do Congo. Ele cultivou relações não só com as cortes portuguesa e espanhola, mas também com o Vaticano.

O Congo tinha ainda conexões com outros Estados da África Central, como Matamba, um reino que ocuparia um lugar proeminente na vida de Jinga. Matamba localizava-se a leste do Congo e de Ndongo e se estendia para o leste até o rio Kwango, na região hoje conhecida como Baixa de Cassanje. Muito pouco se sabe sobre a história inicial desse reino. Uma primeira referência a um lugar chamado "Matamba" aparece numa carta escrita por Afonso ao rei de Portugal em 1530. Nela, Afonso dizia que estava enviando dois lingotes de prata (*manillas*) que recebera de um nobre que vivia em uma de suas terras chamada "Matamba".[2] A partir de então, nas cartas que enviavam para Portugal, os reis do Congo sempre incluíam Matamba como uma das áreas que governavam. Outros registros, no entanto, indicam que Matamba se declarou independente em algum momento entre 1530 e 1561. Em 1561, a "grande rainha" que governava Matamba enviou um de seus filhos ao Congo, onde ele conheceu um padre português ao qual disse que a rainha simpatizava com o cristianismo e queria se comunicar com Portugal e tornar-se amiga dos portugueses.[3] Não sabemos no que deu essa proposta, mas, como veremos, Matamba tornou-se mais tarde uma base importante para Jinga.

## O reino de Ndongo

Na época da chegada dos portugueses ao Congo, Ndongo era o segundo maior Estado da África Central, com uma área de cerca de um terço do Congo. O reino abrangia o que são hoje as províncias de Cuanza Norte, Cuanza Sul, Malange e Bengo da Angola moderna. (Angola tem seu nome derivado da palavra *ngola*, título do governante de Ndongo.) Seu limite oeste era o oceano Atlântico, e estendia-se da fronteira com o Congo, na foz do rio Bengo, para o sul, até a baía onde o poderoso rio Kwanza desemboca no oceano. O limite norte de Ndongo se dirigia do Atlântico para o leste através da região dos Dembos e das terras que fazem fronteira com as províncias meridionais do Congo, como Mbwila, até chegar ao rio Lucala. O limite sul seguia o rio Kwanza por cerca de 270 quilômetros, incluindo terras dos dois lados do rio, até atingir uma série de grandes formações rochosas em Pungo Ndongo, localizadas a poucos quilômetros ao norte do rio. O limite oriental de Ndongo começava a alguns quilômetros adiante de Pungo Ndongo e incluía terras mais para o sul, até o rio Kutato. O limite leste continuava na direção nordeste, seguindo o rio Lucala até a fronteira com o Congo.

Ao contrário do Congo, Ndongo tinha alguns rios que eram navegáveis por muitos quilômetros, mas em muitos também havia quedas-d'água traiçoeiras e redemoinhos. O rio Kwanza, a principal via fluvial que levava ao centro do reino, era navegável por pequenas embarcações por cerca de duzentos quilômetros, mas num ponto, a cachoeira de Cambambe, com vinte metros de altura, a navegação se tornava impossível. Uma cachoeira ainda maior a montante impunha outra barreira. O rio Lucala, o outro curso de água importante do reino e tributário do Kwanza, embora navegável em algumas partes, tinha cachoeiras ainda mais espetaculares que também impediam seu pleno uso para o transporte fluvial. A mais impressionante dessas cachoeiras caía de uma altura espetacular de noventa metros numa área repleta de árvores altas e mata densa. Se as cachoeiras eram perigosas para a navegação, a pouca profundidade dos rios em outras partes também impunha limites às viagens fluviais. Partes do Kwanza corriam através de pântanos que continham crocodilos, hipopótamos e outros perigos. Essas condições significavam que até mesmo o transporte terrestre perto das margens dos rios era traiçoeiro, e os viajantes eram forçados a desmontar canoas maiores e contratar ou requisitar homens para transportar os barcos e o material militar para áreas povoadas longe do rio, muitas vezes a quilômetros de distância.

Mas os rios não eram tão desafiadores para a população local *mbundu* [doravante ambundo] quanto seriam para os portugueses, que chegaram à região em 1575. Os nativos usavam canoas fáceis de navegar pelas corredeiras ou nas águas rasas. A parte alta do rio Kwanza também continha um conjunto de grandes ilhas, as ilhas Kindonga, que eram econômica e estrategicamente significativas. Elas ofereciam excelentes áreas de pesca, e algumas eram grandes o suficiente para sustentar aldeias e agricultura. Umas poucas eram de uso exclusivo do governante: numa ficava a capital do reino, enquanto outra era reservada para os túmulos dos governantes de Ndongo e de membros das linhagens dominantes. As ilhas também possuíam uma localização estratégica: eram suficientemente próximas para que soldados — ou espiões — pudessem mover-se facilmente entre elas, e, durante combates, soldados postados nas colinas baixas poderiam lançar flechas contra exércitos inimigos que se aproximassem em canoas enquanto permaneciam protegidos. Além disso, uma vez que as ilhas não estavam longe da margem do rio, o governante que temesse ser atacado na capital poderia facilmente deslocar a corte para as ilhas e continuar a comandar a guerra, enviar missões diplomáticas e administrar outros assuntos do Estado, como Jinga faria em várias ocasiões. Por fim, se todo o resto falhasse, líderes e soldados poderiam escapar usando canoas para se deslocar de ilha em ilha sem serem detectados até chegarem a um lugar seguro, no lado oposto do rio.

Assim como encontraram maneiras de usar os rios, os ambundos conseguiram explorar os recursos da terra e conectar todas as partes do país. Esse povo adaptara-se a um clima que variava do semiárido na costa, passando por um clima frio e até gelado na região do planalto, a uma condição úmida e tropical nas áreas dos vales e savanas. Nas áreas costeiras baixas ao sul de Luanda, incluindo partes de Kissama, o clima era semiárido e inóspito. No alto Kwanza, porém, o majestoso e imponente embondeiro, o baobá, era o sustento da população local, fornecendo água, comida, abrigo e remédios. A região de Kissama era famosa por grandes placas de sal-gema, que eram extraídas e distribuídas para todas as partes do país.

O clima e os recursos das regiões do planalto no interior de Ndongo diferiam drasticamente dos das áreas costeiras secas. Os muitos rios que desciam das altas montanhas para prados e vales proporcionavam água abundante para campos férteis, onde a população cultivava vários produtos tropicais e pastagens para criar animais domésticos, como gado, cabras, porcos e aves. As terras altas ofereciam uma proteção natural, e foi ali que o *ngola* (o rei de Ndongo) situou sua capital. Dali, os governantes e seus funcionários supervisionavam os escravos e outras populações dependentes que também faziam parte da força militar e forneciam os vários tipos de tributos e trabalhos agrícolas necessários para sua manutenção.

As viagens entre os centros populacionais podiam ser traiçoeiras. As regiões não cultivadas estavam cobertas por florestas espessas e abrigavam uma grande variedade de animais selvagens, como grandes serpentes capazes de engolir um homem adulto, elefantes, rinocerontes, leões, leopardos e hienas. As terras altas também apresentavam enormes afloramentos rochosos, precipícios íngremes e ravinas que representavam desafios até para os viajantes mais experientes que iam de uma comunidade a outra.

A distribuição de recursos em Ndongo influía em sua estrutura política. O reino dividia-se em dezessete províncias que incorporavam 736 divisões territoriais chamadas *murindas*. Em algumas províncias, em especial as quatro que ficavam entre a costa e a capital em Kabasa, a densidade populacional era maior e, portanto, mais *murinda*. O *ngola* tinha controle administrativo e fiscal mais direto sobre essas quatro províncias.[4]

Kabasa, a cerca de 250 quilômetros da costa, era a residência oficial do *ngola*, que vivia ali com suas esposas, filhos e parentes ligados por descendência e casamento. A primeira delegação portuguesa que visitou a capital, em 1560, relatou que o rei da época tinha mais de setenta filhos e até quatrocentas esposas e concubinas. A esposa principal dirigia a família e fazia com que os escravos, servos e pessoas livres que viviam dentro dos muros da casa levassem as mercadorias que produziam à feira diária e comprassem os suprimentos necessários para os membros da família.[5] A competição na corte entre diferentes facções era intensa, porque parentes de várias linhagens diferentes relacionadas a *ngolas* anteriores também moravam na capital ou nas comunidades que a rodeavam.

Vários funcionários que ajudavam o rei na corte também moravam na capital. Os mais importantes eram o *tendala*, o principal assessor do *ngola*, que ficava no comando quando o *ngola* estava longe da capital, e o chefe dos militares. Além deles, os principais homens de Ndongo, chamados de macotas — talvez relacionados aos chefes das dezessete províncias —, também moravam na capital ou nela mantinham residências oficiais. Desse grupo faziam parte o *mwene lumbo*, que administrava a casa do *ngola*, o *mwene kudya*, encarregado de tributos e impostos, e o *mwene misete*, que mantinha os relicários dos governantes passados. O *mwene misete* era o mais importante administrador de rituais em Ndongo e supervisionava um grande número de sacerdotes que desempenhavam as funções rituais essenciais que os ambundos acreditavam ser necessárias para a proteção do *ngola* e do próprio Ndongo.[6]

Além do poder político que tinha em Kabasa e nas capitais provinciais menores, o *ngola* controlava algumas terras estatais (*murindas*) e seus residentes. As pessoas que viviam nessas terras podiam participar de três categorias legais diferentes: pessoas livres, servos (*kijikos*) e escravos (*mubikas*). As pessoas livres eram a maioria da população e formavam o campesinato. A situação dos servos era semelhante à de seus homólogos na Europa: trabalhavam nas terras do *ngola*, e ele não podia expulsá-los delas ou vendê-las, já que a terra era propriedade da linhagem real. Os escravos eram prisioneiros de guerra ou estrangeiros, e o *ngola* tinha o direito de vender ou retirar escravos das *murindas* na capital e na vizinhança porque as possuía diretamente.

Fora da capital, os macotas tinham autoridade política, econômica e espiritual semelhante à do *ngola*. Desse modo, mantinham o próprio sistema de hierarquia em seus territórios e alguns deles eram bastante autônomos. Ocupavam sua posição de chefes das *murindas* não por terem sido enviados da capital como representantes do *ngola* na região, mas por alegarem ser descendentes das linhagens mais antigas que ocupavam a área. Os sobas constituíam outro grupo de funcionários importantes. Os macotas eram os eleitores e conselheiros, enquanto os sobas realizavam as tarefas cotidianas de direção das aldeias. Da mesma forma que o povo aceitava o direito dos macotas de mandar por descenderem de macotas anteriores, também era esperado que a pessoa que governasse como *ngola* fosse um descendente legítimo de *ngolas* anteriores.[7]

O *ngola* exercia uma grande autoridade militar, política e fiscal sobre as províncias e as *murindas*. Por exemplo, tinha seu exército baseado em Kabasa, o qual era ampliado quando havia convocação de forças para participar das frequentes campanhas de Ndongo contra seus vizinhos. O *ngola* comandava as próprias forças em combate, enquanto os capitães experientes que ele havia selecionado conduziam outros batalhões. O exército contava com grandes contingentes de mulheres, que forneciam alimentos, carregavam suprimentos e realizavam os rituais considerados essenciais para seu sucesso. As mulheres ligadas à casa do *ngola* (sua mãe ou esposas e seus filhos) não participavam da batalha; um general de confiança protegia o local secreto onde se alojavam. Os sacerdotes do lugar também realizavam rituais, como colocar crânios e outros itens sagrados na paisagem, para intimidar os inimigos. Mas as principais ferramentas militares dos soldados de Ndongo eram lanças, flechas envenenadas e machados de guerra, pelos quais eram conhecidos. Os soldados, tanto homens como mulheres, usavam os machados em combates corpo a corpo. Desde a primeira infância, eles praticavam uma dança rítmica que aumentava a velocidade e a agilidade, e possibilitava que se esquivassem das flechas venenosas de seus inimigos. Tal sucesso militar se devia também à familiaridade com as defesas naturais proporcionadas pelas árvores altas e a mata densa da região, que ofereciam excelente cobertura para ataques surpresa.[8]

Além da força militar, o *ngola* exercia autoridade legal em Ndongo por meio de agentes que viajavam por todo o reino para garantir que a população obedecesse às leis. Ele impunha regulamentos rigorosos, principalmente nas transações comerciais que se davam nas grandes feiras provinciais. Os agentes tinham especial atenção para as transações relativas à venda de cativos (escravos), a fim de se certificar de que a taxa de troca das várias coisas que as pessoas usavam como dinheiro (como tecidos, conchas e sal) fosse regulada e permanecesse estável. O *ngola* também enviava funcionários judiciais para garantir que os sobas e os macotas cumprissem a obrigação de enviar-lhe tributos periódicos em espécie e em pessoas, e prover alimentação e hospedagem aos seus agentes. Além disso, agentes militares faziam visitas regulares às províncias para garantir o cumprimento da obrigação dos governantes locais de enviar soldados para o exército do *ngola*. Os exércitos do *ngola* agiam em todo o reino, fosse com o propósito de fazer cumprir essas políticas ou de invadir territórios vizinhos e trazer novas terras e povos para o controle de Ndongo.

O sistema econômico que sustentava a sociedade *ndongo* baseava-se num extenso sistema de feiras locais, regionais e centrais. Além das feiras que cada *murinda* realizava habitualmente, as feiras provinciais e centrais traziam produtos naturais e manufaturados de todo o país para um único lugar. Entre as mercadorias à venda estava uma grande variedade de frutas tropicais, produtos agrícolas e animais domésticos, machados e lanças feitos por ferreiros locais e peixes e carnes de animais domésticos ou selvagens. Essas feiras também exibiam uma ampla seleção de aves, gatos-almiscarados e outros animais pequenos, bem como madeiras raras e uma miríade de tecidos feitos de cascas de árvores ou algodão da produção local. Nos dias de feira, era possível comprar as placas altamente valorizadas de sal-gema, importadas de Kissama.

A posse e o comércio de escravos eram partes vitais da economia de Ndongo. Os escravos eram obtidos durante as excursões militares bem-sucedidas. Também podiam ser oriundos dos aldeões livres condenados por juízes por infrações religiosas ou desobediência civil, como traição e adultério, especialmente se este último incluísse algumas das numerosas esposas do *ngola*. Nesses casos de adultério, todos os membros da linhagem daquela geração em particular podiam ser condenados à escravidão. Porém, o meio mais comum de obter escravos era fazer cativos em guerras contra governantes provinciais ou reinos vizinhos. Os cativos estavam disponíveis para compra nas feiras provinciais e centrais. Esse comércio era rigorosamente regulamentado e a compra de escravos era uma operação demorada. Nas feiras de Kabasa, os agentes do *ngola* supervisionavam cada transação para garantir que a venda fosse legítima, numa tentativa de evitar o tráfico sem escrúpulos de *kijikos*. A lei de Ndongo considerava os *kijikos* servos, indivíduos ligados à terra, e não escravos.[9] Além do comércio de escravos, o *ngola* obtinha recursos através de um sistema de tributos pagos pelas províncias e pelas *murindas*. Os agentes do *ngola*, com suas escoltas armadas, conseguiam arrecadá-los não só porque tinham a força militar necessária, mas também porque as pessoas consideravam o *ngola* seu líder supremo, apesar de seus próprios líderes locais também deterem um poder considerável.

Embora uma parte da legitimidade do *ngola* se baseasse no fato de ele ser membro de uma linhagem dominante, bem como em sua capacidade de levar as forças militares à vitória e de acumular recursos econômicos, grande parcela dela dependia da posição espiritual que ocupava na sociedade ambundo. A tradição de Ndongo atribuía a fundação do Estado a um ferreiro habilidoso do Congo, que se acreditava ter o poder de falar com um deus chamado Zampungu ou Zumbu.[10] O povo respeitava os reis e as autoridades religiosas porque acreditava que possuíam poderes especiais. Esses homens e mulheres poderosos tinham influência tanto mundana como sobrenatural, sendo assim capazes de controlar a chuva e a fertilidade do solo, de exercer autoridade sobre a vida e a morte e de possuir conhecimentos oniscientes.[11] Semelhante à ideia medieval do direito divino dos reis, depois que uma pessoa se tornava o *ngola*, o povo considerava que seu corpo era investido de poderes espirituais especiais sobre o ambiente físico. Os reis estavam imbuídos também de um poder muito mais formidável: possuíam a autoridade divina para sacrificar pessoas.[12] Acreditava-se também que os membros próximos da família do *ngola*, bem como as crianças que tinham nascimento incomum ou que sobreviviam a doenças devastadoras, possuíam dons espirituais.

A autoridade religiosa oficial na corte de Kabasa era uma figura muito importante. Um dos jesuítas portugueses que visitaram a corte do rei de Ndongo em 1560 relembrou que o *ngola* enviara seu feiticeiro-mor, acompanhado de muitas pessoas, para saudar os visitantes e cuidar do bem-estar deles quando a embaixada se aproximou da corte.[13] Esse homem recusou-se repetidamente a ouvir as tentativas do padre Gouveia de falar sobre o cristianismo. Foi inflexível, insistindo que "Deus era seu Senhor" e que ele era o melhor curandeiro de todo o Ndongo.[14] Os portugueses também relataram que o *ngola* era venerado e que o rei fundador havia instituído novos rituais, inclusive a criação de um grupo religioso chamado *xingulas*, que podiam ser possuídos pelos espíritos e eram supostamente capazes de criar chuva.[15]

Para os ambundos de meados do século XVI, o ambiente natural às vezes perigoso de Ndongo era uma força espiritual terrível que precisava ser apaziguada. O povo realizava rituais (às vezes envolvendo sacrifício humano) no topo e no sopé das montanhas e transmitia lendas para explicar as origens de alguns dos picos mais impressionantes. Os sacerdotes precisavam executar os rituais religiosos apropriados antes de entrar nos espaços desabitados do reino.

Esses sacerdotes, chamados *ngangas* (doravante gangas), eram essenciais para a vida espiritual do *ngola*. Davam conselhos e levavam a cabo missões nas províncias e regiões vizinhas. Seu principal dever era consultar os antepassados reais e executar rituais com os ossos dos antepassados, que, ao lado de outros objetos rituais, eram cuidadosamente guardados em um relicário, ou *misete*. Os gangas eram curandeiros, adivinhos e restauravam a ordem em épocas de crises e desastres naturais. Seu papel público mais importante era servir de emissários do *ngola* em tempos de guerra. Os *ngolas* acreditavam no poder espiritual dos gangas e os consultavam antes de qualquer decisão importante, fosse política, militar ou de outro tipo.

O papel do *ngola* de juiz principal também fazia parte de seu poder espiritual. De todas as partes de Ndongo, os querelantes afluíam a Kabasa a fim de apresentar seus casos ao *ngola* e a seus conselheiros. Essas audiências públicas eram realizadas num espaço aberto na primeira das dez áreas circulares cercadas pelas quais todos os visitantes tinham de passar antes de chegar aos aposentos pessoais do rei. Ali, o *ngola* e seus conselheiros legais deviam repetir as tradições para que os precedentes pudessem ser sustentados, todos os aspectos do caso discutidos e a justiça ser finalmente feita.[16] Em 1560, duas décadas antes do nascimento de Jinga, pela primeira vez um forasteiro fez uma descrição do *ngola* em seu papel de principal legislador. Conforme esse relato, em todo o Ndongo, o povo temia o rei (não sem razão: ele acabara de ordenar a execução de onze gangas que não conseguiram fazer chover durante uma seca), mas, não obstante, preferia se dirigir à capital quando buscava justiça porque "ele faz grande justiça a eles, e não há dia em que não ordene justiça".[17]

## As mulheres na vida política de Ndongo

De 1518 até 1582, quando Jinga nasceu, os quatro *ngolas* que governaram Ndongo foram todos homens. Em 1624, quando se tornou rainha aos 42 anos, Jinga foi a primeira mulher a governar o país. As mulheres, no entanto, desempenhavam um papel poderoso na corte, e Jinga teria ouvido muitas histórias sobre elas enquanto crescia na corte de seu pai, Mbande a Ngola. As mulheres da elite costumavam frequentar o círculo íntimo e estar a par do mundo dos homens. (A própria Jinga alegava ter participado de reuniões de conselheiros de seu pai quando era apenas uma criança.) Uma mulher que se destacava nessas histórias era Hohoria Ngola, uma das duas filhas do primeiro fundador de Ndongo. Zundu, a outra filha, matou o filho de Hohoria e depois usou de embustes para assegurar o trono. Zundu foi assassinada por instigação de Hohoria, que buscava vingar a morte do filho. A história cativou os missionários europeus décadas depois, quando a ouviram dos velhos contemporâneos de Jinga. Ela testemunhava um sistema de governo ambundo ainda em construção que desde o início incluía mulheres, mas também dava suporte a uma ideologia política que tolerava a usurpação e o assassinato, o fratricídio, o infanticídio, a expansão militarista e alianças políticas complicadas.[18]

As mulheres ocupavam um lugar importante nas tradições fundadoras de Ndongo e figuram com destaque nos relatos escritos de testemunhas oculares europeias que tiveram contato com governantes de Ndongo a partir dos anos 1560. É significativo que Hohoria fosse nomeada esposa legal de Ngola Kiluanje kia Samba, o primeiro rei da história de Ndongo, e que tenha sido seu filho o herdeiro do reino após a morte do pai. Embora Ngola Kiluanje kia Samba tivesse várias concubinas cujos filhos fundaram as inúmeras linhagens reais que competiam com os descendentes de Hohoria pela liderança de Ndongo, essas mulheres permaneceram anônimas.[19]

Em anos posteriores, à medida que o reino se expandia e Ndongo enfrentava incursões militares portuguesas, as mulheres da elite frequentemente estavam a par de segredos de Estado. Isso fica evidente numa história a respeito de uma filha de Ngola Kiluanje kia Ndambi que soube que o pai planejava matar os membros da primeira missão portuguesa a Ndongo. Essa informação era muito mais do que mera intriga política para a jovem: consta que o chefe da missão, Paulo Dias de Novais, era seu amante. Embora possa não ser verdadeira, essa história revela muito sobre o papel das mulheres na época. A jovem teria contado a intenção de seu pai para Dias de Novais, instigando-o a sair com seu séquito do país, para poupá-los da ira do pai e da morte certa.[20] A filha do *ngola* jamais teria conseguido organizar a fuga do amante se não tivesse acesso irrestrito ao que acontecia na corte de seu pai.

Outros relatos também detalham o papel essencial, embora mais tradicional, que as mulheres desempenhavam na vida religiosa de Ndongo. Em 1585, Ngola Kilombo kia Kasenda teria feito uma pausa, antes de lançar um ataque através do rio Lucala, para mandar que "sua mãe e muitos praticantes religiosos homens e mulheres" executassem rituais que dariam proteção ao seu exército.[21] Além dos papéis religiosos, as mulheres ligadas a homens de alta posição social costumavam acompanhar o marido aos principais eventos públicos, como foi o caso registrado naquele mesmo ano de um senhor de Ndongo que levou consigo "mais de quinhentas mulheres, todas com ricos toucados (*ferraguelos*) de Portugal", quando se aventurou a sair em público.[22]

Apesar do que possa parecer aos nossos olhos modernos, a presença de um grande número de mulheres ligadas a um único homem não significava que elas ocupassem uma posição subordinada. Um dos primeiros relatos de testemunhas oculares sobre a posição das mulheres comuns na sociedade de Ndongo observou que a mulher mantinha sua independência mesmo quando vivia numa casa com centenas de outras mulheres. Tanto a esposa principal como as concubinas podiam deixar o arranjo sempre que desejassem. A mulher que deixava o marido não era condenada ao ostracismo ou mesmo repreendida, mas era recebida de volta à linhagem de seu pai, na qual era livre para permanecer até escolher outro marido ou parceiro.[23]

Curiosamente, essa mulher poderia ter passado toda a infância na casa do futuro marido. No começo, o relacionamento assemelhava-se ao de companheiros de brincadeira ou de irmãos. Pelo costume de Ndongo, as famílias podiam mandar uma filha para a casa do rei ou de outro homem proeminente "quando ainda estava sendo carregada nos braços de sua mãe", para ser criada ao lado do filho escolhido. Quando chegava à idade de casar, o filho montava a própria casa, selecionando uma de suas companheiras de infância preferidas para ser sua esposa principal. As posições das mulheres eram mutáveis, e uma esposa principal podia ser substituída por capricho de seu marido, fosse por alguém do grupo de concubinas já existente na casa, fosse de outra família nobre — a todo momento, meninas eram enviadas para a casa do rei.[24] A mãe de Jinga, Kengela ka Nkombe, foi enviada de presente ao homem que seria o pai de Jinga, Mbande a Ngola, rei de Ndongo. Ele já era casado quando fez de Kengela sua principal concubina, uma posição logo abaixo da de esposa principal. Com ela, teria Jinga e outros três filhos.[25] Saberemos muito mais sobre todas essas crianças. Mas antes vamos tratar dos predecessores de Jinga e dos acontecimentos que ocorreram nas décadas anteriores ao seu nascimento.

# I.
# O reino de Ndongo e a invasão portuguesa

Jinga, nascida em 1582, descendia de uma linhagem real que remontava à fundação do reino de Ndongo. Seus antecessores consolidaram Ndongo como uma força poderosa na África Central e lutaram contra a chegada de uma missão portuguesa em 1560 e uma subsequente força militar, em 1575. Eles estabeleceriam fortes tradições de governo, que ela mais tarde manteria, ao mesmo tempo que enfrentariam um desafio assustador vindo do exterior, que ela por sua vez combateria.

## A história inicial de Ndongo

O fundador e o primeiro rei da história de Ndongo, Ngola Kiluanje kia Samba (reinado *c.* 1515-56), tomou o poder apenas poucas décadas antes do nascimento de Jinga.[1] Ngola Kiluanje kia Samba promoveu o consenso pacificamente, mas chegou ao poder graças a uma mistura complexa de intrigas políticas e guerras. Ele preparou o cenário para o domínio da dinastia ao restaurar um reino fragmentado que testemunhara o assassinato de seu filho por um tio ciumento, do qual ele e a esposa haviam se vingado.

De acordo com a tradição, Ngola Kiluanje kia Samba começou seu governo um pouco antes de 1515. Ele consolidou o poder em Ndongo mantendo a paz interna, ao mesmo tempo que expandia significativamente as fronteiras mediante a conquista de muitos Estados vizinhos. Em 1518, buscando aumentar seu poder para competir com o poderoso reino do Congo, ele enviou dois embaixadores a Portugal em busca de comércio e relações culturais mais amplas, mas uma missão portuguesa que visitou seu reino em 1520 não teve impacto duradouro. Seus sucessores mantiveram o modelo que ele estabelecera, sujeitando pequenas províncias independentes

Rei do Congo e rei de Angola, frontispício de uma obra de Antônio de Oliveira de Cadornega, *c.* 1680.

à soberania de Ndongo, ao mesmo tempo que continuavam a fazer alianças diplomáticas com Estados vizinhos, bem como com os portugueses.

Os reis que sucederam a Ngola Kiluanje kia Samba foram hábeis líderes militares e estadistas, embora, de acordo com a história oral, a coesão política tenha sido minada durante o breve e brutal reinado de seu sucessor, Ndambi a Ngola (1556-61). Ndambi a Ngola teria ascendido ao trono depois de assassinar todos os seus irmãos, exceto dois; os dois sobreviventes escaparam por pouco de tal destino fugindo para os reinos vizinhos.[2] Ndambi a Ngola manteve o trono mediante terror e intimidação e, de acordo com o missionário capuchinho Giovanni Antonio Cavazzi, quando morreu, foi homenageado com o sacrifício de "inumeráveis vítimas humanas".[3] Governantes posteriores, inclusive Jinga, consideravam esse costume de sacrifício humano uma parte essencial dos rituais funerários em honra aos reis de Ndongo e outros membros da elite.

Os relatos históricos detalhados e tradições orais de Ndongo começam com o reinado de Ngola Kiluanje kia Ndambi (1561-75), que assumiu o poder após a morte de Ndambi a Ngola. Um século após a sua morte, membros idosos da elite ambundo e seus contemporâneos portugueses ainda regalavam missionários capuchinhos com histórias de seus impressionantes feitos militares, que resultaram em manter sob o controle de Ndongo todas as províncias ao longo dos rios Dande, Zenza e Lucala, até Luanda. Seu legado foi duradouro. Durante os anos 1650, o forte português de Muxima, no baixo rio Kwanza, era chamado de Isandeira em homenagem à *isanda* (embondeiro ou baobá) que Ngola Kiluanje teria plantado lá para marcar suas conquistas militares na região.[4]

Ngola Kiluanje kia Ndambi começou seu reinado em 1561, após a morte de seu pai e logo após a chegada da primeira missão oficial de Portugal, na primavera de 1560. Essa missão era comandada pelo capitão Paulo Dias de Novais, que desempenharia um papel importante na conquista militar de Ndongo. Os relatos dos membros dessa delegação fornecem-nos uma imagem vívida do reino logo antes do início da conquista, durante a transição do reinado de Ndambi a Ngola para o de Ngola Kiluanje.

Ao saberem que os reis de seu poderoso vizinho Congo haviam aberto suas terras para estrangeiros do outro lado do oceano, os governantes de Ndongo enviaram seus próprios emissários a Portugal para solicitar missionários, a partir de 1518 até 1556, quando Ngola Kiluanje kia Samba mandou representantes a Lisboa.[5] Uma missão portuguesa foi finalmente enviada para Ndongo em 22 de dezembro de 1559. Os portugueses que partiram de Lisboa naquele dia tinham instruções da regente dona Catarina, que reinava em nome de seu neto dom Sebastião, de ir a Ndongo para começar o trabalho missionário naquela região. A delegação, que contava com quatro missionários jesuítas, fez uma parada em São Tomé para apanhar portugueses que tinham conhecimento de Ndongo, e chegou à foz do rio Kwanza em 3 de maio de 1560. Dois membros ambundos do grupo que tinham ido a Portugal com os emissários originais foram imediatamente enviados ao interior para avisar o rei Ndongo da chegada da delegação. De acordo com Antônio Mendes, um dos jesuítas do grupo, eles esperaram quatro meses ancorados na baía até que chegassem as autoridades que lhes concederam permissão para fazer a longa viagem à capital.[6] A espera foi penosa. Ndongo sofria uma seca severa, o calor era intenso e abundavam mosquitos transmissores de doenças; os suprimentos de água e comida também eram baixos. Dez membros do grupo, entre eles um dos sacerdotes, morreram. Os sobreviventes foram salvos somente quando o chefe local da região forneceu ao grupo gado, cabras e produtos da região.

Com a chegada do emissário do rei, à frente de um destacamento militar, Dias de Novais e o resto do grupo puderam começar a jornada que os levaria rio Kwanza acima e, depois, por terra até Kabasa, a capital de Ndongo. Eles deixaram sua grande caravela e transferiram seus suprimentos para botes e canoas. Viajaram 160 quilômetros pelo rio Kwanza até chegarem ao ponto em que corredeiras e ilhas impediam a viagem a montante. A autoridade local encarregada do porto nesse ponto do rio atendeu às suas necessidades. No mês seguinte, seguiram por terra para Kabasa. Durante a viagem, o grupo passava de um território para outro, e cada líder territorial tratava de alimentar, alojar e proteger os viajantes, como era seu dever. Quando o grupo chegou finalmente a Kabasa, o rei havia preparado três chalés para os visitantes em seu próprio complexo residencial.[7]

Cerca de cinco dias depois de chegarem a Kabasa, os portugueses foram autorizados a entrar na residência do rei, situada numa área bem irrigada da cidade e protegida por grandes palmeiras. Uma das primeiras coisas que chamaram a atenção dos portugueses foi o intrincado sistema de segurança pelo qual precisaram passar antes de chegar à residência do rei, que exibia um grande pátio e estava rodeada por enormes colunas pintadas.

O padre Mendes, um dos jesuítas, ficou impressionado com a aparência física imponente do rei Ndambi a Ngola, que estava no último ano de seu reinado. De acordo com o sacerdote, ele era "um dos mais altos do lugar, como um gigante, e muito forte".[8] É provável que Ndambi a Ngola estivesse vestido com as roupas e os adornos que se tornariam a insígnia oficial da realeza de Ndongo nos anos a seguir: uma pena vermelha (muito provavelmente de um pavão)[9] no cabelo, um pano vermelho sobre o peito e o ombro e uma roupa feita de pele de carneiro com manchas pretas e brancas que o cobria da cintura para baixo.[10] Seu corpo estaria salpicado de pó, o que significava a consideração espiritual e militar que alcançara graças a sua coragem no campo de batalha.[11] Sua aparência física impressionante refletia seu imenso poder. Na época do encontro com os portugueses, consta que Ndambi a Ngola controlava quinhentos "principados", cujos líderes lhe pagavam tributo e chefiavam esquadrões de seus próprios subordinados nas muitas guerras que ele travou. Quase mil pessoas dependentes o acompanhavam na capital, número que subia para cerca de trinta mil durante festividades públicas.[12] De acordo com os missionários portugueses, Ndambi a Ngola era considerado divino por seus súditos; ele "fazia-se adorar como a um deus" e se vangloriava abertamente de que era "o senhor da chuva".[13]

De seu majestoso assento feito de folhas de palmeiras, Ndambi a Ngola ouviu as explicações dos padres portugueses sobre os princípios da fé cristã, que esperavam que ele e seu povo adotassem. Apesar de suspeitar de seus motivos, ele acabou por dar permissão ao grupo para começar o trabalho missionário em Kabasa e selecionou entre quinze e vinte de seus filhos e de seus principais conselheiros para serem os primeiros discípulos dos estrangeiros.

A chegada dos portugueses, com seus planos religiosos e políticos, criou um dilema para os governantes de Ndongo. Os missionários jesuítas praticavam uma religião que tinha o potencial de minar o poder espiritual e legal do rei e de seus conselheiros. Além disso, as relações políticas que, conforme Dias de Novais, o monarca português desejava com Ndongo poderiam potencialmente diminuir a poderosa posição política que o rei mantinha em relação aos líderes provinciais e territoriais, bem como aos governantes dos Estados vizinhos, como Congo e Matamba. Além disso, havia a ameaça que os recém-chegados representavam para todo o tecido social de Ndongo. Antes da chegada dos portugueses, o *ngola* era, sem dúvida, a pessoa mais poderosa em um Estado mantido unido pelo pagamento de tributo de entidades políticas menos poderosas, mas autônomas. Esses pagamentos eram impostos pelo exército do *ngola*. Os portugueses traziam não apenas armas, mas também valores culturais diferentes em relação à espiritualidade, à justiça, às noções de posição social e status herdado com direitos de mando, liberdade e escravidão, servidão e cativeiro, hospitalidade, comércio e similares.

Assim, embora Ndambi a Ngola permitisse que os visitantes portugueses permanecessem em Kabasa e até que os jesuítas abrissem uma escola, essa boa recepção não durou. Quando ele morreu, em 1561, e seu filho Ngola Kiluanje kia Ndambi (Ngola Kiluanje) assumiu o poder em Ndongo, a situação mudou. Ngola Kiluanje voltou-se contra os portugueses, convencido de que os verdadeiros motivos do grupo eram "espionar sua terra".[14] Ele aprisionou Dias de Novais e vários outros membros da delegação, bem como alguns ambundos que haviam ajudado os portugueses, e expulsou o resto, mandando-os de volta à costa sob escolta militar. Ngola Kiluanje acabou por libertar um dos padres e mais tarde, em 1565, Dias de Novais foi libertado. Apenas um dos sacerdotes, o padre Francisco de Gouveia, ficou em Kabasa, onde morreu dez anos depois.[15]

Embora tenha deixado Dias de Novais partir, Ngola Kiluanje manteve reféns na capital alguns membros da delegação portuguesa por quase cinco anos, decisão que tinha tanto a ver com a política estatal como com suas suspeitas sobre a motivação dos portugueses.[16] Um capitão da segunda expedição de Dias Novais sustentou mais tarde que Ngola Kiluanje e Dias de Novais fizeram um acordo pelo qual o comandante português retornaria a Lisboa para usar a suposta situação de reféns como estratagema para conseguir armas para o *ngola*, que estava ameaçado pela revolta de um poderoso nobre provincial. Em troca da ajuda militar de Dias de Novais, Ngola Kiluanje pode ter prometido assinar um tratado comercial com os portugueses.[17]

Ngola Kiluanje fazia uso estratégico do poder tanto em assuntos internos como em externos. Por exemplo, garantia a fidelidade de seus subordinados mantendo reféns jovens mulheres das principais famílias nos distritos onde viviam sua esposa principal, as esposas secundárias e concubinas. Em 1564, mudou a sede para a cidade de Angoleme, não muito longe de Kabasa. Ali morava com sua esposa principal, Quilundonanboa, mais de quatrocentas concubinas e pelo menos setenta filhos.[18] Exercia seu poder com habilidade, mas também foi lembrado como um rei bom e justo; de acordo com os jesuítas, até seus inimigos se submetiam a ele sem resistência.[19] O padre Gouveia observou que os procedimentos judiciais eram ordeiros e abertos ao público. Embora admirasse a transparência do rei, o sacerdote católico ficou consternado diante de alguns de seus "costumes pagãos", como distribuir justiça no tribunal por meio de sentenças de morte.[20] Entretanto, esses atos não diminuíram a reputação do governante entre seus súditos; aos olhos deles, Ngola Kiluanje era semelhante a um deus.[21] Ao final de seu reinado, as fronteiras do país haviam se expandido significativamente. Ndongo transformara-se de uma pequena província localizada a mais de trezentos quilômetros do porto de Luanda em um Estado que abrangia todos os povos de língua quimbundo que viviam entre as fronteiras meridionais do reino do Congo e as terras ao sul do rio Kwanza.

O governante seguinte desse poderoso reino foi o avô de Jinga, Ngola Kilombo kia Kasenda (1575-92). Kasenda começou seu governo com várias desvantagens políticas, não sendo a menor delas a sua fraca reivindicação ao poder. Ele não era descendente direto de Ngola Kiluanje kia Samba, o fundador de Ndongo, mas de uma linhagem diferente.[22] Ele e seus partidários triunfaram graças a um golpe sangrento, mas não estavam interessados em mudar a direção do país. Durante seu reinado, Kasenda pegou em armas contra seus inimigos; alguns foram intimidados e obrigados a voltar para o rebanho, enquanto outros se sentiram alienados e nunca perdoaram a ele ou seus descendentes sua ascensão ao trono.[23] Ele também conquistou novas províncias, de modo que o número de governantes territoriais submetidos a Ndongo (a maioria dos quais era obrigada a pagar tributo a Kasenda) chegou a dois mil em 1586.[24] Ndongo se estendia por um território tão vasto que um observador europeu da época confundiu as três maiores províncias com um "reino por direito próprio".[25]

## A invasão portuguesa de Ndongo

Embora Kasenda tenha expandido as fronteiras de Ndongo e obtido o poder em várias regiões, o início de seu reinado coincidiu com o retorno dos portugueses e com uma prolongada crise militar, econômica e espiritual que culminaria décadas mais tarde nas desafiadoras campanhas da rainha Jinga, no início do século XVII.

Os portugueses estreitram suas relações com o Congo entre 1565 e 1575, e, em 1574, o rei do Congo deu-lhes permissão para construir uma pequena colônia na ilha de Luanda, que o Congo reivindicava. A primeira coisa que fizeram foi construir uma igreja provisória na ilha. Em 1575, o pequeno grupo de portugueses de Luanda recebeu de volta Paulo Dias de Novais, que chefiara a primeira missão portuguesa a Ndongo em 1560. Dessa vez, trazia consigo uma significativa força militar e civil. Desse modo, começou a conquista militar portuguesa de terras que Ndongo reivindicava havia muito tempo. Como Ngola Kiluanje suspeitara, a verdadeira intenção dos portugueses era conquistar Ndongo e integrá-lo ao império português. Os missionários jesuítas sustentavam a conquista dando suas bênçãos às suas ações militares e civis.

Dias de Novais partira de Lisboa em 23 de outubro de 1574, trazendo o significativo título de primeiro governador e "capitão-mor da conquista do reino de Angola" e uma armada de nove navios, setecentos homens, "muita artilharia" e quatro padres. As ordens que recebera do rei de Portugal eram de "subjugar e conquistar o reino de Angola".[26] A frota chegou ao porto de Luanda em 20 de fevereiro de 1575.[27] Depois de ter sido alertado para a chegada dos portugueses, Kasenda não demorou a entrar em contato com eles. Em 29 de junho, um de seus funcionários chegou a Luanda com uma delegação e entregou uma mensagem do rei numa igreja que os portugueses construíram.[28] Kasenda oferecia-lhes escravos, provisões, gado e outras mercadorias. Em troca, Dias de Novais ofereceu a Kasenda presentes do rei dom Sebastião de Portugal. Posteriormente, Kasenda e Dias de Novais uniram forças em campanhas contra líderes provinciais recalcitrantes, e portugueses ganharam livre acesso às feiras de Ndongo.[29] Porém, após um curto período de cooperação, as relações se deterioraram depois que Kasenda, convencido de que os portugueses pretendiam conquistar seu reino, prendeu e matou quarenta portugueses em Kabasa, confiscando suas mercadorias e muitos escravos. As suspeitas de Kasenda eram bem fundamentadas. Dias de Novais vinha conduzindo as próprias campanhas militares na região, tendo conquistado mais de trezentos quilômetros de território de Ndongo e subordinado muitos dos vassalos que pagavam tributo a Kasenda.[30] Em março de 1582, ano do nascimento de Jinga, Dias de Novais informou ao rei dom Sebastião sua conquista de "setenta cavaleiros" tão poderosos que "cada um deles pode resistir a todo o poder do rei de Angola".[31] Ao longo dos anos 1580, os portugueses e seus aliados africanos obtiveram ganhos significativos em muitas partes do reino.

O primeiro forte no interior foi erguido em Massangano, na confluência dos rios Lucala e Kwanza, em 1582. O padre Baltasar Afonso, um dos quatro sacerdotes da delegação de Dias de Novais, gabou-se para o rei dos sucessos dos portugueses. Escrevendo em outubro de 1582 a fim de solicitar mais materiais e homens para as campanhas de Dias de Novais, ele observou que, com apenas cem homens, o governador havia tomado "metade do reino de Angola, submetendo muitos grandes senhores [... e] em três meses ganhara três guerras contra o rei de Angola, matando e capturando um número infinito de pessoas".[32] Embora não tenhamos confirmação independente do número de vítimas a partir de fontes de Ndongo, os registros portugueses estão repletos de descrições do devastador custo humano e físico dessas primeiras campanhas contra Kasenda. Supõe-se que em apenas uma campanha de 1583, Kasenda tenha perdido quarenta mil homens, enquanto as perdas portuguesas não passaram de sete. Em outra batalha, consta que as forças portuguesas chegaram tão perto da capital que, depois de darem apenas dois tiros, o rei "sem demora fugiu com seu pessoal". Jinga, ainda criança, estaria nesse grupo.[33]

O avanço contínuo dos portugueses e a perda de alguns de seus vassalos obrigaram Kasenda e membros da corte a fugir novamente de Kabasa, dois anos depois. Durante a fuga, ele construiu vários fortes provisórios, cada um à distância de um dia de jornada do outro, para evitar a captura pelos portugueses e seus aliados africanos que o perseguiam.[34] Em 1585, na batalha de Talandongo, na província de Museke, a apenas quatro dias de distância de Kabasa, Kasenda enviou um grande exército, "a flor de Angola", para enfrentar os portugueses, mas ele não foi páreo para o inimigo. No final da luta, as forças portuguesas tinham diante delas um campo de batalha onde eram visíveis apenas as cabeças cortadas, pois "os homens fugiram para salvar suas vidas!". Entre os mortos estavam muitos oficiais militares do alto escalão de Kasenda. Outros altos funcionários e parentes do rei foram capturados vivos.[35] Kasenda enfrentou uma perda ainda mais desastrosa em 1586, quando apenas vinte de setecentos soldados de Ndongo não se afogaram ao tentar atravessar o rio Lucala.[36]

Muitas das regiões vizinhas e territórios subordinados de Ndongo sofreram destruição, brutalidade e humilhação nas mãos dos portugueses. Em 1581, numa operação perto da província rica em sal de Kissama, 150 soldados portugueses invadiram as terras de um senhor do lugar para vingar a morte de seus companheiros. Eles aprisionaram cem escravos e queimaram as aldeias. Uma testemunha missionária observou que as provisões que eles levaram ou destruíram — entre elas, animais domésticos, óleo, mel e também "casas cheias de sal", a principal exportação da província — eram tão abundantes que "se podem encher com elas dois navios da Índia".[37] Em outra campanha, um chefe provincial que fora capturado ofereceu aos portugueses cem escravos como resgate. Eles aceitaram os escravos, e mesmo assim decapitaram o chefe em praça pública.[38]

Durante essas operações, os portugueses começaram a macabra prática de cortar o nariz das pessoas que matavam nas guerras e enviá-los aos acampamentos portugueses como troféus. Numa batalha, 619 narizes foram cortados de soldados de Ndongo; em outra, foram tantos os soldados inimigos mortos que os portugueses empregaram vinte carregadores para levar todos os narizes cortados ao seu quartel-general.[39] Em outra ocasião, as forças portuguesas mataram tanta gente que soldados não tinham por onde andar, senão "por cima deles".[40]

As campanhas contra Ndongo não eram apenas guerras de conquista, mas também operações de captura de escravos. Milhares de ambundos não combatentes foram escravizados e enviados para o trabalho em fazendas criadas nos arredores de Luanda, ou, como vinha acontecendo em outros países da África havia cerca de setenta anos, foram vendidos para as Américas. Entre 1575 e 1590, os portugueses exportaram cerca de cinquenta mil ambundos para o Brasil graças a suas guerras e operações de escravização em Ndongo.[41]

Apesar de todos os reveses enfrentados por Kasenda, os grandes exércitos que ele pôs em campo lutaram bravamente contra os portugueses e obtiveram alguns sucessos. Em 1581, ele enfrentou um exército composto por uma pequena força portuguesa de 120 homens e um grande número de soldados do Congo.[42] O exército de Kasenda prevaleceu, e o exército do Congo, em retirada, teria deixado "milhares de feridos e mortos no campo".[43]

Kasenda e seus partidários atacavam habitualmente os chefes provinciais que se aliavam aos portugueses. Em 1582, por exemplo, seu exército invadiu as terras de Popo Ngola, que se tornara vassalo dos portugueses.[44] No ano seguinte, ele reuniu um grande exército que testemunhas oculares portuguesas estimaram em centenas de milhares de soldados. As forças de Ndongo, organizadas em três grandes esquadrões e comandadas por nobres importantes, eram tão grandes que se espalhavam por muitos quilômetros.[45] Às vezes, chefes provinciais que tinham passado para o lado dos portugueses voltavam atrás quando calculavam que sua segurança estava mais com Ndongo do que com os forasteiros. Isso aconteceu durante uma batalha travada em 1581 contra as forças combinadas de portugueses e congos, quando "alguns senhores" que já estavam do lado português "ficaram tão desconfiados" que se recusaram a ajudá-los.[46] Poucos anos depois, "um grande número de senhores" rebelou-se contra as forças de Dias de Novais e, em outras ocasiões, os chefes provinciais e seus povos chegaram a fingir que se rendiam, mas depois voltavam-se contra as forças portuguesas na primeira oportunidade.[47] Em 1588, alguns dos aliados mais próximos de Kasenda convenceram Dias de Novais de que o ajudariam a dominar Kabasa, mas conduziram os portugueses a uma emboscada.[48] No ano seguinte, os portugueses executaram alguns aliados ambundos depois de descobrir um complô que haviam tramado contra eles.[49]

As habilidades militares e diplomáticas de Kasenda possibilitaram que ele reunisse uma confederação militar centro-africana que infligiu uma grande derrota aos portugueses na batalha de Lucala, em 1589-90. Nessa campanha, que envolveu tropas dos reinos de Matamba e do Congo, a aliança atacou primeiramente o forte português em Massangano e depois levou a luta até o porto de Luanda.[50] Luís Serrão, que assumira o controle das forças portuguesas depois da morte de Dias de Novais, viu suas forças serem derrotadas quando vinte ou trinta chefes provinciais, antes aliados seus, se voltaram contra ele. Serrão teve de fugir rapidamente.[51] Um novo governador, Francisco de Almeida, chegou a Luanda em 1592 com quatrocentos soldados brancos e "cinquenta cavaleiros africanos" e a ordem de "expandir a conquista e pôr as minas sob nosso domínio completo". Ele levantou forças adicionais e iniciou uma campanha, mas a erupção de uma epidemia o forçou a retornar à cidade. Almeida abandonou a colônia em 1593, deixando o irmão em seu lugar.[52]

Mas Kasenda não conseguiu manter a integridade de Ndongo, apesar de algumas vitórias impressionantes. Quando morreu, em 1592, ele já havia perdido o controle de muitos macotas e sobas. Na visão desses chefes locais, Dias de Novais e os portugueses não eram piores do que os governantes de Kabasa, uma vez que ambos exigiam que pagassem tributos e oferecessem homens para o serviço militar. Alguns desses líderes reivindicaram descendência de linhagens reais e questionaram a legitimidade de Kasenda. Outros aproveitaram o caos causado pela guerra para deixar de enviar tributo ou apoio militar, privando assim Kasenda de recursos valiosos. O caso do soba Muxima Kitangombe ilustra particularmente bem a situação em que Kasenda se viu. Em 1581, Muxima ofereceu ajuda aos portugueses se eles o ajudassem a subjugar "um de seus inimigos", prometendo que "ele na companhia de todos os seus vassalos ajudaria [Dias de Novais] contra o rei de Angola [Kasenda]". Ele tornou-se vassalo dos portugueses e enviou ao exército "muitas provisões, porcos e gado".[53] O soba de Bansan também abandonou sua fidelidade a Kasenda e passou para o lado dos portugueses, levando consigo outros membros de sua linhagem, inclusive seu irmão, seu filho e seu genro.[54] Entre os que se tornaram aliados dos portugueses destacam-se indivíduos da linhagem Hari, que reivindicavam o trono porque eram descendentes de uma das concubinas de Ngola Kiluanje kia Samba, o fundador de Ndongo.[55]

O sistema de estados tributários que Kasenda herdara de seus antecessores iniciou uma lenta agonia durante seu reinado. No passado, os chefes provinciais haviam enfrentado a ameaça interna de conquista. Após a derrota para o rei de Ndongo, os sobas não eram removidos de suas terras, mas forçados a enviar tributos a Kabasa, bem como contingentes de soldados quando necessário. Mesmo quando os reis de Ndongo decidiam remover os sobas vencidos de suas terras, instalando seus "filhos" no lugar deles, esses novos chefes deviam enviar tributo periodicamente. Se não o fizessem, seriam também removidos pelo exército.[56]

Agora, o inimigo era externo. O sistema que os portugueses estabeleceram, tanto em terras conquistadas como nas terras de sobas que ofereciam voluntariamente sua lealdade ao poder colonial, baseava-se na propriedade de terras, bens e pessoas pelos jesuítas e pelos soldados e mercadores portugueses. Em 1581, por exemplo, Dias de Novais deu ao padre Baltasar Barreira, chefe da comunidade jesuíta, terras que incluíam os "escravos liberados, aluguéis e terras [pensões]" que pertenciam a oito chefes poderosos da região dos rios Lucala, Zenza e Kwanza, bem como "porções de terras e lagos que os reis de Angola deram a Francisco de Gouveia [...] e todo o resto que ele possa possuir e que lhe pertença".[57] Seguiram-se outras distribuições à medida que as conquistas avançavam. Em 1587, Dias de Novais deu as terras de um poderoso soba da província de Museke a um colonizador português.[58] Àquela altura, os objetivos portugueses estavam claros: conquistar Ndongo e entregar as terras às ordens religiosas e aos colonos portugueses.

## Conquistas religiosas

A penetração religiosa e os avanços espirituais dos portugueses foram tão influentes em minar a autoridade de Kasenda quanto as conquistas militares. Em 1575, quando chegou a Luanda, Dias de Novais estava totalmente preparado para usar as armas religiosas com que o rei de Portugal lhe municiara. Seu grupo desembarcou em Luanda com pompa e ostentação. Ao lado das centenas de soldados portugueses estavam quatro jesuítas que levavam relicários dedicados às lendárias onze mil virgens martirizadas de santa Úrsula. Um dos padres carregava os relicários sob um dossel ornamentado, enquanto o resto do grupo cantava hinos acompanhados por um corpo de trompetistas.[59] Ao final do reinado de Kasenda, 26 missionários jesuítas já haviam se reunido às forças portuguesas.[60]

Dias de Novais não tomava nenhuma decisão sem primeiro consultar os jesuítas. Em 1575, por exemplo, adiou a reunião com o embaixador de Kasenda até que tivesse tempo de rezar na pequena igreja que seus soldados haviam construído. Durante o encontro, dois padres ficaram de guarda de cada lado de seu assento recoberto de veludo.[61] Ele acreditava que, para ganhar no campo de batalha, os soldados deveriam estar "armados com o sacramento da confissão e da comunhão" e precisavam realizar exortações religiosas. Os soldados eram encorajados a "ir à igreja cinco vezes para fazer devoções" antes de seguir para uma campanha, e os padres que acompanhavam o exército "rezavam missa e ladainhas para eles".[62] Os ícones religiosos também tinham uma imensa importância. Quando um pequeno retábulo portátil adornado com a imagem da Virgem Maria desapareceu, todas as atividades habituais cessaram até ele ser encontrado. Depois que foi localizado, consta que os homens rezaram muitas ladainhas diante dele para mostrar sua reverência.[63] Dias de Novais e seus seguidores atribuíam seus sucessos militares à orientação da "Virgem Nossa Senhora".[64]

Embora carregassem obviamente a fé católica no coração, Dias de Novais e seus homens também tinham outros objetivos em mente. Decidido a completar não só a conquista militar de Ndongo, mas também sua conversão religiosa ao cristianismo católico, o comandante português fazia com que todos os rituais religiosos fossem realizados em público, como forma de atrair a população local. Seus primeiros alvos seriam a elite de Ndongo, seguida pelos feiticeiros, sacerdotes (gangas) e crianças.[65]

No início de sua campanha, Dias de Novais e os missionários fizeram avanços significativos entre elementos cruciais da liderança regional. Numa elaborada cerimônia realizada em Luanda no início de 1581, o padre Barreira batizou um dos genros de Kasenda, um nobre poderoso, e Dias de Novais foi seu padrinho. O nobre, vestido com opulentos trajes portugueses, adotou o prenome de Dias de Novais, passando a chamar-se dom Paulo.[66] O processo de conversão era semelhante ao de um cortejo amoroso. No caso de dom Paulo, Dias de Novais o encheu de presentes, atenção, privilégios e, o que talvez fosse mais significativo, conferiu-lhe o direito de empunhar o "arco real", uma marca de realeza em Ndongo, que indicava sua posição de líder militar e sua legitimidade como descendente da linhagem real.[67] Dias de Novais concedeu-lhe outra honra, permitindo que se sentasse "numa cadeira coberta com um tapete" sempre que se encontravam.[68] Não há dúvida de que dom Paulo foi cooptado. Seis meses após sua conversão, agora aliado aos portugueses, ele comandou um exército de cinco mil a seis mil de seus soldados para sufocar uma revolta em Cambambe.[69] Um ano depois, voltou a entrar em batalha contra as forças de Ndongo. Ele e seus homens atribuíram a vitória contra Kasenda ao surgimento apocalíptico de uma cruz no céu durante a batalha. Os portugueses referiam-se à batalha como "a guerra do céu e de Deus" e a chamaram de Nossa Senhora da Vitória em homenagem à Virgem Maria.[70]

Mas dom Paulo não era nem de longe a única história de sucesso na campanha portuguesa para ganhar convertidos e aliados. Muitos outros líderes provinciais de Ndongo e seus seguidores foram batizados em rituais semelhantes aos usados na cerimônia de dom Paulo. O soba Songa, por exemplo, junto com seu filho e um irmão, foi batizado numa luxuosa cerimônia realizada em Luanda na presença de 216 testemunhas, e Dias de Novais mandou que voltassem para suas terras a fim de servirem de exemplo ao seu povo.[71] Acompanhados por um jesuíta em seu retorno, Songa e seu filho, batizados respectivamente com os nomes de dom Constantinho e dom Tomás, deram aos jesuítas permissão para batizar centenas de aldeões e erguer cruzes no lugar dos ídolos. Eles flagelaram o campo, incendiando publicamente os santuários e as cabanas onde os gangas e os aldeões mantinham sua parafernália religiosa. Também recrutaram meninos para coletar os ídolos e queimá-los em grandes fogueiras. Em troca de sua colaboração, Dias de Novais designou Songa capitão-mor das tropas africanas e, como fizera com dom Paulo, deu-lhe o "arco real" e um assento "diante dos governadores sobre um tapete".[72] Um nobre de Ndongo estava tão ansioso pelo batismo que jogou fora seus "ídolos" e se apresentou para o batismo com suas "esposas, seus filhos e seus amigos". Depois da cerimônia de batismo, casou-se legalmente com uma de suas esposas e desistiu das outras, aderindo à proibição da poligamia imposta pela Igreja. Em 1586, o padre jesuíta Diogo da Costa calculou que havia batizado não menos que cem nobres provinciais a pedido deles mesmos. Ele especulou que esses nobres estavam ansiosos para garantir uma aliança com os portugueses devido à "crueldade do rei [de Ndongo]".[73] A quantidade de ambundos batizados cresceu de forma constante, aumentando de pouco mais de mil em 1584 para vinte mil até 1590.[74]

Essa dimensão religiosa da estratégia portuguesa foi devastadora para o prestígio de Kasenda. Seu papel espiritual sempre fora um elemento essencial no seu estadismo e os profissionais religiosos desempenhavam um papel importante no reino. Em 1585, Kasenda vangloriou-se de que sabia que havia apenas três reis no mundo — ele mesmo, o rei de Portugal e o rei do Congo —, mas que ele, "o rei da terra, do mar e do céu", era o mais importante.[75]

Os jesuítas concentraram boa parte de seu esforço em enfraquecer a fé do povo nos gangas, os sacerdotes do Ndongo, facilmente identificados por suas roupas e pela aparência física. Os jesuítas os tratavam como a feiticeiros que falavam com o diabo. As descrições detalhadas que os jesuítas deixaram de suas conversas com esses "feiticeiros" e de sua aparência física, parafernália religiosa e santuários públicos não deixam dúvidas de que eles eram uma força poderosa em Ndongo.[76] Muitos deles eram figuras públicas que dirigiam as principais cerimônias religiosas durante as secas ou a guerra, ao mesmo tempo que oficiavam nas aldeias os nascimentos, rituais de batismo, doenças e óbitos. Em regiões conquistadas pelos portugueses, os gangas foram forçados à conversão. Os jesuítas prendiam aqueles que ainda estavam em seus santuários e os forçavam a aprender "as coisas de Deus".[77] Em 1582, o padre Barreira entrevistou um funcionário religioso muito antigo e importante, que era a autoridade espiritual de uma província aliada aos portugueses. Acreditava-se que esse homem tinha o poder de controlar o clima, garantir a saúde da população e fornecer outros serviços importantes. Barreira ficou alarmado com a aparência do ganga, observando que ele parecia estar vivendo como uma mulher, pelo menos exteriormente — seus cabelos eram longos e soltos, e ele se vestia com um longo manto "feito de seu cabelo", envolto em muitas camadas de panos normalmente usados somente por mulheres. Questionado por Barreira, o ganga revelou que havia nascido homem, mas o "demônio" dissera à sua mãe que ele morreria imediatamente se não "se tornasse uma mulher".[78] Barreira obrigou-o a cortar o cabelo e confiscou sua parafernália religiosa "supersticiosa". E foi ainda mais longe: cravou uma cruz onde o ganga executava suas funções e começou imediatamente a construir uma igreja no próprio local onde ficava o santuário dele.[79]

Apesar das muitas tentativas que os jesuítas fizeram de acabar com o poder dos gangas, o número deles pode ter aumentado durante o reinado de Kasenda. Existem muitos indícios de que as crenças religiosas tradicionais continuaram a exercer uma forte influência sobre a população. Por exemplo, como já era costume muito antes da chegada dos portugueses, o povo continuava a seguir os ensinamentos dos gangas, usando nos braços e pernas pulseiras de ferro e cobre limpas ritualmente (como Jinga faria mais tarde), acreditando que esses adereços os protegiam de doenças.[80] Acreditava-se que os principais curandeiros que davam assistência à corte e às capitais provinciais tinham a capacidade de entrar em contato com governantes falecidos, que provavelmente possuíam os sacerdotes e falavam através deles em tempos de crise política. Em 1586, um nobre de Ndongo capturado desculpou a perda da importante província de Ilamba com relatos de uma visão desse tipo. Ele alegou que os soldados fugiram aterrorizados dos portugueses devido a "uma mulher de muita autoridade que viram no céu, acompanhada por um velho com uma espada de fogo na mão".[81] A veneração de guerreiros mortos também era um elemento central da prática religiosa de Ndongo. Os soldados vitoriosos faziam túmulos dos esqueletos e crânios de camaradas mortos no local das batalhas.[82] O sacrifício humano talvez tenha também aumentado durante o reinado de Kasenda, pois quando ele morreu, em 1592, várias pessoas foram mortas e enterradas com ele.[83]

Durante seu reinado, Kasenda promoveu as tradições e os rituais religiosos de Ndongo, talvez como contrapeso às facções da corte que aderiram ao cristianismo e aos portugueses. Isso talvez explique por que ele enviou seu principal representante religioso, em vez de seu *tendala* (a principal autoridade administrativa da corte), para supervisionar a visita de Dias de Novais e dos jesuítas em 1575. Quando suas suspeitas sobre os motivos dos portugueses aumentaram, Kasenda não hesitou em agir contra os cristãos africanos e europeus em sua corte. Em 1580, quando deu a ordem de matar quarenta portugueses em Kabasa, também aprovou o assassinato de mil escravos cristãos de Ndongo que estavam por lá negociando em nome dos portugueses.[84]

A situação dos gangas e de outros profissionais religiosos era paradoxal. Embora fossem alvos de ataque, a liderança de Ndongo — até mesmo membros que se tornaram aliados dos portugueses — punha grande fé na eficácia desses sacerdotes tradicionais, nos rituais que supervisionavam e nos conselhos que davam. Em 1581, um chefe provincial que se tornara aliado dos portugueses e planejara assassinar Kasenda pediu a proteção de seus sacerdotes antes de atravessar o rio para um encontro com Dias de Novais.[85] Em 1588, Kafuxi ka Mbari, outro senhor de Ndongo que era inicialmente aliado dos portugueses, pôs a culpa de suas perdas militares na ausência de chuvas.[86] Para melhorar suas chances, convocou "seus sacerdotes chamados *gangas* em todas as suas terras" para realizar as cerimônias necessárias.[87]

Os rituais que os gangas e outros líderes espirituais praticavam eram considerados vitais para o sucesso nas guerras e em outras ocasiões importantes. Nenhum rei ou chefe provincial realizava um evento público importante sem incluir profissionais religiosos em sua comitiva. Eles também estavam presentes nas cerimônias religiosas realizadas a cada cinco dias após a morte de um governante provincial, nas quais criados pessoais poderiam ser enterrados com seus senhores.[88]

Desde o início de seu governo, Kasenda ouvia o conselho de seus orientadores religiosos. Em 1585, por exemplo, mandou sua mãe e "muitos gangas homens e mulheres" para proteger seu exército.[89] Mas seu governo não teve um final feliz. Anos mais tarde, ele foi aclamado por fortalecer Ndongo e prevalecer contra chefes provinciais e membros de linhagens rivais que se aliaram aos portugueses.[90] Mas Kasenda percebeu que suas guerras e seus sacerdotes falharam a expulsar os invasores. Incapaz de aceitar que as conquistas portuguesas o deixaram com apenas uma fração do reino que herdara, ele abandonou a luta e recuou para Kabasa. Em seus últimos anos de vida, viveu com a ignomínia de uma cidade portuguesa em expansão na costa e fortes portugueses permanentes que controlavam a maioria do povo e das terras que anteriormente estavam submetidos ao seu poder.[91] Kasenda morreu em 1592, quando Jinga se aproximava dos dez anos. Embora o filho e o neto que sucederam a ele tenham continuado a tradição das guerras e da resistência, seria sua neta Jinga quem finalmente teria sucesso em resistir aos portugueses.

# 2.
# Crise e a ascensão de Jinga

Depois da morte de Kasenda, em 1592, dois outros parentes de Jinga assumiram o poder antes que ela se tornasse rainha, em 1624. O primeiro foi o filho de Kasenda, Mbande a Ngola (que reinou entre 1592 e 1617), e o segundo foi seu neto, irmão de Jinga, Ngola Mbande (entre 1617 e 1624). Durante esse período, o reino viveu em crise. As batalhas contra os portugueses continuaram, mais e mais pessoas foram capturadas pelo crescente tráfico de escravos, e o reino sofreu fraturas internas. As repetidas tentativas diplomáticas fracassaram, enquanto o cristianismo começava a fincar pé.

## O reinado conturbado de Mbande a Ngola

Mbande a Ngola já era um homem maduro e chefe de uma grande família quando foi escolhido para ser o sucessor de Kasenda. Sua família era composta de uma esposa principal, filha de um poderoso chefe provincial, e numerosas concubinas e filhos. Seu filho mais velho era filho da esposa principal, mas ele tinha quatro filhos de sua concubina favorita, Kengela ka Nkombe. Desses quatro, o mais velho era Ngola Mbande, e havia três filhas mais novas: Jinga (com dez anos quando seu pai assumiu o poder), Kambu e Funji.

Quando se tornou o governante de Ndongo, Mbande a Ngola enfrentou obstáculos formidáveis em quase todas as frentes, tanto de seu próprio povo como dos portugueses. Dois de seus meio-irmãos contestaram a legitimidade de sua eleição, assim como muitos ambundos que viviam em regiões conquistadas pelos portugueses. Para se tornar um governante efetivo, ele precisou encarar a dupla tarefa de demonstrar que era capaz de recuperar o controle sobre a economia, agora dominada pelo tráfico de escravos, ao mesmo tempo que dava continuidade à resistência aos portugueses.

Não restava dúvida de que os portugueses tinham superioridade militar e a resistência a eles era extremamente difícil. Durante todos os 25 anos de seu reinado, Mbande a Ngola ou seus aliados empreenderam lutas contra os portugueses. Seu primeiro teste ocorreu em 1593, quando uma força mista composta por soldados portugueses e os exércitos de 26 sobas aliados invadiram e controlaram temporariamente o distrito produtor de sal de Kissama, que também abrigava o tesouro do rei. Em outra campanha levada a cabo pouco depois, as forças unidas de Portugal e Ndongo cercaram o exército de Mbande a Ngola e em quinze dias avançaram por cerca de 450 quilômetros de território sob seu controle, dizimando grande parte da população.[1]

As forças portuguesas sofreram uma grande derrota em 1594, nas mãos de Kafuxi ka Mbari, um poderoso soba que controlava uma região ao sul de Kissama, próxima de Cambambe. Ali, centenas de portugueses e cerca de quarenta mil de seus aliados africanos perderam a vida.[2] Mas as forças conjuntas logo contra-atacaram e os ataques violentos aos sobas leais a Mbande a Ngola foram implacáveis ao longo de 1595 e 1596.[3]

O fracasso dos assaltos militares de Mbande a Ngola contra os portugueses devia-se, em parte, à oposição que ele enfrentava de membros da corte que não apoiaram sua eleição. As alianças nem sempre eram fáceis de obedecer ou prever, e Kafuxi era um dos vários sobas que se opunham tanto aos portugueses como a Mbande a Ngola. A façanha militar de Kafuxi aumentou sua popularidade entre os outros sobas e confirmou sua condição de ameaça direta ao *ngola*. Mbande a Ngola temia que o povo pudesse depô-lo se acreditasse que Kafuxi poderia defendê-los melhor contra os portugueses.

Os avanços portugueses continuaram, no entanto, resultando na derrota de Kafuxi e de outros sobas poderosos e na construção de um novo forte em Cambambe, junto ao rio Kwanza. Em 1603, os portugueses, sob o comando do governador Manuel Cerveira Pereira, invadiram Cambambe, a cerca de oitenta quilômetros de Kabasa, em busca de supostas minas de prata.[4] Apesar de Mbande a Ngola ter "entrado em campo com todo o seu poderio", não conseguiu deter o avanço português. Cambambe era uma província central, cujo soba se recusara a reconhecer a soberania portuguesa. Incapaz de suportar o ataque português, ele fugiu. O governador Pereira decapitou o soba que Mbande a Ngola enviou para substituí-lo, pôs em seu lugar um soba mais submisso e construiu um forte, que guarneceu com 250 soldados.[5]

A crise política que Mbande a Ngola enfrentava em Cambambe foi agravada quando os portugueses conquistaram, ainda no mesmo ano,

Museke, uma província próxima antes governada por seu sogro. Essas perdas consecutivas levaram a uma debandada, pois os sobas independentes transferiram publicamente sua fidelidade para os portugueses.[6] A sucessão de derrotas também levou Mbande a Ngola a procurar melhorar as relações com o governador Pereira, mas, como veremos mais adiante neste capítulo, essa tentativa de diplomacia não gerou frutos.[7]

Outra ameaça para o *ngola* vinha dos imbangalas, bandos de jovens mercenários conhecidos por seu comportamento violento e sectário (incluindo o canibalismo), que se aliaram aos portugueses. Os imbangalas já haviam invadido territórios ao sul de Ndongo e destruído as terras de um tio de Mbande a Ngola, na província de Tunda.[8] A invasão que fizeram nas terras de Kafuxi em 1607 aniquilou qualquer esperança que o *ngola* pudesse nutrir de recuperar os territórios conquistados pelos portugueses. A aliança foi uma dádiva para os europeus, pois possibilitava que colhessem os benefícios da destruição de Ndongo pelos imbangalas, tais como escravos capturados entre o grande número de refugiados, terra e sobas dispostos a trocar sua fidelidade a Ndongo por Portugal.[9] Embora Mbande a Ngola e seus aliados provinciais independentes restantes continuassem a ter escaramuças esporádicas com os portugueses, Ndongo praticamente entrou em colapso.[10]

A longa espiral descendente que acabaria por culminar na morte de Mbande a Ngola começou em 1611, quando o exército português, apoiado por aliados ambundos locais e bandos de imbangalas, realizou campanhas sucessivas nas áreas a leste de Cambambe e destruiu seus antigos aliados nas regiões norte e sul. No entanto, restaram bolsões de resistência. Um relatório de 1612 ao rei de Portugal identificava várias províncias em que "inimigos poderosos" controlavam "grandes territórios". Além disso, dizia o mesmo relatório, os governantes provinciais ao sul do rio Longa e ao redor do forte português de Muxima perturbavam as alianças comerciais e políticas feitas entre os portugueses e a província de Hari, anteriormente uma região central de Ndongo, e impediam o acesso fácil ao comércio de regiões além de Ndongo, como Matamba e Tunda. Mbande a Ngola ainda impunha algum respeito, mesmo entre aqueles sobas que haviam sido integrados pela força à colônia portuguesa de Angola. Incomodados tanto pelos saqueadores portugueses que roubavam as provisões da população como pelas exigências excessivas de escravos e soldados para o exército e para os fortes portugueses, alguns sobas começaram a se rebelar, preferindo aliar-se ao rei de Ndongo, que só exigia tributo uma vez por ano.[11]

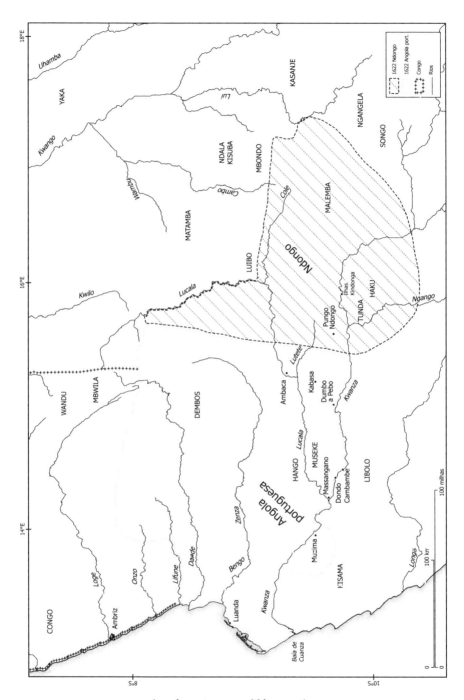

Angola portuguesa e Ndongo, 1622.

Não obstante, o relógio não podia voltar atrás; o Estado de Ndongo que Mbande a Ngola herdara era coisa do passado. As batalhas que ele e seus poucos aliados continuaram a travar contra os portugueses nunca alcançaram a escala — ou o êxito — de confrontos anteriores. Nos últimos anos de seu reinado, ele não conseguiu reunir os milhares de soldados necessários para defender o reino. O apoio a Mbande a Ngola continuou a diminuir à medida que os portugueses construíam mais fortes em terras dos governantes provinciais restantes. Em 1614, um relatório do governador português Bento Banha Cardoso informava que a colônia de Angola estava em paz e que ele construíra uma fortaleza em Hango, onde os dois sobas mais poderosos e alguns menores "prestaram obediência".[12] Em outro relatório datado de um ano depois, Cardoso contava que um grande número de sobas tinha sido forçado a se submeter aos portugueses graças a guerras com os imbangalas. Nesses territórios conquistados, cada soba era agora obrigado a enviar tributo a um senhor português designado. Tratava-se evidentemente do tributo que antes era enviado a Mbande a Ngola.[13]

## Crescimento do tráfico de escravos

A expansão do tráfico de escravos, iniciada e controlada pelos portugueses, representou um grande obstáculo para a recuperação do poder de Mbande a Ngola sobre as províncias tributárias que perdera.[14] A complexa estrutura social que caracterizava a sociedade local dá uma ideia de como o tráfico de escravos solapou a independência de Ndongo. Precisamos retroceder no tempo por um momento para entender como o tráfico evoluíra nas décadas anteriores. Como em outros lugares da África, a sociedade de Ndongo era composta por indivíduos livres e não livres. Os indivíduos sem liberdade pertenciam a duas categorias: os *kijikos*, que ocupavam uma posição semelhante à dos servos europeus — eram herdados da terra e considerados patrimônio estatal —, e os *mubikas*, que eram escravos no sentido tradicional — descendentes de cativos de guerra, comprados nas feiras locais, ou de alguma forma convertidos em propriedade do rei ou de um líder provincial ou territorial.[15] A posição social dos *kijikos* era um pouco ambígua: em alguns períodos, podiam ser vendidos como escravos, e em outros, não. Já em 1565, o padre Gouveia enumerava escravos entre os artigos que Ngola Kiluanje kia Ndambi estava mandando ao rei de Portugal.[16] Nos primeiros anos do governo de Kasenda, a categoria dos escravizados ampliou-se para incluir aqueles "escravos originados de outros que seus antepassados tomaram nas guerras [*kijikos*]", cativos recentes e criminosos condenados à morte. Todos estavam disponíveis para compra em feiras de Kabasa e nas províncias.[17] Depois de observar o funcionamento interno do tráfico de escravos em Ndongo no início da década de 1580, o padre jesuíta Baltasar Barreira concluiu que em nenhum outro país da África é possível "comprá-los de forma mais segura" do que em Angola.[18] Porém, era ilegal vender uma pessoa livre (ou às vezes um *kijiko*). Os mercados de escravos eram rigorosamente monitorados para verificar a legalidade de qualquer venda, e nenhum esforço era poupado para resgatar uma pessoa livre ilegalmente vendida para o cativeiro.

O comércio de escravos expandiu-se significativamente depois que Paulo Dias de Novais retornou a Ndongo em 1575, no primeiro ano do reinado de Kasenda. Um grande número de portugueses e seus auxiliares africanos foi a Kabasa para vender mercadorias em troca de escravos durante as guerras travadas após o retorno de Dias de Novais, de acordo com o frei capuchinho Gaeta, baseado em informações recolhidas em entrevistas realizadas quase um século depois.[19] Com efeito, estima-se que os cinquenta mil escravos que foram enviados de Angola para o Brasil entre 1575 e 1578 tinham vindo em grande parte do tráfico de escravos de Ndongo.[20] A cada batalha vitoriosa, centenas de milhares de *kijikos* e *mubikas* eram entregues a jesuítas, capitães portugueses e outros favoritos, junto com o controle dos territórios conquistados. Muitas das campanhas militares de Dias de Novais contra Kasenda eram, na verdade, expedições de captura de escravos. Além disso, à medida que os portugueses obtinham o controle de um número cada vez maior de territórios, os colonos montavam exércitos privados e organizavam suas próprias expedições de pilhagem, escravizando moradores de aldeias, destruindo campos e deixando grandes extensões de terra despovoadas.[21] Em 1587, os próprios jesuítas controlavam nove sobas e sua gente nas terras que Dias de Novais lhes dera como propriedade privada. Isso rendia cerca de trezentos escravos por ano, que eram vendidos aos traficantes que os levavam para as Américas.[22] Entre 1579 e 1592, quando Kasenda morreu, mais de 52 mil escravos foram exportados de Ndongo.[23]

O tráfico de escravos proliferou durante o reinado de 25 anos de Mbande a Ngola, à medida que os portugueses conquistavam mais províncias. Em 1606, os mercadores portugueses já exportavam de Angola entre dez mil e treze mil escravos anualmente, um número que aumentou ainda mais depois que o exército português uniu forças com os imbangalas, em 1607.[24]

Os mercadores portugueses sediados em Luanda também enviaram um número crescente de seus escravos (*pumbeiros*) para as províncias para que agissem como negociantes em seu nome.[25]

Os conflitos entre Ndongo e os portugueses eram motivados frequentemente pelo uso de *kijikos* como escravos em suas fazendas ou a exportação deles para as Américas.[26] Por volta de 1616, muitas dessas batalhas podiam ser classificadas como guerras comerciais; uma investigação judicial daquele ano revelou que "o rei de Angola e outros poderosos sobas" atacavam as feiras para "roubar, matar e capturar o povo dos portugueses [isto é, os africanos] que servem lá".[27] Às vezes, Mbande a Ngola e seus sobas leais visavam os africanos que negociavam em nome dos portugueses. Após os ataques, os mercadores portugueses queixaram-se de que seus fortes corriam o risco de ser atacados e destruídos. Na verdade, o principal objetivo de Mbande a Ngola não era destruir essas posses portuguesas, mas recuperar o controle dos *kijikos* que os portugueses haviam capturado.[28]

No fim do reinado de Mbande a Ngola, suas campanhas contra as posições portuguesas representavam pouco mais do que incursões contra as feiras que os portugueses haviam montado em todo o Ndongo; desistir de sua reivindicação aos *kijikos* e *murindas* seria sinalizar o desaparecimento do reino. A resistência às reivindicações portuguesas à terra e aos dependentes marcaria a relação entre o filho e herdeiro de Mbande a Ngola e sua irmã Jinga. Enquanto isso, Mbande a Ngola tentaria uma conduta diferente em sua resistência aos portugueses: a diplomacia.

## Diplomacia, cristianismo e a queda de Mbande a Ngola

Tendo perdido a maior parte de seu reino e o apoio de muitos sobas, bem como o acesso ao tributo que lhe deviam, Mbande a Ngola decidiu tomar o caminho da diplomacia na relação com os portugueses. Parte dessa estratégia envolvia assegurar sua disposição de aceitar o batismo e permitir a entrada dos jesuítas no restante de suas terras. A diplomacia era sua única esperança, depois que reconheceu que não podia vencer seu adversário no campo militar ou econômico.

No entanto, ele fracassaria também nesse terreno. Esse fracasso fica aparente quando consideramos a propagação do cristianismo durante seu reinado. A Angola portuguesa naquela época incluía milhares de cristãos ambundos, mas eles se encontravam sobretudo nas províncias ocupadas pelos europeus, especialmente em Luanda e em torno dos fortes de Massangano e Cambambe. Os jesuítas ganharam a companhia dos franciscanos, muitos deles familiarizados com a língua e a cultura quimbundos, na conversão de um número crescente de ambundos. Atribuía-se a um único padre jesuíta a conversão de vinte mil ambundos na ilha de Luanda.[29]

Mas, apesar do número de conversões, os missionários não estavam satisfeitos com a versão do cristianismo praticada pelos ambundos. Um relatório de 1606 escrito por um padre jesuíta dizia que os chefes regionais ainda tinham muitas esposas (aparentemente centenas, algumas vezes), e os gangas (sacerdotes ambundos) ainda exerciam um poder significativo. Numa região que tinha dois mil cristãos, por exemplo, ainda havia "uma casa de muitos ídolos" repleta de estátuas de homens e mulheres, ossos de animais e coisas assim. Os missionários tinham de queimar esses santuários porque os ambundos acreditavam que quem tocasse nos ídolos morreria.[30] O próprio Mbande a Ngola confiava nos gangas ainda mais do que Kasenda. O cristianismo continuaria a se fundir com as ideias de espiritualidade dos ambundos até o fim do reinado de Mbande a Ngola.[31]

No âmbito da diplomacia formal, as tentativas de Mbande a Ngola também fracassaram, desde a primeira, em 1599. Esgotado pelas guerras, ele enviou embaixadores a Luanda para negociar um tratado de paz e anunciar seu desejo de abraçar o cristianismo. Para demonstrar seu comprometimento, ofereceu algumas crianças nobres aos portugueses. Os jesuítas ensinaram cristianismo a esses reféns enquanto aguardavam uma resposta das autoridades europeias.[32] (Não há registro de uma resposta.) Mbande a Ngola insistiu novamente na diplomacia em 1603, depois que as forças portuguesas derrotaram o poderoso soba Kafuxi ka Mbari e o forçaram a fugir. O *ngola* enviou a Luanda uma embaixada de cerca de quinze pessoas, entre elas parentes seus, com uma mensagem de paz. Seus emissários deixaram claro que o maior prazer de Mbande a Ngola seria que os portugueses lhes devolvessem suas terras, mas, se isso não fosse possível, ele esperava que ficassem satisfeitos com suas conquistas territoriais até então. No mínimo, ele desejava conservar de "sua cidade real [Kabasa] até o nosso forte em Cambambe". Por fim, os emissários reiteraram a afirmação de Mbande a Ngola de que ele sempre desejara e "ainda deseja ser cristão".[33]

Essa abordagem também não deu em nada; os vários dirigentes que governaram a Angola portuguesa continuaram guerreando contra Mbande a Ngola, ignorando as diretrizes das autoridades reais de Lisboa e da Espanha para que fizessem a paz com Ndongo e evitassem a guerra em favor da conversão do *ngola* e dos sobas.[34] Em vez disso, os portugueses, em aliança com os mercenários imbangalas, capturaram centenas de milhares de ambundos, que foram exportados para as Américas ou transferidos para plantações controladas por soldados portugueses e pela Igreja.

Em 1607, Mbande a Ngola ficou tão frustrado com os ataques incessantes que prendeu um diplomata português que fora enviado a Ndongo, alegando que o ex-governador Manuel Cerveira Pereira fizera "guerra contra ele sem causa".[35] Os ataques continuaram, embora Francisco Correia da Silva, nomeado governador em 1611 (sem entretanto chegar a assumir o posto), recebesse ordens de fazer tudo ao seu alcance "para fazer as pazes com o rei de Angola a fim de que ele concordasse em se converter à nossa santa fé".[36]

Em 1612, a situação em Ndongo já era caótica. Províncias que os portugueses haviam conquistado estavam em rebelião aberta. Os constantes saques, assassinatos e roubos minavam qualquer possibilidade de relações pacíficas entre Mbande a Ngola e os portugueses.[37] Restavam poucos vassalos de quem o rei poderia exigir tributo e ele havia perdido milhares de *kijikos*, que estavam trabalhando como escravos nas plantações portuguesas ao longo do rio Kwanza e em outros lugares.[38] Bento Banha Cardoso, governador de 1611 a 1615, ergueu mais um forte perto da capital de Ndongo, numa demonstração inconfundível do poder português. Acima de tudo, Mbande a Ngola perdera a boa vontade de muitos dos poderosos sobas restantes. Em 1616, quando o rei Filipe III emitiu novas diretrizes ao governador Manuel Cerveira Pereira (em seu segundo mandato), Mbande a Ngola estava desesperado.[39]

As ordens oficiais do rei ao governador eram claras. Ele deveria negociar uma paz que forçasse Mbande a Ngola a submeter-se ao rei português e convencer os sobas ainda fiéis a ele a "concordar em ter nossa fé em seu reino". A situação em Ndongo, no entanto, não abria espaço para a diplomacia.[40] Mbande a Ngola nunca se encontrou com o governador. Ele já havia perdido consideráveis terras e súditos que pagavam tributo.[41] Vários senhores provinciais foram executados publicamente ou encarcerados, e oitenta sobas foram integrados à força ao reino português de Angola.

A posição de Mbande a Ngola já estava debilitada quando Kakulu ka Hango, o importante soba de Hango (local do novo forte dos invasores), se tornou o oponente mais poderoso dos portugueses. Muitos *kijikos* e sobas descontentes fugiram das áreas controladas por Portugal para juntarem-se à sua revolta. Porém, o governador Pereira esmagou rapidamente a rebelião, restaurando a autoridade portuguesa e entregando aos soldados e funcionários portugueses todos os *kijikos* e outros ambundos que haviam participado da resistência.[42]

Foi outra perda embaraçosa para Mbande a Ngola. Seu prestígio entre os senhores independentes remanescentes quase desapareceu e seus inimigos começaram a tramar a vingança. Esses inimigos eram nobres que haviam contestado a designação de seu pai Kasenda para rei. No início de 1617, eles convenceram Mbande a Ngola a enviar reforços para auxiliar as forças que lutavam contra um chefe provincial que se rebelara contra ele. O *ngola* aproveitou essa chance de reconstruir sua reputação manchada e acompanhou a coluna de auxílio até o rio Lucala, onde as forças estavam supostamente encurraladas. Mas a informação era falsa. Ao se aproximar do rio, ele foi emboscado por seus próprios homens e assassinado.[43] Apesar dessa traição, seu funeral esteve à altura do de seus antepassados mais ilustres, repleto de "luto e sacrifícios apropriados".[44]

A morte súbita de Mbande a Ngola deixou um Ndongo muito reduzido, uma nobreza dividida e nenhum sucessor designado. Os meses que se seguiram ao enterro testemunharam banhos de sangue e intrigas políticas inacreditáveis, enquanto as várias facções lutavam pelo controle do reino.

### As batalhas perdidas de Ngola Mbande

Como acontecera durante a ascensão de Kasenda ao trono, cerca de 45 anos antes, as disputas pela sucessão após a morte de Mbande a Ngola foram um processo confuso que envolveu autoridades da corte responsáveis pela escolha do próximo rei, os filhos e parentes da esposa e da concubina principais do rei morto e aspirantes de linhagens elegíveis que ainda ocupavam posições importantes nas províncias centrais. Esse caos na corte implicava que qualquer pessoa que pudesse mobilizar apoio suficiente — fosse um dos filhos de Mbande a Ngola, fosse um membro de uma linhagem elegível — assumiria o controle da capital. Ngola Mbande, filho da concubina favorita de Mbande a Ngola e irmão de Jinga, Funji e Kambu, acabou vencendo a disputa. Após a morte do pai, ele imediatamente mobilizou seus partidários em Kabasa, que concordavam com seu argumento de que seu meio-irmão mais velho, filho mais velho da esposa principal de seu pai e,

51

portanto, herdeiro legítimo de acordo com as regras de descendência dos ambundos, era inelegível para herdar o reino porque sua mãe fora condenada por adultério e presa.[45] Ngola Mbande fez seus partidários proclamarem-no rei antes que muitos dos eleitores tradicionalmente envolvidos na seleção do rei chegassem a Kabasa.

Para consolidar sua posição, Ngola Mbande desencadeou um banho de sangue contra rivais em potencial. Seu meio-irmão, a mãe dele, presa, e todos os irmãos dela foram assassinados em pouco tempo. Passou então a matar membros proeminentes da corte, inclusive o *tendala* (o principal funcionário administrativo) e outras autoridades da corte junto com suas famílias.[46]

As próprias irmãs de Ngola Mbande não escaparam de sua ira, embora tenha poupado a vida delas. Ele tinha uma rivalidade de longa data com Jinga, que estava agora com 35 anos. Durante a infância e a juventude deles, ela fora a favorita de seu pai, e consta que superava o irmão em aptidão mental e habilidade militar.[47] Numa tentativa de garantir sua sucessão, Ngola Mbande matou primeiro o filho recém-nascido de Jinga com um de seus muitos concubinos. Então, segundo os relatos dos aliados dela, colhidos anos depois, mandou esterilizar Jinga e suas duas irmãs mais moças: óleos combinados com ervas foram jogados "ferventes na barriga de suas irmãs, de modo que, de choque, medo e dor, elas seriam para sempre incapazes de dar à luz".[48] Não há registro de testemunhas oculares desse fato, mas é sabido que Jinga e suas irmãs não deram à luz nenhum filho depois de 1617. Ngola Mbande, no entanto, casou-se e teve um filho que acreditava que lhe sucederia no poder. Além disso, teve muitos filhos com suas numerosas concubinas como meio de aumentar a população sob seu controle direto. Como era costume, as concubinas vinham de regiões fora de Kabasa, garantindo assim que suas linhagens pagassem tributo em tempos de paz e fornecessem unidades militares durante a guerra.[49]

Ao cometer fratricídio e vários outros crimes para garantir a liderança de Ndongo, Ngola Mbande seguia os passos de seus antepassados imediatos. No entanto, ele desprezou suas estratégias militares e domésticas, de acordo com histórias coletadas pelo missionário capuchinho Giovanni Antonio Cavazzi, que mais tarde viveu na corte de Jinga.[50] Ngola Mbande procurou inspiração em líderes mais antigos em seus esforços para restaurar a antiga glória do reino. Uma de suas primeiras medidas foi ir além dos partidários de Kabasa que haviam arquitetado sua eleição e tentar aumentar o número de *kijikos* em terras estatais longe da capital. Ao lidar com os portugueses, rejeitou a diplomacia; em vez disso, reuniu um grande exército e avançou contra as posições portuguesas assim que assumiu o poder.[51]

Infelizmente para Ngola Mbande, os portugueses também estavam revisando sua estratégia para lidar com Ndongo. O novo governador Luís Mendes de Vasconcelos, durante seus quatro anos de mandato, realizaria campanhas militares maciças que culminariam com o saque da capital Kabasa e a captura de milhares de escravos. Quando chegou a Luanda no verão de 1617, pouco depois de Ngola Mbande assumir o poder, Mendes de Vasconcelos tinha planos grandiosos para conquistar não só Ndongo, mas todos os reinos até Moçambique, passando em torno do cabo da Boa Esperança, no extremo sul da África. Planejava financiar esse enorme empreendimento militar com a captura e venda de africanos para o tráfico de escravos. Assim como Ngola Mbande inspirou-se nos fundadores de Ndongo, Mendes de Vasconcelos reverenciou seus predecessores, os primeiros conquistadores, como Dias de Novais, que precipitaram o declínio de Ndongo.[52]

Não demorou para que Mendes de Vasconcelos pusesse em ação seu plano de reunir uma enorme força de combate, sem tolerar nenhuma dissensão entre seus compatriotas: prendeu, matou ou afastou os funcionários portugueses em Luanda e nos fortes que se opuseram a ele. Aproximou-se também de funcionários ambundos descontentes, muitos dos quais se submeteram voluntariamente à sua autoridade.[53] Em poucos meses, Mendes de Vasconcelos reuniu um grande exército composto por colonos portugueses e seus escravos, soldados, bandos de imbangalas, sobas ambundos e ambundos livres. Sob o disfarce de atacar um dos poucos sobas poderosos ainda aliados de Ngola Mbande, o exército, em vez disso, marchou para o forte de Massangano, um ponto de parada no caminho para Kabasa, destino final de Mendes de Vasconcelos. O governador português contava com o apoio de um soba de uma linhagem concorrente à de Ngola Mbande, que não só prometeu levar os próprios soldados como permitiu que as tropas portuguesas passassem por suas terras.[54]

O exército de Mendes de Vasconcelos encontrou resistência no caminho para Kabasa. Muitos sobas poderosos de Museke, onde Ngola Mbande e sua irmã Jinga ainda gozavam de forte apoio, se envolveram em batalhas sangrentas contra as tropas portuguesas. Mendes de Vasconcelos retaliou brutalmente, promovendo decapitações em massa. Apesar disso, ou mais provavelmente por causa dessa brutalidade, os sobreviventes desses massacres mantiveram seu apoio a Ngola Mbande e, mais tarde, a Jinga, quando ela se tornou rainha.[55]

A resistência desses sobas não foi suficiente para barrar o exército de Mendes de Vasconcelos e, entre o fim de 1617 e o início de 1618, com o apoio de grandes contingentes de forças imbangalas, ele chegou à capital tradicional dos governantes de Ndongo, no coração do reino, após destruir todas as aldeias no caminho de Massangano a Kabasa. As forças de Ngola Mbande foram subjugadas e o rei escapou por pouco com alguns membros de sua casa, fugindo para suas terras mais a leste. O exército encontrou casas bem conservadas, construídas com materiais locais e decoradas com elaboradas imagens da flora e da fauna da região. Houve destruição em grande escala na cidade. Um funcionário português relatou que os imbangalas "capturaram, mataram e comeram milhares de pessoas, derrubaram palmeiras e destruíram tudo ao seu alcance".[56] Além disso, centenas de sobas que tinham evitado o domínio português até então foram forçados a submeter-se.[57] Os soldados também capturaram milhares de pessoas que não tiveram tempo de escapar, inclusive os *kijikos* que Ngola Mbande usava para cultivar terras estatais. Mandaram um recado para Ngola Mbande avisando que ele devia comparecer perante Mendes de Vasconcelos para discutir as condições da paz. Ele não apareceu e o governador respondeu deslocando o forte que Bento Banha Cardoso havia construído em 1611, em Hango, para Ambaca, um lugar distante um dia de viagem de Kabasa.[58] Agora, três fortes portugueses cercavam as áreas centrais de Ndongo: Ambaca, Massangano e Cambambe, localizados na província de Museke, entre 75 e 95 quilômetros de Kabasa.[59]

A violência estava longe de acabar. Forçado a retornar a Luanda para se recuperar de uma doença, o governador Mendes de Vasconcelos entregou o controle do exército a seu filho de dezenove anos, João, que continuou a carnificina e invadiu as terras de Kaita ka Kabala, o principal aliado de Ngola Mbande, e o executou junto com 94 sobas.[60] Nos dois anos seguintes, 1618 e 1619, João Mendes de Vasconcelos atacou implacavelmente as regiões vizinhas, inclusive Matamba, fortalecido pela participação dos imbangalas e de um grupo de quatro mil cristãos ambundos que haviam "se tornado jagas [imbangalas]".[61]

O choque dos ataques a Kabasa teve o efeito de reforçar o ânimo de Ngola Mbande. Entre 1619 e 1621, ele reocupou Kabasa após a retirada de João Mendes de Vasconcelos, enviou emissários a Luís Mendes de Vasconcelos para negociar um tratado de paz e montou novamente um exército. Suas tropas sitiaram o forte de Ambaca e atacaram os sobas leais aos portugueses.[62]

Ngola Mbande assediou sem cessar os fortes portugueses e os sobas, mas travava uma batalha perdida. Em um caso, suas forças atacaram Ambaca, mas foram derrotadas pelos aliados imbangalas dos portugueses. Após o cerco, Luís Mendes de Vasconcelos convocou uma reunião pública de todos os sobas rebeldes, supostamente para proporcionar-lhes um fórum no qual pudessem manifestar suas queixas. Em vez disso, "cortou a garganta" daqueles que considerava culpados de deslealdade.[63]

Em 1621, as forças de João Mendes de Vasconcelos atacaram Kabasa pela segunda vez.[64] Embora Ngola Mbande tenha conseguido escapar, os que o cercavam não tiveram tanta sorte. Muitos de seus principais partidários foram mortos, e os portugueses chegaram muito perto de sua casa, capturando sua esposa principal, sua mãe, suas duas irmãs mais moças, Funji e Kambu, e vários membros da corte.[65]

Ngola Mbande refugiou-se nas ilhas Kindonga, a montante do rio Kwanza, que pertenciam aos reis de Ndongo desde a época da fundação do reino. Depois reapareceu na região vizinha de Haku, onde reconstituiu suas forças na forma de um exército de guerrilha. Seus guerrilheiros atacaram fortalezas portuguesas, enquanto seus emissários davam continuidade às tentativas de negociar um tratado de paz com Luís Mendes de Vasconcelos.[66] Ngola Mbande disse que concordaria com os termos do tratado depois que os portugueses libertassem os membros de sua família. Em troca, prometia permanecer em termos amistosos com os portugueses, devolver os ambundos que se juntaram a ele e libertar outros escravos.[67]

Em quatro anos de luta, Luís Mendes de Vasconcelos arrebanhou um total de 190 sobas sob o controle direto português.[68] Mais da metade desses homens — 109, para ser preciso — foi subjugada durante as campanhas lideradas pelos filhos de Mendes de Vasconcelos, e cada um deles teve de pagar quatro escravos ao rei português.[69] Além disso, o governador impôs a Ngola Mbande um tributo de cem escravos anuais e ordenou aos senhores provinciais e seus *kijikos* que também pagassem tributos e impostos.[70] Por fim, Mendes de Vasconcelos tentou instalar um novo rei no lugar de Ngola Mbande, um homem chamado Samba Atumba, que assumira o nome cristão de Antônio Carreira.[71] Porém, a população recusou-se a reconhecê-lo como rei.

Em 1621, ao mesmo tempo que negociava a libertação da esposa, da mãe, de suas irmãs e outros prisioneiros, Ngola Mbande fazia uma aliança com Kassanje, um líder imbangala que tinha forjado uma aliança com Donga, outro líder imbangala.[72] Os dois haviam se posicionado anteriormente ao lado dos portugueses, mas estavam descontentes. Kassanje já havia logrado Mendes de Vasconcelos antes: quando era aliado do governador, fugira com um butim dos portugueses, bem como com um grande número de *kijikos* e milhares de ambundos livres.[73] Essas novas alianças com os imbangalas melhoraram a posição de Ngola Mbande, pois um número cada vez maior de ambundos se juntou ao movimento de resistência. Ngola Mbande estreitou ainda mais sua conexão com os imbangalas ao entregar seu filho e herdeiro ao líder deles, Kasa, para treinamento militar. Ngola Mbande continuou a representar uma grande pedra no caminho da penetração militar e econômica portuguesa em Ndongo.[74]

Embora ele continuasse a ser uma ameaça, os portugueses obtiveram grandes ganhos. As campanhas realizadas por Luís Mendes de Vasconcelos e seus filhos levaram a presença militar e administrativa portuguesa às principais regiões de Ndongo pela primeira vez. Em dezembro de 1620, como parte da cerimônia jesuíta de beatificação de são Francisco Xavier em Luanda, Mendes de Vasconcelos montou um espetáculo para lembrar a todos de sua vitória militar sobre Ngola Mbande e os ambundos. A cerimônia teve música, poesia e esquetes cômicos, entre eles um apresentado por um anão que fora capturado nas guerras contra Ndongo. O anão, vestido com "uma túnica de veludo escarlate, sapatos brancos e boina multicolorida", fez o papel de bufão para o deleite dos espectadores portugueses.[75] Não é difícil imaginar quão humilhante este e outros espetáculos desse tipo de subserviência africana devem ter sido para os milhares de ambundos que os testemunharam ou ouviram falar deles.

O tráfico florescente de escravos, que dependia da conquista, sequestro e comercialização da população ambundo pelos portugueses, deve ter sido uma fonte ainda mais potente de vergonha e humilhação para o povo de Ngola Mbande. Durante os quatro anos de governo de Mendes de Vasconcelos, mais de 55 mil ambundos foram capturados e enviados como escravos para as Américas. Além disso, as autoridades portuguesas transferiram centenas de milhares de *kijikos* para colonos portugueses que passavam a usá-los como escravos em suas fazendas em expansão nas regiões férteis ao longo dos rios Lucala e Bengo, perto de Luanda, e nas aldeias ao redor de seus fortes. Milhares de outros ambundos foram capturados pelos imbangalas, que haviam arrasado grandes extensões de território. Os refugiados dessas guerras às vezes aderiam aos atacantes imbangalas, criando um caos ainda maior.[76]

Não vendo nenhuma opção militar para restaurar seu reino, Ngola Mbande voltou-se de novo para a diplomacia, como muitos de seus antecessores haviam feito. Os obstáculos que teve de superar foram tremendos. Ele precisava não apenas persuadir os portugueses a acabar com suas campanhas contra ele e remover o forte de Ambaca, mas também reafirmar o controle sobre as partes de Ndongo que ainda eram independentes e recuperar o acesso às terras e *kijikos* que os portugueses haviam tomado.

### Jinga abre suas asas

O momento para negociações ocorreu quando um novo governador, João Correia de Sousa, substituiu Luís Mendes de Vasconcelos, em outubro de 1621. Assim que soube de sua chegada a Luanda, Ngola Mbande decidiu designar sua irmã afastada Jinga para chefiar uma delegação encarregada de negociar a paz. Havia muitos anos que Jinga vivia no reino de Matamba, a leste de Ndongo. Embora soubesse que ela nunca o havia perdoado por assassinar o filho e ordenar a esterilização dela e de suas irmãs, Ngola Mbande sabia que ela nutria ambições políticas, tinha seguidores fiéis em algumas facções importantes de Ndongo e, como ele, estava decidida a reconstruir o reino e limitar o avanço português. Jinga também estava fazendo um jogo político com o irmão, pois sabia que a aceitação dessa missão melhoraria sua posição entre as lideranças de Ndongo.[77]

Ngola Mbande não poupou despesas para montar uma delegação impressionante. Jinga e seu grupo partiram de Kabasa com uma grande escolta militar, músicos, escravos para presentear o governador e "muitos pajens e atendentes" para cuidar do bem-estar de Jinga. Mais importante do que os "vários privilégios e gentilezas" que Ngola Mbande concedeu a Jinga antes de partir, ele a honrou com um novo título, Jinga Bande Gambole: Jinga Mbande, enviada oficial.[78] Desse modo, estava autorizada a negociar em nome de Ngola Mbande. Além disso, deu a ela permissão para submeter-se a um batismo público — um elemento crucial de negociação para os portugueses — se acreditasse que seria para o benefício de Ndongo.[79]

Ngola Mbande não poderia ter selecionado um emissário melhor. Jinga, o primeiro membro da família real de Ndongo a visitar Luanda, partiu para a cidade à frente do que deve ter sido a maior delegação oficial da África Central a viajar pelas regiões de Ndongo conquistadas pelos portugueses. Com efeito, a chegada de sua delegação à entrada da cidade tornou-se o principal tema de conversa da população ambundo e dos portugueses. Os registros portugueses contêm numerosos relatos de sua chegada, mas Jinga também deixou seu próprio relato, que sobreviveria na memória popular séculos depois de muitos registros oficiais terem sido perdidos.

O tratamento concedido a Jinga e sua comitiva pelo governador Correia de Sousa indica que os portugueses consideravam Ngola Mbande o principal poder africano na região. Uma escolta militar portuguesa acompanhou a delegação até a praça principal de Luanda, onde foi recebida por toda a elite administrativa, comercial e religiosa da cidade. A delegação recebeu uma elaborada saudação militar, que incluiu salvas de artilharia e mosquetes, e uma serenata com música tocada com instrumentos europeus e ambundos.[80] E, o que talvez tenha sido mais significativo, o governo português abrigou o grupo e pagou todas as suas despesas.[81]

Em sua primeira audiência oficial com o governador e seu conselho, Jinga prometeu que Ngola Mbande viveria em paz com os colonos, devolveria escravos que os portugueses reivindicavam como deles, mas que haviam fugido para suas fileiras, e cessaria os ataques militares. Ela explicou as ações agressivas de seu irmão contra os portugueses como imprudências juvenis. Por fim, Jinga prometeu que seu irmão abraçaria qualquer aliado dos portugueses. Ambos os poderes, enfatizou ela, se apoiariam mutuamente na luta contra inimigos comuns.[82]

Jinga opôs-se a uma das demandas portuguesas, recusando-se terminantemente a permitir que seu irmão pagasse tributo anual em escravos ao rei português. Outros governantes de províncias conquistadas haviam feito isso, mas Ngola Mbande não o faria. Tributos, argumentou ela, só poderiam ser impostos a alguém que tivesse sido conquistado. Jinga lembrou à sua plateia que Ngola Mbande não havia sido conquistado; ele era um rei soberano que buscava voluntariamente amizade com outro soberano, e concordar em pagar tributo equivalia a tornar-se escravo. Consta que ela teria dito: "Quem nasceu livre deve manter-se em liberdade e não se submeter a outros […] Pagar o tributo ao vosso rei […] seria tornar-se escravo em vez de livre".[83] Quando o governador e seu conselho questionaram o compromisso de Ngola Mbande com a paz, Jinga apelou para a última arma que tinha em seu arsenal: ofereceu-se para estudar o catecismo e outros elementos do cristianismo e ser batizada. Aos quarenta anos, ela participou de um opulento batismo público na igreja matriz de Luanda (um evento de que teremos mais detalhes no terceiro capítulo). Quando partiu de Luanda, Jinga havia obtido a garantia do governador de um tratado entre os portugueses e Ndongo.[84]

Batismo de Jinga em 1622. Antonio Cavazzi, *c.* 1668.

Jinga voltou triunfalmente a Kabasa no outono de 1622. Ngola Mbande comemorou publicamente os feitos da irmã, mas esse júbilo não duraria muito. Ao mesmo tempo que as negociações com os portugueses entravam numa nova fase, graças a Jinga, rompeu-se a aliança de Ndongo com o imbangala Kassanje que havia elevado a posição de Ngola Mbande junto ao seu povo; o rei e seus parentes, Jinga entre eles, foram forçados a fugir da capital. Mais uma vez, viram-se no esconderijo real das ilhas Kindonga, no rio Kwanza. Mas os portugueses estavam ansiosos para prosseguir as negociações e não deixaram a localização se interpor em seu caminho: antes de dezembro de 1623, o padre Dionísio de Faria Barreto foi até as ilhas para elaborar os termos que

Jinga havia negociado. A paz agora dependia da conversão de Ngola Mbande ao cristianismo e o subsequente retorno a Kabasa. Os portugueses prometeram que, uma vez cumpridas essas condições, expulsariam Kassanje e seus guerrilheiros da região, devolveriam os *kijikos* e os sobas que Mendes de Vasconcelos havia levado e mudariam o forte de Ambaca mais para o leste.[85]

Ngola Mbande concordou com os termos e iniciou o processo de batismo, aprendendo o catecismo com o padre Barreto e até mesmo concordando em desistir de suas muitas concubinas e de alguns costumes religiosos ambundos. Ele também voltou a Kabasa e parecia estar pronto para consolidar a nova relação com os portugueses.[86] Por um tempo, a segurança retornou a Ndongo e um relatório oficial otimista afirmava que "o rei de Angola foi mais uma vez reduzido à nossa amizade e as feiras de escravos já estão funcionando bem".[87]

A palavra *reduzido* é reveladora. Jinga, por seus próprios motivos políticos, capitalizou claramente a atitude desdenhosa dos portugueses que essa linguagem revela e começou a pressionar seu irmão a não aceitar o batismo cristão com que ele concordara. Segundo ela, seria uma afronta à tradição ambundo que proibia o rei de curvar a cabeça diante de um inferior. E, uma vez que o padre Barreto não era um português branco, mas um mulato com raízes ambundas, Jinga e Ngola Mbande não o consideravam somente inferior, mas seu escravo. Enquanto continuava a afirmar que estava se preparando para ser batizado, Ngola Mbande, sob pressão de Jinga, passou a crer que os custos políticos do batismo superavam os benefícios.[88] Se aceitasse o batismo na devida cerimônia pública, ele arriscaria descontentar muitos de seus partidários ambundos, que o admiravam precisamente por sua disposição de resistir aos portugueses.

Ademais, Ngola Mbande nutria uma desconfiança inabalável dos portugueses, a quem culpava por privar seu pai e ele próprio de suas terras e de seu povo. Considerando o que estava acontecendo na região em torno de Ndongo, sua desconfiança era bem fundamentada. Em 1623, o governador convencera vários sobas de uma região vizinha a ir a Luanda para se submeterem formalmente ao rei português. Quando eles apareceram, ele os sequestrou junto com gente do povo — 1211 pessoas ao todo — e os mandou como escravos para o Brasil. Além disso, distribuiu as boas terras que o grupo ocupava para soldados portugueses.[89] É provável que a notícia desse golpe tenha chegado a Ngola Mbande.

Para o rei de Ndongo, a crise era tanto pessoal como política. Ele passou a confiar cada vez mais em Jinga e não tomava nenhuma decisão sem a opinião dela. Ainda vacilante em relação ao batismo, enviou Jinga e suas duas irmãs a Luanda para obter do governador o compromisso de honrar os termos do tratado anterior.

Para Ngola Mbande, era de crucial importância que suas irmãs pressionassem o governador a cumprir a promessa de enviar tropas para desalojar Kassanje e seus guerrilheiros, que continuaram a brutalizar Ndongo.[90] Kambu e Funji foram batizadas durante essa visita, mas os portugueses adiaram a confirmação dos termos do tratado. Extremamente desconfiado, Ngola Mbande enviou outro grupo de emissários para defender sua posição perante o bispo Simão de Mascarenhas, o novo governador, que assumiu o cargo em agosto de 1623.

Ngola Mbande percebeu que os governadores e funcionários portugueses de Luanda não tinham intenção de cumprir seu lado do acordo. É fato que o governo enviou tropas contra Kassanje, mas, em vez de viajar pelo rio Lucala, como Ngola Mbande havia pedido, o comandante encaminhou-se por terra para o forte de Ambaca — o mesmo forte que os portugueses haviam concordado em mudar de lugar pelos termos do tratado.[91]

A reação de Ngola Mbande foi decisiva: ele se recusou categoricamente a ser batizado. Caiu então numa profunda depressão, semelhante à que seu pai Mbande a Ngola sofrera após as vitórias portuguesas em Museke.[92] Orgulhoso e desafiador até o fim, Ngola Mbande rejeitou a ajuda do padre Barreto e o obrigou a fugir. Ao contrário, confiou no tratamento dos curandeiros ambundos, que pediram ao seu deus para curá-lo.[93]

O tratamento não teve sucesso. Na primavera de 1624, Ngola Mbande morreu pouco depois de ingerir veneno que tomou voluntariamente ou, como alguns acreditaram, foi-lhe administrado por sua irmã. Antônio de Cadornega, o soldado-cronista português, escreveu que Jinga "o auxiliou a morrer com a ajuda de uma bebida envenenada".[94]

A morte de Ngola Mbande deixou um vazio que Jinga tratou de preencher imediatamente. Sua ascensão ao poder iniciaria um novo capítulo na história ambundo. A luta contra a agressão portuguesa devastara seu pai e seu irmão, que não conseguiram trazer de volta a antiga glória de Ndongo. Jinga, que herdou um reino que não passava de uma sombra daquele que ela conhecera em sua juventude, assumiu-o onde seu irmão o deixou, motivada pela perspectiva de reconstruir sua terra ancestral. Seu amor e respeito por seus antecessores e seu ódio pelos portugueses tornaram-se paixões intensas, impulsionando-a pelo resto da vida. Durante todo o seu reinado, de 1624 a 1663, Jinga trabalharia para reafirmar a hegemonia de Ndongo e limitar o poder português na região, objetivo que ela expressou pela primeira vez, de forma tão eloquente, em 1622, quando foi enviada para defender o irmão perante o governador João Correia de Sousa.

# 3.
# Uma rainha combativa

Antes mesmo da morte de seu irmão, Ngola Mbande, na primavera de 1624, Jinga já havia se posicionado para assumir a liderança de Ndongo e governá-lo de uma forma que lembrasse o país de sua juventude. Seu avô e seu pai — Kasenda e Mbande a Ngola, respectivamente — haviam controlado um vasto território que abrangia uma grande parte do norte da atual Angola, conquistando respeito e inculcando medo tanto em seus inimigos como em seus adeptos durante a maior parte de seus reinados. Seus exércitos eram poderosos e enormes. Os dois reis punham centenas de milhares de soldados em campo, mas também buscaram relações diplomáticas com os portugueses e vizinhos aliados quando as circunstâncias o exigiam. Sua riqueza pessoal vinha, em parte, dos tributos pagos à corte por numerosos chefes subordinados de Ndongo, bem como da renda obtida mediante o trabalho de centenas de milhares de servos e escravos que cultivavam as terras estatais. Kasenda e Mbande a Ngola complementavam essa renda com impostos que impunham às feiras locais, nas quais seus agentes operavam negociando escravos e outras mercadorias. Além disso, eles controlavam o acesso às rotas para as feiras nas regiões a leste de Ndongo, fora de suas fronteiras territoriais. Mas, além dessa riqueza, grande parte da posição excepcional de Kasenda e Mbande a Ngola decorria do poder espiritual que o povo de Ndongo acreditava que seus líderes possuíam. O avô e o pai de Jinga mantiveram-se fiéis às tradições dos ambundos, apesar dos avanços que o cristianismo proporcionara a bolsões da população de seu país. Os gangas conduziam rituais em todo o reino, reforçando a posição dos líderes. Não surpreende que Jinga aspirasse a recriar o Ndongo de sua infância. Mas, depois da morte de Ngola Mbande, pareceu que ela sonhava mesmo em superar as conquistas políticas e espirituais de seus predecessores.

## Juventude e educação militar de Jinga

Jinga destacou-se desde o dia de seu nascimento, em 1582, de acordo com histórias que ela e outros contaram muitos anos depois a Giovanni Antonio Cavazzi e Antonio Gaeta, seus biógrafos que viveram em sua corte. Rodeado por sacerdotes de Ndongo e outros assistentes, seu parto foi na posição que hoje chamamos de "virado", com o "rosto virado para cima", e, além disso, o cordão umbilical estava enrolado firmemente em torno de seu pescoço. Segundo as crenças dos ambundos, um bebê nascido desse modo não natural não teria uma vida normal, e a maneira como uma pessoa nascia previa seu caráter quando adulta. Seu pai, aludindo ao nascimento incomum, chamou a filha de Jinga, da raiz quimbundo *kujinga*, que significa "torcer, virar, envolver".[1] Os que estavam presentes em seu nascimento executaram devidamente os muitos rituais relativos ao parto, entre eles lavar o bebê nas soluções de plantas que acreditavam serem necessárias para protegê-la. Conta a história que os espectadores olharam para a recém-nascida com "pasmo e admiração" e, pensando na vida que estava destinada a levar, suspiraram: *"mà mà o aoê acê"* (Ó minha mãe!). Cavazzi explicou que essa era a expressão habitual de espanto quando ocorriam acontecimentos notáveis. Ele interpretou seu significado como: "Que exemplo de ferocidade essa criança seria!". De qualquer modo, mesmo quando Jinga já estava com mais de setenta anos, seu povo ainda cantava muitas canções em sua honra, uma das quais tinha o refrão "Ó minha mãe! Ó! Ó!".[2]

Em sua infância, contam os cronistas, Jinga mostrava uma habilidade intelectual e física que a distinguia dos outros jovens da corte, inclusive de seu irmão, e construiu uma relação especial com seu pai, que continuou na idade adulta. Parece que essa relação estreita com o pai era incomum para uma menina — ou, aliás, para qualquer filho de um rei. Os governantes corriam o risco de se indispor com parentes da esposa principal ou das concubinas se favorecessem um descendente em particular. Mbande a Ngola, no entanto, desconsiderou a convenção, preferindo abertamente essa filha de sua concubina favorita a seus outros filhos. Acreditava-se que Jinga recebera uma bênção especial, e isso reforçou sua posição na corte.[3] As tradições que chegaram aos nossos dias retratam Jinga como duplamente privilegiada: porque herdou a condição real através da mãe, membro de uma linhagem real — os ambundos são matrilineares —, e porque era também filha de um soberano reinante.[4]

Como foi o início da vida de Jinga na corte? Sabemos que sua infância foi marcada por repetidos ataques de inimigos externos e internos e por perturbações constantes causadas pelas guerras que se travaram em torno de Kabasa. Nenhuma família, real ou não, deixou de ser afetada: todos os homens deveriam prestar serviço militar e todas as mulheres eram obrigadas a contribuir com alimentos e mão de obra para o esforço de guerra. Com efeito, no ano do nascimento de Jinga, seu avô Kasenda enfrentou três sucessivas campanhas devastadoras das forças portuguesas. Em janeiro do ano seguinte, antes do primeiro aniversário de Jinga, seu avô e o resto da corte foram forçados a fugir de Kabasa depois de ouvir os sons das armas portuguesas disparadas na direção da capital.

Sabemos muito sobre as muitas batalhas que ocorreram durante a primeira década de vida de Jinga, mas só podemos imaginar o impacto causado sobre a menina por essa violência incessante e pela enorme perda de vidas. Se esperava ou não provar que merecia atenção especial de seu pai, o fato é que em toda a sua infância, até chegar à idade adulta, Jinga aprendeu com entusiasmo as atividades políticas, militares e os rituais geralmente reservados aos filhos dos governantes. Ela teve permissão para participar dos inúmeros conselhos judiciais, militares e outros presididos por seu pai. Também foi uma estudante dedicada das práticas e costumes da corte, que aprendeu com as veneráveis mulheres mais velhas que foram suas amas e cuidadoras. Seus contemporâneos observaram que, ao longo de toda a sua vida, ela foi meticulosa quanto a respeitar e observar "leis, ritos e costumes de seus antepassados".[5] Jinga também era conhecida por superar o irmão, Ngola Mbande, e outras crianças da família do *ngola* na habilidade com o machado de guerra, símbolo real do povo de Ndongo. Ela gabava-se de sua perícia mesmo aos setenta anos, e seu biógrafo Gaeta escreveu que ficou impressionado com o conhecimento sobre a arte da dança militar e sua habilidade ao empunhar o machado.[6] Apesar da experiência militar, a jovem Jinga não negligenciava sua aparência e seu lugar de mulher privilegiada na corte. Uma pintura de Cavazzi, que a representa como uma mulher de quarenta anos em audiência com o governador português João Correia de Sousa, em 1622, fornece a única prova que temos do que poderia ser sua aparência (*ver ilustração na página 69*).

Embora seja provável que o gênero de Jinga tenha influenciado sua decisão de se tornar uma estudante tão diligente do ritual, ela deixou claro por suas ações que seu gênero não a impedia de desfrutar das mesmas liberdades que seus equivalentes do sexo masculino. Além de ter a seu serviço um círculo de atendentes e escravas, manteve um grande número de jovens consortes masculinos (concubinos), e teria tido vários amantes durante sua longa vida. Embora nenhum deles tenha se tornado seu marido principal, levou uma vida sexual ativa quando jovem. Cavazzi registrou que, mesmo septuagenária, Jinga, como outros ambundos que seguiam as tradições, tinha "nove ou dez cortes no braço", ainda visíveis, feitos por seus muitos amantes. O filho que seu irmão assassinou (ou mandou matar) apenas alguns dias após o nascimento foi provavelmente de um desses amantes.[7]

Alguns membros da corte, no entanto, não achavam apropriado que Jinga agisse como um homem. De acordo com Cavazzi, um funcionário escandalizado com os muitos casos amorosos de Jinga disse a ela que seu comportamento era um desrespeito à corte de seu pai. Ele pagou caro pelo "crime" de dar conselhos não solicitados a alguém superior: Jinga mandou matar o filho do homem franco diante dos olhos dele. Depois também mandou matá-lo.[8] Tal como seus antepassados reais, Jinga seguia a tradição de exigir deferência absoluta dos subordinados.

Já quando jovem adulta, Jinga tornou-se uma líder no esforço de guerra. Ao contrário de outras mulheres que acompanhavam o exército na guerra, Jinga parece ter desempenhado algum papel na mobilização da resistência contra os portugueses.[9] É difícil reconstruir a carreira militar de Jinga anterior a 1624, quando se tornou governante de Ndongo. A primeira referência à sua participação em ações militares vem da história de Angola escrita por Antônio de Cadornega. Em seu relato das campanhas de 1602-3, nas quais os portugueses enviaram tropas para debelar a rebelião de sobas na província de Ilamba, ele observa que os rebeldes responderam "à voz da rainha Jinga sua Senhora, que sempre trabalhava para provocar naqueles a quem havíamos conquistado o ódio, encorajando-os a fazer movimentos e alterações".[10] Jinga teria dezenove ou vinte anos nessa época e, embora não existam detalhes sobre sua experiência no campo de batalha, ela só poderia ter sido eficaz se ela mesma estivesse ativamente envolvida na luta.

Ela aparece pela segunda vez no registro militar de uma batalha na província de Museke, no qual Cadornega descreve uma confederação de partidários de Jinga juntando-se a ela na luta contra os portugueses depois que eles conseguiram conquistar grande parte de Ndongo.[11] Cadornega também destacou que durante os dois últimos anos do reinado de seu pai, em várias campanhas portuguesas levadas a cabo de Kissama a Massangano, o povo encontrou maneiras de resistir ao poder colonial, "induzido e mandado por essa rainha esperta, nossa inimiga capital que nunca se cansa de procurar modos de nos arruinar".[12]

É provável que Jinga tenha ganhado sua experiência militar mais ampla durante as guerras desastrosas que seu irmão, Ngola Mbande, travou contra João Mendes de Vasconcelos, filho do governador Luís Mendes de Vasconcelos. Talvez sem fé na capacidade de Ngola Mbande de vencer a guerra contra os portugueses, Jinga deixara a corte para viver em outra parte do reino, provavelmente no leste de Ndongo, perto de Matamba.[13] De seu remoto quartel-general, parece que comandou as próprias tropas contra o jovem Mendes de Vasconcelos em suas campanhas contra o leste de Ndongo e Matamba. Durante muitos meses, escreveu Cadornega, João não conseguiu compartilhar nenhuma novidade sobre seu progresso com seu pai em Luanda porque a "Rainha de Angola Jinga" bloqueara o caminho, impedindo toda a comunicação. Ela também teria lutado ao lado de dois líderes imbangalas em 1620, depois que eles romperam com os portugueses, pois Cadornega nos conta que as tropas de João travaram "grandes batalhas" contra Jinga e os imbangalas.[14]

De acordo com Cavazzi, ela se referiu mais tarde às experiências militares que tivera antes de se tornar rainha. Lembrou que quando estava em Luanda como emissária de seu irmão, apesar de estar "acostumada a batalhas", ficou deslumbrada e intimidada pela exibição de tiros militares e exercícios disciplinados que o exército português realizou como parte de sua recepção.[15] Depois de retornar a Kabasa, voltou imediatamente ao campo de batalha. Na verdade, cada vez mais decepcionada com o comando da guerra exercido por seu irmão, Jinga começou a consolidar sua própria base de apoio entre os soldados de Ndongo. Foi nessa época que também incentivou alguns sobas a se juntarem a ela. O papel de Jinga na resistência contra os portugueses bem como a popularidade que ganhou entre segmentos importantes da população de Ndongo mostraram-se inestimáveis após a morte de seu irmão.[16]

Além de aprimorar suas habilidades de líder militar, Jinga capitalizou outras oportunidades durante os anos desastrosos do breve reinado de Ngola Mbande para se promover como uma alternativa viável ao irmão. Após o retorno de Jinga a Kabasa, Ngola Mbande recebeu, através de uma carta arrogante do governador Correia de Sousa, ordem para se converter, entre outras exigências. É impossível saber se Jinga se ofendeu com a própria exigência ou com o fato de que o formato da carta violava a etiqueta, mas uma coisa ela deixou claro: se fosse a governante, teria lidado com a situação de forma muito diferente. Ela insultou a masculinidade de seu irmão. Se não conseguia agir nem como rei nem como homem, espicaçou Jinga, ele deveria se retirar para uma pequena fazenda e cultivá-la sozinho. Ela lançou estas e "outras palavras injuriosas, [diante das quais] o rei seu irmão ficou muito emocionado e pensou em maneiras de proteger sua soberania diminuída e com medo da audácia de uma mulher que ainda era sua irmã".[17]

Quando Ngola Mbande pensou em firmar a paz com os portugueses, concordando com um batismo público, a provocação implacável de sua irmã cobrou seu preço. Acredita-se que a depressão de Ngola Mbande no final de sua vida foi provocada pelas ações de Jinga e pelo constante enfraquecimento de sua autoridade por ela.[18]

## Diplomacia inicial

O fato de Jinga ser mulher, seu porte majestoso e seu orgulho pelas tradições dos ambundos fundiram-se para torná-la uma força política antes mesmo que assumisse o reino. A chefia da delegação a Luanda em 1622 para negociar com o governador João Correia de Sousa ofereceu-lhe uma oportunidade para isso. Vejamos esse evento agora em mais detalhes, valendo-nos dos relatórios minuciosos deixados por várias testemunhas oculares e cronistas, buscando delinear uma imagem de Jinga no limiar de seu reinado.

A partir do momento em que recebeu a missão de Ngola Mbande, Jinga tratou de deixar claro seu contraste com o irmão. O rei, a seu pedido, providenciou-lhe uma grande comitiva para acompanhá-la na viagem de mais de 1500 quilômetros de Kabasa a Luanda. Os ambundos que viviam nas regiões de Ndongo pelas quais a comitiva de Jinga passou viram ou ouviram falar de uma cena impressionante: o grande número de criados de ambos os sexos que atendia Jinga; escravos homens fortes que carregavam a "Senhora de Angola" em seus ombros; outros escravos que transportavam os numerosos presentes que Jinga insistira em levar para as autoridades que ia encontrar. Seu desempenho perfeito, no entanto, deu-se na sala de negociação com o governador e seus conselheiros, onde sua conduta digna de uma rainha e seus argumentos legais se tornariam lendários.

Enquanto esteve em Luanda, Jinga recusou-se a vestir roupas portuguesas, escolhendo estrategicamente destacar os trajes ambundos. Ela sabia que os portugueses respeitariam a postura e a etiqueta aristocrática e impressionou muito os oficiais quando apareceu majestosa na entrada. Durante o encontro, Jinga usou "numerosos panos", e seus braços e pernas estavam cobertos por "joias inestimáveis". Além disso, usou "penas coloridas" nos cabelos. As damas de companhia e as escravas estavam vestidas de maneira semelhante.[19] Mais tarde, quando teve acesso a importações europeias, Jinga expandiu seu guarda-roupa para incluir "cortinas de seda, veludos, brocados" e uma variedade de "aromas e perfumes" que usava para realçar sua aparência até os seus sessenta ou setenta anos.[20] A entrada teatral de Jinga atraiu toda a atenção para ela; embora fosse a enviada oficial de Ngola Mbande, colocou-se no centro do palco das negociações de questões políticas e econômicas de peso que viera discutir com os portugueses.

Mas sua performance não ficou nisso. Jinga sabia que as autoridades portuguesas tinham uma maneira de humilhar os líderes ambundos derrotados: enquanto o governador se sentava "numa cadeira coberta de veludo bordado de ouro", os criados providenciavam assento para os visitantes ambundos estendendo capas de veludo sobre um tapete no chão. O arranjo forçava os que tinham uma audiência com o governador a exibir sua posição subordinada — condição que os portugueses reservavam aos africanos conquistados. Jinga, no entanto, recusou-se a rebaixar-se. Sem pausa, fez um sinal altivo para uma criada, que imediatamente caiu de quatro e assumiu a posição de uma cadeira humana. Ela permaneceu assim durante as longas horas da discussão.[21] Ao acompanhar Jinga até a saída da sala de negociação, o governador Correia de Sousa lembrou a ela que a jovem criada ainda estava de mãos e joelhos no chão. Jinga desconsiderou a preocupação do governador: não se esquecera dela, explicou, mas a deixara lá deliberadamente. Uma emissária de sua posição, que representava um reino como o dela, jamais deveria sentar-se na mesma cadeira duas vezes; afinal, observou ela, tinha muitas outras iguais.[22] Com efeito, Jinga não só alcançou os fins políticos que seu irmão esperava como também ganhou influência política para si mesma. Quando partiu, o governador prometeu em particular que os portugueses manteriam amizade mútua com a região de Matamba, onde Jinga consolidara seu próprio poder.[23]

Mais tarde, ela expressou apreciação pela graciosa maneira com que os portugueses a trataram durante seu período em Luanda. Relembrou que o banquete que o governador havia oferecido em sua homenagem fora uma ocasião de "festividade e alegria [...] e esplendor". Ela fez-se acessível a todos os altos funcionários de Luanda que a visitaram e trocou presentes com seus visitantes. Exibiu profundo interesse por sua anfitriã, Ana da Silva, esposa do juiz com quem ela e sua delegação ficaram. Mais tarde, ela confessou que durante aqueles meses em Luanda sentiu "uma felicidade profunda e uma paz extraordinária".[24]

# LIBRO QVINTO.

che questa pretensione poteuasi esigere da gente soggiogata, mà non già proporre à *coloro*, i quali volontariamente esibiscono scambieuole amicizia, si contentarono di non astringerla à questo punto, assodando solamente la restituzione de' Schiaui Portoghesi, e la vicendeuole assistenza contro i nemici dell'vna, e dell'altra Nazione. Terminati i discorsi, mentre il Gouernatore le staua del pari, accompagnandola (come à Principessa si conueniua) gentilmente auuisolla, che l'accennata Damigella non per anche moueuasi dal suo posto, che perciò le piacesse di permetterle il leuarsi da quella strauagante soggezione: mà ella, che con arte haueua vsato quel tiro, rispose à questa vfficiosa istanza, con dire, che lasciaua colà quella sua Seruente, non già per inauertenza, mà perche all'Ambasciatrice del suo Rè sarebbe stato disdiceuole assettarsi la seconda volta, doue sedette la prima; e che non essendo per mancarle in altre occorrenze somiglieuoli Sedie, perciò non ne teneua conto, nè voleua più riconoscerla per sua. Frà tanto, conuenendo à Zingha trattenersi in Loanda, il Sosa, che verso di lei haueua conceputa molta stima, e la rauuisaua per vn Soggetto capace di apprendere gli argomenti della Cattolica Religione, più volte gli ne toccò i punti principali, e quando la vide inclinata, ò curiosa di ascoltarne le Dottrine, procurò, che da graui Persone le fossero esattamente dichiarate. Laonde sentendosi, mediante lo suelamento de' profondi Misteri toccato il Cuore dalla mano di Dio misericordioso, abbracciò la nostra Santa Fede: e lo stesso Anno 1622. quarantesimo di sua età, essendo con

*Il Sosa le manda Persone, che le parlino del la Cattolica Fede.*

solen-

Jinga usa uma criada como cadeira durante seu encontro com o governador João Correia de Sousa, em 1622. Giovanni Antonio Cavazzi da Montecuccolo, *Istorica Descrizione de' tre' regni Congo, Matamba et Angola* (Bolonha: Giacomo Monti, 1687).

As habilidosas negociações de Jinga garantiram o sucesso da delegação; porém, foi a combinação de sua desafiadora exibição de orgulho pelas tradições e pela cultura de Ndongo, seu uso esperto de seu gênero e sua sagacidade política que lançaram as bases de sua carreira posterior de nacionalista ambundo. Se havia sonhado com o dia em que pudesse vingar a ela e suas irmãs da crueldade de seu irmão, conseguira isso agora no próprio palco público onde o representava. Seu sucesso em Luanda contrastava dramaticamente com a liderança ineficaz de seu irmão. Jinga deixara claro para os portugueses e os ambundos que usaria seu gênero e o poder que acompanhava seu status real para se encarregar da política de Ndongo e conduzir o reino de volta à grandeza que seu irmão até então não conseguira alcançar.

## A consolidação do poder

Após retornar de Luanda, Jinga tornou-se essencialmente a líder efetiva de Ndongo. Com efeito, Ngola Mbande já havia indicado que ela deveria reinar após sua morte, deixando "o pouco que tinha" para ela.[25] Mas Jinga precisava consolidar sua posição de governante e, logo após a morte do irmão, fez com que partidários que estavam em sua corte nas ilhas Kindonga, no rio Kwanza, a confirmassem no governo mediante a costumeira eleição. Naquela ocasião, também tomou posse de todos os objetos e símbolos rituais associados à realeza de Ndongo, um ato essencial que validou seu poder. Alguns dos detalhes desse período de transição são imprecisos. Jinga talvez tenha viajado de uma das ilhas, chamada Danji, para a corte em Kabasa. O que se sabe é que em 1625 ela já havia aumentado sua corte em Danji e trazido mais pessoas de Kabasa e outras regiões para ocupar várias das ilhas, algumas das quais fortificou. Como observou um cronista, as ilhas tornaram-se "o orgulho do Kwanza" em muito pouco tempo.[26] Não está claro se Jinga recebeu o título de Rainha de Angola (Ngola Kiluanje) nesse momento — como escreveu Cavazzi, baseado em entrevistas com Jinga e seus cortesãos várias décadas depois — ou se os eleitores apenas se dirigiam a ela como "Senhora de Angola" — como o governador português nomeado havia pouco, Fernão de Sousa, relatou em sua carta oficial de 15 de agosto de 1624, alguns meses depois da nomeação dela.[27] Fosse qual fosse seu título oficial na época, Jinga também pode ter feito com que seu concubino principal, Kia Ituxi, recebesse o título de rei.[28]

Uma vez eleita, devia consolidar seu controle.[29] Liderou seus partidários numa campanha para eliminar todos da corte (inclusive membros de sua própria família) que se recusassem a aceitá-la como governante. Seu irmão havia entregado seu filho, sobrinho dela, de sete anos — o legítimo herdeiro do trono — ao imbangala Kasa para guardá-lo e dar-lhe treinamento militar, e um dos principais objetivos da campanha de Jinga era trazer a criança de volta. Na ocasião, o quilombo (acampamento de guerra) de Kasa ficava na região de Kina, não muito longe da base de Jinga. Em setembro de 1625, Jinga já se livrara de seu concubino e se aproximou de Kasa. Consta que usou suas artimanhas e riquezas para persuadi-lo de que estava muitíssimo apaixonada por ele, exibindo sua afeição publicamente e cobrindo-o de presentes. De início, Kasa resistiu, perturbado pelo fato de que Jinga era mais velha do que ele e convencido de que ela queria se casar com ele apenas para pôr as mãos no menino. Porém, acabou concordando em unir-se a ela e entregar o garoto.[30] O casamento foi realizado em algum lugar que não as ilhas Kindonga, mas nas proximidades de Matamba, onde Jinga tinha um de seus quartéis-generais. Seu sobrinho acompanhou Kasa até o lugar. A cerimônia nem havia terminado e Jinga pegou o menino, matou-o, "jogou seu corpo no rio Kwanza e declarou que ela havia vingado seu filho". Ela também matou muitos outros parentes que estavam presentes no casamento. Embora suas ações levassem alguns de seus seguidores a fugir, muitos ambundos permaneceram leais. Eles consideravam Jinga a governante legítima de Ndongo, e os atos assassinos dela não mudaram essa opinião.[31]

O próximo passo no plano de Jinga era retornar a Kabasa para reocupar a capital tradicional e reafirmar o domínio real sobre as partes de Ndongo que os portugueses, sob o comando de Luís Mendes de Vasconcelos, haviam tomado no reinado de seu irmão. Durante todo esse período de consolidação de sua posição, Jinga enviou frequentes emissários com cartas ao governador Fernão de Sousa, buscando uma solução para a situação com as autoridades portuguesas. Em agosto de 1624, lembrou-o de um acordo que seus antecessores haviam feito com Ngola Mbande segundo o qual, depois que os portugueses removessem o forte de Ambaca e devolvessem os *kijikos* e sobas tirados de Ndongo por Mendes de Vasconcelos, ela imediatamente deixaria as ilhas e retornaria a Kabasa. Pelos termos do acordo, ela reabriria as feiras em Kisala, onde elas eram tradicionalmente realizadas; seu próprio povo iria à feira com escravos — condição com a qual ela e seus conselheiros já haviam concordado — e o povo voltaria a cultivar. Jinga também explicou detalhes sobre o papel que os missionários jesuítas desempenhariam em Ndongo.[32]

A versão de Jinga dos acontecimentos era corroborada pela documentação oficial que Fernão de Sousa examinou. Seus antecessores haviam concluído que as guerras empreendidas por Mendes de Vasconcelos contra Ndongo tinham sido injustas; recomendaram que o forte de Ambaca fosse removido e os *kijikos* devolvidos. Fernão de Sousa aconselhou o rei português que finalizar a resolução com Jinga seria benéfico não só para Angola, mas para os cofres do rei: reabrir as estradas e as feiras, escreveu Sousa, seria "muito importante para o tesouro de sua majestade, bem como para este reino que carece de escravos".[33]

O próprio governador, em seu primeiro relatório oficial ao rei sobre a situação da colônia, disse que Angola estava em "um estado miserável". Mas Sousa não tinha a intenção de permitir que Ndongo fosse reconstruído sob a liderança daquela ambiciosa mulher ambundo e, como seus predecessores, recusou-se a honrar os termos do acordo ao pé da letra. Ele exigiu que Jinga devolvesse aos portugueses os *kimbares* (soldados ambundos que serviam sob o comando de oficiais portugueses) e escravos que haviam fugido para juntar-se a ela antes de poder tomar alguma decisão sobre a devolução dos *kijikos*. Ele também exigiu que ela se tornasse vassala do rei português "em seu próprio nome e em nome de todos os seus sucessores ao reino de Ndongo" e "pagasse um pequeno tributo".[34]

No início do outono de 1624, quando Jinga recebeu a resposta de Sousa, a situação econômica e política em torno de Luanda se deteriorara, e pelo menos alguns dos termos do acordo já haviam sido violados. Jinga sabia que o governador enviara funcionários portugueses a Ndongo e regiões vizinhas para reabrir os mercados de escravos e centros de provisão, e que novos funcionários haviam sido nomeados para supervisioná-los, algo que Jinga pretendia fazer ela mesma, com seu próprio povo. Além disso, esses funcionários estavam tentando recrutar sobas para a causa portuguesa, oferecendo-lhes a manutenção de condições pacíficas com eles e estimulando-os a se tornarem aliados.[35] Em julho de 1626, Sousa registrou que, além dos 109 sobas que já eram vassalos do rei português, ele acrescentara mais 83.[36]

Cada um desses sobas participou, de bom grado ou pela força, da cerimônia degradante da vassalagem chamada *undamento*. Todos os aspectos do undamento eram projetados para tirar a dignidade do soba. Ele deveria aparecer no forte para ficar humildemente diante do governador ou de outra autoridade, que lhe explicava os deveres e obrigações de um vassalo do rei: pagamento de tributo em escravos e provisões não só dele e de seus descendentes, mas também de seus conselheiros.[37] Imediatamente depois, o funcionário português jogava farinha nas mãos e nos ombros do soba. Então, para simbolizar sua nova situação, o soba caía no chão diante do funcionário e concordava com as obrigações que passariam dele para seus descendentes. O nome do soba era inscrito num livro e, no final da cerimônia, ele colocava sua marca ao lado do nome. Do começo ao fim, era um espetáculo humilhante, e muitos sobas que se submeteram à cerimônia nunca entenderam que tinham concordado em pagar tributo para sempre.[38]

Ao pressionar os líderes provinciais para se tornarem vassalos, os portugueses reforçaram involuntariamente o apoio deles a Jinga. Ela sentiu-se incentivada quando um número cada vez maior de ambundos se recusou a prestar tributo e procurou sua liderança. Jinga recusou-se a cumprir a exigência de Fernão de Sousa de pagar ela mesma tributo; não se considerava vassala do rei português. Em dezembro de 1624, um grande número de escravos pertencentes aos portugueses, bem como muitos sobas que haviam se tornado vassalos, já tinham fugido da área portuguesa e aderido às fileiras de Jinga.

Através de seus muitos agentes que viajavam entre as ilhas Kindonga e Luanda, Jinga mantinha-se em contato direto com as autoridades portuguesas e o povo ambundo. Em Luanda, por exemplo, um de seus porta-vozes informou ao governador que ela não poderia devolver escravos fugidos, pois não tinha nenhum deles. Fernão de Sousa também despachou seus representantes com mensagens para Jinga, alertando-a de que se não devolvesse os *kimbares* e os escravos agora alistados em seu exército, ele "encerraria toda comunicação com ela e [...] ela não deveria enviar mais mensagens".[39] Para atingir a maior população de ambundos que vivia na área controlada pelos portugueses, Jinga utilizou seus mensageiros (*makunges*) para entregar uma mensagem em desacordo com as demandas portuguesas. Nas proximidades de fazendas e fortalezas portuguesas, esses *makunges* transmitiam as instruções de Jinga para os escravos e *kimbares* que ainda estavam lutando ao lado dos portugueses, instando-os a mudar de lado e aderir à causa de Jinga. Sua rede era extremamente eficaz e instigou muitas fugas de escravos em grande escala durante os primeiros meses de 1625: aldeias inteiras fugiram de fazendas portuguesas e contingentes de *kimbares* ambundos evadiram-se de suas fileiras. Em carta datada de 19 de março de 1625, Sousa manifestou sua preocupação com a situação e advertiu o rei de Portugal de que Jinga estava persuadindo cada vez mais ambundos a deixar os portugueses e aderir à causa dela com promessas de que "lhes daria terras onde poderiam cultivar e viver" e que "estariam melhores sendo senhores de sua terra natal do que nossos cativos".[40] Jinga impressionara o povo ambundo de um modo que Ngola Mbande jamais conseguira; sem dúvida, seu desempenho em Luanda em 1622 estava ainda vivo na memória das pessoas que a tinham visto ou simplesmente ouviram falar a respeito. Os ambundos aderiram em massa à causa de Jinga, que ela havia expressado de forma tão apaixonada em suas negociações de três anos antes. No início do verão de 1625, Jinga já havia recrutado tantos ambundos que nenhum dos emissários de Sousa podia persuadi-la a entregar os escravos que se juntaram a ela. Em vez disso, Jinga simplesmente continuou a alegar que havia sido mal compreendida e que não tinha escravos desse tipo.[41]

A posição de Jinga em 1625 representou um ponto de inflexão na relação entre Ndongo e Portugal. De 1575 a 1624, os portugueses mantiveram vantagem em suas relações com Ndongo. Durante os cinquenta anos decorridos desde que Paulo Dias de Novais começara a conquista de Ndongo, os portugueses, com a ajuda de seus aliados imbangalas, conquistaram ou reivindicaram terras cujos governantes costumavam pagar tributo aos reis de Ndongo. Além disso, os exércitos liderados por portugueses mataram ou cooptaram milhares de autoridades locais e transformaram centenas de milhares de aldeões livres e outros grupos dependentes em simples escravos, forçados a trabalhar em plantações de propriedade portuguesa ou vendidos para o tráfico de escravos do Atlântico. Os portugueses também transformaram dezenas de milhares de súditos de Ndongo em *kimbares*, soldados que eram forçados a lutar contra o próprio Ndongo.

Jinga parece ter criado as condições para a primeira revolta popular ambundo contra a exploração portuguesa. Ela atraiu para sua causa sobas ambundos que faziam parte da Angola portuguesa, inclusive 109 sobas da província de Hari, que se aliaram aos portugueses durante o governo de Luís Mendes de Vasconcelos, mas que agora se recusavam a enviar tributo a Fernão de Sousa.[42] Muitos ambundos apoiaram Jinga porque queriam ver suas terras lideradas por um governante descendente dos reis antigos, em vez de ser um fantoche dos portugueses. A revolta obteve sucesso. Em 1626, Fernão de Sousa escreveu que não conseguira coletar o tributo com que contava devido "à guerra e à revolta de dona Ana [Jinga] e porque muitos dos sobas de sua majestade passaram para o lado dela".[43]

Jinga criou assim um clima político e militar entre os ambundos que pela primeira vez ameaçava as bases da força econômica e política portuguesa em Angola. Fernão de Sousa resumiu a situação sucintamente numa carta de agosto de 1625 ao rei, observando que estava particularmente preocupado com os "escravos armados" que aderiam às fileiras de Jinga. Os escravos organizados, temia ele, iriam "fortalecê-la e enfraquecer este reino", e inspirar os "sobas que são inimigos conquistados pela força" a também aderirem a ela. A revolta, advertiu, arruinaria Luanda porque "aldeias inteiras estavam fugindo"; com efeito, um português já havia perdido "cento e cinquenta escravos" que fugiram juntos.[44]

## Rivalidades pelo poder

Diante da persistente resistência de Jinga, Fernão de Sousa e seu gabinete decidiram instalar no trono de Ndongo seu próprio candidato escolhido a dedo, enquanto acusavam Jinga de usurpadora e enviavam tropas para expulsar a ela, seus parentes e partidários de sua base nas ilhas Kindonga. Sousa informou ao rei português que havia escolhido deliberadamente um soba chamado Hari a Kiluanje, que ele sabia que era ao mesmo tempo inimigo de Jinga e seu parente próximo, para colocar no trono. Hari a Kiluanje era descendente de Ngola Kiluanje kia Samba, cuja linhagem havia perdido a sucessão para Kasenda, o avô de Jinga. As duas linhagens nunca resolveram suas diferenças, e durante o reinado de Ngola Mbande os membros da linhagem concorrente tornaram-se aliados dos portugueses. A eleição de Jinga para governar tinha sido uma afronta a seus membros, que acreditavam que eram os legítimos herdeiros do trono, e as tensões ressurgiram, especialmente quando a popularidade e a audácia de Jinga cresceram. Sua afirmação de autoridade sobre os sobas que Luís Mendes de Vasconcelos conquistara era particularmente exasperante. Vários membros dessa linhagem ocupariam um lugar proeminente na guerra contra Jinga.[45] No verão de 1625, Jinga agiu contra um dos parentes mais velhos dessa linhagem rival que, embora sendo seu tio, se recusara a aceitar a eleição dela. Quando ele estava a caminho do forte de Massangano com um grande grupo para batizar seu filho mais velho, Jinga o seguiu, decapitou-o e capturou a maior parte de sua gente. Seu filho conseguiu escapar com alguns seguidores e acabou em Luanda, onde foi criado pelos jesuítas.[46]

O maior rival de Jinga na linhagem rival viria a ser Ngola Hari, um meio-irmão de Hari a Kiluanje. Governantes de terras chamadas Hari, localizadas na região naturalmente fortificada de Pungo Ndongo, tanto Hari a Kiluanje quanto Ngola Hari tinham sob sua autoridade muitos sobas que haviam sido aliados de Mendes de Vasconcelos.[47] Durante o governo de João Correia de Sousa, Hari a Kiluanje se tornou um "vassalo do rei nosso Senhor", e o governador Fernão de Sousa o considerou herdeiro legítimo do reino de Ndongo. Em algum momento de meados de 1625, os portugueses identificaram Hari a Kiluanje como rei de Ndongo.[48] Fernão de Sousa não contava, no entanto, com o fato de que os conselheiros da corte de Ndongo e a população em geral questionariam o status de Hari a Kiluanje e Ngola Hari, uma vez que ambos descendiam de linhagens que não eram consideradas elegíveis para governar.[49] Talvez devido a seu passado obscuro, Hari a Kiluanje temia Jinga e, em agosto de 1625, deixou Pungo Ndongo e viajou para o forte de Ambaca a fim de pedir guarida militar e uma tropa de soldados. Embora na ocasião estivesse em negociação com Jinga, Fernão de Sousa prometeu honrar os pedidos de Hari a Kiluanje e lançar uma campanha militar contra ela. Essa campanha implicava forçar sobas que apoiavam Jinga a cumprir suas obrigações de enviar tributo em escravos e provisões e permitir que as tropas portuguesas passassem por seus territórios. Ele também queria que esses sobas agissem contra outros que apoiavam Jinga.[50] Em dezembro de 1625, Hari a Kiluanje foi ao forte de Ambaca e ganhou um pequeno contingente militar para levá-lo de volta às suas terras.[51]

Quando descobriu que os portugueses haviam fornecido soldados a Hari a Kiluanje, Jinga ordenou que suas próprias forças atacassem as terras dele. Ao mesmo tempo, enviou emissários a Luanda para defender, junto a Sousa, suas reivindicações contra Hari a Kiluanje. Ela reclamou que ele impedira seu povo de viajar para uma feira de escravos perto das terras dele, confiscando os 48 escravos que ela mandara para lá. O governador desconsiderou a queixa e, em vez disso, enviou 34 soldados portugueses, junto com vários arqueiros africanos e *kimbares*, para defender Hari a Kiluanje. Quando chegaram, os reforços lutaram contra as forças de Jinga. Apesar de numerosas baixas e de alguns oficiais capturados, as forças de Jinga conseguiram matar três portugueses, inclusive o capitão, e capturaram seis soldados, que levaram para ela.[52] Os membros capturados das forças de Jinga foram enviados para Luanda, onde confessaram que, na verdade, Hari a Kiluanje não tinha tomado os escravos de Jinga, mas que ela travara uma guerra contra ele por ter "ido ao forte sem pedir-lhe permissão e ela considerava isso uma traição e uma rebelião contra ela". Tendo obtido a informação que desejava deles, o governador pôs os presos num navio negreiro e os mandou para o Brasil a fim de serem vendidos no tráfico de escravos.[53]

## Tentando ganhar tempo

No início de 1626, a rebelião que Jinga provocou entre os ambundos ainda estava tão disseminada e bem-sucedida que Fernão de Sousa e outros funcionários portugueses precisavam achar uma maneira de justificar a guerra em grande escala que estavam planejando contra ela. Eles decidiram se concentrar no fato de Jinga ser mulher como motivo para a desqualificação ao trono. Em carta ao rei português de fevereiro de 1626, Sousa declarava que Jinga era uma governante ilegítima e argumentava que Hari a Kiluanje era o governante certo de Ndongo porque "uma mulher nunca governou este reino".[54] Em outra carta escrita duas semanas depois, Sousa dizia que a guerra de Jinga contra os portugueses ameaçava toda a conquista da potência colonial porque muitos sobas estavam aderindo a Jinga e levando com eles escravos portugueses para fazerem guerra "contra nós". Hari a Kiluanje era o governante legítimo, alegava Sousa, porque era aliado dos portugueses.[55] Jinga rejeitou de imediato essas alegações e tratou de demonstrar aos portugueses que ser mulher não a impedia de governar Ndongo. Sua recusa em permitir que os portugueses deslegitimassem seu direito de governar estimularia sua resistência.

Depois que soube que Sousa e outros funcionários de Luanda tinham votado para montar uma "guerra justa" contra ela, capturá-la e proclamar Hari a Kiluanje rei de Ndongo, Jinga aprimorou seu estilo de liderança e cercou-se de um grupo de funcionários devotos que a protegia da captura. Os dois anos que passou nas ilhas Kindonga permitiram-lhe organizar a rebelião geral a partir de sua base, comunicar-se diretamente com seus funcionários e com os sobas e participar de operações militares. Se houvesse qualquer risco de ser capturada, as próprias ilhas proporcionavam uma rota para a fuga. Ligadas a Luanda por uma estrada que atravessava Pungo Ndongo, as ilhas também estavam conectadas à região vizinha de Dumbo a Pebo, lar dos parentes maternos de Jinga.[56] Com efeito, Jinga contava com passagem segura em muitas regiões porque muitos sobas se ressentiam da política de Sousa de abrir mercados e instalar supervisores portugueses — uma situação que os integrava à força na rede comercial portuguesa, ameaçando sua renda e seu prestígio, ao mesmo tempo que aumentava o poder dos portugueses.[57]

Apesar de sua crescente popularidade e do sucesso contra os portugueses, Jinga percebeu que ainda não estava preparada para uma guerra total. Ela passou a utilizar então a diplomacia como uma tática de protelação. Seus emissários prometeram a Sousa que a paz retornaria a Ndongo sob a liderança de

Jinga, e as feiras de escravos voltariam a estar repletas de cativos. Quando as forças portuguesas chegaram ao forte de Ambaca em fevereiro de 1626, Jinga enviou seu principal emissário a Luanda para explicar sua posição; ele indicou que ela estava pronta para aceitar os missionários e fazer a paz. Apresentou também várias perguntas a Sousa: por que o capitão de Ambaca fornecera assistência militar a Hari a Kiluanje quando sabia que ele era soba e súdito de Jinga? E por que o capitão do forte a tratara tão mal? O emissário deixou claro que estava falando em nome de Jinga ao concluir que viera à cidade para "fazer isso por sua senhora como ela lhe havia mandado".[58]

A resposta de Fernão de Sousa não foi encorajadora. Ele disse ao enviado que a escolha agora dependia de Jinga: ela poderia "escolher a guerra ou a paz, como quisesse".[59] Poucos dias depois, Jinga fez uma segunda tentativa de negociação, enviando seu porta-voz privado (*moenho*) a Ambaca com uma carta dos soldados portugueses capturados ao comandante militar. A carta dizia que, embora os prisioneiros tivessem sofrido a indignidade de serem levados nus até Jinga, ela ordenara imediatamente que eles fossem vestidos e, a partir daquele momento, foram bem tratados e recebiam bastante comida de três em três dias. Os prisioneiros elogiavam os funcionários de Jinga por seu tratamento humano e justiça, especulando que, se não fosse por essa proteção especial, eles certamente teriam sido assassinados. A carta concluía que haveria um pequeno preço para resgatá-los: o governador teria de entregar a Jinga um de seus sobas que os portugueses haviam capturado e deportar Hari a Kiluanje para as Américas ou Portugal.[60] Depois que o comandante leu a carta, o *moenho* repetiu verbalmente cada detalhe contido nela; esse tipo de comunicação oral fazia parte da diplomacia de Ndongo. Ele desconsiderou a tentativa de negociação de Jinga, dizendo ao *moenho* que não tinha tempo para levar a sério Jinga ou sua oferta, e se ela não entregasse os cativos portugueses, "ele mandaria [seus homens] procurá-los".[61]

O governador Fernão de Sousa reconheceu na iniciativa de Jinga uma tática de protelação, destinada a ganhar tempo com o objetivo de garantir reforços para defender as ilhas ou planejar sua fuga. Naquele momento, o capitão Bento Banha Cardoso, o ex-governador que fizera uma aliança com os imbangalas contra Mbande a Ngola, pai de Jinga, estava a caminho do forte de Massangano para Ambaca, e Sousa o exortou a arrebanhar todos os sobas neutros dos contingentes militares e direcioná-los rapidamente para as ilhas. Cardoso obedeceu e forçou muitos sobas a participar da guerra contra Jinga, decapitando os que resistiram à ordem.[62]

Mas essa agressão não impediu Jinga de continuar seus esforços por uma solução negociada. Em 8 de março de 1626, quando as tropas de Cardoso se preparavam para deixar Cambambe, onde haviam parado a caminho de Ambaca após o agrupamento, os *makunges* de Jinga chegaram com uma longa carta, escrita alguns dias antes e dirigida ao capitão-geral do forte. Mais uma vez, ela expunha suas razões para atacar Hari a Kiluanje: ele havia atacado seu exército e confiscado os escravos que ela enviara para cumprir seus deveres de vassala, conforme o acordo que seu irmão fizera com os portugueses. Na verdade, afirmava Jinga, ela tinha o direito de atacar Hari a Kiluanje porque ele era *seu* vassalo e, ademais, as forças portuguesas que ela havia recebido bem em suas terras haviam atacado seu exército. Não obstante a presença do exército português em suas terras a preocupasse, ela o acolhera, uma vez que se considerava cristã e, portanto, vassala do rei da Espanha, a quem "reconheço e obedeço como cristã que sou". Jinga admitia que suas forças haviam de fato capturado seis soldados portugueses. Ela também indicava que havia recebido notícias de um grande número de tropas portuguesas reunidas em Ambaca, que estavam aguardando ordens para avançar contra ela e libertar os seis prisioneiros, mas advertia que nada seria resolvido pela força e que esse ataque seria danoso tanto para ela como para os prisioneiros. A carta terminava em tom ameaçador: se foram os colonos que convenceram o governador e o capitão a iniciar uma guerra para que pudessem sair da dívida — uma referência ao tráfico de escravos —, eles eram bem-vindos a fazer isso, mas ela mesma não desejava nenhum mal ao capitão Bento Banha Cardoso.[63]

Como faria em várias outras missivas enviadas às autoridades portuguesas nos anos seguintes, Jinga incluía um parágrafo em que solicitava vários itens pessoais, entre eles uma rede, algumas lãs, uma capa para seu cavalo, vinho, cera para velas, musselina, toalhas de mesa de renda, um chapéu de aba larga de veludo azul e cem fólios de papel (para correspondência oficial).[64] Ela assinava seu nome de batismo, Ana, mas pela primeira vez por escrito apresentava-se com o título de "Rainha de Dongo [Ndongo]". Com essa carta, e com as assinaturas contrapostas, ela demonstrava tanto sua vontade de ser cristã como sua determinação em afirmar sua autoridade em Ndongo como governante legítima.

A resposta de Cardoso de 15 de março descartava a reivindicação de Jinga de ser a governante legítima de Ndongo. O capitão negava cada argumento que Jinga apresentara sobre seus direitos e todas as acusações contra os portugueses, ressaltando sùa falha em cumprir as promessas que fizera — em particular seus votos de batismo — como a causa dos conflitos entre ela e os portugueses. Ele sustentava que Jinga se recusara a entregar os *kimbares* e escravos dos portugueses que haviam fugido para suas fileiras e que tratara mal os portugueses capturados por suas tropas ao não os libertar. Por fim, negava-lhe as coisas que ela havia solicitado. Não poderia entregá-las porque já estava a caminho de levar-lhe a guerra. Cardoso terminava a carta com o terrível aviso: "Deus a proteja, se Ele puder".[65]

Liderança e espiritualidade

Nos esforços de Jinga em encontrar uma solução pacífica para seus conflitos com os portugueses durante seus dois primeiros anos de reinado, ela muitas vezes ressaltou sua vontade de viver como cristã, de dar a seus funcionários permissão para serem batizados e permitir que missionários trabalhassem em Ndongo. Embora Fernão de Sousa e outros funcionários nunca tenham levado essas declarações a sério, Jinga parece ter considerado a espiritualidade uma parte vital do seu estilo de liderança e elemento essencial de toda a sua vida. Ela expandiu o papel das crenças e costumes indígenas além do que haviam desempanhado durante os reinados do avô e do pai, e acrescentou a eles a dedicação ao cristianismo.

O primeiro vislumbre que temos da ênfase de Jinga na espiritualidade veio depois de suas negociações bem-sucedidas em nome de Ngola Mbande em Luanda, em 1622, quando concordou em prolongar sua estada por meses para que pudesse ser oficialmente preparada para o batismo. Tendo em vista seu compromisso com as tradições de Ndongo, por que Jinga concordou em ser batizada? Muitos chefes provinciais e sobas de Ndongo, entre eles membros de sua própria linhagem, haviam passado por elaborados batismos públicos, e Jinga estava bem ciente de que a religião era um componente central da política portuguesa. Embora Ngola Mbande tivesse permitido que Jinga decidisse por si mesma em relação ao batismo, é provável que a concordância dela em fazê-lo teve mais a ver com o papel que ela imaginava que a espiritualidade desempenharia em seus esforços para assumir a liderança de Ndongo do que com a defesa da agenda política do irmão. Jinga também pode ter calculado que, ao submeter-se ao batismo, ganharia o respeito dos portugueses e conquistaria o apoio do grande número de cristãos ambundos que eram escravos na cidade e nas fazendas, ou tinham fugido das guerras e se tornado refugiados.[66]

Talvez isso explique por que Jinga se jogou com tanto entusiasmo nos preparativos para a cerimônia, ouvindo atentamente o governador explicar os benefícios da conversão e o que ela ganharia ao abandonar os ritos e rituais ambundos. Ela obedeceu prontamente quando a Igreja designou um padre experiente na língua quimbundo para ensinar-lhe o catecismo; e no dia aprazado, na presença da "nobreza e do povo", ela se submeteu solenemente à cerimônia na igreja oficial que os jesuítas construíram em Luanda. O próprio governador João Correia de Sousa foi seu padrinho, e Ana da Silva, sua anfitriã, a madrinha. Jinga recebeu o nome batismal de Ana de Sousa, em homenagem a eles.[67] Funcionários do governo e da Igreja encheram-na de presentes, entre eles ícones religiosos que sugeriam a esperança de que o batismo de Jinga e seu retorno a Ndongo acabariam por levar à conversão de Ngola Mbande e de outros membros da elite governante de Ndongo que até então impediam as tentativas dos jesuítas de levar o cristianismo à região.

Apesar de seu batismo e sua aceitação dos presentes da Igreja, Jinga nunca rejeitou as próprias crenças religiosas, nem os rituais tão essenciais para a elite governante de Ndongo e para os ambundos comuns. Com efeito, durante sua permanência em Luanda, Jinga nunca tirou as várias pulseiras de ferro e relíquias que adornavam seus braços e pernas.[68] Mas ela também abraçou a nova religião, pelo menos na superfície. Na primeira etapa de sua jornada de regresso a Kabasa, cercada pela comitiva oficial fornecida pelo governador, Jinga exibiu orgulhosamente os ícones cristãos que havia ganhado, assegurando seus acompanhantes de sua profunda devoção. O pequeno destacamento de portugueses seguiu com Jinga somente até os arredores de Luanda, assim como a postura dela. Logo depois que os portugueses partiram, Jinga tirou os símbolos cristãos do corpo e os guardou em seus relicários. De acordo com um relato posterior do missionário Cavazzi, ela realizou várias "cerimônias pagãs" para proteger sua viagem de volta a Kabasa e "pôs suas relíquias satânicas usadas por aqueles etíopes [africanos] e vendidas por seus sacerdotes".[69] De 1622 a 1624, enquanto manobrava para apresentar-se como uma alternativa viável a Ngola Mbande, Jinga usou seu conhecimento privilegiado do cristianismo para tentar aproximar-se de funcionários portugueses e também para frustrar a tentativa de seu irmão de usar a conversão cristã a fim de promover seus próprios objetivos políticos. Com efeito, décadas mais tarde Jinga admitiria a Cavazzi que, em diversas ocasiões, durante aqueles dois anos, aconselhara deliberadamente

Ngola Mbande contra o batismo. Jinga talvez temesse que o batismo dele pusesse em risco a posição especial que ela conquistara duramente.[70]

Enquanto aconselhava Ngola Mbande a evitar o batismo, Jinga também promovia as crenças espirituais dos ambundos, assumindo o comando das cerimônias públicas em que os sacerdotes locais invocavam os antepassados, queimavam incenso, realizavam sacrifícios humanos e participavam de danças e outros rituais.[71] A tentativa de Jinga de demonstrar sua familiaridade com as tradições ambundas começou para valer com a morte de seu irmão, em 1624, quando ela organizou para ele nas ilhas Kindonga um complexo funeral que incluía o sacrifício ritual de vários criados, que o acompanhariam à terra dos antepassados. Jinga também preservou alguns dos restos do irmão; removeu respeitosamente vários ossos do cadáver de Mbande, arrumou-os em pratos de prata feitos à mão, cobriu-os com um rico tapete e guardou-os num relicário portátil (*misete*), semelhante aos que os sacerdotes de Ndongo carregavam. Com esse ato, Jinga fez da *misete* o ponto focal de veneração que viria a ser associado a rituais envolvendo sacrifício humano, vasos iluminados, incenso e coisas assim.[72] Os missionários europeus ficariam escandalizados ao saber que Jinga praticava sacrifícios humanos e guardava para consulta os ossos de seus antepassados. Embora os missionários condenassem as duas práticas, a veneração das relíquias de seu irmão não era diferente da tradição católica romana medieval de guardar os restos de santos em mosteiros, conventos e igrejas.

As cartas de Jinga ao governador Fernão de Sousa e a outros funcionários portugueses durante os dois anos de negociações que precederam sua ascensão ao trono proporcionam uma antevisão significativa do papel que a religião desempenharia durante o seu reinado. Na primeira carta ao governador, logo depois que ele assumiu o cargo em Luanda, em junho de 1624, Jinga diz que queria que os missionários jesuítas fossem a suas terras para batizar as pessoas que desejavam se tornar cristãs.[73] Ao fazer isso, Jinga apresentava uma concepção da presença cristã em Ndongo, na qual ela e seus funcionários — e não os missionários — supervisionariam a propagação do cristianismo. Ciente de que membros de sua própria linhagem, aliados aos portugueses, estavam buscando o batismo, Jinga não desejava impedir que os sacerdotes chegassem a Ndongo, mas queria que fosse ela mesma quem determinasse o modo como esses sacerdotes se aproximariam da população.

Fernão de Sousa, no entanto, ignorou o pedido de Jinga; os portugueses tinham os próprios planos para estabelecer uma presença religiosa formal em Ndongo. Com efeito, em junho de 1624, a correspondência da Igreja havia listado Ndongo como um dos locais onde reside o "rei de Angola" e que precisava ter pelo menos uma residência que pudesse acomodar seis missionários.[74]

Não sabemos se Jinga estava ciente desses planos ou não, mas certamente lembrava-se do que acontecera em Ambaca durante o reinado de seu irmão. O governador na época, Luís Mendes de Vasconcelos, encarregara uma fraternidade portuguesa de supervisionar a construção de uma igreja chamada Nossa Senhora da Assunção em Ambaca, a pouca distância de Kabasa, a capital de Ndongo. Para financiar a construção, ele forçara vários sobas da região, inclusive um parente de Jinga chamado Ngola Kanini, a enviar seus pagamentos de tributos à fraternidade, em vez de mandá-los para Kabasa.[75] Na qualidade de nova governante de Ndongo, Jinga queria que iniciativas desse tipo ficassem sob seu controle. Ela sabia que os padres portugueses que acompanhavam o exército possuíam plena autoridade sobre a vida religiosa da população conquistada. Mas a situação era complicada porque Jinga não considerava Ndongo uma área conquistada. Fernão de Sousa deixou clara a preocupação de Jinga numa carta que enviou ao rei da Espanha em dezembro de 1624: "Dona Ana Senhora de Angola está me pressionando muito para manter a promessa que o governador João Correia de Sousa lhe fez de mudar de lugar a fortaleza de Ambaca, e […] logo ela se mudará para o continente, e trará sacerdotes da Companhia [jesuítas] e construirão igrejas".[76]

Todas as cartas que Jinga enviou a Fernão de Sousa e Bento Banha Cardoso entre 1625 e agosto de 1626 faziam referência ao lugar que ela estava abrindo em Ndongo para o cristianismo e os missionários, e o mesmo acontecia com as mensagens verbais que seus funcionários transmitiam.[77] De fato, durante aquele período, os sobas contra os quais ela realizou ataques eram muitas vezes parentes dela que tinham sido batizados e que se tornaram (ou pretendiam se tornar) aliados dos portugueses sem sua permissão.

É impossível saber se Jinga teria colaborado com os missionários (como fez vários anos depois) se Fernão de Sousa tivesse respondido positivamente aos pedidos de uma reunião com autoridades da Igreja. O fato é que a conversão cristã era parte essencial da política portuguesa em Angola, e governadores e outros funcionários, inclusive os jesuítas, viam a propagação do cristianismo católico sob o controle português como elemento central de seu projeto colonial. Assim, desde o início, todo governador português em Angola teve dúvidas sobre a sinceridade de Jinga, fosse em seus próprios escritos, fosse quando seus mensageiros levavam relatos de que ela estava pronta para voltar à igreja. O próprio Fernão de Sousa tratou disso em várias cartas ao rei. Em uma extensa missiva escrita em agosto de 1625, ele adverte o rei da Espanha de que é cético em relação ao pedido de missionários feito por Jinga e diz que acredita que ela está agindo mais "por medo do que por devoção". E propõe uma salvaguarda: se o rei enviasse dois missionários ao forte de Ambaca, deveria exigir antes que Jinga lhes desse alguns escravos, e só então os missionários iriam a Ndongo. Se eles fossem a Ndongo antes que Jinga entregasse os escravos, escreve Sousa, isso "seria razão para fazer guerra contra ela", e os missionários deveriam ser retidos.[78] As autoridades de Lisboa, ao receber muitos relatos igualmente cheios de dúvidas, também continuavam desconfiadas de Jinga.[79]

Os membros da hierarquia religiosa em Luanda não eram diferentes de seus antecessores, que haviam apoiado totalmente a conquista portuguesa das terras de Ndongo e a escravização da população durante os reinados do avô e do pai de Jinga. Quando o governador e outros funcionários apresentaram a proposta de guerra contra Jinga, as autoridades religiosas foram plenamente de acordo. Escrevendo em fevereiro de 1626, o governador Fernão de Sousa observou que os teólogos do Colégio dos Jesuítas em Luanda concordavam que a guerra era "necessária e justa". Como fizeram em campanhas anteriores, os jesuítas arcaram com o custo de dois padres para acompanhar o exército.[80] A religião e a força militar continuavam inextricavelmente ligadas.

O caminho para a guerra de guerrilhas

O exército que Fernão de Sousa reuniu para combater Jinga e suas tropas consistia da mistura usual de soldados portugueses e arqueiros ambundos e *kimbares*. As tropas deixaram Luanda em 7 de fevereiro de 1626, sob a liderança do ex-governador Bento Banha Cardoso, um comandante experiente nas guerras contra Ndongo. Os portugueses partiram com a habitual música marcial festiva e palavras de encorajamento de Sousa, que lhes lembrou que o propósito deles era lutar "a serviço de Deus, do rei [da Espanha] e do bem do Reino".[81] Depois que o grupo chegou a Massangano, Cardoso recebeu ordem do governador de dirigir-se diretamente para Pungo Ndongo, onde chegou no dia 30 de março. Pungo Ndongo tornou-se a base para as operações portuguesas contra Jinga graças a suas fortificações naturais e seu fácil acesso às ilhas Kindonga, base das forças de Jinga. Ao longo de abril, Cardoso e Sebastião Dias, os dois comandantes portugueses que presidiam as operações militares contra Jinga, atacaram os poderosos sobas de Museke, em torno do forte de Cambambe e no próprio Ndongo, e forçaram a submissão deles. Os sobas conquistados foram cruciais para o sucesso dos portugueses porque lhes forneceram provisões muito necessárias e comandaram suas tropas na guerra contra Jinga.[82]

Depois que a guerra começou nas regiões principais de Ndongo, onde Jinga desfrutava de seu maior apoio, seu principal problema tático foi manter as linhas de comunicação abertas com os sobas que ainda a sustentavam. Ela sabia que os portugueses haviam postado espiões que relatavam os movimentos ao longo da rota entre as ilhas e o continente. Esse obstáculo à boa comunicação era extremamente prejudicial e perigoso para Jinga, porque Ndongo ficara ainda mais fragmentado politicamente durante o reinado de seu irmão, e Jinga sabia que não podia confiar na lealdade dos sobas, nem naqueles que tinham sido seus principais apoiadores. Quando o soba Ngola Ndala Xosa, por exemplo, viu Cardoso bombardear sua fortaleza e matar muita gente de seu povo, ele pediu perdão ao governador e explicou que, embora durante o governo de João Correia de Sousa houvesse obedecido a Jinga, agora sua lealdade era para com Hari a Kiluanje e o rei de Portugal. E prometia que no futuro faria tudo o que o governador ordenasse.[83]

As campanhas militares bem-sucedidas de Sebastião Dias contra os sobas ao longo do rio Kwanza fizeram com que muitos deles passassem para o lado dos portugueses.[84] Os sobas de Museke e Kissama, fortes adeptos de Jinga no passado, que haviam sitiado a fortaleza de Ambaca, estavam entre os derrotados pelos portugueses antes que Jinga tivesse posto em prática sua estratégia militar geral.[85]

A maré voltara-se contra Jinga, e ela não podia mais confiar no apoio absoluto do povo de Dumbo a Pebo, terra natal de sua mãe. O soba dali, que tinha relações próximas com o soba agora derrotado de Museke, estava entre os seguidores mais leais de Jinga e negou-se a atender ao pedido de assistência militar de Cardoso. Esse soba já havia capturado alguns dos *kimbares* que estavam passando por suas terras a caminho do acampamento português em Pungo Ndongo. Em retaliação, Cardoso prendeu o soba e alguns dos macotas, e acabou enviando vários cativos a Luanda para serem exportados e vendidos como escravos nas Américas.[86]

O tempo certamente não estava do lado de Jinga. Fernão de Sousa pressionou Cardoso durante a última semana de maio de 1626 para levar suas tropas até a ilha e "tomá-la antes que ela fique mais forte".[87] A fim de se preparar para o ataque português, Jinga reuniu muitos soldados para proteger a si e aos partidários que se juntaram a ela. Um desses soldados, que os portugueses capturaram depois que ele saiu da ilha, forneceu o único testemunho dos preparativos militares de Jinga. Ele relatou que ela protegeu as ilhas fortificando-as intensamente com trincheiras. Em Danji, abrira uma entrada numa grande rocha e cavara cavernas bem camufladas que serviam de esconderijos naturais. Em torno dessa ilha, posicionara soldados ambundos, que estavam armados com os arcabuzes e os rifles que haviam trazido quando fugiram do exército português. Construíra também defesas em outras ilhas, onde posicionou mais soldados. Uma vez que não tinha armas suficientes para enfrentar o exército de Cardoso e não conseguira mobilizar forças no continente, Jinga havia estocado nas ilhas provisões, gado e pessoas, preparando-se para um sítio prolongado.[88] Apesar de algumas fraquezas, Jinga continuava a ser um inimigo perigoso: ela era popular entre os ambundos do exército de Cardoso e ainda poderia persuadir muitos deles a passar para o seu lado. Cardoso tinha poucos meios de manter a lealdade dos combatentes ambundos e de outros que haviam sido forçados a acompanhar o exército; em termos puramente práticos, ele tinha escassez de suprimentos e Jinga tinha muito alimento e bebida para conquistá-los.

Suas provisões talvez pudessem garantir uma boa popularidade, mas Jinga sabia que isso não era suficiente; mesmo que os soldados ambundos de Cardoso mudassem de lado, ela ainda precisava de mais aliados. Diante da invasão iminente, ela contava com algum apoio indireto de chefes vizinhos, que lhe enviaram suprimentos, mas não tinha o apoio essencial dos imbangalas.[89] Seu ex-marido Kasa, que lutara ao lado de seu irmão Ngola Mbande e cuja base ainda era perto, era agora inimigo dos portugueses, mas não lhe mandara ajuda.

As operações militares contra Jinga começaram na última semana de maio de 1626 e terminaram na última semana de julho. As tropas de Cardoso e Dias acamparam na borda ocidental da região hoje chamada Baixa de Cassanje e atravessaram para as ilhas usando canoas, barcos de pesca e duas embarcações especialmente construídas para a campanha. Jinga montara um sistema coordenado de defesa. Quando os barcos dos portugueses se aproximaram das ilhas, soldados (muitos deles *kimbares* que haviam desertado do exército português) dispararam com seus mosquetes e atiraram flechas de suas posições nas ilhas. As tropas de Jinga não foram surpreendidas porque ela havia inventado um intrincado sistema de comunicações entre sentinelas postadas em guaritas e vigias naturalmente protegidas em cada ilha, que tocavam sinos para avisar da aproximação das tropas.[90]

Jinga postou a maior parte de seus melhores soldados na ilha de Mapolo, que Cardoso e Dias escolheram capturar primeiro, já que servia de entrada para as outras. Os soldados de Jinga lutaram valentemente, usando várias armas e técnicas portuguesas e africanas, entre elas arcabuzes, espingardas de pederneira, arcos e flechas, lanças e troncos endurecidos pelo fogo. Como os soldados de Jinga estavam enfiados em trincheiras, os portugueses tiveram de capturar cada trincheira individualmente. Muitos dos soldados portugueses que tiveram a sorte de escapar da morte por afogamento, ferimentos de balas ou flechas encontraram a morte ou sucumbiram a ferimentos recebidos na luta para tomar as trincheiras. Não obstante, os portugueses conseguiram vencer, tendo matado muitos dos homens mais valentes de Jinga, e foram recompensados com provisões, gado e "tudo o que era necessário para nossas tropas famintas".[91] Eles conseguiram capturar muitas pessoas na ilha, mas um bom número delas fugiu.

Deixando uma guarnição em Mapolo, Cardoso capturou então uma segunda ilha, que era o quartel-general do *tendala* (principal funcionário administrativo) de Jinga. Essa ilha estava ainda mais fortificada do que a primeira, com a presença da maioria dos melhores combatentes de Jinga. Tal como aconteceu em Mapolo, as tropas de Jinga sofreram grandes perdas e tiveram que abandonar a ilha quando foram sobrepujadas pelo poder de fogo dos portugueses. Essa ilha também oferecia muitas provisões e tinha uma grande população, mesmo levando em conta os muitos que se afogaram ao tentar escapar para as outras ilhas. Apesar da vitória, Cardoso conseguiu escravizar apenas 150 cativos porque muitas pessoas fugiram. Ele fez da ilha do *tendala* seu quartel-general, de onde partiram as tropas que conquistaram outras ilhas, entre elas uma na qual o comandante das forças de Ndongo estivera estacionado com seus soldados e alguns aliados imbangalas. Além disso, Cardoso tomou a ilha em que o *mwene lumbo*, outro alto funcionário, tinha seu quartel-general. Desse modo, Cardoso montou uma espécie de bloqueio naval em torno da ilha de Danji, onde Jinga havia instalado a corte.[92]

Em 7 de junho, Jinga emergiu do posto de observação, em plena vista de Cardoso, cercada por *kimbares* armados com arcabuzes e espingardas de pederneira. Parecia estar pensando se deveria enfrentar as tropas portuguesas. Embora talvez tivesse condições de defender a ilha, ela aparentemente achou melhor não atacar de imediato. No fim de junho, decidiu buscar uma paz negociada. A escolha do momento estava certa: os portugueses estavam com pouca munição, uma epidemia de varíola matara quatro mil *kimbares* portugueses, e o resto estava morrendo de fome em consequência de suprimentos inadequados. O surto da varíola já havia começado a afetar também as forças de Jinga e pode explicar, pelo menos em parte, por que ela resistia a lutar.[93]

Os portugueses ainda estavam em vantagem. Jinga estava isolada em sua ilha-fortaleza, sem a possibilidade de pedir novos estoques de munição ou de soldados, mas Cardoso conseguiu receber reforços e suas tropas desembarcaram em Danji no dia 12 de julho sem encontrar nenhuma resistência. No entanto, Jinga possuía um trunfo: os seis reféns portugueses que capturara no início do ano e estavam detidos em seu quartel-general. Ela decidiu tentar usá-los como uma tática para retardar um ataque militar português o suficiente para que seus seguidores restantes pudessem escapar com segurança para Tunda. De sua base fortificada, despachou um mensageiro (*makunge*) para se encontrar com Cardoso. Sabendo que encurralara Jinga, Cardoso desconsiderou a declaração do *makunge* de que Jinga era uma "filha obediente do capitão", que desejava saber "por que ele estava fazendo guerra contra ela e que estava disposta a viajar para onde estava o acampamento dele localizado em Tabi e render-se junto com sua corte em três dias". Expressando impaciência com Jinga, Cardoso disse ao mensageiro que sua senhora "não tinha vergonha"; ela deveria saber que os portugueses haviam pegado em armas contra ela porque ela não havia obedecido aos julgamentos que tinham sido feitos contra ela. Depois de receber a resposta de Cardoso, Jinga enviou outro representante, desta vez seu *mwene lumbo*, cuja mensagem não era diferente da do *makunge*. Embora tenha percebido que Jinga estava embromando, Cardoso queria ter certeza de que ela entregaria os seis reféns portugueses vivos, então ouviu o secretário — que era, afinal, um alto funcionário — e deu a Jinga um prazo de 24 horas para entregar os reféns. Jinga obedeceu e, antes que o prazo expirasse, o *mwene lumbo* voltou com os seis cativos portugueses de aparência saudável — bem como com mais uma mensagem para Cardoso: ela não queria mais danos às ilhas e desejava tornar-se vassala dos portugueses. O *mwene lumbo* relatou que dentro de três dias ela apareceria pessoalmente em seu acampamento, com membros de sua corte, para assinar um tratado de paz. Ao discutir sua oferta, Cardoso e alguns outros veteranos de campanhas anteriores se referiram a Jinga como "belicosa", apesar de ser uma "mulher e rainha, ou rei, como ela se chamava, porque não gostava de admitir que era mulher". Após a discussão, Cardoso mandou o *mwene lumbo* dizer-lhe que tinha dois dias (ou três, de acordo com Cadornega) para entregar os *kimbares* que haviam desertado do exército português.[94]

Cardoso voltou então para sua base em Tabi, onde esperou que Jinga aparecesse.[95] Mas entregar os *kimbares* equivaleria a admitir a derrota. Então, enquanto Cardoso esperava, Jinga ordenou que seus melhores combatentes recuassem em canoas durante a noite, afrontando as armas e flechas que os sentinelas portugueses disparavam. Também instruiu seu pessoal a queimar os barcos que Cardoso planejava usar contra suas fortificações na noite seguinte e atear fogo aos alimentos que havia armazenado. Ela mesma escapou para Tunda, debaixo do nariz dos soldados de Cardoso. Embora eles a tenham perseguido, talvez estivessem exaustos demais para vasculhar completamente as muitas e grandes cavernas da região de Kina, onde ela e seu povo se esconderam no caminho para Tunda. Qualquer que tenha sido o motivo, o fato é que, quando Cardoso enviou seus batedores em perseguição, eles não tinham ideia da rota que Jinga havia tomado em sua fuga da ilha.[96] Os sobas e outros ambundos que permaneceram na ilha mataram muitos portugueses com suas flechas. Mas muitos deles morreram de ferimentos de bala ou se afogaram ao tentar fugir.[97]

Não há dúvida de que manobras diplomáticas hábeis foram, ao menos em parte, responsáveis pela fuga de Jinga, mas sua manipulação da espiritualidade ambundo também pode ter ajudado. Um pouco antes de escapar, ela fez uma mudança ideológica tão importante como a que fizera em 1622, quando decidiu ser batizada em Luanda. Enquanto as tropas de Cardoso cercavam seu esconderijo, Jinga percebeu que os portugueses jamais a aceitariam como governante de Ndongo. Naquele momento, ela também já sabia que eles tinham a intenção de substituí-la por um candidato próprio. Consciente de que nunca poderia sobreviver como líder de Ndongo sem um compromisso firme com a espiritualidade ambundo, ela apelou para as relíquias que fizera com os ossos de Ngola Mbande. Jinga sabia que, de acordo com as crenças espirituais dos ambundos, Ngola Mbande era uma força espiritual mais forte depois de morto do que quando estava vivo e aproveitou essa crença para que seus partidários tivessem plena fé em suas decisões. Se abandonasse a ilha sem prestar deferência adequada ao irmão morto, arriscaria sofrer a vingança dele e poria em risco o apoio de seus seguidores. Assim, antes da evacuação, ela convocou seus sacerdotes para realizar os rituais que lhes permitiriam comunicar-se com o espírito de Ngola Mbande. Durante a cerimônia, o espírito de Ngola Mbande possuiu um sacerdote, que transmitiu seus desejos e advertiu Jinga de que ser "um vassalo dos portugueses era perder liberdade e tornar-se um escravo" e que "era melhor manter a liberdade mediante uma fuga". Jinga aceitou esse conselho e honrou seu irmão sacrificando catorze mulheres jovens sobre seu túmulo.[98]

Ao seguir cuidadosamente o conselho de Ngola Mbande, Jinga esclareceu a seus seguidores que tinha as bênçãos dos antepassados para continuar a resistência contra os portugueses. Desde o momento em que tomou a decisão de venerar as relíquias de seu irmão até sua morte, em 1663, ela manipularia a espiritualidade e faria dela um elemento central em sua arte de governar. Ela acrescentava elementos novos quando necessário, mas sempre se assegurou de que, em última análise, o controle estava em suas mãos.

# 4.
## Política traiçoeira

Depois de ter fugido das ilhas Kindonga, Jinga encarou dificuldades assustadoras em suas tentativas de voltar à política de Ndongo. O governador Fernão de Sousa queria ter certeza de que ela permaneceria fora de combate; os portugueses ainda não haviam conquistado o leste de Ndongo, e ele temia que ela usasse a região como base para atrair partidários e solapar os ganhos que ele havia obtido, ameaçando possivelmente a sobrevivência da colônia. Os planos do governador de instalar Hari a Kiluanje no trono e capturar ou prender Jinga foram frustrados porque ele morreu de varíola um pouco antes de outubro de 1626, sem que fosse coroado rei de Ndongo. Outro dos planos de Sousa — persuadir Jinga a se tornar uma agente portuguesa e convencer os sobas das terras além de Ndongo a serem vassalos dos portugueses — também foi frustrado.[1] Mas Sousa tinha outras opções. Escolheu imediatamente Ngola Hari, um meio-irmão de Hari a Kiluanje que controlava a área de Pungo Ndongo, para rei de Ndongo.

Ngola Hari não estava no topo da lista de Sousa de substitutos de Jinga; ele descendia de outro ramo da linhagem real de Ndongo, mas era considerado inelegível para governar porque era filho de uma escrava da corte de Ngola Mbande. Jinga e sua irmã Kambu o consideravam dependente delas; embora seu nascimento na corte o protegesse de ser tratado como escravo, a falta de linhagem real de sua mãe tornava sua posição social indefinida.[2] As noções de parentesco dos ambundos diziam que os sobas não deveriam obedecer-lhe. A escolha de Hari a Kiluanje para rei baseara-se na premissa de que ele era um candidato mais respeitado e elegível. Para evitar rumores sobre a legalidade da indicação de Ngola Hari, Sousa exigiu que o capitão Bento Banha Cardoso reunisse todos os sobas leais a Ngola Hari junto com os macotas e outros eleitores do reino e os fizessem passar pelos procedimentos tradicionais da eleição de um novo rei.[3]

Foi nesse momento que Sousa apresentou o argumento de que o fato de Jinga ser mulher a desqualificava para governar. Ele instou Cardoso a persuadir os sobas e eleitores de que "Jinga não era uma rainha, nem podia ser, por ser mulher" e que ela fora "tiranicamente" colocada na chefia de Ndongo. Além disso, exigiu que Cardoso insistisse com os eleitores que tinham de escolher Ngola Hari para sucessor legítimo do trono de Ndongo, de acordo com o costume ambundo, e "colocá-lo numa cadeira e obedecer-lhe como a um rei natural".[4] A eleição de Ngola Hari ocorreu em 12 de outubro de 1626, no forte de Ambaca, na presença de funcionários portugueses e seus "sobas, *quizicos* [*kijikos*] e os macotas que eram eleitores". O novo rei prestou juramento de vassalagem ao rei português e concordou em pagar um tributo anual de cem escravos de primeira (*peças das Índias*), juntamente com outras obrigações. Embora os termos do contrato de vassalagem que Ngola Hari assinou no seu empossamento não subsistam, o documento teria contido uma linguagem semelhante àquela do contrato que Hari a Kiluanje havia assinado, incluindo pagamento de tributo em escravos, conversão ao cristianismo, envio de soldados para lutar ao lado dos portugueses e o cumprimento de outras obrigações onerosas e humilhantes.[5]

Para garantir que o povo aceitasse Ngola Hari como seu rei legítimo, os portugueses mandaram que ele saísse de Pungo Ndongo e construísse uma nova residência em Kabasa ou Vungo, onde os reis de Ndongo tradicionalmente situavam suas cortes. Fernão de Sousa posicionou duas companhias de infantaria junto com tropas adicionais em Pungo Ndongo para proteger Ngola Hari de qualquer possível ataque de Jinga ou de seus partidários.[6] As condições que Sousa impôs a Ngola Hari eram as mesmas que Jinga havia rejeitado quando negociou em nome de Ngola Mbande em 1622. Sua recusa em aceitar essas condições continuaria a persegui-la e a ser um problema central durante suas muitas tentativas ao longo dos anos de chegar a um acordo pacífico com os portugueses. Ela jamais perdoaria Ngola Hari por aceitar ser vassalo dos portugueses.

## A fuga de Jinga

Nos meses anteriores à eleição de Ngola Hari, os portugueses, sob o comando de Cardoso, fizeram esforços valorosos, mas que resultaram infrutíferos, para perseguir e capturar Jinga. Ela conseguiu evitar a captura através de uma combinação de desenvoltura e conexões políticas. Os primeiros quatro dias após sua fuga das ilhas Kindonga foram angustiantes. Cardoso mandou oitenta soldados de cavalaria e infantaria atrás de Jinga e sua comitiva, composta por seus parentes, funcionários mais próximos, adeptos e escravos que haviam escapado das ilhas. Eles evitaram por pouco a captura escondendo-se em várias cavernas grandes e naturalmente fortificadas. O grupo heterogêneo, do qual faziam parte muitas pessoas que sofriam os efeitos da varíola, teve de abrir caminho pela parte leste de Ndongo.

Durante a jornada, Jinga abandonou muitos dos escravos que haviam escapado com ela. Foi uma brilhante manobra tática: como os portugueses priorizavam arrebanhar escravos a seguir Jinga, ela ganhou tempo.[7] A distância entre ela e os portugueses deu-lhe a chance de lutar contra sobas que se recusaram a ajudá-la, bem como ganhar novos seguidores. A permanência da fidelidade de seus adeptos talvez dependesse de terem prestado ou não um juramento específico que os prendia a ela. Depois que faziam esse juramento, os ambundos preferiam a morte a rompê-lo.[8] Apesar da retirada penosa e da perda de muitos de seus seguidores e parentes próximos para a varíola, Jinga sobreviveu. Quando a cavalaria e os espiões de Cardoso chegaram à fronteira de Ndongo, Jinga estava longe de ser encontrada. Alguns relatos dizem que o imbangala Kasa permitiu que ela passasse com segurança por seu acampamento, enquanto outros afirmam que ele se recusou a ajudá-la.[9] Qualquer que seja a verdade, o fato é que Jinga foi parar na pequena região de Kina, onde o soba Catamuito teve piedade dela e de seu grupo desesperado.

A popularidade de Jinga cresceu durante essa fuga extraordinária. Ela conseguiu persuadir muitos sobas relutantes do leste de Ndongo e de reinos vizinhos a aderir à sua causa e manter seu paradeiro em segredo. Não foi pouca coisa. As tropas de Cardoso atacaram as terras dos sobas e os torturaram com a esperança de que revelassem seu paradeiro. Eles continuaram mudos.

Durante a busca por Jinga, Cardoso montou uma grande máquina de propaganda, enviando mensageiros e espiões ao leste de Ndongo para louvar Ngola Hari. Eles disseram aos sobas e a seus povos que a eleição seria legítima e que ele traria muitos benefícios materiais depois que fosse coroado rei. Teriam segurança e acesso gratuito às feiras, entre outras coisas. Os agentes de Cardoso entraram nas regiões vizinhas de Malemba e Matamba, onde um grande número de ambundos de Ndongo se refugiara, e tentaram subornar seus governantes, oferecendo aliança com os portugueses e outros incentivos para quem concordasse em não ajudar Jinga. Os representantes de Cardoso advertiram que, se Jinga aparecesse, as pessoas deveriam expulsá-la de suas terras ou entregá-la. Se não obedecessem, deveriam esperar retaliação.[10]

Enquanto Fernão de Sousa tinha Cardoso e seus agentes à procura de Jinga e planejavam a eleição de Ngola Hari, ela abria caminho através de Malemba. Se encontrasse refúgio temporário na base de Kasa, não ficaria por muito tempo nas proximidades de seu quilombo, pois não confiava nele, a quem havia traído no passado. Ela estava certa: alguns meses depois, um dos espiões de Ngola Hari informou que o chefe imbangala estava disposto a entregar Jinga ou matá-la se lhe garantissem uma recompensa.[11] Jinga tampouco poderia encontrar abrigo seguro em Malemba, pois Sousa pusera sua cabeça a prêmio. Com efeito, alguns dos sobas dessa região a perseguiram com seus exércitos durante sua fuga. Ela conseguiu escapar deles e refugiar-se na mata densa adiante de Malemba.[12] Mesmo ali, não estava segura, pois Ngola Hari declarara guerra a alguns de seus partidários, entre eles um parente de Jinga, o soba Zunge a Moke, porque se recusavam a obedecer-lhe. O capitão português Sebastião Dias invadiu as terras de Zunge a Moke com um exército de 78 portugueses e muitos *kimbares* ambundos.[13]

Ngola Hari estava incentivando ativamente os milhares de residentes de Ndongo que haviam se refugiado em Malemba e Matamba a retornar a Ndongo. Se em algum momento Jinga imaginara tentar recrutá-los, ela pensou melhor. Alguns deles não hesitariam em revelar seu esconderijo se isso significasse uma permissão para retornar às suas casas. Qualquer esperança de conquistar o apoio daqueles que permaneceram nas ilhas acabou quando eles proclamaram fidelidade a Ngola Hari e o reconheceram como o rei legítimo.[14]

Apesar desses reveses, Jinga continuava a ser um grande obstáculo no caminho de Ngola Hari para a legitimidade. No início de 1627, ele pediu a Sousa que autorizasse outra campanha contra ela ao saber que Jinga estava perto de Pungo Ndongo e que o imbangala Kasa, Zunge a Moke, Ndala Kisuba e refugiados de Ndongo a estavam ajudando.[15]

Ngola Hari tinha razão em se preocupar com Jinga. Ela não só havia feito alianças com governantes vizinhos como também tinha o apoio do rei Ambrósio do Congo, o mais poderoso reino africano independente da região. Os reis do Congo haviam apoiado Ndongo desde a chegada de Dias de Novais, especialmente depois de 1622, quando as tropas de João Correia de Sousa invadiram seu reino, capturaram muitos cristãos e os mandaram para ser vendidos como escravos no Brasil. Até então, o Congo resistira aos portugueses, e o reino fizera várias tentativas diplomáticas para restaurar a paz, mas seus governantes continuavam alarmados com a incessante expansão militar portuguesa. Ao mesmo tempo que mandara tropas contra Ndongo, Fernão de Sousa também havia enviado soldados para a região dos Dembos; nessas terras, que se situavam entre Congo e Ndongo, os governantes locais mantinham a autonomia e evitavam pagar tributos mudando continuamente de lealdade entre os dois reinos. Porém, o governador português insistia que, por terem anteriormente obedecido ao rei de Ndongo, eles agora deviam tributo ao rei de Portugal, que conquistara Ndongo. Em 1627, ele discutiu o envio de tropas à região para forçar o governante de Mbwila (na região dos Dembos) a reconhecer a soberania portuguesa e pagar tributo.[16] Em 1624, quando Jinga fugiu de Ndongo, o novo rei do Congo, Pedro II, foi solidário com ela: enviou-lhe um representante que levava consigo "uma cadeira e um tapete", símbolos da realeza.[17]

Embora os sobas de Ndongo nem sempre estivessem dispostos a apoiá-la publicamente, a popularidade de Jinga continuou a aumentar. A maioria dos ambundos julgava sua reivindicação ao trono de Ndongo mais legítima do que a de Ngola Hari. Além disso, a crescente dependência de Ngola Hari dos portugueses prejudicava qualquer apoio que ele tivesse conseguido. Durante os primeiros meses de seu reinado, as muitas tentativas de Sousa de fazer a população ambundo aceitá-lo como o governante legítimo foram, em grande parte, malsucedidas. Um dos primeiros erros de Ngola Hari foi permitir que os missionários agissem em Ndongo. O primeiro missionário que ele acolheu foi o padre jesuíta Francisco Pacconio, a quem Sousa nomeara conselheiro espiritual do novo rei. Em dezembro de 1626, Ngola Hari já construíra uma igreja em Pungo Ndongo e permitira que o padre começasse a ensinar a doutrina católica para sua família, bem como para seus partidários. Mas Ngola Hari viu-se numa situação paradoxal. Ele percebeu que antes de poder residir em Kabasa, como Cardoso e Sousa haviam exigido, teria de participar dos rituais ambundos que possibilitariam que o povo o considerasse um governante legítimo. Assim, tentou postergar seu batismo, explicando ao padre Pacconio que era obrigado a "fazer certas cerimônias costumeiras"; negligenciá-las acarretaria uma falta de legitimidade aos olhos de seu povo.[18]

Embora as autoridades religiosas nativas devessem desempenhar um papel central em algumas dessas cerimônias, o padre Pacconio estava tentando reduzir essa influência e elas não podiam participar abertamente.

Na verdade, Ngola Hari mantinha dois sacerdotes ambundos que o aconselharam a não desistir de suas crenças tradicionais, levando o padre Pacconio a pleitear que Sousa os expulsasse. A influência contínua deles sobre o rei e o povo, disse o jesuíta, prejudicava o trabalho missionário.[19] Em fevereiro de 1627, o padre Pacconio queixou-se ao governador que Ngola Hari, seus conselheiros e a população estavam muito apegados aos seus "feitiços" (sacerdotes e objetos rituais). As pessoas procuravam o rei para conseguir chuva, disse ele, e recusavam-se a ouvir os protestos do padre, "porque este era o poder e o costume de seus antepassados". Desdenhavam especialmente das ideias sobre a vida após a morte, zombando de seus ensinamentos e respondendo que "queriam mandar alguém lá para verificar se o paraíso e o inferno realmente existiam".[20]

Os portugueses travavam uma batalha árdua para influenciar a opinião pública em favor de Ngola Hari. Além da dificuldade em convencê-lo a rejeitar as crenças e as práticas rituais dos ambundos, não tiveram sucesso em suas campanhas militares contra os sobas e os macotas que suspeitavam de ajudar Jinga. Muitos ambundos se convenceram de que Sousa substituíra Jinga por Ngola Hari simplesmente porque ele era mais flexível. Com efeito, em carta ao secretário de Estado em Portugal, Sousa admitiu isso. Ele explicou que atacara Jinga porque os portugueses que moravam em Angola temiam-na mais do que a Ngola Hari: suas "contínuas persuasões levaram os sobas a se revoltar e os escravos portugueses fugiram para ela e, de fato, criaram uma rebelião geral e uma grande perda de receita".[21] Sousa estava otimista de que a substituição de Jinga por Ngola Hari melhoraria a situação econômica da colônia.

O governador fez muitas exigências onerosas a Ngola Hari. Primeiro, ele deveria centralizar o comércio de escravos em feiras específicas que estavam sob o controle de um de seus funcionários, em vez de deixá-lo para funcionários das aldeias, como era costume. Em segundo lugar, deveria garantir que todos os comerciantes portugueses pudessem viajar com segurança às feiras, sem ter de pagar impostos. Terceiro, teve de concordar em participar de campanhas de propaganda conjunta com funcionários portugueses em toda a área para convencer as pessoas de que Jinga fugira e que ele era o rei legítimo. Por fim, deveria respeitar o padre Pacconio e ouvir seus conselhos, como "os reis e senhores de Portugal o fazem".[22] Fernão de Sousa também advertiu Ngola Hari de que ele não tinha autoridade para enviar seus funcionários para coletar tributos dos sobas ou de outros senhores regionais sem o acompanhamento de representantes do forte, já que os sobas eram aliados do rei português e não seus vassalos; e os sobas deveriam pagar-lhe agora apenas um determinado imposto tradicional. Finalmente, Ngola Hari tinha de entregar aos portugueses, dentro de duas semanas, qualquer escravo pertencente aos portugueses que fugira para as terras de um soba, caso contrário, teria de pagar o custo do escravo.[23] Em suma, Sousa esperava que Ngola Hari não se comportasse como um rei independente que se aliara aos portugueses, mas como um soba conquistado que estava integrado à colônia portuguesa de Angola.

A relação que Ngola Hari formalizou com Sousa o tornou totalmente dependente dos portugueses, e seu poder foi irrevogavelmente diminuído. Ao contrário dos reis anteriores de Ndongo, ele não poderia exigir o tributo dos sobas sob seu controle, e, durante seus primeiros anos de governo, seus pedidos de assistência militar a Sousa para agir contra os sobas que recusavam suas exigências foram negados. Ngola Hari também não teve permissão para tributar comerciantes portugueses ou africanos sem primeiro obter aprovação dos fortes.

Sua posição fraca ficou evidente desde o início de seu governo, quando ele pediu a ajuda de Sousa para repovoar Ndongo, que se transformara numa região deserta, pois perdera grande parte da população após quase uma década de guerras. Seus vários pedidos para repatriar os *kijikos* e ambundos livres que estavam em Luanda e em outros lugares sob domínio português foram inúteis. Nada resultou disso, apesar dos vários planos sugeridos por Sousa, um dos quais envolvia uma troca de ambundos livres que viviam em Luanda e em várias plantações portuguesas pelos *kijikos* que haviam fugido para Ndongo. Sousa chegou a propor a divulgação de um decreto em Luanda e perto dos fortes que incentivasse ambundos livres a retornar a Ndongo. No entanto, os funcionários da Câmara (o órgão consultivo do governador) se recusaram a assiná-lo, temendo que essa medida incentivasse a fuga em massa de *kijikos* e outros ambundos escravizados e destruísse o sustento econômico dos proprietários portugueses.[24] Mesmo que o plano para repovoar Ndongo tivesse funcionado, Ngola Hari não poderia exigir tributo dos ambundos que retornaram a Ndongo, porque ele não era considerado governante dessas terras. Como parente de Jinga, tinha direitos naturais sobre os *kijikos* em suas províncias de Pungo Ndongo e Hari, mas não podia reivindicar os mesmos direitos sobre os de Ndongo, que pertenciam à linhagem direta de Jinga.

Esse problema complexo era apenas um dos muitos exemplos do fracasso de Sousa em criar as condições que tornassem Ngola Hari um aliado confiável e governante legítimo no lugar de Jinga. Não bastava instalá-lo no trono. Ngola Hari ainda temia Jinga, e não estava sozinho; muitos dos principais membros de sua linhagem também a consideravam inimiga. Eles acreditavam que, se reconquistasse Ndongo, ela os escravizaria a todos, uma vez que, como dizia o ditado popular, "quem é rei não tem parentes".[25] Ao mesmo tempo, muitos ambundos estavam decididos a aceitar Jinga se ela voltasse.

Embora não tivesse o poder tradicional associado aos reis de Ndongo, Ngola Hari percebeu que, para manter sua posição, teria de aceitar as exigências de Sousa, entre elas a de se converter ao cristianismo. Deixando de lado sua antiga resistência, ele foi batizado em 1627 pelo padre Pacconio, junto com sua esposa e outros parentes. Ele também enviou seu filho jovem a Luanda para ser batizado numa cerimônia magnífica na igreja principal. E, numa atitude drástica, Ngola Hari abandonou o conceito de casamento plural, tão essencial para a liderança dos governantes de Ndongo, e casou-se com sua esposa conforme o rito cristão.[26]

## Jinga reaparece

Os temores de Ngola Hari e dos portugueses relativos ao ressurgimento de Jinga concretizaram-se em 1627, quando ela começou a aproximar-se de alguns de seus antigos aliados, numa tentativa de refazer sua base de apoio. Fernão de Sousa ouviu falar pela primeira vez de sua atividade em março, quando recebeu a notícia de que Jinga enviara dois representantes de baixo nível (*makunges*) de Tunda, onde estava temporariamente, a Kissama, uma província produtora de sal, produto que fora uma fonte importante de receita para Ndongo, mas que resistira ao domínio português. Os *makunges* encontraram-se com vários macotas (anciãos) e sobas que ganharam o opróbrio dos portugueses por abrigar imbangalas e não permitir que os portugueses se instalassem em suas terras.[27]

Alguns meses depois, em setembro, Jinga decidiu ir até a fronteira de Ndongo para testar a situação. Chegando com o imbangala Kasa, com quem estava temporariamente em bons termos, tentou reconstituir sua base. Porém, logo descobriu que o ambiente político mudara tremendamente em favor dos portugueses, embora sem favorecer Ngola Hari. Em consequência das operações militares bem-sucedidas de Cardoso e Sebastião Dias, muitos sobas e poderes regionais nominalmente independentes de uma grande área que se estendia da fronteira sul do Congo à fronteira leste de Ndongo e pelas terras de ambos os lados do rio Kwanza haviam aceitado os termos de vassalagem ou concordado em se aliar aos portugueses, apesar de terem simpatizado anteriormente com Jinga e participado de sua rebelião. Até mesmo os sobas de Tunda e Songo, que haviam resistido aos portugueses, tinham agora feiras de escravos e permitiam que mercadores portugueses e africanos traficassem em seus territórios.[28] Outro fator que tornava difícil para Jinga obter apoio era o papel de Ngola Hari na estratégia de Fernão de Sousa para controlar Ndongo. Em decorrência do batismo de Ngola Hari e sua aparente disposição de recorrer à ajuda militar portuguesa, muitos sobas se sentiram intimidados e relutaram em aceitar o retorno de Jinga, temendo a reação dos portugueses.

Jinga deu-se conta de que precisava ter cuidado quanto a revelar seu paradeiro e confiou somente naqueles sobas que eram membros de sua linhagem e tinham terras localizadas em Ndongo.[29] Em consequência, teve o apoio de apenas dois sobas. Depois de ter sido abandonada novamente por Kasa, ela ficou sozinha no novo acampamento de guerra que construíra no leste de Ndongo.[30] Sabia que tinha apenas duas opções: voltar para o mato e continuar lutando para recuperar o trono, ou tentar reabrir negociações com Sousa. Jinga escolheu a segunda via.

Em novembro de 1627, ela enviou o seu mais alto funcionário (seu *mwene lumbo*) e alguns funcionários ao forte de Ambaca para apresentar sua defesa. A maior parte do que o *mwene lumbo* tinha a dizer não era novidade. Ele reiterou a decisão de Jinga de se tornar subordinada e dependente de Sousa (*filha*). Porém, não abria mão do direito de governar Ndongo, e o *mwene lumbo* enfatizou que a rainha retornara porque era a governante legítima e, francamente, estava cansada de vagar pelas matas. Informou ainda que Jinga culpava seus conselheiros por aconselhá-la a fugir e agora estava pronta para participar da cerimônia de vassalagem e pagar tributo ao rei de Portugal. Falando sobre as origens do conflito, ressaltou que Jinga acreditava que, quando se tornara vassalo dos portugueses em 1624, Hari a Kiluanje o fizera somente porque queria herdar o reino dela. E disse também que Ngola Hari, a quem os portugueses haviam eleito, estava mentindo quando dissera que ela retornara para começar uma guerra. Como isso poderia ser verdade, se ela não tinha inimigos em Ndongo? Todos eles eram seus dependentes. Em conclusão, o *mwene lumbo* indicava que Jinga estava pronta para reabrir a feira de escravos. Em nome dela, presenteou o capitão-geral do forte com vários escravos: seis para o governador e quatro para Cardoso. Além disso, ele entregou quatrocentos escravos e 150 cabeças de gado como tributo ao rei português em nome de Jinga e Kasa.[31]

Ao saber do reaparecimento de Jinga, Ngola Hari enviou seu próprio *mwene lumbo* com uma carta ao governador português em que se queixava de ter sido informado sobre os mensageiros de Jinga no forte e observava que ela tinha um grande número de escravos acorrentados esperando em Ambaca para serem enviados a Sousa. Acusava Jinga de ter pagado subornos para permitir seu retorno a Ndongo. Ademais, enfatizava que os sobas que viviam ao longo do rio Kwanza ainda preferiam Jinga a ele e dizia que ela poderia ter ido para a ilha onde seu irmão Ngola Mbande estava enterrado, presumivelmente para começar a refazer novamente suas forças. Ngola Hari pleiteava que Sousa o ajudasse, pois era seu pai.[32]

Fernão de Sousa, ao receber apelos de Jinga e Ngola Hari, preferiu apoiar o último. A manipulação que Jinga fizera de Cardoso e sua fuga das ilhas o haviam embaraçado e ele agora estava firmemente empenhado em apoiar Ngola Hari, que era influenciável e fraco. Sousa sabia que Ngola Hari não seria capaz de cumprir seus deveres se Jinga continuasse uma ameaça e tratou rapidamente de encorajá-lo. Ao mesmo tempo que o repreendeu com severidade por acusar os portugueses de aceitar subornos de Jinga, prometeu mandar reforços. Mas ordenou que ele mantivesse o povo longe das ilhas — a fim de evitar que se juntassem a Jinga — e enviasse soldados para coletar informações sobre Jinga. Sousa exigiu que Ngola Hari preparasse seus soldados para a batalha e encorajasse seu povo a plantar para que os soldados tivessem comida. Além disso, instou o capitão-mor de Ambaca e o padre Pacconio a encorajar Ngola Hari: em nenhuma circunstância, deveriam abandoná-lo naquele momento.[33]

Com Jinga, o governador não se arriscou. Não só recusou o apelo dela como acusou seu *mwene lumbo* de ser um espião e mandou o capitão-mor prendê-lo. O *mwene lumbo* foi acorrentado junto com os que o acompanharam, e os escravos que trouxera foram confiscados. Ordenou ao capitão-geral que reunisse tropas, perseguisse e matasse Jinga e cortasse a cabeça de qualquer soba que aderisse a ela.[34]

Preocupada por não ter notícias do *mwene lumbo*, Jinga enviou dois de seus *makunges* favoritos a Ambaca, com mais escravos. Eles chegaram

Rainha Jinga proferindo sentença. Antonio Cavazzi, c. 1668.

ao forte em 5 de dezembro de 1627, mesmo dia da prisão do *mwene lumbo*. Num curto espaço de tempo, o capitão-mor os prendeu, junto com alguns outros adeptos de Jinga.

Evidentemente, àquela altura Jinga não sabia nada a respeito do destino de seus emissários. Enquanto aguardava notícias, tentou esclarecer aos portugueses sua disposição de viver em paz. Mudou-se para a ilha de Zongo, nas ilhas Kindonga, a cerca de dois dias de viagem de Ambaca, para evitar lutar contra o soba Andala Gonga Cangombe da região de Lucala, que a atacara depois que ela pedira que ele devolvesse ao forte todos os *kimbares* (soldados escravos) dos portugueses que haviam fugido para suas terras durante a revolta anterior.[35] E chegou mesmo a mandar seus *makunges* pedirem permissão a Cardoso para permanecer na ilha. Além disso, enviou um dos seus partidários em missão ao soba Candele de Kisos, uma das principais bases de apoio a leste de Pungo Ndongo, para pedir-lhe que tratasse bem os *kimbares* portugueses e os *pumbeiros* (comerciantes africanos que trabalhavam para mercadores portugueses) que estavam em suas terras com suas mercadorias. Candele rejeitou o pedido de Jinga e, em vez disso, atacou os comerciantes, roubou-os e matou três africanos pertencentes aos portugueses, um homem livre e dois escravos. Os outros comerciantes portugueses e escravos fugiram para as terras do soba Ndala Kisuba, um vassalo dos portugueses que prometeu protegê-los com sua vida.[36]

Esse incidente expôs a principal fraqueza de Jinga. Ela precisava agora enfrentar a realidade de que havia perdido o apoio que tivera entre os principais sobas da região. Atormentada por essa revelação, Jinga caiu numa depressão severa, trancou-se num quarto e recusou-se a falar com todos. Foi nesse estado que enviou, de sua nova localização numa ilha diferente do rio Kwanza, mais dois emissários a Ambaca para dizer a Sousa que não era responsável pelo que Candele fizera em Kisos. Para convencê-lo de sua sinceridade, pediu que, quando os enviados chegassem, fossem submetidos a um teste brutal chamado *kilumbo*, no qual uma faca quente era colocada na pele da pessoa que fazia um juramento; se nenhuma ferida fosse detectada, considerava-se que a pessoa falara a verdade.[37] Novamente sem receber notícias de seus mensageiros, Jinga, ignorando que o destino deles havia sido selado, ficou desesperada e mandou seu secretário pessoal ao forte, em 4 de janeiro de 1628. Porém, ele não teve permissão para atravessar o rio Kwanza: foi bloqueado por um soba que declarara apoio a Ngola Hari. Jinga estava efetivamente isolada na ilha. A maioria das sobas da região em torno do rio Kwanza que a apoiavam estava agora acampada em Pungo Ndongo, esperando reforços que lhes permitissem atacá-la sob a liderança de Ngola Hari.[38]

Nesse meio-tempo, os dois enviados de Jinga submeteram-se à provação no forte. Eles defenderam sua rainha e afirmaram sua inocência, negando que tivesse mandado matar e capturar os *kimbares* e *pumbeiros* em Kisos ou confiscar as mercadorias dos comerciantes.[39] Mas esses procedimentos legais eram apenas uma encenação: o governador já decidira que os funcionários de Jinga o estavam espionando e descartou os resultados da provação. Sousa convocou um tribunal militar em Luanda para iniciar um processo formal contra o *mwene lumbo*. O tribunal condenou-o por espionagem, transportar mensagens falsas de Jinga e, ainda, pela responsabilidade por quase todas as ações dela, inclusive unir forças com o imbangala Kasa e estimular os sobas a se rebelar. O tribunal condenou-o à morte por decapitação na presença dos sobas. A vida dos dois *makunges* foi poupada, mas eles foram condenados a serem transportados para o outro lado do Atlântico e vendidos como escravos. Antes de cumprir as sentenças, o capitão-mor e outros militares portugueses de Ambaca torturaram o *mwene lumbo* e os dois *makunges*. Sob coação, o *mwene lumbo* forneceu detalhes sobre como Jinga conseguira retornar a Ndongo. Mas ele continuou a insistir que Jinga estava genuinamente interessada em fazer a paz com os portugueses e preparada para se tornar vassala de Portugal.[40] Os *makunges* também revelaram detalhes sobre os movimentos de Jinga desde seu retorno a Ndongo, mas, tal como o *mwene lumbo*, afirmaram separadamente que Jinga estava disposta a fazer a paz e se subordinar aos portugueses. Suas confissões, no entanto, não os salvaram. O *mwene lumbo* foi decapitado em 23 de dezembro de 1627.

Três semanas após a execução, em 15 de janeiro de 1628, o capitão-mor de Ambaca enviou onze emissários e seguidores de Jinga para Luanda. Do grupo faziam parte os dois *makunges* e outros funcionários que foram presos após sua chegada ao forte ou apanhados em outros lugares de Ndongo. Entre eles estavam um soba de Lucala e três companheiros que apoiavam Jinga. Todos deram testemunho sob juramento que revelava o paradeiro e as ações de Jinga. Todos, no entanto, juraram unanimemente que Jinga voltara porque queria fazer a paz com os portugueses.[41]

Enquanto os dois *makunges* condenados ficaram presos em Luanda, aguardando embarque para o Brasil, Sousa devolveu o resto do grupo para o forte de Ambaca. Acompanhados por um funcionário português, eles levavam uma mensagem do governador para Jinga. Nela, Sousa dizia que se ela era sincera em querer ser sua dependente, precisava ir ao forte em Cambambe. Tranquilizava a afirmando que garantiria sua segurança e a circulação pelas estradas, fosse ela por Ambaca ou por outro caminho. Assegurava-lhe que, na qualidade de cristã e pessoa de alta posição, seria tratada com dignidade, e pedia-lhe que não arriscasse sua vida voltando para a mata. Como incentivo adicional, Sousa permitiria que ela trouxesse Kasa. Pedia-lhe que tivesse confiança nele, pois ele a considerava uma dependente. Não obstante, o governador deixava claro que aquela era a última chance de Jinga. Se ela não aceitasse sua oferta, os portugueses "iriam buscá-la", e ela não gozaria das garantias que a mensagem prometia. Na verdade, Sousa declarava que, se Jinga enviasse mais emissários ao forte, eles seriam decapitados. Em conclusão, aconselhava Jinga a pensar seriamente no que perderia se não obedecesse e a lembrava dos riscos que já enfrentara durante sua fuga. Certamente seria melhor para ela passar o resto de sua vida descansando, sem precisar se preocupar com sua sobrevivência e manutenção.[42]

## Mobilizando o apoio popular

Através de seus vários emissários, Jinga indicara a Fernão de Sousa que estava disposta a se tornar vassala do rei português. A resposta dele mostra como os dois líderes concebiam de forma muito diferente o papel de uma mulher numa família real. A visão de Sousa baseava-se no modelo europeu do início dos tempos modernos. Ele esperava que Jinga desistisse de reivindicar as terras e o trono de Ndongo e aceitasse Ngola Hari como o rei legítimo. Ele também queria que ela aceitasse o título com menos status de "irmã do rei" e concordasse em retirar-se da esfera pública para viver tranquilamente da generosidade de seu guardião, o próprio governador.[43]

Sob muitos aspectos, o que ele estava oferecendo a ela era uma opção melhor do que aquelas com que se deparava a maioria das mulheres das famílias reais europeias se contestassem sua exclusão da liderança política. Na Europa, uma mulher igualmente desafiadora poderia ser obrigada a casar com um príncipe de uma terra distante, banida para um convento ou calabouço, ou mesmo assassinada.[44] Nesse contexto, não é difícil entender por que o governador português esperava que Jinga julgasse sua oferta atraente. Ele desconhecia a realidade política de Ndongo, onde as mulheres tinham um papel importante na governança.[45]

Sousa tentou resolver a crise política em Ndongo, causada por décadas de guerras e por uma política comercial baseada na extração de escravos, identificando o gênero de Jinga como a principal causa do conflito. Quando apresentou as duas opções a Jinga — submeter-se e tornar-se uma mulher sem poder, ou encarar as tropas portuguesas —, ele calculou mal. Havia tomado os apelos de Jinga como um sinal de fraqueza e claramente não entendera a profundidade da percepção de Jinga de si mesma como líder, tampouco as tradições políticas e culturais que a motivavam. Se tivesse entendido esses fatores, não ficaria surpreso com a resposta de Jinga: ela lutaria até a morte por seu reino. Estava disposta a tornar-se vassala em condições que lhe permitiriam reter o poder, mas não nas condições que Sousa estava oferecendo.

Entre dezembro de 1627 e março de 1628, no momento em que os emissários de Sousa estavam a caminho com sua mensagem, Jinga iniciou uma intensa campanha para recrutar sobas para sua causa. O governador, sem esperar por uma resposta dela, já estava se preparando para a guerra. Sua prioridade maior era garantir que Jinga não consolidasse sua posição nas ilhas Kindonga ou na região entre Ndongo e Matamba. Ele enfrentava o problema recorrente de que os sobas ainda se recusavam a aceitar Ngola Hari como líder legítimo. Mesmo aqueles que, no início, o apoiaram com relutância simplesmente ignoravam suas ordens de trazer homens e suprimentos para a nova campanha contra Jinga.

Mais uma vez, as exigências de Ngola Hari aos sobas tiveram o efeito de minar o apoio deles. Quando Jinga chegou às terras de Ndala Kisuba e Matamba, onde muitos dos sobas de Ndongo e sua gente se refugiaram, eles a saudaram e ela logo conseguiu montar um acampamento de guerra na região. A crescente popularidade de Jinga contrastava com o desprezo que os portugueses e os ambundos sentiam por Ngola Hari.

Ngola Hari estava numa situação lamentável. Não tinha soldados próprios e os sobas de Ndongo estavam em rebelião aberta contra ele. No fim de março de 1629, os portugueses e ele já tinham planejado atacar esses sobas. Antes de fazê-lo, enviaram mensagens ordenando que eles comparecessem perante Ngola Hari. Nenhum apareceu porque, como Ngola Hari e seus macotas reconheceram, todos obedeciam a "Jinga Ambande". Ngola Hari teve um ataque de raiva quando Paio de Araújo de Azevedo, o capitão-geral que substituiu Bento Banha Cardoso, exigiu que ele obrigasse os sobas a cumprir suas ordens.[46] Exclamou que ele e Jinga eram ambos dependentes (filhos) de Azevedo, e que ele poderia muito bem permitir que ela voltasse para Ndongo; ele mesmo deixaria Ndongo e voltaria para Andongo ou para Lembo, perto do forte de Massangano, onde os portugueses poderiam "cortar sua cabeça". Durante o ataque, Ngola Hari pegou uma palha, entregou-a ao intérprete e se afastou. Com esse gesto, indicava que desistia de seus direitos ao reino.[47]

Os portugueses sabiam que os sobas preferiam obedecer suas ordens às de Ngola Hari, desprezado como ele era por sua indigência e incapacidade de manter o reino por conta própria. No entanto, a aliança com Ngola Hari era importante, e Sousa estava empenhado em dar suporte ao rei tentando forçar os sobas a obedecer-lhe. Ngola Hari instou Sousa a ir mais longe e a decapitar vários dos macotas ou sobas de Jinga como um incentivo para que seus adeptos se entregassem no forte. Ele também queria que os portugueses capturassem Jinga, advertindo que, se continuasse livre e desse prosseguimento a sua aliança com Ndala Kisuba, ela se tornaria mais poderosa ou até mesmo destruiria o reino.[48] Sousa seguiu essencialmente o conselho de Ngola Hari.

A partir de junho de 1629, o capitão-geral do forte de Ambaca deteve e aprisionou muitos sobas de Ndongo, que foram libertados somente depois que concordaram em se tornar vassalos do rei de Portugal. Outros foram presos e receberam na pele a marca do rei. Essas ações não fizeram nada para melhorar a situação de Ngola Hari; na verdade, apenas exacerbaram os maus sentimentos dos sobas em relação a ele. Os sobas ambundos tinham grandes expectativas em relação a seus reis. Todos os governantes anteriores de Ndongo, bem como Jinga, ganharam o respeito dos sobas e de outros senhores regionais por liderarem grandes exércitos e vencerem batalhas. Ngola Hari fora despojado da capacidade de fazer tal coisa. Ao impedi-lo de realizar campanhas militares independentes deles, os portugueses o privaram de uma das principais funções que separavam os reis de Ndongo dos sobas. Como vassalo dos portugueses, Ngola Hari jamais poderia alcançar esse status. Ele admitira isso numa ocasião anterior, quando fez uma visita inesperada a Ambaca. Ele queria saber por que não podia ir à guerra, já que "sua vida e liberdade [*quietação*] consistiam em fazer a guerra para sustentar o reino". O único conselho que o sargento-mor pôde oferecer-lhe foi sugerir que ele voltasse para Pungo Ndongo em vez de ir a Lembo para plantar; mudar-se para Lembo indicaria ao povo que "ele não queria ser rei".[49]

A situação de Ngola Hari ficou tão patética que ele se queixou de ter apenas "seus conselheiros (macotas) e mulheres" ao seu redor, e que não conseguia iniciar uma campanha nem mesmo contra os sobas descontentes.[50] Com efeito, os sobas desrespeitavam tanto Ngola Hari que o capitão-mor de Ambaca prendeu muitos deles, forçando-os a retornar a Pungo Ndongo e declarar novamente que eram seus vassalos. Essas tentativas dos militares portugueses só pioraram a situação, e a posição de Ngola Hari continuou a se deteriorar.[51] A situação era especialmente explosiva na província de Hari, onde muitos sobas deixaram de pagar os tributos. O próprio Ngola Hari não conseguiu levantar os cem escravos que era obrigado a fornecer como tributo.[52]

Enquanto isso, Jinga continuava seus esforços para mobilizar o apoio popular. Ela aceitara o fato de que Sousa recusara suas várias ofertas (a partir de 1625) de se tornar vassala de Portugal sob certas condições e agora acreditava que ele desconfiava dela inteiramente: em uma palavra, era seu inimigo.[53] Ela também estava ciente dos muitos obstáculos que teria de encarar para continuar a se opor a ele. Soubera que ele havia encomendado cavalaria e reforços de soldados portugueses de Luanda para todos os fortes, bem como numerosos soldados africanos livres e escravos de muitas regiões.

A estratégia de Jinga era mover-se com rapidez para impedir que os reforços portugueses chegassem a Ambaca e Pungo Ndongo para apoiar Ngola Hari. Em julho de 1628, ela já havia conseguido recuperar o apoio dos sobas próximos ao rio Kwanza, que foram a uma reunião pública onde ela apareceu com o imbangala Kasa ao seu lado. Nessa reunião, Jinga proclamou-se "Senhora [de Ndongo]". E não parou aí: anunciou que Ngola Hari era seu escravo e que estava preparada para tornar-se vassala do rei de Portugal e pagar-lhe tributo "das terras que seu pai lhe dera".[54] Pouco depois, Sousa recebeu a notícia de que Kasa estava liderando uma grande força em direção a Ambaca. Enquanto isso, Jinga recebera outra mensagem do governador que lhe ordenava que aparecesse em Luanda para negociar as condições de sua vassalagem. É claro que ela desconsiderou a ordem e enviou um emissário para dizer a Sousa que o considerava "seu inimigo que queria mandá-la para a América espanhola [presumivelmente como escrava]".[55]

Continuando sua luta contra Ngola Hari, Jinga travou uma guerra psicológica contra ele, além de enfrentá-lo no campo de batalha. Quando soube que Cardoso deixara Pungo Ndongo, onde estivera protegendo o rei contestado, Jinga enviou uma mensagem ameaçadora a Ngola Hari, junto com alguns fetiches que, segundo Sousa, "esses pagãos temem mais do que armas". Ngola Hari ficou aterrorizado e não conseguiu enfrentar Jinga nem reunir coragem para liderar suas forças através de Ndongo para mostrar que estava no comando. Em vez disso, permaneceu em Pungo Ndongo e enviou mensagens em que pedia reforços aos portugueses para "protegê-lo da mulher negra".[56]

Àquela altura, Jinga já havia retornado às ilhas Kindonga, e seu prestígio entre os sobas aumentava diariamente. Apesar dos esforços de Sousa para obrigá-los a aceitar Ngola Hari como rei, eles acreditavam que Jinga era a governante legítima de Ndongo e que, de acordo com as noções de linhagem ambundo, Ngola Hari era dependente de Jinga.[57] Não era apenas seu próprio povo que não respeitava sua autoridade. Os soldados portugueses que moravam em Pungo Ndongo e que deveriam protegê-lo eram extremamente desrespeitosos e o exploravam sem piedade.[58]

O fato de saberem que Jinga estava nas ilhas, tinha viajado para Matamba e para as terras de Ndala Kisuba e contava com o apoio do imbangala Kasa encorajou mais sobas a apoiá-la. Muitos deles expressaram esse apoio simplesmente resistindo às exigências de Ngola Hari ou dos portugueses, enviando muito pouco tributo ou ignorando completamente os pedidos. Em alguns casos, nem sequer lhes era possível pagar o tributo necessário: muitos sobas ficaram destituídos desde a primeira campanha contra Jinga, durante a qual milhares de pessoas foram capturadas e escravizadas ou morreram na epidemia da varíola. Mais importante, no entanto, era o fato de que várias rotas do tráfico de escravos haviam sido interrompidas. Os laços renovados entre Jinga e Kasa bloquearam as estradas para as terras de Ndala Kisuba, e as guerras fecharam rotas que atravessavam Ndongo. Além disso, a presença de Jinga nas ilhas levara ao fechamento de algumas rotas para o forte em Ambaca.[59]

Enquanto Jinga trabalhava para obter apoio, Sousa enviava emissários a Ndala Kisuba para negociar a reabertura das rotas. Ele considerava Ndala Kisuba um "senhor muito poderoso" e acreditava que, se conseguisse reabrir o mercado de escravos em suas terras, Ngola Hari e os sobas de Ndongo participariam novamente do tráfico de escravos e poderiam pagar seus tributos.[60] Fernão de Sousa construíra o mercado nas terras de Ndala Kisuba durante a primeira campanha contra Jinga. Ndala Kisuba ganhara muito graças a essas campanhas. A fronteira para escravizar estava muito mais ao leste do que quando os reis de Ndongo eram poderosos o suficiente para evitar o contato direto entre os portugueses e as terras mais orientais. Desde 1628, a região já era uma fonte importante de escravos.[61] A principal preocupação de Sousa era agora manter Ndala Kisuba, que num certo momento dera abrigo a Jinga, como aliado dos portugueses; seu emissário tinha muitos itens para dar conta e precisava ser excepcionalmente persuasivo. Os portugueses queriam que Ndala Kisuba deslocasse a feira de escravos para acampamentos militares, onde sua segurança estaria assegurada. Para adoçar o acordo, levaram-lhe muitos presentes e transmitiram garantias verbais de paz e segurança a longo prazo contra seus inimigos, com Jinga no topo da lista. Além de subornar Ndala Kisuba com presentes, Sousa construiu um novo forte entre Pungo Ndongo e as ilhas Kindonga para que as tropas portuguesas e africanas pudessem patrulhar a região e forçar os sobas vizinhos a contribuir para o esforço de guerra.[62]

Fernão de Sousa percebeu que, para abrir a rota dos escravos e possibilitar que Ngola Hari governasse, teria de começar uma nova campanha contra Jinga. Ela seria comandada por Paio de Araújo de Azevedo, o novo capitão que chegara no outono de 1628 para substituir Cardoso, que morrera no verão anterior. Em setembro de 1628, Azevedo liderou um ataque contra Jinga. O exército era composto pelos mesmos veteranos portugueses e africanos de Luanda que haviam lutado em campanhas anteriores, junto com tropas escravas adicionais comandadas por capitães como Sebastião Dias, que vieram dos fortes de Massangano e Ambaca. Azevedo esperava acrescentar tropas locais que deveriam ser fornecidas por Ngola Hari e os sobas. O governador reunira uma grande quantidade de informações sobre o paradeiro de Jinga, e seu objetivo agora era defender Ngola Hari, "impedir que aquela mulher negra se fortalecesse na ilha onde estava" e persegui-la onde quer que estivesse para que não conseguisse reconstruir sua base.[63]

Azevedo não atacou Jinga imediatamente após sua chegada à região próxima das ilhas Kindonga. A estação das chuvas dificultou a viagem, mas ele também reconheceu que precisava coletar informações sobre a força militar e os movimentos de Jinga. Além disso, tinha de fortalecer a confiança de Ngola Hari. Os informantes de Sousa haviam sugerido que as tropas de Jinga e Kasa estavam por todo o Ndongo e que ela continuava a atrair sobas que se recusavam a pagar tributo a Ngola Hari e que, devido às perdas anteriores de seu povo, fugiram. Quando as tropas de Azevedo vindas de Luanda (com 150 soldados europeus e cavalaria) chegaram com seus escravos, juntaram-se aos milhares de soldados africanos que estavam sob o comando de Dias e atacaram os sobas da província de Hari que estavam apoiando Jinga através de uma resistência passiva.[64]

Além disso, antes de atacar Jinga, as tropas combinadas intimidaram alguns dos sobas mais poderosos e ocuparam locais estratégicos, onde o apoio a Jinga era forte. Os sobas de muitas regiões diferentes, inclusive aqueles da região em torno do rio Lucala, em áreas fronteiriças, foram o alvo, e aqueles que mandavam em certas áreas estratégicas, como Ndala Kisuba, foram ameaçados de guerra se se recusassem a informar a presença de Jinga ou se permitissem que ela escapasse através de suas terras.[65]

Por fim, Azevedo e suas tropas avançaram sobre as ilhas Kindonga. Mas, quando chegaram, não encontraram Jinga.

## O jogo de gato e rato

Apesar de a campanha ter de ser interrompida por quase oito meses devido às chuvas, Azevedo nunca parou de procurar por Jinga e continuou a fustigar os sobas suspeitos de ajudá-la. Em fevereiro de 1629, Jinga ainda não fora localizada. O pequeno apoio que Ngola Hari obtivera entre os sobas já se desfizera, e ele enfrentava uma rebelião aberta. Numa petição que seus funcionários levaram a Azevedo, Ngola Hari queixava-se de que grande parte da população de Ndongo fugira para Matamba e questionava a estratégia portuguesa. A petição dizia que o exército se empenhava tanto em capturar e destruir Jinga e seu povo — o próprio Ngola Hari recebera ordens para atacar aldeias de Ndongo — que estava destruindo o que restava do reino. Ngola Hari estimava que os soldados portugueses haviam tomado quatro mil escravos de primeira, junto com muitos sobas.[66]

Através das palavras de seus emissários, o desespero de Ngola Hari era evidente. Ele era desrespeitado em todos os cantos e não controlava mais os soldados que comandava. A carta descrevia um incidente em que seus carregadores abandonaram de repente suas responsabilidades, declarando descaradamente que não estavam mais interessados em procurar por Jinga ou participar da guerra contra ela. Acrescentando um tremendo insulto ao prejuízo, eles o chamaram de cachorro.[67] Como havia feito antes, Ngola Hari ameaçava deixar Ndongo e se mudar para Luanda ou Lembo.

Em resposta, Azevedo mandou tropas para a batalha contra os sobas de Matamba, que eram conhecidos por abrigar os chefes que haviam fugido de Ndongo para evitar o pagamento de tributo a Ngola Hari e a guerra contra Jinga. Embora os partidários de Jinga tenham se organizado e lutado bravamente, o lado português venceu, destroçando vários acampamentos, capturando três sobas poderosos e forçando vários outros a jurar vassalagem a Azevedo.[68]

As operações portuguesas em Matamba ajudaram muito a desvendar a estratégia de Jinga. Em primeiro lugar, elas frustraram ainda mais suas esperanças de unir forças com o mais poderoso dos líderes imbangalas, Kassanje. Ele atraíra uma grande quantidade de refugiados ambundos, e o número de seus arqueiros foi estimado em mais de oitenta mil. Ele rejeitara as tentativas iniciais de aproximação de Jinga, matando mais de nove dos emissários que ela lhe enviou.[69] E depois foi expulso pelas incursões portuguesas. Quando soube dos planos portugueses para invadir seu quilombo,

Kassanje fugiu para a vizinha província de Wandu, no Congo, recentemente desocupada por seu próprio governante. De Wandu, vangloriou-se de que estava pronto para enviar aos portugueses o gado e os escravos que trouxera para a capital do Congo — em troca de bens comerciais, pólvora, armas e munições.[70] Se Kassanje tivesse obtido sucesso, ele se tornaria a força política africana dominante na região, representando um desafio aos portugueses e, possivelmente, superando Jinga.

Enquanto esses eventos se desenrolavam, Jinga mantinha sua relação com muitos dos sobas que se recusavam a obedecer a Ngola Hari. Essas alianças garantiam que permanecesse bloqueada a rota de comércio de escravos entre Ambaca e pontos a leste até Kisos, localizados na fronteira com as terras de Ndala Kisuba. As incursões portuguesas em Matamba enfraqueceram a determinação de muitos sobas de Ndongo, que fugiram e se ligaram a sobas do interior de Matamba e das terras de Ndala Kisuba. Jinga continuava com suas tentativas de reunir uma coalizão mais ampla, às vezes chegando a ameaçar cortar a cabeça de um soba se ele se recusasse a aderir. Ela enviou mensageiros aos três líderes imbangalas cujos acampamentos estavam localizados em torno de Ndongo, mas essas tentativas fracassaram.[71] Sua esperança de uma aliança com o imbangala Kassanje não dera em nada, e Kasa voltara-se contra ela novamente: ele matou os dois *makunges* que ela enviou e fugiu para Tunda. Kalunga, outro líder imbangala que estava em Haku — uma região na qual Jinga contava com algum apoio —, também se recusou a unir-se a ela e mudou-se para Libelo.

No início de maio de 1629, Jinga já encontrara alguns locais seguros para seus acampamentos de guerra nas fronteiras das terras do soba Ndala Kisuba, perto de Matamba, onde três de seus irmãos a apoiavam e havia muitos de seus partidários. A sobrevivência de Jinga dependia dos alimentos, do gado e de outros suprimentos fornecidos por vários sobas poderosos de Ndongo.[72] Ela também tinha apoio de outro irmão de Ndala Kisuba, cujas terras ficavam na fronteira com Ngangela, a sudeste de Matamba.[73] Jinga sabia que o exército português recrutara muitos macotas de Ndongo para forçar Ndala Kisuba a enviar seu exército para encontrá-la ou enfrentar uma invasão das forças portuguesas. Os portugueses também ameaçavam as tropas de Ndongo com a perda de suas posições se não fornecessem informações sobre o paradeiro dela. Não obstante, a fidelidade a Jinga continuava forte; muitos dos sobas lhe haviam jurado lealdade e temiam morrer imediatamente se revelassem sua localização.[74] Assim, embora alguns enfrentassem castigos dos portugueses, outros desafiaram a captura e viajaram de Ndongo para o grande acampamento que Jinga havia construído em Ngangela para levar-lhe suprimentos.[75] O exército português, composto por cem mosqueteiros, alguns cavaleiros e um exército de soldados africanos, perseguia Jinga dia e noite, deixando um rastro de destruição.

### A grande fuga

Diante da sombria realidade, Jinga foi forçada a voltar à guerrilha. Na última semana de maio de 1629, mudou seu acampamento de guerra das terras de Ndala Kisuba para uma área muito além de Malemba, na região de Ngangela. Ela não conseguira livrar-se de seus perseguidores, mas a paisagem acidentada dessa região remota representava um grande obstáculo para eles. De acordo com o relato que Fernão de Sousa fez desses eventos, quando o exército português topou pela primeira vez com o acampamento dela, em 25 de maio de 1629, os vigias, arqueiros de Jinga, escaparam com sua rainha correndo até um precipício rochoso que lhes oferecia proteção. Uma pequena entrada para o precipício permitia que apenas uma pessoa de cada vez passasse rastejando. Chegava-se a ela atravessando uma ravina profunda tão traiçoeira que muitos soldados portugueses caíram e morreram tentando chegar ao outro lado. O destemor, a habilidade militar e o conhecimento do ambiente de Jinga destacaram-se durante essa fuga penosa. Os soldados portugueses a perseguiram por cerca de cinco quilômetros, mas não conseguiram recuperar o atraso — a passagem estreita fez com que ela ficasse um passo à frente deles. Jinga conseguiu atravessar ravinas e rios perigosos que entravaram os soldados que a seguiam, e estava protegida por atiradores habilidosos na retaguarda.[76]

Porém, ela sabia que não estava segura. Em 26 de maio, novas forças, das quais faziam parte sessenta mosqueteiros, chegaram à área, depois de atravessar quatro rios e sete ravinas para encontrá-la. Quase a alcançaram: passaram a noite de 27 de maio no próprio acampamento que Jinga ocupara na noite anterior. Àquela altura, ela não se atrevia a permanecer em um local por muito tempo.

Ao atravessar um precipício estreito, Jinga foi avistada por alguns soldados ambundos do exército português. Na pressa de encurralá-la, cinco deles correram para a borda, perderam o equilíbrio e caíram no precipício, tendo seus corpos despedaçados durante a queda. Para proteger Jinga, várias centenas de seus soldados a cercaram, fazendo uma parede. Quando estavam discutindo qual o melhor método para capturá-la, os soldados que a perseguiam testemunharam um espetáculo espantoso. Jinga, então uma guerreira experiente de quase cinquenta anos, agarrou o que parecia ser uma corda (talvez fosse uma das trepadeiras fortes que cresciam nas superfícies rochosas) no alto do precipício e desceu por ela até uma ravina onde gente sua a esperava. O precipício que Jinga desceu era supostamente tão alto que, para alguém que estivesse no topo, as vozes das pessoas que estavam embaixo eram inaudíveis. Não temos como saber como ela planejou isso, mas Jinga pousou no meio de uma multidão de pessoas, garantindo sua própria sobrevivência e a dos duzentos soldados (de um total estimado em quinhentos) que haviam feito um cordão ao redor dela.[77] Jinga se afastou sem ferimentos.

Após essa façanha, a trégua de seus perseguidores portugueses, se houve, foi de curta duração. O capitão português mandou imediatamente que os soldados ambundos tirassem os sapatos e descessem por cordas atrás dela. Eles capturaram trezentos dos soldados restantes de Jinga que tinham conseguido escapar durante a primeira batalha no quilombo. As revelações de alguns sobas e *kimbares* capturados dão uma ideia do estado de espírito de Jinga e de seu pequeno grupo de adeptos. Após intenso interrogatório, eles relataram que ela estava inicialmente inclinada a render-se, quando reconheceu a gravidade de sua situação. Foram os *kimbares*, que haviam fugido dos portugueses para se juntarem a ela, que a encorajaram, prometendo que "onde ela morresse eles também morreriam".[78]

O apoio incansável deles deve ter estimulado a confiança de Jinga. Os portugueses não tinham entusiastas desse tipo. Percebendo que suas tropas não podiam imitar os feitos de Jinga, o capitão português enviou alguns soldados para procurar uma rota alternativa. Quando eles finalmente chegaram a uma colina menos intimidante, ela já havia tomado a distância de mais de um dia de seus perseguidores.

Depois de passar alguns dias inspecionando as aldeias pelas quais Jinga passara, o capitão concluiu que era inútil continuar a persegui-la e cancelou a busca. Além disso, ela tinha apenas cem soldados em sua defesa. Estava convencido de que não seria capaz de sobreviver por muito tempo num lugar onde não era conhecida e onde os residentes tinham a fama de canibais. Nas operações de limpeza realizadas no caminho de volta para Ndongo, os soldados portugueses encontraram armas, pólvora, munições e roupas que as tropas e os carregadores de Jinga haviam deixado pelo caminho.[79] Ela obviamente encontrara pouca dificuldade para comprar armas, o que levou Sousa a empreender uma investigação sobre a administração dos suprimentos militares nos fortes e impor uma proibição de venda de armas aos africanos.[80]

Embora Jinga tivesse escapado de suas mãos, seus perseguidores conseguiram encontrar o acampamento em Malemba para o qual suas irmãs, outros parentes e conselheiros haviam se mudado. No acampamento estavam também vários prisioneiros portugueses que ela capturara, bem como um grande número de sobas e macotas. O exército português montou um ataque surpresa ao acampamento ao amanhecer. Obedecendo à última ordem de Jinga de lutar até o fim, os defensores mostraram uma resistência valente e sangrenta, mas foram superados pela potência de fogo do inimigo. Os soldados portugueses capturaram várias pessoas importantes, entre elas, as irmãs de Jinga, Kambu e Funji.[81]

Com Jinga em fuga e pelo menos temporariamente fora do quadro, Fernão de Sousa começou a pautar o governo de Ngola Hari de uma maneira que não havia feito antes. Mandou que ele começasse imediatamente a construir assentamentos em dois lugares de Matamba, onde os reis de Ndongo haviam instalado anteriormente suas cortes e onde ele não conseguira até então impor seu mando. Sousa também aconselhou-o a construir um assentamento nas terras de Ndala Kisuba, onde Jinga encontrara uma recepção calorosa e exigir que os sobas da região mandassem de volta os refugiados de Ndongo que estavam lá. Para estabelecer-se como senhor e garantidor de segurança, Sousa instruiu Ngola Hari a enviar presentes aos líderes das regiões vizinhas em que os reis de Ndongo haviam tido vassalos. Por fim, o governador mandou Ngola Hari abrir as rotas de comércio e as feiras de escravos.

Antes mesmo de ter notícias de Ngola Hari, Ndala Kisuba enviou-lhe emissários com presentes e jurou obediência a ele e aos portugueses. Não foi o único soba a fazê-lo, depois que ficaram sabendo que os adeptos de Jinga não seriam punidos por ter tomado o partido dela. Os sobas foram instados a pagar os cem escravos de tributo que não tinham pagado no ano anterior e lembrados da obrigação de prover Ngola Hari com homens e suprimentos para manter a segurança do reino. Em junho de 1629, com Jinga fora do caminho, Ngola Hari estava tão confiante em sua posição de rei que prometeu abrir as feiras de escravos e coletar tributo dos sobas.[82]

Embora o paradeiro de Jinga fosse desconhecido, suas irmãs eram agora cativas que poderiam ser usadas para fins políticos. As decisões que os portugueses tomaram a respeito dessas cativas influenciariam muitas das escolhas que Jinga faria nas décadas subsequentes. Após a captura, Kambu, Funji e sua tia Kiloge, bem como onze sobas e macotas, foram levados para Luanda através de Ndongo e foram exibidas nuas ao longo do caminho. Ngola Hari enviou uma mensagem confessando que era "escravo" de Kambu e observando que, embora não fosse visitá-las, queria que aceitassem as roupas e os presentes que enviava. Kambu e Funji foram tão inflexíveis quanto Jinga em relação a suas reivindicações ao reino e permaneceram dedicadas à causa dela. Elas recusaram os presentes, dizendo aos mensageiros que jamais lhe obedeceriam; enquanto estivessem vivas, proclamaram, o reino era delas por direito.[83]

Fernão de Sousa, no entanto, considerou a marcha dos cativos para Luanda o palco perfeito para encenar seu sucesso militar sobre Jinga. Quando os prisioneiros chegaram, em julho de 1629, fez com que as irmãs passassem por uma variação da cerimônia de vassalagem que normalmente era imposta aos sobas conquistados, mas à qual Jinga nunca fora submetida. Ao se preparar para encontrá-las, organizou uma cerimônia semelhante àquelas que os governadores anteriores haviam realizado para a realeza africana. Combinou com o capitão da guarda da residência do governador que as prisioneiras nuas fossem levadas a uma audiência pública. Nas palavras dele: "Eu as recebi sentado numa cadeira cujos braços estavam cobertos de veludo carmesim, encostada a uma parede da antecâmara, onde estavam as armas, com minha equipe militar, uma corrente e uma espada de ouro, vestido de marrom com um cinto pequeno, e encostados na parede estavam mais pessoas e capitães da cidade".[84] Quando o grupo chegou, Sousa levantou-se ligeiramente da cadeira e abriu os braços como se quisesse abraçá-las. Ordenou então que pusessem um tapete para que elas se sentassem, e através de um intérprete, que estava ajoelhado, disse-lhes que estava contente em recebê-las e que desejava que tivessem vindo em circunstâncias diferentes, com a irmã delas. Ele tentou acalmá-las. Não deveriam ficar tristes, pois tiveram sorte porque Deus lhes mostrara boa fortuna, e o rei de Portugal lhes mostraria misericórdia. No final de seu discurso, o governador ordenou que se vestissem e as enviou para a casa de dona Ana da Silva, a mesma mulher que hospedara Jinga e se tornara sua madrinha quando foi batizada, em 1622. O espetáculo tornou-se ainda mais humilhante quando Sousa se levantou de sua cadeira, deixando todos os prisioneiros deitados no chão "em pele descoberta", e se virou para felicitar o guarda delas, capitão Domingos Lopes de Sequeira, louvando-o por agir "com valentia".[85]

Após meses de lavagem cerebral intensa, Kambu e Funji finalmente concordaram em ser batizadas. O batismo, que ocorreu na igreja oficial, lembrou a cerimônia de Jinga anos antes, com toda a "nobreza da terra" presente para testemunhar o evento. Fernão de Sousa foi o padrinho, e duas proeminentes "senhoras de Luanda" serviram de madrinhas. Funji, a mais velha das duas irmãs, recebeu o nome de Graça, e Kambu ganhou o nome de Bárbara. Após a cerimônia, o governador manteve as duas irmãs reféns em Luanda enquanto esperava a orientação das autoridades de Portugal sobre o que fazer com elas.[86]

Fernão de Sousa também estava esperando por uma informação definitiva sobre o paradeiro de Jinga. Recentemente, haviam chegado relatos de que ela não fora comida por canibais ou morta por animais selvagens, mas, em vez disso, havia atravessado o rio Kwango e se juntado ao imbangala Kassanje. Dois ambundos, Alexandre Ladino e Manuel de Nóbrega, foram enviados do forte de Ambaca para visitar um soba cujas terras margeavam o Kwango. A ordem era irem diretamente ao quilombo de Kassanje e verificar se Jinga realmente havia se associado ao poderoso imbangala. Os dois devem ter chegado logo depois que Jinga atravessou o rio, pois conseguiram coletar detalhes sobre seus movimentos com alguns sobas do lugar. Os detalhes que obtiveram alarmaram-nos quando perceberam que Jinga se unira temporariamente a Kasanje e jurara continuar a resistência.

Depois de sua fuga espetacular no precipício, Jinga concluíra que o pequeno bando de seguidores que ainda estava com ela não conseguiria protegê-la da gente que os portugueses haviam subornado para expulsá-la de suas terras. Ela continuou sua marcha mais para o leste, mas, quando soube que Sousa havia retirado seus soldados, voltou para Malemba, onde começou a construir um novo acampamento no mesmo lugar em que os portugueses haviam capturado suas irmãs.[87] Dali, enviou uma mensagem desesperada ao imbangala Kassanje, cujo acampamento ficava do outro lado do rio Kwango, e pediu-lhe refúgio dos portugueses. Kassanje, que anteriormente se recusara a colaborar com Jinga e até matara os mensageiros dela, decidiu ajudá-la dessa vez.

Ajudar era uma coisa, mas confiar era outra. Kassanje não confiava em Jinga, mas acreditava que, ao subordiná-la, não só se livraria de uma rival feroz como aumentaria seu prestígio. Além disso, Jinga traria consigo muitos partidários ambundos, o que aumentaria o número de pessoas sob seu controle.

Mas Kassanje não estava interessado em ajudar de graça. Ele disse a Jinga que só a aceitaria em seu acampamento com a condição de que concordasse em se tornar sua esposa e dispor de seu *lunga* (o grande sino militar levado para a guerra pelos capitães militares ambundos). Deixou claro para Jinga que ele mandaria em seu quilombo: não queria dois chefes em seu acampamento.[88]

Kassanje talvez tivesse pouca expectativa de que Jinga aceitasse sua proposta, já que ela tinha a reputação de ser uma mulher poderosa e dominante — uma fêmea alfa, em termos modernos. Tinha vários concubinos e valorizava sua posição de guerreira formidável, representada pelo próprio *lunga*. Esse grande sino era o símbolo precioso da autoridade militar. Com certeza, Jinga não concordaria em assumir o papel de esposa de um capitão dos imbangalas, sem poder participar de guerras e obrigada a abster-se de todos os contatos sexuais até que seu marido voltasse da batalha. Uma dama de companhia que acompanhava Jinga desde que ela fugira de Ndongo estava presente quando ela recebeu a primeira resposta afirmativa e as condições de Kassanje. Mais tarde, ela contou a Alexandre Ladino, um dos ambundos enviados pelos portugueses para coletar informações sobre o paradeiro da rainha, que Jinga não hesitou quando recebeu a resposta de Kassanje. Aceitou seus termos sem questionar, e, quando ele chegou para encontrá-la em sua canoa, despediu-se de seus seguidores restantes, jogou o *lunga* no mato e atravessou o rio com Kassanje, acompanhada de suas ajudantes.[89] Enquanto Jinga atravessava o rio Kwango, outra ajudante lhe avisou da captura de suas irmãs.[90]

Os partidários que haviam permanecido com ela até o momento em que partiu com Kassanje se dirigiram com relutância para Matamba ou para as terras de Ndala Kisuba e outros sobas, armados com o material de guerra restante e esperando para ver o que aconteceria com as irmãs de Jinga. Muitos deles, desanimados, como vários sobas do leste de Ndongo, se recusaram a voltar para Ndongo e viver sob o reinado de Ngola Hari. Até mesmo o *tendala* (principal chefe administrativo) de Ngola Hari se recusou a obedecer-lhe, estabelecendo-se com seu povo numa área próxima das ilhas Kindonga.[91]

Uma sacerdotisa realizando um ritual (*segunda a partir da esquerda*) e uma assistente carregando uma *misete* (*terceira a partir da direita*). Antonio Cavazzi, c. 1668.

## A luta contínua de Ngola Hari

Apesar de estar em lugar remoto, Jinga nunca se afastava da mente de Fernão de Sousa. O governador percebeu que os ambundos estavam cada vez mais ligados a Jinga, bem como a suas irmãs cativas. Embora Ngola Hari se permitisse durante um tempo acreditar que se encontrava seguro em sua posição de rei graças ao planejamento estratégico de Sousa, a presença de Jinga continuava a ter um impacto devastador sobre ele. Ainda não conseguia impor sua vontade aos sobas que haviam retornado a Ndongo sem apelar para a ajuda militar portuguesa; mesmo aqueles que lhe aceitavam de má vontade estavam sujeitos a ser privados de suas posições. Alguns dos que retornaram só pagavam tributo quando eram obrigados a isso, mas muitos tinham muito pouco para entregar. Durante a guerra, o meio ambiente fora dizimado; os soldados haviam cortado palmeiras e confiscado gado, galinhas, óleo de palma e porcos, que compunham o tributo esperado. A população também fora profundamente afetada. As tropas portuguesas haviam capturado muitos de seus membros jovens e saudáveis e os levaram para Luanda, onde foram escravizados ou vendidos para o tráfico negreiro do

Atlântico. Isso deixou poucos jovens para Ngola Hari enviar como tributo ao rei português. Muitos sobas que eram forçados a pagar simplesmente se viraram com o que tinham, enviando cativos de oitenta anos que chegaram a Luanda mortos ou tão doentes que não tinham valor no mercado. Outros sobas que permaneceram nos acampamentos de guerra na fronteira oriental de Ndongo se recusaram a enviar qualquer tributo e se refugiavam com sua gente na floresta quando o exército vinha atrás deles. Alguns pegaram a trilha para o rio Kwango na esperança de encontrar-se com Jinga, enquanto outros simplesmente desapareciam no mato.[92]

Essa situação agravou-se porque, apesar de Sousa ter convidado imbangalas como Kasa a retornar às terras de onde tinham sido expulsos e tornar-se vassalos (convites que alguns acabariam aceitando), Jinga tinha simpatizantes nas regiões vizinhas, como Mbwila, Kissama e Matamba, que continuavam desobedecendo ao governador. Sobas e outros representantes locais dessas regiões contestavam continuamente os tributos impostos pela autoridade portuguesa, evitavam participar de cerimônias de vassalagem e não se comunicavam com Luanda.[93]

Quando Fernão de Sousa chegou ao fim de seu mandato de governador, Kambu e Funji permaneciam reféns em Luanda. Nos anos seguintes, Jinga concentraria sua atenção na obtenção da liberdade de suas irmãs, ao mesmo tempo que dificultaria as coisas para Ngola Hari governar. Embora ele retivesse o título de rei, o verdadeiro futuro político da região estava com Jinga, que em breve abriria um novo capítulo de sua vida.

# 5.
# Guerra e diplomacia

Embora houvessem expulsado Jinga de seu acampamento de guerra na remota região de Ngangela em 1629 e capturado suas irmãs, os portugueses não tinham nenhuma notícia dela. Alguns meses depois de sua ousada fuga, Jinga voltou a participar da vida política de Ndongo: ela voltou às ilhas Kindonga e enviou emissários ao novo governador português em Luanda, Manuel Pereira Coutinho, que substituíra Fernão de Sousa em agosto de 1630. Nas duas décadas seguintes, não passou um ano sem que Jinga liderasse suas tropas em batalhas contra os portugueses e seus aliados africanos. Ela também usou suas formidáveis habilidades diplomáticas para forjar uma aliança com os holandeses, que conquistaram e governaram parte de Angola de 1641 a 1648, e montar uma aliança centro-africana contra os portugueses, que incluía o reino do Congo e vários outros Estados nominalmente independentes. Mas o que mais contribuiu para seu renome foi a decisão de adotar rituais dos bandos de imbangalas e combiná-los com as tradições ambundas, criando uma nova ideologia que se baseava na inversão de categorias de gênero e novos ritos religiosos e seculares. Essas ações ousadas distinguiram Jinga de tal modo que ela se tornou uma lenda tanto entre africanos como entre europeus, não só depois de sua morte, mas também em vida.

## Enigmas da política portuguesa

O reaparecimento de Jinga na política de Ndongo em 1630 teve muitas repercussões na política portuguesa. O impacto mais imediato foi o bloqueio das rotas de escravos, o que fez com que os *pumbeiros* (africanos que negociavam em nome de seus proprietários portugueses) não conseguissem mais viajar livremente às feiras adiante de Ndongo para comprar escravos. Em consequência, os mercadores de Luanda não tinham escravos para exportar, e os membros da Câmara (o órgão consultivo do governador) advertiram Coutinho de que, à luz do estado desolador da economia, ele não podia ignorar Jinga. Sugeriram então que ele instalasse uma das irmãs dela no trono de Ndongo, no lugar de Ngola Hari. Jinga deve ter sido informada sobre as discussões que aconteciam em Luanda, pois não ofereceu escravos a seus emissários para resgatar suas irmãs, como era o costume. Em vez disso, eles informaram Coutinho de que Jinga desejava retornar a Ndongo como rainha, e que se ele não concordasse com esse plano, então uma de suas irmãs, de preferência Kambu, deveria governar. Ela também prometeu enviar os cem escravos anuais que Ngola Hari vinha pagando de tributo.[1] Com essa mensagem, Jinga deixava claro para o novo governador e outras autoridades de Luanda e de Lisboa que teriam de lidar com ela se quisessem restaurar um comércio de escravos florescente.

Coutinho, que estava preocupado em subordinar os sobas da região dos Dembos que ameaçavam as fazendas portuguesas, não respondeu de imediato às propostas de Jinga; em vez disso, pediu a Fernão de Sousa, que ainda estava em Luanda (onde ficaria até o fim de janeiro de 1631), para estudar a situação e aconselhá-lo.[2] O ex-governador estava decidido a resolver a situação em Ndongo: a crise contínua comprometia a paz e a prosperidade que ele esperara após as guerras contra Jinga, e ele queria proteger seu próprio legado. Assim, tratou de reunir imediatamente materiais adicionais com o objetivo de apresentar a Coutinho e ao rei de Portugal um plano abrangente para resolver a crise em Ndongo. Ele percebia que a maioria dos sobas continuava a questionar a legitimidade de Ngola Hari para governar. Além disso, os portugueses estavam nervosos devido aos rumores de uma associação de Jinga com o líder imbangala Kassanje, à situação de suas duas irmãs e à possibilidade de ela tentar resgatá-las. As longas cartas de Fernão de Sousa ao rei de Portugal em que ele resume a situação fornecem o único relato que temos dessas preocupações e negociações envolvendo Jinga e suas irmãs.

Sousa estava certo ao ficar preocupado com o fato de que o reaparecimento de Jinga na região possibilitaria que ela tivesse contato com suas irmãs e provocaria mais sentimentos contra Ngola Hari e os portugueses. As informações que reuniu sobre a opinião de sobas e macotas (cabeças de linhagem) confirmaram suas suspeitas. Ele se deu conta de que a manutenção de Ngola Hari no posto de rei representava muitos riscos para os planos futuros dos portugueses. Do jeito que as coisas estavam, mesmo depois de quatro anos no trono, Ngola Hari não conseguiria impor sua autoridade sobre os sobas. Eles ainda não lhe mandavam tributos. E não eram quaisquer sobas. Desde 1627, a maioria deles, até mesmo de suas próprias terras em Hari, não pagava tributos. Ameaças de decapitação ou de embarque para as Américas como escravos não adiantaram de nada.[3] Agora, o retorno de Jinga apenas expunha a espinhosa questão da governança de Ndongo. Mais do que seus antecessores, Sousa entendeu que a prosperidade portuguesa dependia de um sistema de governança local estável, que permitisse que o comércio de escravos e a coleta de tributos funcionassem sem problemas. Se o rei, seus macotas, sobas e outras autoridades ambundos estivessem ligados por um sistema de clientela às feiras de escravos portuguesas, então os escravos poderiam ser acumulados nos fortes e o sistema funcionaria como deveria.

Sousa também sabia que um dos principais obstáculos para o bom funcionamento desse sistema era a generalizada falta de respeito por Ngola Hari. Em Ndongo, respeito era concedido a um homem que possuísse um grande número de escravos, músicos e criados. Muitos sobas ambundos haviam sido jovens durante os últimos anos do reino de Ndongo, quando o rei tinha autoridade sobre centenas de milhares de camponeses e servos e comandava grandes exércitos. Em comparação com os antigos reis, Ngola Hari levava uma vida indigente. Em agosto de 1633, um missionário escreveu que estava consternado por encontrar Ngola Hari "tão pobre de gente quanto qualquer soba comum de Ilamba".[4]

De fato, quase nada mudara em Ndongo desde que Sousa havia indicado Ngola Hari para o trono, em 1626. Na época, ele o ameaçou com remoção se procurasse alianças fora do reino de Ndongo ou perturbasse a paz. Uma vez que Sousa o proibia de empreender novas guerras e não lhe dava a assistência militar de que precisava, Ngola Hari não pôde realizar campanhas de sucesso. Em vez disso, Sousa atribuiu-lhe o papel de principal coletor de tributos. Reduzindo sua estatura e o alcance de seu cargo de rei, Sousa o colocou no que só poderia ser descrito como uma situação nada invejável.[5]

Mas não era apenas a inadequação total de Ngola Hari que afastava as pessoas. Líderes locais e ambundos comuns o rejeitavam porque tinham uma concepção de realeza que considerava o rei não uma pessoa comum, mas uma divindade com capacidade de proporcionar bem-estar ao seu povo. A liderança era determinada pelo parentesco, e o governante legítimo era o descendente biológico mais próximo do governante anterior. Embora Bento Banha Cardoso tivesse forçado os sobas e macotas a eleger Ngola Hari para o trono, eles ainda o consideravam ilegítimo. Não o respeitavam porque sua mãe era escrava e ele próprio tinha sido escravo da família de Funji. E, mais importante ainda, essa falta de ascendência adequada significava que ele não tinha os poderes espirituais essenciais para validá-lo como rei. Jinga e suas irmãs, como parentes mais próximas do antigo governante Ngola Mbande, possuíam a aura da divindade que legitimava o direito delas de mandar no reino. Com efeito, esse modo de pensar foi reforçado pela reação do povo à devastação total que resultou das campanhas contra Jinga e da epidemia de varíola. Os ambundos ligaram a seca que Ndongo sofreu durante esse período à ausência de um rei, ao passo que atribuíam a chuva que Luanda desfrutou no fim de dezembro de 1629 e início de janeiro de 1630 à presença de Kambu e Funji na capital.[6] O que surpreendeu Fernão de Sousa foi que os sobas e os macotas declararam que seu amor e respeito por Jinga e suas irmãs era tamanho que, se o rei de Portugal permitisse que Kambu ou Funji voltasse para ser rainha de Ndongo, eles imediatamente obedeceriam e trabalhariam para repovoar o reino. No entanto, se nenhuma das duas irmãs pudesse retornar como governante, tão intensa era a repulsa deles a Ngola Hari que prefeririam acabar com o título de rei de Ndongo a permitir que Ngola Hari o usasse; era melhor então que o reino fosse dissolvido e eles se tornassem vassalos do rei de Portugal e obedecessem aos governadores portugueses em Angola.[7]

Sousa sabia que essa ligação arraigada às irmãs tinha de ser levada a sério. Ele discutiu com o novo governador, com as autoridades religiosas e outras de Luanda e com o rei de Portugal a possibilidade de tirar Ngola Hari do trono e devolvê-lo à sua posição anterior de senhor de Pungo Ndongo. Porém, estavam divididos quanto a pôr Kambu ou Funji em seu lugar, especialmente porque sabiam que Jinga havia retornado à região com uma parte do exército que havia reunido.[8] De um lado, estava o bispo de Luanda, para o qual devolver o reino a "essas mulheres" seria a coisa certa. Não havia nenhuma boa razão para privá-las disso, disse ele, uma vez que Jinga já havia prometido desistir do seu direito ao trono se os portugueses indicassem uma de suas irmãs para rainha. Ele lembrou também que ela prometera pagar aos portugueses o tributo de cem escravos que Ngola Hari ainda não havia pagado. Do outro lado estavam os padres jesuítas que serviam de conselheiros de Ngola Hari. Eles eram obviamente contra a devolução do reino a qualquer das irmãs de Jinga. Sabiam melhor do que ninguém que Ngola Hari não conseguira entregar a população à conversão como havia prometido; o trabalho missionário em Ndongo estava quase paralisado, já que a maioria da população tolerava apenas uma forma de cristianismo popular fortemente influenciado pelas práticas rituais dos ambundos. Mas isso não importava. Eles argumentavam que Ngola Hari devia, em princípio, manter a coroa de Ndongo porque tinha a plena intenção de pagar os cem escravos que devia como tributo.

Sousa escreveu ao rei em Portugal que a situação precisava ser resolvida para evitar mais danos aos interesses da Coroa portuguesa.[9] Se Ngola Hari continuasse no trono, explicou ele, os sobas e macotas continuariam a desobedecer-lhe e fugiriam para outras terras. Previa que Ngola Hari perderia confiança, especialmente se acreditasse que "uma dessas mulheres" poderia enganá-lo, bem como aos sobas. Embora soubesse que os sobas e macotas estavam dispostos a aceitar uma das irmãs de Jinga no governo de Ndongo, Sousa duvidava que qualquer uma delas estivesse disposta a trabalhar com os portugueses. Ele sugeriu que Kambu fosse devolvida a Ndongo, uma vez que "ela era amada por todos", para "casar-se com uma pessoa relacionada aos reis do passado, que se tornaria então um vassalo de Portugal e pagaria um tributo anual". Ele advertiu que Kambu não deveria ter permissão para residir nas ilhas Kindonga (presumivelmente para impedir que tivesse acesso fácil a Jinga), e sim em Kabasa. Consciente de que os rituais dos antepassados tinham um papel proeminente na ideologia da liderança ambundo, sugeriu que, depois que retornassem a Kabasa, Kambu e seu povo não deveriam ter permissão para "fazer sacrifícios ao demônio, nem usar a superstição do túmulo", mas deveriam viver como cristãos, construir igrejas e permitir que o povo fosse batizado. Não houve resposta do rei de Portugal. A situação permaneceu na mesma e Ngola Hari continuou em seu papel de rei de Ndongo. Sua reputação nunca melhorou.

## Tornando-se líder imbangala

Foi durante os anos 1630 que Jinga empreendeu a transformação que a tornaria uma das principais figuras femininas do início do mundo moderno. Essa transformação baseou-se em seus feitos anteriores, que influenciaram as noções portuguesas de domínio colonial e até mesmo a política angolana moderna a partir de seu extraordinário lance diplomático em Luanda, em 1622. Naquela ocasião, ela adaptou habilmente as noções de liderança dos ambundos, ao mesmo tempo que moldava uma colaboração econômica, diplomática e cultural com os portugueses que lhe permitiu manter a autonomia ambundo. Sua liderança política inovadora se desenvolveu ainda mais quando herdou o trono de Ndongo, em 1624. Jinga governou com um estilo que estava ligado às noções de liderança política e cultural tradicionais dos ambundos. E demonstrou claramente isso em 1626, quando invocou o espírito de seu irmão para orientação com o sacrifício de catorze virgens, antes de fugir da ilha de Danji.[10]

Mas o que realmente impulsionou a imagem de Jinga como líder além dos limites da África Central foi sua adaptação de outro estilo de liderança da região ao do povo ambundo. As novas ideias vieram dos temidos imbangalas, cujas tradições e rituais marciais ela testemunhara durante o reinado de seu irmão e, talvez, no de seu pai. Em 1625, quando se casou com o imbangala Kasa, ela passou a conhecer as cerimônias, pois participara de algo que Cavazzi descreveu como "sacrifícios bárbaros e danças obscenas".[11] E ficou mais familiarizada com as complexas crenças e rituais que cercavam a liderança durante as cerimônias de iniciação pelas quais passou ao se tornar uma guerreira no acampamento de Kassanje, em Ngangela, entre 1629 e 1631. Foi então que Jinga participou da *cuia*, a cerimônia de juramento que requeria beber sangue humano para confirmar amizade e aliança.[12] Jinga tornou-se uma especialista em rituais imbangalas, passando por uma transformação que mudou a vida de rainha exilada ambundo para a de capitã imbangala por direito próprio.

Adotar a concepção imbangala de liderança talvez tenha sido mais fácil para ela do que se tornar cristã. As noções ambundo e imbangala de liderança que emergiram durante o século XVI eram, de certa forma, semelhantes, embora também diferissem em alguns aspectos fundamentais.[13] Na tradição ambundo, os sacrifícios humanos e outros a antepassados recentemente falecidos eram praticados pela elite, mas não eram ocorrências cotidianas. Quando sacrificou as jovens para invocar a boa vontade de seu falecido irmão, Jinga estava participando de uma tradição de seus próprios antepassados ambundos. Quando assassinou seu sobrinho para garantir a coroa de Ndongo, teve como modelo a lendária rainha ambundo Zundu, que fizera a mesma coisa.[14] Os bandos imbangalas também faziam sacrifícios humanos para honrar os guerreiros falecidos, mas essas práticas, bem como o canibalismo, eram ocorrências rotineiras.

Os primeiros fundadores imbangalas desenvolveram noções bastante diferentes sobre liderança daquelas encontradas entre os ambundos. Como vimos, o povo ambundo estabelecera um sistema de Estado regido por regras de herança baseadas em linhagens designadas. De acordo com esse sistema, um grupo de eleitores (macotas e sobas) validava o direito do candidato ao trono certificando sua elegibilidade, cujo aspecto mais crucial era a descendência de um rei do passado. Essa descendência era a garantia de que o candidato possuía a graça espiritual que o elevava essencialmente ao grau de divindade.

Os imbangalas nunca desenvolveram um Estado, nem acreditavam na noção de direito de governar através da descendência de uma linhagem. Em vez disso, honravam uma antepassada fundadora que acreditavam ter-lhes legado catorze *ijila* (leis ou proibições; singular, *kijila*) e um conjunto de rituais sangrentos que cada membro do bando tinha a obrigação de seguir. Qualquer indivíduo imbangala que seguisse com rigor as *ijila*, realizasse os rituais necessários e se destacasse na guerra poderia se tornar um líder de seu bando. Essa característica aparentemente democrática do sistema imbangala coexistia com muitos traços autocráticos que davam ao líder o direito de condenar qualquer membro de seu bando que violasse as *ijila* à tortura e à morte.[15] As catorze *ijila* não se destinavam a populações estabelecidas, mas funcionavam bem para os bandos nômades de jovens desenraizados, que mudavam seus quilombos (acampamentos de guerra) de um lugar para outro, depois que esgotavam os suprimentos locais de comida, e destruíam as populações locais.

De acordo com as tradições, algumas das *ijila* já estavam estabelecidas quando Donji, um dos líderes imbangalas originais, levou seu bando no fim do século XVI até a região de Ngangela, então uma província de Matamba. Muitas das *ijila* tinham a ver com o papel das mulheres: havia leis que exigiam que elas matassem seus filhos ao nascerem, impediam-nas de dar à luz dentro do quilombo, impunham restrições às relações sexuais e permitiam que fossem sacrificadas nos funerais de seus concubinos falecidos. Outras leis ordenavam que as mulheres não fossem mortas ou comidas em circunstâncias normais, e exigiam festivais complexos para meninas na menarca (o primeiro ciclo menstrual). A maioria das outras *ijila* tratava dos rituais realizados em funerais, promoções ou mudanças de posição social, e mecanismos para iniciar crianças pequenas no quilombo.[16]

Se Donji já havia estabelecido um sistema em que canibalismo, estupro, violência e iniciação forçada de crianças cativas ao estilo de vida imbangala eram comuns, sua concubina Mussasa, que assumiu o quilombo após sua morte, tinha a reputação de tê-lo excedido em crueldade, instruindo Tembo a Ndumbo, sua filha com Donji, a aperfeiçoar o sistema que herdara. Tembo a Ndumbo, a quem atribuíam a regulamentação das *ijila*, teria realizado um ritual que mudou seu gênero, transformando-a psicologicamente em "um homem, soldado e guerreiro", após o que se tornou legisladora do imbangalas e revisou as *ijila*.[17] O ritual que exigia o assassinato do próprio filho é quase impensável para nossas mentes modernas (embora rituais semelhantes sejam encontrados em muitas mitologias culturais, inclusive na tradição judaico-cristã).[18] Tembo a Ndumbo supostamente assassinou o próprio filho triturando-o num almofariz e fazendo com ele o óleo que na época de Jinga era conhecido como *maji a samba* (óleo sagrado). Esse ato brutal tornou-se a primeira *kijila*. A partir de então, os guerreiros imbangalas passaram a besuntar-se com o óleo feito de um ser humano (de preferência, de um inimigo morto em batalha). Se esse ritual não pudesse ser realizado antes da batalha, o soldado deveria levar um pilão e almofariz para fazer no campo de guerra o óleo dos corpos de inimigos mortos.

Acredita-se que Tembo a Ndumbo tenha iniciado outro ritual destinado a esconder ou a transformar seu gênero. Em um tambor militar especial, ela fez e triturou carvão, misturou-o com o *maji a samba* e acrescentou várias ervas para produzir cores vermelhas e brancas. Depois, cobriu-se com a mistura enquanto olhava para a grande fogueira que havia feito; então dançou e tocou tambor para induzir um estado alterado de consciência, prática que constituía uma parte importante dos rituais imbangalas. Atraídos pela batida ritualística, seus seguidores a encontraram possuída, e ela anunciou que não deveria mais ser conhecida como mulher, mas como guerreiro. Ela "pegou um arco, uma flecha e uma lança" e executou a dança de guerra geralmente realizada por homens guerreiros. Sua intenção declarada era viajar conquistando povos, e insistiu que não deveria mais ser considerada uma "dama e capitã de um esquadrão, mas de um batalhão inteiro". Exigiu fidelidade de seus seguidores e ordenou que todos se submetessem a rituais semelhantes, usando a mesma parafernália ritual que ela utilizara. Tembo a Ndumbo renomeou o grupo de Muzimbo, em homenagem ao primeiro "pai e general do quilombo Zimbo", e mandou que todos seguissem as catorze *ijila* que o primeiro capitão havia instaurado.[19] Os castigos que Tembo a Ndumbo infligia a seus seguidores que violavam as *ijila* não só aumentaram sua reputação de líder poderosa, mas também permitiram que ela transformasse um grupo heterogêneo de seguidores indisciplinados em um exército cujas façanhas e conquistas se tornaram lendárias na região. Por fim, morta por seu concubino Culembe, Tembo a Ndumbo recebeu um elaborado funeral em que foi sacrificada uma grande quantidade de pessoas que pudessem servi-la na vida após a morte. Depois de seu falecimento, Culembe e sua nova concubina ajudaram a institucionalizar as *ijila* e outros costumes que Tembo a Ndumbo instaurara.[20]

Na época de Jinga, vários líderes imbangalas vagavam pela África Central, invadindo os reinos de Matamba, Congo, Ndongo, Angola portuguesa e regiões vizinhas. Líderes como Kasa e Kassanje impunham assiduamente as catorze *ijila* e outros costumes aos seus seguidores, muitos dos quais capturados ainda criança nas regiões que invadiam. Esses líderes imbangalas não criavam Estados; eram nômades e mudavam-se com seus quilombos depois de destruir tudo em seu caminho. A população não imbangala os via com medo, considerando-os canibais que consumiam a carne dos inimigos mortos e que se entregavam a rituais complexos que incluíam sacrifícios humanos. Foi graças a essa reputação que vários governadores portugueses os usaram como aliados nas muitas campanhas bem-sucedidas que realizaram contra Ndongo.[21]

Era irrelevante para Jinga se a reputação da ancestral Tembo a Ndumbo baseava-se em acontecimentos históricos verdadeiros ou se fora aumentada para propiciar um mito fundador aos imbangalas.[22] Jinga procurava um modelo para sua futura vida política, e ela não escolheu os governadores portugueses, dos quais planejava vingar-se, nem os reis do Congo, que tinham apenas um domínio precário sobre seu povo, tampouco o irmão, Ngola Mbande, cuja fraqueza desprezava. Em vez disso, escolheu para seu modelo Tembo a Ndumbo e os temidos imbangalas, cuja reputação de carnificina, crueldade e canibalismo fazia tremer de terror tanto inimigos quanto aliados.

Rainha Jinga com arco e flecha e machadinha de guerra. Antonio Cavazzi, *c.* 1668.

Ao decidir adotar as tradições, os rituais e o estilo de vida dos imbangalas, Jinga estava rejeitando a condição de exilada que os portugueses lhe impuseram. Embora estivesse familiarizada com a reputação deles e tivesse provavelmente usado algumas de suas técnicas quando lutou a seu lado durante o reinado de seu irmão, foi somente depois que se tornou esposa de Kasa que ela estudou essas técnicas em profundidade e optou por adotá-las em seu estilo de liderança. Mais tarde, ela se transformou em uma líder imbangala, realizando cerimônias e rituais baseados nos que Tembo a Ndumbo instituíra, e recrutou sacerdotes imbangalas para treiná-la nas formas adequadas de executar rituais e danças. O primeiro requisito para alcançar a posição de líder imbangala era matar a própria prole e fazer *maji a samba* para ungir-se. Como não tinha filhos e era infértil, Jinga pegou o bebê de uma das suas concubinas, esmagou-o num almofariz, fez o óleo e passou-o no corpo. (Ela exigia daqueles que se propunham a segui-la o mesmo ato, antes de permitir que entrassem para seu bando.) Após a cerimônia, Jinga assumiu o novo nome de Ngola Jinga Ngombe e Nga (Rainha Jinga, Mestre de Armas e Grande Guerreira) e tomou posse do *longa* (tambor militar), que todo líder imbangala costumava usar para assinalar sua autoridade.[23]

A tendência de Jinga a adotar novos nomes em momentos cruciais de sua vida era uma parte fundamental de sua busca por uma identidade, um meio de encontrar seu lugar em um mundo onde as mulheres raramente tinham papel importante na guerra, na política ou na diplomacia. Em 1622, ela apreciou o título de Jinga Mbande Gambole que lhe foi concedido por Ngola Mbande e que a identificava como sua enviada (literalmente, "árbitro") oficial aos portugueses. Naquele mesmo ano, recebeu o nome cristão de Ana de Sousa ao ser batizada em Luanda, o qual utilizava em toda a sua correspondência oficial com os portugueses. O uso de ambos os nomes, ambundo e cristão, indicava seu desejo de entrelaçar as duas culturas. Quando assumiu a liderança de Ndongo, após a morte de seu irmão, exigiu que tanto seu povo quanto os portugueses a tratassem de Ngola Kiluanje (Rainha de Angola) em vez de continuar a usar o título honorífico de Senhora de Angola. Agora, com a adoção do nome Ngola Jinga Ngombe e Nga, ela sinalizava que havia chegado a mais um ponto decisivo de mudança em sua vida.

Embora sua cerimônia de iniciação imbangala tenha representado uma ruptura fundamental com a maior parte de seu passado, Jinga conservou alguns símbolos e rituais que eram claramente ambundos. Assim como fizera após sua conversão ao cristianismo, ela não descartou as tradições de seu povo: simplesmente acrescentou ideias imbangalas ao seu sistema de crenças. Manteve seu título de Rainha de Angola e incorporou Ngola Mbande como um dos antepassados imbangalas. Ela também continuou a usar os ícones cristãos que recebera ao longo dos anos.

Embora conservasse as influências ambundo e cristã e explorasse esses aspectos de sua identidade quando lhe fosse conveniente, Jinga abraçou fortemente sua nova identidade imbangala. Em particular, adotou todos os requisitos das *ijila* e remodelou as leis para atender às suas necessidades. Ao longo dos anos, as inovações que Jinga incorporou às *ijila* originais a colocaram no centro dos rituais que acompanharam as guerras que travava, da teologia que criou e das regras que ela impôs a cada um de seus seguidores.[24]

Embora não se saiba exatamente quando isso aconteceu, Jinga deve ter presidido a cerimônia que a tornou uma líder imbangala na primavera de 1631, um pouco antes ou depois de sua volta à ilha de Danji e de ter enviado emissários a Luanda. A partir daí ela começou a montar um exército. Muitos dos que se juntaram a seu quilombo e passaram pela iniciação imbangala eram ambundos insatisfeitos que se recusavam a aceitar Ngola Hari como seu rei. Quando souberam da nova identidade de Jinga como líder imbangala, as autoridades portuguesas de Luanda ficaram seriamente preocupadas. As crenças e as ações dos imbangalas contradiziam o comportamento que os portugueses esperavam dos governantes africanos que consideravam seus vassalos. Em 1631, um missionário jesuíta que trabalhava no Congo forneceu um dos primeiros relatos sobre Jinga em seu papel de líder imbangala. Embora tivesse sido "criada em Luanda e purificada pelo batismo", dizia o relato com desdém, "[ela] levava uma vida de não casada, tal como a rainha das Amazonas [e] comandava o exército [como] uma mulher guerreira". Além disso, ela estava temerariamente "indo perante seu próprio povo exaltando o ânimo de todos". O missionário observava que ela estava se tornando "a melhor líder" e que "oferecia asilo aos escravos que fugiam para ela, com uma grande perda financeira dos portugueses que a haviam privado do reino".[25] Seu confessor pessoal Cavazzi, baseado em conversas que teve com alguns dos seguidores de Jinga quando viveu em sua corte, entre 1657 e 1663, referiu-se aos imbangalas como "malfeitores e ladrões que eram negligentes tanto com a vida deles como com a alheia".[26] Ao rejeitar a subordinação política aos portugueses e fazer uso de ideias de liderança dos ambundos e de outros povos da África Central, ela conseguiu reafirmar-se como um poder importante na região.

Jinga logo transformou seu exército em uma máquina de combate e conquistou a reputação de formidável líder imbangala. Embora não subsistam relatos de testemunhas oculares de suas façanhas militares no início dos anos 1630, é possível reconstruir seus movimentos durante o período, com base nas conversas que Cavazzi teve com Jinga e seus funcionários em sua corte de Matamba, algumas décadas depois. No fim de 1631, percebendo que o governador Coutinho não estava respondendo às suas aproximações diplomáticas, ela levou suas forças para Ndongo e liberou-as para devastar o território e bloquear as rotas comerciais. Ao mesmo tempo, voltou sua atenção para Matamba, onde já havia agido e onde muitos sobas ambundos se haviam instalado com seu povo. Depois de realizar todos os sacrifícios necessários e os preparativos rituais que as *ijila* exigiam, Jinga levou seu quilombo para o reino com fúria. Seus soldados aprisionaram alguns dos primeiros grupos que encontraram, mataram outros e, fiéis a suas práticas canibais, comeram muitos deles. À medida que seu renome crescia, mais ambundos aderiam às filas de seu quilombo e, por fim, ela chegou à capital Mkaria ka Matamba, onde se localizava a corte da rainha Muongo. Houve uma batalha feroz e muitos dos seguidores mais próximos de Muongo a abandonaram e fugiram. Jinga venceu, capturando a rainha e sua filha. A conquista de Matamba, que ocorreu entre 1631 e 1635, foi o primeiro sucesso militar de Jinga como líder imbangala.[27]

Jinga marcou a rainha derrotada como uma escrava comum, mas não a matou e comeu, conforme exigiam as leis imbangalas, aparentemente para evitar uma revolta de seus próprios soldados ambundos, que ainda não estavam acostumados com a maneira imbangala de lidar com os inimigos. A própria Jinga talvez não aceitasse plenamente o que se esperava dela como líder imbangala. Jinga baniu a rainha Muongo da capital, permitindo que mandasse em outra parte do reino, mas ela morreu pouco tempo depois. Jinga mandou que a enterrassem no túmulo dos ex-governantes de Matamba e exigiu que os rituais tradicionais fossem seguidos durante o funeral. Jinga poupou a vida da filha da rainha, também chamada Muongo, e a criou no quilombo. Com o tempo, deu a Muongo um contingente de escravos sobre os quais ela detinha controle total. Essa filha permaneceu ao lado de Jinga pelo resto de sua vida.[28]

A conquista de Matamba deu a Jinga a base política que lhe faltara até então. Ela se tornou o primeiro líder imbangala a governar um Estado, aderindo ao estilo de vida imbangala. Matamba era crucial para seus planos de reconquistar Ndongo. Sua localização na fronteira do reino significava que ela poderia continuar a fustigar Ngola Hari e pressionar Coutinho para libertar suas irmãs, que ainda eram prisioneiras em Luanda. Sempre pronta a capitalizar as tradições, Jinga também parece ter promovido a ideia de que era uma deidade por ser descendente dos reis de Ndongo. O povo ambundo acreditava que os reis não morriam, mas eram "a própria morte". Com efeito, como ocorria em muitas sociedades africanas, as pessoas nunca falavam publicamente sobre a morte de seus governantes, e os governantes não toleravam que se discutisse sua mortalidade, "mas preferiam ser chamados pelo nome da própria morte, que é *calunga*".[29] A maior parte de seus seguidores parece ter abraçado a crença de que ela era imortal.[30]

Entre 1631 e 1641, essa aura de invencibilidade seguiu Jinga enquanto ela liderava suas forças numa série de campanhas vitoriosas, acabando por conquistar terras que os portugueses haviam reivindicado anteriormente. Durante esse período, ela também adotou outros aspectos do estilo de vida imbangala que lhe possibilitaram tornar-se a líder imbangala dominante na região.

Uma transição importante em sua evolução foi sua decisão de que seu círculo interno e seus seguidores deveriam considerá-la homem, e não mulher. Jinga começou sua transição, por estranho que pareça, casando-se com um homem, Ngola Ntombo (Senhor Ntombo), e insistiu que ele se vestisse como mulher. Referia-se a ele no feminino, ao mesmo tempo que exigia que ele se dirigisse a ela como rei em vez de rainha. Na época de seu casamento, ela aumentou o número de concubinos que mantinha e ordenou que se vestissem com as mesmas roupas de suas guarda-costas femininas. Mandou também que os homens dormissem no mesmo quarto que suas guarda-costas, mas exigiu que permanecessem castos. Se um dos concubinos ou uma das guarda-costas tocasse em outra pessoa, mesmo acidentalmente em seu sono, seriam mortos ou reduzidos a impotentes ou inférteis.[31]

### Líder de quilombo e estadista

Quando iniciou as negociações com Coutinho a respeito de suas irmãs e da situação em Ndongo, Jinga já era a líder africana mais poderosa da região. Sua transformação em líder imbangala foi, em grande medida, responsável por isso. Ela sabia que atrairia um grande número de ambundos e outros povos que havia algum tempo estavam sem liderança.[32] A conquista de Matamba deu-lhe a base que precisava para lançar ataques contra Ndongo e áreas vizinhas controladas pelos portugueses. Ao longo de 1632 e 1633, as constantes incursões de seus exércitos imbangalas em Ndongo aterroriza-ram de tal modo os sobas e os aldeões que haviam se colocado sob a auto-ridade de Ngola Hari após a fuga de Jinga de Ngangela, em 1629, que mui-tos deles simplesmente se juntaram a ela ou a um dos muitos bandos de imbangalas. Outros fugiam para o mato.[33] As atividades de Jinga tiveram o efeito disruptivo que ela desejava: os *pumbeiros* e portugueses que se aven-turavam a ir às feiras de escravos além de Ambaca arriscavam ser mortos ou aprisionados pelos soldados de Jinga.[34]

Um relatório oficial que a Câmara de Luanda enviou ao rei de Portugal em julho de 1633 dizia que "o país não produz muito, já que as feiras que estavam abertas com muitos escravos agora estão fechadas [...] devido aos exércitos que Jinga, que quer o reino de Ndongo, traz para o interior e àqueles que os jagas [imbangalas] trazem".[35] Uma vez que os tributos pagos em escravos e em espécie quase desapareceram e as exportações de escravos diminuíram de quase treze mil em 1630-31, para quase nenhum, em 1633, Coutinho não ti-nha recursos para combater Jinga. Os portugueses enfrentavam também ou-tra ameaça, representada pelas forças holandesas. Depois que os holandeses fizeram incursões na região de Luanda, Coutinho dedicou a maior parte de sua atenção a fortificar as áreas em torno de Luanda. Em Ndongo, Ngola Hari não tinha escolha senão enfrentar o exército de Jinga sem garantia alguma de reforços dos portugueses. E não havia nenhuma ajuda a caminho.[36]

Esses eventos talvez expliquem por que, entre 1632 e 1633, Coutinho de-cidiu libertar Kambu, a irmã de Jinga.[37] Se ele pensou que essa libertação acal-maria Jinga, estava redondamente enganado. As tropas de Jinga continuaram a castigar Ngola Hari e o pequeno número de pessoas ainda leais a ele. Em 1634, como não cessavam as notícias da devastação provocada por Jinga e ou-tros bandos de imbangalas que agiam em Ndongo, funcionários de Luanda e Lisboa começaram a discutir com seriedade o que fazer a respeito dela. Mas, com o governador ainda preocupado com a ameaça holandesa que vinha do mar e os sobas nas regiões perto de Luanda submissos em grande parte de-vido à intimidação, eles não podiam reunir o efetivo necessário para atacá-la.[38]

Enquanto os portugueses encaravam essa situação terrível em ambas as fren-tes, Jinga passou a maior parte de 1634-35 consolidando sua posição em Ma-tamba; além de enfrentar ainda a oposição de seguidores da ex-rainha falecida Muongo, precisava lidar com seu antigo aliado Kasa. Enquanto ela fazia a guerra contra Ndongo, Kasa atacara Matamba com um grande exército. Somente seu retorno rápido e resistência férrea o forçaram a se retirar, embora não antes de

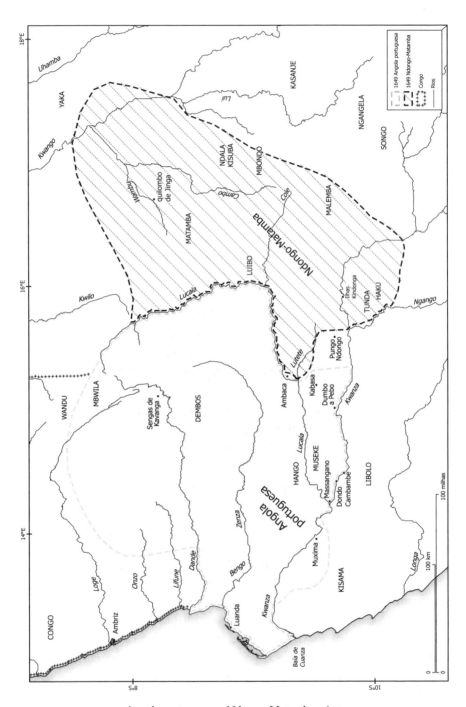

Angola portuguesa e Ndongo-Matamba, 1649.

destruir muitas aldeias e conseguir escapar com escravos e o gado que suas forças haviam capturado.[39] Em 1635, Jinga já estava firmemente no controle e comandava suas forças em ataques persistentes contra Ngola Hari e os sobas que viviam perto de Ambaca e continuavam a ser vassalos leais do rei português.

Em 1636, esses ataques já haviam desestabilizado de tal modo a região que os portugueses não podiam mais ignorar a presença de Jinga, e o governador recém-empossado Francisco de Vasconcelos da Cunha mandou duas companhias de infantaria para Ambaca. Instalando-se na mesma área do rio Lucala onde as forças portuguesas tradicionalmente acampavam, as companhias não procuraram entrar em batalha com Jinga, mas se posicionaram para agir imediatamente se ela atacasse. Jinga não tinha intenção de travar uma guerra convencional contra os portugueses e manteve suas forças fora do alcance das armas deles. Não demoraria muito para que a situação virasse a favor de Jinga, pois ataques holandeses ao porto de Benguela mais uma vez distraíram a atenção portuguesa para longe de Ndongo e dela. O foco do governador fixou-se em fortificar Luanda e outras regiões costeiras.[40]

Ao mesmo tempo que perturbava o comércio de escravos e dificultava para Ngola Hari o desempenho de seus deveres de vassalo de Portugal, Jinga procurava maneiras de chegar a um acordo com os portugueses. Sempre pronta a fazer uso da diplomacia, mesmo quando punha em prática opções militares, Jinga começou a tentar se aproximar dos jesuítas. Em 1637, mandou um presente oficial de marfim e escravos para o colégio deles em Luanda, para indicar sua disposição de começar uma aliança diplomática. Eles rejeitaram suas aproximações, recusaram os presentes que ela enviou e enfatizaram a seus superiores que Jinga era corrupta demais para que tivessem algum tipo de relacionamento com ela. Eles a descreveram como "uma rainha dedicada aos costumes mais horríveis e alguém cuja refeição mais apetitosa era o coração dos meninos e os peitos das meninas".[41] É possível que a tentativa de aproximação de Jinga fosse sincera, em vez de simplesmente um estratagema político. Após a conquista de Matamba, ela rompera seu relacionamento com Kasa, e há razões para acreditar que pode ter pensado em abandonar o estilo de vida imbangala à luz de seu sucesso no recrutamento de ambundos, muitos dos quais não estavam entusiasmados com os costumes imbangalas a que deveriam obedecer.

Foi uma oportunidade perdida por parte dos jesuítas, e demoraria mais de uma década para que Jinga voltasse a buscar relações por meio de um caminho religioso. Seu exército continuou a agir em Ndongo e Ambaca e seu entorno até outubro de 1639, quando outro governador, Pedro Cesar de Menezes, apareceu em Luanda com trezentos soldados. A chegada desse governador bem armado alterou imediatamente a estratégia de Jinga. Menezes impôs ordem de uma maneira que a população local não via desde que Fernão de Sousa se tornara governador, quinze anos antes. Pouco depois de se instalar, ele enviou uma mensagem a Jinga que abordava várias questões que esperava resolver, entre elas o retorno de vassalos e escravos portugueses que haviam fugido para as terras dela.

Consciente do grande número de soldados que Menezes havia trazido, mas ansiosa para capitalizar qualquer abertura política que lhe permitisse ganhar o controle de Ndongo, Jinga respondeu positivamente à carta do governador, enviando emissários a Luanda, junto com escravos de presente para ele, para o bispo e outras autoridades. Em suas cartas, ela indicava que havia cooperado com o comando de Menezes e entregado ao emissário português os escravos reivindicados pelos portugueses. No entanto, esses escravos, ao contrário daqueles que ela enviara de presente, eram supostamente tão velhos e decrépitos que muitos deles não conseguiam lembrar o nome de seus antigos senhores.[42]

Alguns dos influentes colonos de Luanda suspeitaram que Jinga enviara embaixadores à cidade para avaliar a dimensão das forças de Menezes. Outros especularam que ela estava tentando receber notícias de sua irmã Funji, que ainda era mantida prisioneira pelos portugueses. De qualquer modo, o governador recebeu os emissários com estilo, com uma elaborada exibição militar. Organizou o encontro em praça pública, onde as tropas ficaram em formação com seus capitães e bandeiras. Antes de permitir que os embaixadores de Jinga se dirigissem a ele, fez com que a infantaria realizasse uma demonstração de tiro com munição de verdade, deixando claro que tinha forças militares para enfrentar a crescente agressão dela.[43] Àquela altura, a exibição visual de poder já se tornara uma parte bem desenvolvida da arte da política na região, fosse na esfera política, fosse no espaço privado da residência. Após a exibição militar, os emissários entregaram cartas de Jinga nas quais ela pedia que uma delegação portuguesa de alto nível a visitasse em sua capital em Matamba para "discutir questões de interesse das duas coroas".[44] Ao identificar-se como governante de Matamba, Jinga deixava claro ao governador que ele deveria tratá-la como um soberano independente e não como um vassalo que estivesse retornando.

Menezes concordou com a proposta de Jinga: indicou imediatamente o respeitado residente de Luanda Gaspar Borges Madureira e o padre Dionísio

Coelho para visitá-la. Os dois traziam habilidades complementares para a negociação. Borges Madureira, um mestre negociador que morava em Angola havia vários anos, participara de muitas guerras anteriores e era um especialista em costumes locais, enquanto Coelho era bastante versado em teologia cristã e considerado um humanista. Os dois receberam ordens para buscar tratados de paz com Jinga, bem como com o antigo aliado dela, Kassanje, e obter a promessa dos dois líderes de que deixariam de dar primazia aos rituais imbangalas sobre as práticas cristãs. Em algum momento entre 1639 e 1640, o grupo chegou ao quilombo de Kassanje em Ngangela. Kassanje reagiu favoravelmente às propostas de paz, com a condição de que Jinga desistisse de sua reivindicação ao reino de Matamba, mas descartou de imediato a demanda de que renunciasse à sua cultura imbangala.[45]

O grupo viajou então para a corte de Jinga em Matamba, onde esperavam ter mais sucesso: afinal, Jinga já abraçara o cristianismo antes. A rainha recebeu os visitantes com prodigalidade e, depois de estudar com muito cuidado os termos do acordo que Borges Madureira trouxera, começou a falar. Jinga argumentou que seu poder baseava-se na reputação que ganhara não só nas guerras bem-sucedidas que travara, mas também entre os imbangalas, e afirmou que não desistiria dos costumes que aprendera com eles. Ela relembrou seu batismo em Luanda e sua exposição ao catolicismo, mas destacou que os portugueses que estavam agora tentando atraí-la de volta para a Igreja eram as mesmas pessoas que lhe haviam dado motivos para deixá-la em primeiro lugar. Respondendo à sugestão de Borges Madureira de que deveria parar de fazer guerras contra os portugueses, viver em paz e aceitar a mão amiga que o governador lhe estendia, ela reconheceu que os portugueses eram inimigos poderosos e respeitados e que ficaria honrada em participar de uma aliança com a Coroa portuguesa. Mas voltou à questao de seus direitos sobre Ndongo, afirmando que somente por meio de processos judiciais cuidadosos ou da guerra poderia haver alguma resolução das reivindicações portuguesas às províncias que seus "antepassados já haviam possuído pacificamente". As discussões com Jinga chegaram a um impasse e Borges Madureira partiu, deixando o padre Coelho para convencê-la a renunciar às práticas imbangalas.[46]

Nesse ponto, no entanto, Jinga, ou um de seus generais, aparentemente decidiu manifestar sua desaprovação das propostas portuguesas de uma maneira mais aguda. Alguém, presumivelmente na corte de Jinga, deu a Borges Madureira uma dose de veneno e, quando ele chegou de volta a Ndongo, estava mortalmente doente. E só sobreviveu graças à rápida intervenção dos médicos de Ngola Hari, que administraram o antídoto necessário. Quando o governador e outras autoridades ficaram sabendo da traição, que supuseram ser obra de Jinga, votaram imediatamente a favor de um ataque militar. Mas outros eventos ganharam precedência. Como veremos em breve, a conquista holandesa de Luanda em 1641 atrapalhou qualquer plano de atacar Jinga.[47]

Enquanto isso, o padre Coelho permaneceu mais seis meses na corte de Jinga, mas mesmo assim não fez progressos. Suas conversas diárias o convenceram de que ela se lembrava bastante do que tinha aprendido sobre o cristianismo em Luanda, quase vinte anos antes. Não tinha dificuldade em fazer o sinal da cruz e nenhuma objeção ao padre Coelho conduzi-la através dos rituais das orações de confissão quando ela ficou doente. Tudo ia bem para o padre Coelho enquanto ele se envolvia nessas discussões com a própria Jinga, mas, quando tentava se aproximar de seus seguidores, ela impunha limites, rejeitando suas súplicas para batizar as crianças que eram capturadas em suas campanhas. Se permitisse que as batizasse, explicou ela, perderia sua condição de verdadeira imbangala. O padre Coelho acabou indo embora de Matamba de mãos vazias.[48]

O encontro de Jinga com Borges Madureira e o padre Coelho lança um pouco de luz sobre o desenvolvimento do estilo de liderança que ela empregaria a partir de então. Ela não permitiu que as crianças fossem batizadas pelo padre, mas confiava em suas orações e acolhia as bênçãos cristãs. Com o passar do tempo, ela imporia a seus seguidores novos e mais elaborados conceitos e rituais religiosos. Tem-se a impressão de que Jinga se tornara uma perita em manipular a ideologia e os rituais religiosos para manter o poder. Ela sabia exatamente o que precisava fazer para manter o controle sobre seus seguidores. As crueldades arbitrárias que cometia contra aqueles que violavam as leis das *ijila* ou contra inimigos que resistiam a suas exigências, que às vezes se assemelhavam às ações de um tirano perturbado e não às de um governante lesado buscando recuperar o reino que lhe fora injustamente tirado, eram necessárias para reconstruir sua base de poder.

## Aliança com os holandeses

Em 1641, um novo ator entrou em cena na África Central. Uma armada holandesa, composta por 22 navios, dois mil soldados dos Países Baixos e de outros países da Europa, além de nativos do Brasil, chegou a Luanda no dia

20 de abril. A cidade foi logo capturada.[49] Jinga ficou eufórica quando recebeu a notícia da invasão holandesa e comemorou muito, antes mesmo de enviar seus embaixadores para propor uma aliança.[50] Seus objetivos, evidentemente, eram muito diferentes daqueles dos holandeses. Enquanto ela estava decidida a expulsar os portugueses, recuperar suas terras ancestrais e se tornar a rainha africana mais poderosa da região, os holandeses estavam interessados principalmente em ter uma fonte confiável de escravos para abastecer o nordeste do Brasil, que haviam tomado dos portugueses em 1630. Porém, Jinga não foi o único governante africano na região a acolher os holandeses, e seu plano de formar uma coalizão holandesa-africana para opor-se aos portugueses dependeria de sua habilidade em lidar com outro grande concorrente da região, o reino de Congo, o qual viria a ser seu maior aliado, mas também representaria uma grande ameaça para seu objetivo.

Havia décadas que o Congo tentava expulsar os portugueses da região. Em 1622, quando Jinga iniciou sua luta pela autonomia de Ndongo, os reis do Estado vizinho reivindicavam sua vassalagem. Os governantes do Congo anteviam um momento em que poderiam reafirmar o domínio político sobre Ndongo e outras regiões que os portugueses haviam conquistado. Com efeito, em 1622, Pedro II do Congo escrevera aos Estados Gerais em Amsterdã, convidando-os a enviar tropas para formar uma aliança militar Congo-Holanda, a fim de atacar a Angola portuguesa. Quando os holandeses finalmente invadiram Luanda, em 1641, o então governante do Congo, rei Garcia II, imediatamente confiscou bens e escravos dos comerciantes portugueses da capital São Salvador e forçou-os a ir embora. Governantes de várias províncias do Congo chegaram mesmo a matar alguns moradores portugueses. Garcia também enviou tropas para as províncias do sul que ocupavam as duas margens dos rios Bengo e Dande, onde o governador português e outros funcionários buscaram refúgio depois que Luanda foi tomada. Soldados do Congo ajudaram os holandeses nas operações militares em Luanda e nas regiões vizinhas, o que resultou na fuga de funcionários portugueses e milhares de ambundos escravos livres para os fortes mais seguros de Cambambe, Muxima, Massangano e Ambaca. Além dos governantes do Congo, outros africanos ajudaram os holandeses, entre eles vários líderes da região dos Dembos, mais de trinta sobas da região de Libolo, chefes da província de Kissama (que nunca aceitaram o domínio português) e centenas de sobas que haviam sido nominalmente vassalos de Portugal.[51]

Para criar uma coalizão bem-sucedida, Jinga também teria de contar com muitos líderes ambundos que, apesar de se oporem aos portugueses, não tinham intenção de se tornar imbangalas ou ser súditos dela. Muitos desses líderes receberam bem os holandeses, proporcionando-lhes assistência e informações locais. Os portugueses estavam cientes das terríveis consequências políticas de qualquer tipo de aliança entre holandeses e ambundos, especialmente com os experientes e fiéis *kilambas* (soldados ambundos sob comando português), que tinham sido tão cruciais para os sucessos militares portugueses no interior. Um desses soldados defendeu a colaboração dos ambundos com os holandeses argumentando que eles eram "soldados da fortuna" que tinham "esposas para alimentar" e que, além disso, estavam "ultrajados pelo mau tratamento que recebiam [dos portugueses] diante de suas esposas e filhos que estivessem por perto".[52]

Os holandeses não ficaram surpresos quando os emissários de Jinga chegaram a Luanda em novembro de 1641, cerca de sete meses após sua conquista. Eles já haviam coletado informações sobre possíveis aliados entre os governantes locais e identificaram "uma certa mulher chamada Nzinga [com quem] os portugueses nunca tiveram paz nem amizade como tinham com os outros habitantes".[53] Os emissários haviam decorado todo o texto da mensagem de Jinga e o recitaram para Pieter Moortamer, o representante da Companhia Holandesa das Índias Ocidentais em Angola. Eles começaram por manifestar a "alegria que a rainha sentia diante do progresso da vitória [dos holandeses]" e enfatizaram o interesse dela em negociar com eles. Embora Moortamer tenha observado que não sabia o que fazer com aqueles "selvagens" e sua rainha, que "não tinha ninguém que soubesse ler e escrever", ele pressentiu que a relação beneficiaria a empresa, já que Jinga havia indicado sua disposição para negociar com eles, e isso era "algo que ela nunca fizera voluntariamente com os portugueses".[54] Moortamer saudou a iniciativa de Jinga, pois ela prometia reforçar o principal objetivo da companhia: derrotar sua inimiga católica, a Espanha (Portugal e Espanha estiveram sob a mesma Coroa de 1580 a 1640), na prolongada Guerra dos Trinta Anos, que se espalhara do norte da Europa para o Brasil e Angola.[55] Apesar da aparência "selvagem" dos embaixadores de Jinga, Moortamer mandou imediatamente, junto com os enviados que voltavam para a corte dela em Matamba, soldados holandeses em apoio a seus planos de ampliar a aliança contra os portugueses.[56]

Jinga também estava colocando outras peças de seu plano em ação. Enquanto seus embaixadores estavam em Luanda, suas tropas agiam no leste de Matamba, Ndongo, Ambaca e áreas circundantes. Entre abril de 1641 e

1642, o governador português teve de enfrentar não somente as forças do Congo que se uniram aos holandeses e invadiram as terras ocupadas pelos portugueses nas regiões dos rios Bengo e Dande, mas também a resistência popular de escravos portugueses e ambundos livres que viviam nas proximidades dos fortes de Cambambe, Muxima, Massangano e Ambaca. O governador Menezes, percebendo que não tinha munições ou tropas suficientes para enfrentar essas novas ameaças, recuou para Massangano, que se tornou sua nova base de operações. De lá, ele enviou pequenos contingentes de soldados e espiões contra alguns sobas, bem como contra as forças holandesas e do Congo.[57] Ao verem os portugueses assim encurralados, as tropas de Jinga puderam agir impunemente nas aldeias africanas ao redor do forte de Ambaca, e muitos sobas de lá e de outros lugares voltaram a reconhecer sua autoridade.[58] Ansiosa para aumentar sua vantagem, Jinga ignorou os apelos à reconciliação contidos numa carta enviada pelo governador Menezes em outubro de 1641. Ngola Hari continuava a ser seu principal alvo e seus soldados o fustigaram sem medo de um contra-ataque português.[59]

Ao mesmo tempo, os espiões de Jinga na região dos Dembos passavam-lhe informações fundamentais sobre o levante popular contra os portugueses que estava acontecendo por lá. As tropas portuguesas sofreram uma tremenda derrota quando atacaram o chefe local Nambu a Ngongo, que conseguiu repeli-los com a ajuda de duzentos soldados holandeses. Jinga sentiu-se então encorajada a mudar seu quilombo de oitenta mil pessoas para o meio da região dos Dembos, embora mantivesse seu quartel-general em Matamba. Essa área ficava na região de Sengas de Kavanga, nas terras de um dos seus partidários, o soba Kavanga. O local tinha muitas vantagens. Não somente era estratégico do ponto de vista militar como era bem irrigado, fértil e agradável, localizado perto dos rios Dande, Zenza e Lifune, e com muitos pequenos riachos onde Jinga e sua corte poderiam tomar banhos recreativos. O quilombo, estabelecido num platô, era tão grande que exigia dois dias para ir-se de uma ponta à outra e, ao contrário dos quilombos de outros líderes imbangalas — compostos por estruturas simples e facilmente removíveis que permitiam retiradas rápidas —, era um grande centro complexo que continha palmeiras e animais domésticos de todos os tipos. O quilombo providenciou hospedagem para o seu grande exército, e mais tarde Jinga construiria residências para ela, suas irmãs e os cortesãos e outros funcionários, entre eles os muitos conselheiros religiosos e os governantes locais que eram seus aliados. À medida que capturava mais pessoas, ela construía mais residências onde poderiam ficar e trabalhar. O quilombo também contava com áreas comuns nas quais ela poderia receber dignitários.[60]

Embora a mudança fosse uma ameaça direta ao Congo, que fazia fronteira com a região dos Dembos, Jinga tinha agora acesso a seus dois aliados mais próximos, os holandeses e os sobas da região. A partir dessa base, ela não tinha dificuldade em intimidar quaisquer sobas que ousassem se opor a ela, em particular Kitexi ka Ndambi, o único governante local que se recusara a unir-se a ela. Quando Jinga o atacou com o apoio dos holandeses e incendiou sua capital, ele foi finalmente obrigado a submeter-se. No fim de 1642, Jinga já conseguira obrigar todos os sobas da região dos Dembos a reconhecer sua autoridade, um feito que nem os reis portugueses nem os reis do Congo jamais conseguiram.[61]

Enquanto Jinga ampliava sua influência para além de Matamba, reconquistando ou subordinando territórios que costumavam pagar tributo a Ndongo, os portugueses estavam amontoados em seus quatro fortes — Massangano, Muxima, Cambambe e Ambaca — e em algumas ilhas do Kwanza.[62] Embora eles emboscassem periodicamente as forças holandesas e organizassem expedições punitivas contra os sobas que viviam na proximidade dos fortes, a maioria desses sobas trocara de lado e era agora fiel a Jinga ou aos holandeses.[63] Àquela altura, Jinga enfrentava pouca resistência direta dos portugueses.

No entanto, a situação mudou em janeiro de 1643, quando as autoridades holandesas e portuguesas assinaram uma trégua em Lisboa. A trégua destinava-se a acabar com a luta e forçar os portugueses a ceder Luanda e alguns outros territórios aos holandeses. Em troca, os holandeses permitiriam que os portugueses retornassem às suas fazendas ao longo do rio Bengo e viajassem livremente para Luanda para vender escravos e outras mercadorias. Satisfeito com os termos, o governador Menezes sentiu que a situação se estabilizara o suficiente para retornar, com muitos portugueses que haviam fugido, para a região do Bengo. Em maio, no entanto, as autoridades holandesas já haviam rompido a trégua. Enviaram secretamente tropas para as áreas que os portugueses haviam reocupado e mataram quarenta soldados e oficiais, fizeram mais de 180 prisioneiros portugueses, inclusive o governador, e ocuparam fortes portugueses nas regiões de Bengo e Hango. Os portugueses que tiveram a sorte de sobreviver ao ataque voltaram para Massangano.[64]

Enquanto persistiam as tensões entre portugueses e holandeses, as tropas de Jinga continuavam a tornar a vida difícil para Ngola Hari. Em março de 1643, ele escreveu ao novo rei português, João IV, para se queixar das "perseguições que sofri em consequência das ações de Jinga".[65] Mas ela tinha mais do que Ngola Hari em mente. Ao saber da trégua entre Holanda e Portugal, passou a desconfiar dos holandeses. Eles manteriam a aliança com ela? Com efeito, pode haver alguma verdade na afirmação de Cadornega de que, assim que usasse a aliança holandesa para derrotar os portugueses, Jinga então "expulsaria os holandeses de Angola".[66] Ela seria insensata se acreditasse que eles estavam totalmente comprometidos com seus interesses. Embora não confiasse completamente nos holandeses, tampouco os considerava uma grande ameaça para seus planos. Os portugueses ainda eram um problema muito maior. Jinga talvez tenha acreditado que, se derrotasse os portugueses e obtivesse o controle de todas as terras de Luanda a Matamba, poderia ditar os termos da relação com os holandeses de uma maneira que nunca conseguira com os primeiros.[67]

Após a ruptura da trégua, Jinga ficou aliviada, acreditando que isso assinalava o possível fim do domínio português em Angola.[68] Enquanto suas tropas se ocupavam em fustigar incessantemente Ngola Hari, mas evitando travar combate com as tropas portuguesas estacionadas no forte de Ambaca, Jinga voltou sua atenção para o Congo. Para horror do rei Garcia II, ela despachou a maior parte de suas forças, estimadas em cerca de 80 mil soldados imbangalas, para Wandu, uma província oriental do Congo.[69] O governante da província de Wandu revoltara-se contra Garcia, e Jinga aproveitou a oportunidade para enviar seu exército. Embora fosse favorável à guerra de Jinga contra os portugueses, Garcia temia as atividades expansionistas dela, e aquele ataque em grande escala a Wandu ameaçava o próprio Congo.[70]

O crescente poder militar de Jinga levou a uma série de iniciativas diplomáticas do Congo, dos portugueses e dos holandeses. Em setembro de 1643, dois emissários de Garcia II chegaram a Haia para solicitar assistência militar holandesa. Embora alguns relatos sugiram que Garcia precisava de tropas para debelar uma rebelião na província costeira de Soyo, é mais provável que seu medo de Jinga o tenha levado a fazer o pedido. Por sua vez, os portugueses temiam que ele estivesse pedindo ajuda para desalojá-los da região. Sem dúvida, os sucessos militares de Jinga estavam forçando Garcia, os portugueses e os holandeses a reavaliar suas relações com ela. As autoridades portuguesas conjecturaram que ter mais tropas holandesas na área poderia ser desastroso para eles, porque Garcia poderia consolidar as incursões que havia feito no norte de Angola; aconselharam então o rei de Portugal a enviar tropas para Angola sob o pretexto de ajudar Jinga.[71] Os dirigentes da Companhia das Índias Ocidentais Holandesas, embora quisessem ajudar o Congo, relutavam em comprometer a relação que esperavam desenvolver com Jinga. Um relatório de Luanda observava que ela controlava uma enorme região, que se estendia das fronteiras da Luanda ocupada pelos holandeses até cerca de trezentas léguas (mais de 1400 quilômetros) para o interior, e que entre dois mil e três mil escravos por ano vinham de suas terras. O relatório especulava que ela teria capacidade de fornecer aos holandeses "tudo de que precisamos".[72]

Como vemos, as autoridades de Haia julgavam muito importante a amizade com Jinga e alertaram os representantes locais para que não tomassem nenhuma iniciativa que a hostilizasse. Em vez de ajudar Garcia, pressionaram os funcionários locais da companhia para que enviassem uma embaixada de alto nível a Jinga, a fim de persuadi-la a manter sua aliança com eles.[73] A preocupação dos portugueses com ela era ainda maior. Por enquanto, as alianças dela com o Congo e com os holandeses sobreviviam, mas ela sabia que, para seus planos de acabar com o domínio português na região, não poderia contar muito com o apoio do Congo. Sem dúvida, Jinga estava assumindo uma posição central na região, cujas decisões poderiam mudar a fortuna política de portugueses, holandeses e congoleses.[74]

Entre 1644 e 1646, enquanto o ressentimento da população africana em relação aos portugueses aumentava, Jinga não hesitou em capitalizar seu crescente domínio militar e diplomático. Ela fortaleceu seus laços com líderes imbangalas e com sobas que aderiram à sua causa, e suas tropas atacaram as populações nas proximidades de Ambaca e Pungo Ndongo, onde muitos ainda eram leais aos portugueses. Também mandou suas forças em auxílio de inimigos dos portugueses, os quais ela considerava seus aliados. Por exemplo, no início de 1644, enviou soldados para ajudar Ngolome a Keta quando ele pediu ajuda. Esse soba, que andava destruindo aldeias nos arredores de Ambaca, fora atacado por um exército formado por soldados portugueses de Massangano, tropas comandadas pelo imbangala Kabuku Kandonga e pelo exército do filho de Ngola Hari. Essas forças combinadas cercaram Ngolome a Keta e suas tropas em seu esconderijo nas montanhas. Alguns de seus soldados conseguiram escapar e foram até o quartel-general de Jinga, em Sengas de Kavanga, onde pediram auxílio. Jinga imediatamente enviou um destacamento de seus soldados mais experientes, comandados por Jinga a Mona. Quando soube que suas forças haviam sofrido grandes perdas e não tinham conseguido romper as fileiras portuguesas, Jinga convocou outro destacamento e comandou a carga pessoalmente. Encorajados por sua exortação para que enfrentassem "esses poucos *mundeles* [brancos]", seus soldados engalfinharam-se com os portugueses num conflito sangrento que durou um dia. Jinga saiu vitoriosa depois que suas tropas mataram setenta oficiais e soldados portugueses. Muitas tropas imbangalas e numerosos *kilambas*, sobas e seus soldados também foram feridos, mortos ou capturados. Jinga advertira seus soldados de que não matassem os oficiais portugueses que capturassem, mas eles a ignoraram e decapitaram a maioria dos cativos. No final, apenas sete prisioneiros portugueses permaneciam vivos, entre eles o padre Jerônimo Sequeira, que Jinga levou preso para seu quilombo junto com os outros. As tropas de Jinga também capturaram o imbangala Kabuku Kandonga, junto com sua concubina Coamza, e alguns funcionários de seu quilombo, bem como vários sobas da região de Ambaca que vinham apoiando os portugueses.[75]

Embora Kabuku fosse um aliado dos portugueses, Jinga ordenou sua libertação, seguindo o juramento imbangala que proibia um líder imbangala de matar outro líder imbangala. O que ela não sabia era que seu próprio sucesso como líder imbangala prejudicara sua reputação entre os outros imbangalas. Kabuku, por exemplo, que se considerava um verdadeiro imbangala e alegava descender do grupo original, tinha mais prestígio do que Jinga. Muitos a consideravam uma arrivista. Ao libertar Kabuku, ela permitiu que ele se unisse aos portugueses e continuasse a guerra contra ela.[76] Jinga teve sua vingança contra outro líder imbangala chamado Kalandula, alguns anos depois, quando ele se recusou a se entregar aos portugueses para cumprir a parte dela de um tratado de paz proposto. Como veremos no próximo capítulo, Jinga não tolerou esse ato de desafio. Com quase 75 anos, ela vestiu seu traje de guerra e liderou seus soldados numa dança de guerra rigorosa no meio da praça principal antes de conduzi-los a um confronto com Kalandula. Zombando dos cumprimentos de frei Gaeta, que testemunhou a dança, Jinga retorquiu: "Desculpe-me, padre, [...] quando eu era jovem, não ficava nada a dever a nenhum jaga [imbangala] na habilidade e na bravura. [...] Nunca temi encarar um grupo de 25 soldados armados, exceto se tivessem mosquetes. [...] Quando se tratava de outras armas em que qualquer um pudesse demonstrar sua coragem, agilidade e valor, [eu estava pronta]".[77]

Foi essa bravura que permitiu a Jinga incutir medo tanto em africanos como em europeus. Ela também era uma estrategista cautelosa. Uma das maiores consequências de seu apoio vitorioso a Ngolome a Keta em 1644 foi a captura de muitos sobas de Ambaca que acompanhavam as forças portuguesas, entre eles um parente de sangue próximo chamado Ngola Kanini. Tratava-se do mesmo soba que fora forçado a pagar um tributo anual aos portugueses pela construção e manutenção da igreja de Nossa Senhora da Assunção, em Ambaca, quando Mendes de Vasconcelos construíra o forte, em 1619 (*ver capítulo 3*). Embora Ngola Kanini tivesse sido vassalo dos portugueses durante todos esses anos, Jinga o tratou bem, permitindo que ele permanecesse em seu acampamento e, mais tarde, em sua corte, conferindo-lhe o respeitado título de *mwene lumbo*.[78]

Como seu objetivo era montar instituições políticas ambundas em Matamba, a captura dos sobas, macotas e outros que estavam conectados às linhagens ambundas dominantes, que já conheciam as tradições, era vital para seus planos. Com base no que lembrava do Ndongo de sua juventude, Jinga começou a montar um complexo sistema cortesão em Matamba, mesmo enquanto construía quilombos quando estava em campo. Não poupou nenhuma despesa em habitação, vestuário e objetos materiais para o seu círculo mais próximo. Construiu casas com materiais do lugar, todas ricamente decoradas com tapetes, sedas e panos importados de vários padrões para ela, seus atendentes pessoais, como o *mwene lumbo* Ngola Kanini, sua irmã Kambu, a princesa Matamba Muongo, a quem havia adotado, e seus muitos concubinos.

Em 1641, quando mudou seu quilombo para a região dos Dembos, ela reconstruiu meticulosamente o sistema cortesão que havia montado em Matamba. Mas fez alguns acréscimos interessantes à sua residência temporária. Tal como os reis de Ndongo de antigamente, que tinham diversas cortes, ela fez com que sua irmã e os funcionários tivessem seus próprios aposentos. Também construiu acomodações para os soldados holandeses e suas famílias que haviam lutado ao lado de seus soldados. Os portugueses viam tudo isso com desconfiança. Eles acreditavam que parte da estratégia holandesa era mandar mulheres holandesas para viver no quilombo de Jinga, a fim de que a população local a visse dando ordens aos brancos e ficasse mais disposta a participar da campanha contra os portugueses. Vários chefes de Dembos tinham residências no acampamento, que também servia de prisão para os portugueses e africanos que capturavam.[79]

Jinga usava a maior parte da renda que recebia da venda dos escravos que capturava, dos presentes e tributos que recebia dos holandeses e seus aliados africanos e dos saques que fazia em suas campanhas militares para comprar armas e munições, bem como panos e joias. Como considerava o rei Garcia II do Congo seu único igual na região, esforçou-se para construir um espaço público onde pudesse receber os embaixadores dele, bem como outras autoridades. O local de encontro, localizado no centro do quilombo, era uma estrutura coberta que continha dois estrados elevados com uma parede na parte de trás, e que servia como lugar tanto de negócios como de prazer. Ali recebia diplomatas ou visitantes, e também julgava casos. Para os diplomatas do Congo ou europeus, Jinga cobria a parede e os estrados com ricos veludos e sedas e colocava vários conjuntos de tapeçarias e panos importados no chão da praça inteira. Para receber uma delegação visitante, ela sempre se vestia para a ocasião: envolvia-se em panos de cores vivas, usava vários conjuntos de joias de ouro e pérolas e exibia nas pernas e braços as pulseiras tradicionais de sua juventude. Nessas ocasiões, seu companheiro pessoal e suas atendentes, que ficavam ao redor do estrado em que ela se sentava, estavam igualmente enfeitados. Talvez se lembrando dos dias em que ela se sentava aos pés de seu pai quando ele recebia delegações, Jinga fazia com que Kambu e Muongo também estivessem bem vestidas e se sentassem à sua frente em tapetes. Seus funcionários, soldados holandeses e sobas, bem como membros da delegação visitante, sentavam-se em tapetes colocados diante dos estrados.[80]

O sucesso de Jinga no estabelecimento de centros políticos tanto em Matamba quanto na região dos Dembos e seus contínuos sucessos militares eram motivo de grande preocupação para o rei João IV de Portugal e seu Conselho Ultramarino. Embora os membros do conselho ainda apoiassem seu rival Ngola Hari, a atenção se concentrava agora em como deter o avanço de Jinga.[81] As notícias que o conselho recebia de Angola não eram boas. Nos meses que se seguiram à vitória de Jinga sobre as forças portuguesas perto de Ambaca, a situação dos lusitanos se deteriorou: o exército foi incapacitado por doenças e pela falta de suprimentos militares, enquanto as forças de Jinga agiam aparentemente em todos os lugares com impunidade. Suas tropas circulavam, intimidando os sobas e atacando as terras de Ngola Hari, e ela continuava a fazer novos aliados com sobas da região dos Dembos. Além disso, a invasão e a destruição de Wandu, no leste do Congo, feitas por ela, deixaram o rei Garcia pasmo. Suas ações chegaram a intimidar até as poderosas forças de Kassanje, que, com outros imbangalas, invadiram Matamba, mas não fizeram nenhum avanço contra ela. Em julho de 1644, funcionários do Conselho Ultramarino manifestaram frustração diante dos sucessos militares de Jinga e alertaram o rei para a necessidade de "exterminá--la", referindo-se a ela como aquela "mulher infernal em seus costumes, que se liga a todos os rebeldes". Ela não poderia ser mais diferente de Ngola Hari, que, conforme escreveram, "recuou para sua terra e é fiel".[82]

Com a aproximação do novo ano de 1645, tornou-se evidente que era necessário fazer alguma coisa. O rei João IV decidiu finalmente nomear Francisco de Sotomaior, o governador do Rio de Janeiro, para o cargo de governador--geral de Angola. Ordenou que Sotomaior montasse um exército para reconquistar Angola. As campanhas bem-sucedidas de Jinga contra os portugueses fizeram dela o centro da discussão dos planos para a invasão.

Sotomaior chegou a Angola em 25 de julho de 1645, com 260 soldados, e, em dezembro, apresentou um relatório a João IV que revelava até que ponto os sucessos militares de Jinga haviam mudado a paisagem política e militar da região. Sotomaior observou que muitos portugueses experientes na guerra local, bem como cem soldados que tinham vindo como reforços do Brasil, foram mortos por imbangalas de Jinga. Além disso, os conflitos dos holandeses com os portugueses tinham levado os holandeses a banir para o Brasil centenas de portugueses que haviam participado de muitas das guerras anteriores.[83] Na ocasião, ele calculou que o número de soldados portugueses brancos disponíveis não passava de escassos oitenta homens, que protegiam os fortes de Massangano e Muxima, enquanto em Cambambe e Ambaca os portugueses talvez pudessem reunir 130 soldados e cerca de oito mil arqueiros ambundos. O estado militar lamentável das forças portuguesas encorajara Jinga a ser ainda mais agressiva, e seu exército assumira posições em torno dos fortes e das aldeias dos sobas ambundos que eram vassalos dos portugueses, impossibilitando-os de ajudar Sotomaior e até mesmo ameaçando Ngola Hari, que parecia ter sobrevivido somente porque conseguia defender-se na fortaleza natural de Pungo Ndongo, onde se localizava sua capital. Embora reconhecendo o papel que os holandeses desempenharam na terrível crise militar e política que a colônia enfrentava, Sotomaior identificou em Jinga sua principal inimiga, reconhecendo que o tráfico de escravos que ela realizava com os holandeses garantia seus suprimentos de munição para sustentar seu exército de oitenta mil homens, ao mesmo tempo que prejudicava o comércio e o poder dos portugueses.[84]

Contudo, Sotomaior, tal como os governadores portugueses anteriores, relutou inicialmente em acreditar que Jinga possuísse as habilidades militares e de liderança necessárias para desafiar o poder português em Angola. Depois de seis meses de espera com suas tropas doentes em Massangano, ele ainda hesitava em atacá-la, pondo a culpa do atraso na situação precária dos fortes e no clima ruim, que afetava a saúde de seus soldados. Embora identificasse finalmente Jinga como "o adversário mais poderoso que já existiu nesta Etiópia [África]", observasse que ela tinha a reputação de ser responsável pelas derrotas dos portugueses e prometesse pôr fim à sua insolência, ele ainda culpava os holandeses por fomentar a situação e por incutir em Jinga sentimentos antiportugueses. Não obstante, admitia que não tinha condições de enfrentar Jinga naquele momento: ela era popular demais, admirada demais pelos africanos para que ele pudesse conseguir que gente do lugar participasse de uma campanha contra ela.[85]

### Derrota em Dembos

Após a chegada de Sotomaior a Luanda, os espiões de Jinga, entre eles sua irmã Funji, que os portugueses ainda mantinham prisioneira em Massangano, enviaram-lhe atualizações regulares sobre os planos militares dos portugueses. Ela sabia que Sotomaior designara Gaspar Borges Madureira, o emissário que a visitara em Matamba em 1640, para comandar uma força unificada contra ela. O exército deveria incluir o leque usual de soldados e colonos portugueses, alguns de seus ex-escravos, soldados ambundos e soldados imbangalas fornecidos pelo líder Kabuku. Os preparativos ainda estavam em andamento quando Jinga recebeu a informação de que Estácio de Sá Miranda, o capitão português da cavalaria, já estava na aldeia de um homem chamado Gregório, um próspero ex-escravo ambundo que vivia não muito longe de Ambaca. De seu quilombo na região dos Dembos, localizado cerca de oito dias de Ambaca, ela mandou o general imbangala Gaspar Akibata atacar com um contingente de seus soldados a aldeia de Gregório e capturar e trazer-lhe o capitão. Akibata fez a viagem em tempo recorde, guiado pelos experientes batedores que Jinga providenciara, mas, ao chegar, descobriu que Sá Miranda havia partido. Decididos a não decepcionar Jinga, seus soldados atacaram e aprisionaram ou mataram a maior parte da população. Além disso, levaram todo o gado e outras provisões e destruíram o que não puderam carregar, incendiando a aldeia ao partirem vitoriosos.[86]

Sotomaior, que estava em Ambaca, logo recebeu a notícia do ataque e reuniu as tropas para um contra-ataque. No discurso emocionado que fez para os soldados, relatou as ações ultrajantes que a inimiga Jinga cometera contra um vassalo português e explicou a importância de reagir com força imediata para preservar a integridade de Portugal. Em seguida, comandou um ataque bem-sucedido ao quilombo de Akibata. O ataque aconteceu logo depois que os homens de Akibata haviam voltado para sua base e fizeram uma fogueira para banquetear-se com os despojos humanos e animais. O exército português conseguiu matar Akibata e a maioria de seus soldados, embora alguns tenham escapado para o quilombo de Jinga. Depois de receber a notícia da derrota pelos poucos sobreviventes afortunados, ela mandou decapitá-los: considerou má sorte o fato de trazerem notícias tão horríveis para ela, pois era melhor que tivessem morrido junto com seus camaradas. Essa derrota foi desanimadora para os partidários ambundos de Jinga, muitos dos quais fugiram do quilombo e voltaram a submeter-se aos portugueses. O choque da derrota provocou uma tal sensação de presságio e temor entre os que permaneceram no quilombo que eles passaram vários dias executando *tambos*, os solenes ritos ambundos que acompanhavam os funerais. Talvez tenha sido nesse momento que muitos ambundos que viam em Jinga uma deusa perceberam que nem mesmo ela poderia protegê-los dos portugueses.[87]

Esse revés, no entanto, não dissuadiu Jinga. Suas tropas logo atacaram sobas leais aos portugueses, cujas populações estavam localizadas a alguma distância de Ambaca. Ela deve ter obtido alguns sucessos, já que enviou um grande número de escravos aos holandeses e pediu a ajuda deles para atacar Ambaca. Os holandeses foram receptivos a suas propostas; uma delegação já havia sido enviada a Jinga com a esperança de melhorar as relações.[88] Ela acreditava que, apesar daquele recente revés, suas forças ainda eram mais numerosas do que as dos portugueses e que a aliança com os holandeses a ajudaria a recuperar sua vantagem militar e a melhorar seu prestígio, que estava em queda entre a população local.[89]

O que ela não previra era que Sotomaior estava empenhado em romper sua aliança com os holandeses e logo promoveria um ataque maior e mais coordenado contra sua base em Dembos. Ao contrário dos governadores anteriores, que se satisfaziam com a manutenção do estado das coisas, organizando campanhas direcionadas a forçar os sobas leais a pagar tributo e garantir que as feiras de escravos e suas rotas continuassem abertas, Sotomaior se deu conta de que, em pouco tempo, essa situação poderia deixar de existir: a aliança de Jinga com os holandeses e seus sucessos militares contra os portugueses representavam uma ameaça muito séria ao *status quo*. O governador percebeu que precisava levar a guerra ao quilombo de Jinga em Sengas de Kavanga para impedir que ela lançasse novos ataques. As ambições de Sotomaior eram grandiosas: ele planejava destruir Jinga e derrotar os holandeses ao mesmo tempo. Jinga não deveria ser tratada com misericórdia. Ele ordenou que, após sua captura, ela deveria ser imediatamente morta. Seria "desnecessário trazê-la" com os outros prisioneiros, e deveriam destruir "o resto de seu quilombo, e que até mesmo as árvores frutíferas deveriam ser derrubadas e tudo com o nome dela deveria ser destruído para sempre".[90]

Sotomaior calculou que suas tropas tinham uma chance melhor de derrotar Jinga naquele momento, enquanto ela estava mais perto de Massangano, e não a centenas de quilômetros, no interior de sua corte em Matamba. Ele percebeu que poderia neutralizar os holandeses lutando em duas frentes: uma guerra fluvial, em que barcos impediriam os holandeses de usar o rio Kwanza para levar fornecimentos a Jinga, e uma guerra terrestre, na qual uma grande força portuguesa-africana avançaria em direção ao seu quilombo.[91] De fato, soldados holandeses e de Kissama haviam atacado recentemente as tropas portuguesas em Muxima, que ficava a menos de cinquenta quilômetros de Massangano, onde mataram oitenta soldados e levaram muitos cativos. O medo era que essas mesmas forças logo tomassem Massangano.[92]

Em março de 1646, Borges Madureira reuniu a maior força terrestre que Jinga já enfrentara e comandou suas tropas numa batalha que seria épica, com objetivos igualmente épicos de capturá-la e matá-la, destruir seu quilombo e acabar com sua aliança com os holandeses. A força reunida em Ambaca compreendia mais de quatrocentos oficiais e soldados portugueses, duzentos mulatos armados; dezesseis cavaleiros; artilharia de campo; trinta mil soldados africanos, inclusive arqueiros; mais de dois mil batedores; tropas comandadas por Ngola Hari; tropas imbangalas; tropas de sobas simpatizantes e escravos libertados dos portugueses; e milhares de carregadores, que levavam todos os suprimentos e alimentos, já que o exército não esperava que chegassem provisões ao longo do caminho. Não seria nenhum exagero descrever o exército de Borges Madureira como colossal.[93]

Marchando para o norte de Ambaca, as tropas de Borges Madureira atravessaram o rio Zenza e chegaram finalmente ao rio Dande, onde acabaram por avistar o quilombo de Jinga de colinas próximas. Jinga preparara-se para a invasão, tendo construído três pontes, na expectativa de que os portugueses as usassem para atravessar o rio Dande. Ela calculou que os soldados e carregadores seriam excelentes alvos para seus arqueiros e milhares de soldados que tinham armas de fogo. Mas Borges Madureira não permitiria que Jinga ditasse as condições do ataque e dissuadiu os comandantes de seus esquadrões de atravessarem pelas pontes. Em vez disso, seu exército pegou uma rota mais longa e mais perigosa, atravessou o rio numa parte mais profunda e chegou muito mais perto do quilombo de Jinga. Mas ela também estava preparada para um ataque surpresa, tendo postado em torno do perímetro do quilombo tropas fornecidas pelo governante Mbwila, da região dos Dembos, bem como alguns soldados holandeses. Mandou que os soldados se escondessem em arbustos altos e, assim que as tropas portuguesas entrassem, eles deveriam pôr fogo nos arbustos para impedir seu avanço. Mas essa estratégia fracassou: Borges Madureira conseguiu organizar as vanguardas de tal maneira que os carregadores que levavam os suprimentos estavam no meio e, assim, sua carga ficou protegida. À medida que se aproximavam do acampamento, as tropas portuguesas tiveram de enfrentar os soldados holandeses e as tropas lideradas pelo temido general Jinga a Mona, bem como os *mwene lumbo* de Jinga e outros generais. A própria Jinga não ficou fora da luta: espiões portugueses a viram numa colina, cercada por seu núcleo leal de jovens imbangalas e vestida com seu traje de guerra.

Os dois lados travaram uma batalha sangrenta das nove horas da manhã até o final da tarde, quando as tropas portuguesas conseguiram finalmente romper as defesas de Jinga. Ela mandou soldados com armas de fogo descerem a colina contra os portugueses, mas eles não impediram o avanço do inimigo. Os soldados holandeses deram apoio, mas careciam de artilharia pesada, que teria sido muito mais eficaz contra os invasores. No final, mesmo com a dura resistência dos holandeses e dos imbangalas de Jinga, prevaleceram as tropas portuguesas e a vanguarda chegou ao quilombo.[94]

Jinga postara vários batalhões de seu exército a distâncias estratégicas do quilombo, mas, depois que a vanguarda portuguesa rompeu o perímetro e entrou, ela se deu conta que o pequeno número de guarda-costas seria incapaz de defendê-la. Ela e um grupo mais íntimo escaparam rapidamente. Sua partida repentina ficou óbvia para os portugueses, que não encontraram nenhuma resistência ao entrar no quilombo. Logo descobriram que Jinga e seus guarda-costas não tiveram nem tempo de juntar coisas de sua residência ou das residências de seus funcionários. Tudo foi deixado para trás. Ao saquear as casas de Jinga e de seus principais conselheiros, acharam quinhentas armas de fogo e estoques de tecidos finos e joias. Ngola Hari reivindicou tudo o que havia na casa e foi embora com "muitas peças de seda fina e outras coisas valiosas".[95]

A pressa da retirada significou que os muitos não combatentes que haviam ficado no quilombo, esperando para comemorar o retorno vitorioso de Jinga e do exército, não foram avisados e ficaram chocados ao ver as tropas portuguesas entrarem em suas casas. Entre eles estavam vários funcionários e outros sobas de Dembos que haviam estabelecido residência no quilombo, mas que não estavam fisicamente aptos para participar da batalha.

Os portugueses ficaram mais surpresos ainda ao descobrir em uma das casas uma "mulher flamenga" obviamente grávida. Em meio a lágrimas histéricas, ela explicou aos soldados desconcertados que seu marido fazia parte do grupo de soldados holandeses que moravam no quilombo. A jovem não sabia onde estava o marido, mas achava que ele podia ter morrido ou a abandonado, fugindo com o filho do casal.[96] A presença de soldados holandeses com suas famílias no quilombo é uma indicação clara de que Jinga conseguira fazer desses estrangeiros do norte europeu seus dependentes. A presença deles a ajudava a pressionar os poderosos chefes de Dembos e os sobas independentes a aderirem à sua causa. Ao saber dos detalhes de como Jinga dirigia seu quilombo, os portugueses ficaram ainda mais hostis. Os soldados agrediram física e verbalmente os chefes africanos que capturaram pela afronta que acreditavam que Jinga havia cometido contra seus semelhantes europeus.[97]

De todas as riquezas acumuladas, de todos os habitantes do quilombo que capturaram ou mataram, de longe a mais valiosa para os portugueses foi Kambu, a irmã de Jinga. Se Jinga a abandonara ou se planejava negociar mais tarde com os portugueses a libertação de Kambu, a aparência dela quando as tropas inimigas entraram em sua casa sugeria que ela estava resignada a ser prisioneira deles mais uma vez. Os *kilambas* ambundos (soldados aliados aos portugueses) encontraram-na sentada numa cena de esplendor real, cercada por quarenta damas de honra, aparentemente imperturbável pela intrusão. Kambu manteve-se tão calma que o cronista militar Cadornega, que lutou na campanha, mais tarde atribuiu sua conduta à "majestade e soberania". Apesar do tratamento horrível — foi abusada sexualmente durante a noite pelo soldado ambundo que a encontrou e a manteve cativa —, Kambu se comportou com a mesma dignidade real quando foi entregue a Borges

Madureira na manhã seguinte. Para se preparar para comparecer perante o capitão, Kambu fez com que suas damas de honra a vestissem com elegância. Elas enfeitaram suas mãos com anéis de ouro, puseram lindas joias em sua cabeça e correntes em torno de seu pescoço e enrolaram seus cabelos com cordões que caíam da cabeça até os quadris. Com efeito, embora Kambu tivesse mais de sessenta anos na época da sua segunda captura, ela parecia tão mais moça que Borges Madureira, para evitar outra situação em que ela pudesse ser atacada por guardas portugueses, assumiu a supervisão dela, mantendo-a em seus aposentos até que pudesse transferi-la para Massangano.[98]

Borges Madureira sabia que Jinga mantinha vários prisioneiros portugueses, inclusive o padre Jerônimo Sequeira, no quilombo; ao não encontrá-los na área interna onde Kambu e os outros funcionários estavam alojados, foi informado de que, antes de fugir, Jinga mandara esses prisioneiros, junto com alguns objetos de valor, para o soba Kitexi ka Ndambi, cujas terras ficavam a cerca de um dia de viagem do quilombo, exigindo que ele os guardasse nas florestas que cercavam suas terras. Kitexi ka Ndambi era um aliado relutante desde que Jinga e uma centena de soldados holandeses haviam invadido suas terras alguns anos antes, e agora ele estava totalmente disposto a entregar os doze soldados e o padre aos enviados de Borges Madureira.

A traição de Kitexi ka Ndambi significou que, se Jinga tinha planos para uma troca de prisioneiros, teria agora de abandoná-los. Borges Madureira imediatamente enviou os soldados e o padre libertados para Massangano e executou publicamente no quilombo doze sobas e alguns dos chefes de Dembos. As tropas portuguesas liberaram vários de seus aliados africanos que Jinga mantinha prisioneiros, entre eles Coamza, a concubina do imbangala Kabuku. Depois de permitir que seus próprios soldados e os de seus aliados imbangalas saqueassem as casas, armazéns e corredores do quilombo e levassem os objetos de valor e provisões em que conseguissem pôr as mãos, os portugueses puseram fogo no acampamento, destruindo a maioria das casas e edifícios públicos, bem como centenas de templos pequenos e espalhados, onde os sacerdotes de Jinga realizavam seus rituais.[99]

A retirada às pressas de Jinga teve outras repercussões graves. Os portugueses encontraram cartas escritas a Jinga por sua irmã Funji escondidas debaixo do altar da pequena capela que ela construíra para o sacerdote católico. As cartas revelaram muito sobre a rede de espionagem de Jinga e puseram a vida de Funji em risco. Durante seus mais de quinze anos de cativeiro, Funji enviara notícias sobre as operações militares portuguesas.

Isso explicava por que Jinga conseguira atacar os portugueses com tanta facilidade. Os portugueses também descobriram cartas que Jinga recebera de seus aliados africanos, inclusive de Garcia II do Congo. Em uma dessas cartas, Garcia felicitava Jinga por sua vitória de 1644 contra os portugueses. O Congo pagaria caro pela aliança de Garcia com Jinga.[100]

Com essa vitória, os portugueses destruíram a base estratégica que Jinga montara em Dembos e, o mais importante, infligiram-lhe uma humilhante derrota pessoal. Mais uma vez, estavam com suas duas irmãs prisioneiras. Além disso, Borges Madureira concluiu que a fuga prejudicaria sua aliança com os holandeses, destruiria as relações que cultivara com o rei Garcia II e enfraqueceria o prestígio que ela adquirira em toda a região. Mas, como no passado, Jinga continuou impávida. Com efeito, sua capacidade de escapar incólume do quilombo, ainda que os portugueses trouxessem vários aliados imbangalas para capturá-la, inclusive seu velho inimigo Kassanje, mostrou que Jinga ainda contava com grande apoio popular na região. Embora seus inimigos tivessem feito alguns prisioneiros importantes e seu exército tivesse sofrido grandes perdas, a estratégia que Jinga utilizara de espalhar seus soldados por todo o quilombo e ao redor dele, onde poderiam se esconder entre os arbustos altos e as palmeiras, fez com que muitos de seus soldados e carregadores conseguissem escapar junto com ela. Borges Madureira e seu exército perceberam isso depois que sua revista do quilombo revelou a bagagem que os carregadores haviam abandonado quando recuaram, mas nenhum deles foi encontrado. Quando as tropas portuguesas chegaram ao pé das colinas, tudo o que encontraram foram milhares de pegadas que soldados e carregadores tinham deixado para trás.[101]

### A traição holandesa

Poucos meses depois da fuga, Jinga novamente planejava um contra-ataque. Dessa vez, os holandeses estavam totalmente envolvidos. Meses após a derrota, emissários de Jinga foram a Luanda com um grande número de escravos, um presente para os funcionários da Companhia das Índias Ocidentais Holandesas que demonstrava seu firme compromisso com a aliança.[102] Eles responderam à altura e, em abril de 1647, enviaram uma embaixada encabeçada por Ferdinand van Chapelle, o diretor comercial da companhia, ao quilombo de Jinga. Ela se mudara para Kunsi, na região nordeste de Ndongo, perto do alto rio Bengo. Antes da chegada de Van Chapelle, Jinga reavaliara sua estratégia militar e reconstituíra seu exército. Em vez de atacar os portugueses com todas as suas tropas, como antes, ela passou a usar pequenas forças de guerrilha que saqueavam incessantemente as terras de sobas amigos dos portugueses em torno dos fortes de Ambaca e Massangano. Van Chapelle disse a Jinga que a companhia a estava convidando formalmente a "celebrar por escrito com Sua Majestade [Guilherme] um sólido acordo ofensivo e defensivo". Jinga agradeceu ao diretor, declarando que estava pronta para celebrar o "ato e contrato", e Van Chapelle saiu da reunião exultante. Um contrato formal assinado não demorou a chegar. Em 23 de abril de 1647, o *mwene lumbo* de Jinga colocou o selo dela em um acordo provisório e, em 27 de maio, ele o ratificou em nome de Jinga, enquanto os diretores Cornelis Ouman e Adriaen Lens assinavam pela companhia.[103]

Os termos do acordo convocavam, de um lado, os Estados Gerais, o Príncipe de Orange e a Companhia das Índias Ocidentais, e de outro, a rainha Jinga, a "ajudar-se mutuamente com o seu povo, seus conselhos e ações", com o objetivo de "exterminar os portugueses". O pacto estabelecia que Jinga enviaria para Luanda a metade de todos os escravos que capturasse. Também estipulava que nenhuma das partes poderia ter relações com os portugueses e seus aliados sem o conhecimento prévio da outra e que cada parte teria de apoiar a outra caso ocorressem tais negociações. Não se tratava de um tipo de acordo que costumasse ser feito durante o auge da conquista colonial, no fim do século XIX, entre exploradores europeus e comerciantes que tramavam enganar os "chefes" africanos analfabetos e primitivos: era um pacto formal entre iguais. Ambas as partes prometiam solenemente, sob juramento, "manter, respeitar e obedecer sagradamente o acordo e vingar qualquer deslealdade, traição e ataque cometidos contra a aliança". Para demonstrar sua boa-fé, os holandeses enviaram setenta soldados de Luanda ao quilombo de Jinga para ajudá-la em suas incursões contra os portugueses e seus aliados.[104]

A assinatura formal do acordo foi uma vitória diplomática para Jinga. Embora ela não soubesse, os diretores da companhia em Haia estavam dispostos o tempo todo a fazer uma aliança formal com ela, apesar das frustrações que enfrentaram ao se comunicar diretamente com Jinga. Eles tinham grande consideração por sua liderança militar e a consideravam alguém que poderia ajudá-los em Angola. Com efeito, desde a conquista de Luanda, em 1641, os diretores da empresa esperavam que uma sólida aliança com Jinga alarmasse de tal modo os portugueses que eles desistiriam de suas possessões em Angola.[105] Em 1645, enviaram correspondência para Jinga, delineando os termos de uma aliança mais forte, mas Garcia II do Congo, que já havia assinado um tratado com os holandeses e suspeitava de seus acenos a Jinga, interceptou a mensagem.[106]

Para Jinga, bem como para as autoridades holandesas, as considerações políticas estavam no cerne dos passos para finalizar um relacionamento formal. Desde a destruição de seu quilombo, em março de 1646, e a captura de Kambu, Jinga vinha procurando maneiras de se vingar dos portugueses e resgatar suas irmãs. Em 1647, porém, ela recebeu uma notícia terrível: Funji fora afogada pelos portugueses no rio Kwanza como castigo por espionagem. Mas Kambu ainda estava viva, e Jinga ficou tão empenhada em salvar a irmã restante que inundou os holandeses de presentes e prometeu comandar pessoalmente seu exército para lutar ao lado deles.[107] A embaixada de Van Chapelle deve tê-la animado ainda mais: ela convenceu-se de que os holandeses também queriam se vingar dos recentes ataques bem-sucedidos dos portugueses contra as suas bases em Luanda e arredores, e contra os sobas de Kissama que os apoiavam.[108] Os holandeses estavam frustrados pelo fato de que todos os seus esforços, militares e outros, não tinham conseguido quebrar a determinação dos portugueses. Em setembro de 1647, estava sob ameaça o domínio holandês da capital, dos rios Dande, Bengo e Kwanza e da ilha de Nsandeira, na foz do rio Kwanza, onde suas tropas estavam estacionadas. Os soldados holandeses começaram a desertar para o lado dos portugueses, revelando o mau estado das coisas na capital. Seus aliados na região dos Dembos, temendo um ataque português, imploraram-lhes por ajuda militar.[109]

Entre setembro e outubro de 1647, os holandeses, os sobas de Dembos e Jinga prepararam-se para um ataque geral aos portugueses. À medida que os planos para o ataque se desenvolviam, o prestígio de Jinga aumentava consideravelmente. Dessa vez, ninguém vazou os detalhes de sua preparação para os portugueses. Talvez eles temessem pela própria vida e optassem por não contrariar Jinga desnecessariamente, ou talvez acreditassem que dessa vez ela seria bem-sucedida. Até mesmo o rei Garcia II, seu aliado inconsistente, calculou que poderia ser-lhe vantajoso participar do ataque. O plano era que Garcia montasse um exército que incluísse soldados de suas províncias, bem como de um povo chamado congos, que vivia na ilha de Luanda. Jinga comandaria seu contingente de forças imbangalas, e Jinga a Mona e outros capitães liderariam outros junto com sobas de Ilamba e de partes de Ndongo e Matamba. Jinga se encontraria com os holandeses quando eles saíssem de Luanda. Dessa aliança holandesa-africana participariam também muitos "sobas rebeldes" que estavam espalhados por toda a região, com seus próprios soldados.[110]

Porém, em 25 de outubro, antes que os holandeses pudessem se reunir no acampamento designado, o exército português, com cerca de 25 mil homens divididos em três grupos, atacou em três frentes. Embora as tropas de Dembos tenham se defendido com bravura, conseguindo matar trezentos portugueses, foi a chegada de Jinga, em 27 de outubro, que virou a sorte. Ela chegou dois dias antes da data em que deveria encontrar o resto do exército holandês, trazendo seus quatro mil homens, metade dos quais era de arqueiros veteranos de batalhas, junto com os setenta soldados holandeses sob o comando de seu próprio capitão, que tinham sido enviados para se juntar a suas forças. No total, eram trezentos holandeses comandados por Ouman, dez mil homens de Dembos e quatro mil imbangalas sob o comando de Jinga. Eles seguiram para Kumbi, uma área ao norte do rio Lucala, onde um dos batalhões portugueses de Borges Madureira montara acampamento, e lançaram imediatamente um ataque feroz.[111]

Os portugueses foram apanhados de surpresa por esse ataque das forças combinadas holandesas-africanas. Antes que a batalha terminasse, mais de três mil inimigos jaziam mortos, e os sobreviventes, soldados e carregadores mulatos e africanos, fugiram em desordem. O próprio Borges Madureira foi uma das vítimas, tendo sofrido um ferimento fatal na perna. Milhares foram feitos prisioneiros.[112]

Os exércitos vitoriosos se dirigiram então para Massangano. Jinga escolhera Jinga a Mona para liderar a carga contra o forte e libertar Kambu, e ele conseguiu que os sobas locais retransmitissem mensagens entre os três exércitos e permitissem que embaixadas se deslocassem com facilidade entre um lugar e outro. Com efeito, muitos desses sobas, que antes rejeitavam Jinga, de repente passaram a demonstrar sua lealdade ao dar aos holandeses passagem livre através de suas terras, possibilitando que chegassem a cerca de quatrocentos metros do forte de Massangano. Durante oito dias, as forças de Jinga, junto com os holandeses, incendiaram mais de duzentas aldeias de sobas que tinham aderido aos portugueses e arrasaram as fazendas e plantações circundantes das quais dependiam os 1500 portugueses que viviam no forte.[113] Segundo o relato de um espião português, o exército que avançava era tão grande que cobria "montanhas e vales". No entanto, esse exército não conseguiu penetrar nas defesas do forte.

Os portugueses sabiam que se Massangano caísse, isso sinalizaria o fim de sua presença na região. Para evitar essa calamidade, haviam tomado precauções, a fim de melhorar as defesas do forte. Massangano tornara-se o centro de inteligência dos funcionários administrativos e militares portugueses e era um refúgio para soldados africanos e portugueses e para milhares de carregadores que acompanhavam o exército. O forte também abrigava sacerdotes, mulheres e crianças que haviam fugido das regiões próximas aos rios Bengo e Dande, agora controladas pelos holandeses. Alguns deles haviam mesmo saído do forte e construído aldeias perto do rio Lucala, que protegiam com trincheiras.[114] Quando as tropas de Jinga e Ouman chegaram, o forte estava tão lotado que tiveram de destruir casas para acomodar a artilharia, e todos os homens estavam armados, inclusive os padres.[115]

Os guerrilheiros de Jinga fizeram todo o possível para romper as defesas do forte, mas a presença de Ouman ajudou pouco porque ele não tinha a artilharia pesada fundamental para bombardear o bem construído forte. A estratégia portuguesa de travar uma batalha tanto terrestre como fluvial foi importantíssima, pois os bloqueios que os portugueses ergueram ao longo do rio Kwanza impediram que os holandeses aproximassem o suficiente do forte a artilharia pesada para bombardeá-lo. Seguindo ordens de Jinga, Jinga a Mona tentou uma tática diferente: mandou que soldados incendiassem vários lugares para distrair os guardas portugueses, na esperança de que alguns deles pudessem abrir caminho. Mesmo que poucos soldados conseguissem entrar no forte, Jinga esperava que pudessem determinar a localização exata das armas e munições e, sobretudo, o paradeiro de sua irmã. Mas a estratégia de Jinga não deu em nada, pois os guardas descobriram a trama. Quando um dos antigos aliados dos portugueses, o soba Pedra Bamba Atungo, foi apanhado, os guardas o prenderam e soaram o alarme, apesar de sua alegação de que estava ajudando os portugueses. Mais tarde, ele foi decapitado.[116]

Desapontado com a incapacidade dos holandeses de atravessar as defesas portuguesas e sem poder libertar Kambu, Jinga a Mona voltou de mãos vazias para Jinga, que estava em um local estratégico. Nesse meio-tempo, Ouman e as tropas holandesas restantes voltaram para Luanda, e Jinga teve de reavaliar sua posição. Ela continuou a atacar sobas que apoiavam os portugueses e mandou mensagens periódicas a Luanda com informações cruciais sobre os movimentos das tropas portuguesas. Uma das mensagens, de abril de 1648, informava aos holandeses que um exército português formado por 133 soldados brancos e 280 soldados especialmente treinados, armados com canhões, se localizava a uma curta distância de Massangano e estava a caminho de Ambaca para auxiliar o forte de lá, em reação aos incessantes ataques de Jinga a todos os assentamentos portugueses da região. Os holandeses enviaram o major Thyn Pieterszoon e trezentos soldados, junto com milhares de africanos, para encontrar Jinga no acampamento ao qual ela levara suas tropas. Dessa vez, os holandeses fizeram a viagem em tempo recorde: haviam secretamente construído um canal na região de Muxima que lhes permitia contornar o forte extremamente armado.[117]

Em agosto de 1648, os trezentos soldados do major Pieterszoon ocuparam suas posições ao lado dos quatro mil soldados de Jinga, no platô de Ambaca. Ali, os dois exércitos esperaram as tropas portuguesas. Quando os soldados africanos que apoiavam os portugueses finalmente apareceram, os imbangalas de Jinga saltaram de seus esconderijos, tomando-os totalmente de surpresa. O ataque foi tão repentino que os carregadores fugiram em pânico, deixando suas cargas pelo caminho. Embora tenham lutado heroicamente, os portugueses tiveram de dividir suas forças para que uma parte deles pudesse combater os soldados imbangalas de Jinga e a outra, os holandeses.[118] Eles foram sobrepujados pela combinação de fogo de artilharia dos canhões holandeses e a ferocidade dos imbangalas de Jinga. Mais de cem portugueses perderam a vida e apenas onze permaneceram vivos para render-se. As forças holandesas e Jinga saquearam o que puderam, queimaram o resto, mataram inúmeros africanos e capturaram três mil deles, que seriam vendidos como escravos. Entre os africanos mortos estava o filho de Ngola Hari, Francisco.

Na segunda semana de agosto, a aliança entre holandeses e Jinga parecia imbatível. Jinga estava planejando atacar Ngola Hari em Pungo Ndongo para retirá-lo do poder e depois levar suas tropas junto com as de seus aliados holandeses para acabar com os portugueses, que defendiam tenazmente Massangano. Àquela altura, os que se aferravam a Massangano haviam perdido toda a comunicação com os outros fortes e estavam desprovidos e famintos. Os sobreviventes podiam prever o que lhes esperava, pois nenhum dos aliados da região ousava enviar provisões e reforços. Era um risco grande demais.[119]

O que Jinga não sabia era que o rei português nomeara um novo governador, Salvador Correia de Sá, e que, em junho de 1647, ele partiu do Rio de Janeiro com uma armada de quinze navios e novecentos homens. Em agosto de 1648, Correia de Sá e sua armada entraram no porto de Luanda, causando um tremor no coração do diretor holandês Ouman. Embora ele não tivesse ideia que um dos navios de Correia de Sá havia afundado, sabia quantos eram, e isso não era nada tranquilizador. Ele contava com apenas 250 homens em armas e esperava que pudesse aguentar até a chegada dos reforços comandados pelo major Pieterszoon. Mas Correia de Sá soubera por intermédio de alguns pescadores que Pieterszoon estava no interior, então bombardeou de imediato a cidade e enviou negociadores com um ultimato a Ouman: que desistisse de Luanda em três dias para que recebesse um salvo-conduto ou enfrentasse mais bombardeios. Ouman mandou uma mensagem a Jinga e Pieterszoon, pedindo que mandassem tropas para Luanda imediatamente. A mensagem desconcertante não poderia ter chegado num momento menos oportuno para Jinga e Pieterszoon, que estavam comandando suas tropas no que acreditavam ser o último ataque a Massangano. Nesse meio-tempo, prevendo uma rápida chegada das forças de Jinga e Pieterszoon, os diretores da Companhia das Índias Ocidentais Holandesas tentaram arrastar as negociações. Porém, foram mais uma vez superados em astúcia. Haviam deixado a entrada do porto completamente desprotegida, tendo ordenado que seus soldados se reunissem nos fortes maiores, especialmente o bem protegido Ardenburg (o Forte de São Miguel dos portugueses), onde estavam guardados todos os livros da empresa e outras coisas valiosas. Em 15 de agosto, Correia da Sá, sem esperar mais pela resposta holandesa, bombardeou a cidade de todos os pontos e continuou noite e dia até que suas tropas chegaram às muralhas dos fortes. Percebendo que as forças de Correia de Sá contavam agora com grupos turbulentos de portugueses que ainda viviam na cidade, Ouman perdeu o ânimo e, dentro de poucos dias, pediu paz.[120]

Jinga, ao chegar com Pieterszoon no fim de agosto, ignorava que, antes de sua vinda, Ouman e outras autoridades haviam assinado um tratado de capitulação em que entregavam suas posições em Angola para os portugueses e concordavam em deixar Luanda. Ela posicionara suas tropas a poucos quilômetros da cidade, preparando-se para fazê-las avançar ao primeiro sinal de Pieterszoon, que seguira em frente. Não recebeu nenhuma notícia. Pieterszoon chegara bem a tempo de embarcar nos navios com seus compatriotas que iam embora. No entanto, o que Jinga não pôde deixar de ver ao se aproximar de Luanda foi a bandeira portuguesa que tremulava no alto do Forte de São Miguel. Ela foi levada a ponderar se havia algum europeu em que pudesse confiar. Mais uma vez, uma grande traição obrigou-a a recuar para sua base em Matamba.[121]

Ao reunir-se com o resto de suas forças imbangalas, que realizavam operações adiante de Massangano, a última coisa que Jinga queria fazer era dar a seus inimigos a impressão de que ela estava rastejando de volta, derrotada. Embora soubesse que precisava retornar a Matamba, onde Kassanje aproveitara suas longas ausências para fazer várias incursões nas partes orientais do reino, queria demonstrar que ainda era o maior poder africano da região.

Em 23 de setembro de 1648, pouco mais de duas semanas após seu recuo, Jinga enviou um contingente de suas tropas para invadir a província oriental do Congo, em Wandu, onde seus imbangalas operavam. Jinga talvez tenha enviado suas tropas para ajudar Garcia II a disciplinar o ainda rebelde governante provincial como parte de um acordo que fizera com o Congo. Mas também tinha motivos pessoais para ordenar a invasão: queria vingar alguns de seus capitães e soldados que haviam morrido por ordem do referido governante; e também queria castigá-lo por ter dito que ela não passava de uma mera mulher que era "mais hábil com uma roca do que com uma espada".[122] Para destruir a província, Jinga mandou cinquenta mil soldados, entre eles, as unidades femininas que integravam seu exército geral. Os combates começaram no início de outubro e duraram três dias: o próprio governante provincial e quinhentos de seus soldados perderam a vida. A maioria das mulheres e crianças fugiu da capital para a segurança das montanhas. Quando outro contingente de soldados de Jinga chegou, a cidade estava em ruínas. Dois missionários capuchinhos espanhóis se esconderam nas ruínas da igreja durante a luta. Após a batalha, Jinga, que ficara a certa distância da cidade, enviou duzentos homens "com as cabeças enfeitadas com várias plumas e os arcos e flechas flexionados", para realizar operações de limpeza. A igreja era um lugar conveniente para começar, já que a maioria dos moradores fugira, levando tudo o que podia. Depois de profanar o altar e tomar as vestes e outros artigos religiosos, eles encontraram os missionários, que capturaram e maltrataram física e verbalmente, mas não mataram. Capturaram também o acompanhante congolês e intérprete dos missionários Calisto Zelotes dos Reis Magos, também padre, que mais tarde viveu na corte de Jinga.[123]

Quando os sacerdotes foram levados perante Jinga, ela olhou para eles em pé diante de seu trono provisório, talvez se perguntando se eram diferentes dos outros homens brancos que a haviam traído ao longo dos anos. Será que poderia usá-los, com o vínculo espiritual que compartilhava com eles, para obter o que mais desejava: a liberdade de sua irmã, o fim do estilo de vida imbangala que fora forçada a adotar para sobreviver militarmente e o reconhecimento de seu direito de governar um Estado independente de Ndongo-Matamba? Embora não fosse ainda a última guerra que Jinga travaria, a campanha de Wandu criou um momento de mudança em sua estratégia. Do momento em que encontrou os dois missionários até o dia de sua morte, quinze anos depois, Jinga preocupou-se com o uso da diplomacia e da espiritualidade para atingir os objetivos que lhe escaparam por tantos anos.

# 6.
## Um ato de equilíbrio

No fim de 1648, quando estava com 66 anos, Jinga foi obrigada a formular uma nova estratégia. Os holandeses haviam rompido o acordo com ela e foram embora, e ela precisou abandonar seu plano de atacar o forte português de Massangano. Jinga percebeu que, para atingir seus principais objetivos — obter a libertação de sua irmã das mãos portuguesas e reivindicar a devolução das terras de Ndongo —, precisaria adotar estratégias distintas das militares. Embora continuasse a travar guerras, ela não mais se concentrou em expulsar totalmente os portugueses, mas em garantir que não fizessem avanços políticos ou econômicos no interior, a menos que tratassem com ela.

Para manter uma vantagem estratégica, Jinga adotou uma abordagem tripartida entre 1648 e 1656. Em primeiro lugar, restabeleceu o controle político firme sobre Matamba e as terras entre Matamba e Ndongo, regiões que constituíam a principal fonte de escravos. Em consequência, apesar dos sucessos das campanhas do governador Correia de Sá contra os imbangalas e os sobas que tinham participado da aliança entre Jinga e os holandeses, ele e os governadores posteriores foram forçados a reabrir as relações políticas com Jinga para resolver a questão do tráfico de escravos. Em segundo lugar, Jinga iniciou relações diretas com os capuchinhos, uma ordem religiosa cujos missionários serviriam de seus intermediários políticos, não só com governadores portugueses de Angola, mas também com altos funcionários na Europa. Em terceiro lugar, Jinga traçou planos para substituir por crenças e rituais cristãos as ideias e rituais religiosos imbangalas que haviam sido a ideologia unificadora que a vinculava aos seus seguidores.

A implementação bem-sucedida de suas novas estratégias possibilitaria a Jinga alcançar todos esses objetivos. Até o fim de 1656, ela conseguiu a libertação de sua irmã, confirmou seu direito de governar Matamba como um reino independente, com fronteiras definitivas reconhecidas pelos portugueses, e estabeleceu as condições para transformar Matamba no reino cristão que imaginava. Com efeito, o sucesso de Jinga em fundir diplomacia militar, religiosa e política numa estratégia efetiva de governo impressionou de tal modo, tanto seus detratores como seus admiradores, que nos últimos cinco anos de sua vida ambos os grupos já a elogiavam, dizendo que não havia ninguém igual a ela em toda a África. Para acompanhar Jinga durante a década decorrida após seu retorno a Matamba, trataremos primeiro de suas operações militares, depois da diplomacia religiosa e, por fim, da diplomacia política, que resultou na assinatura de um tratado de paz com os portugueses em 1656.

### As incessantes campanhas militares de Jinga

Embora a nova estratégia de Jinga já não tivesse por objetivo a derrota militar dos portugueses, ela continuou a usar a guerra como um elemento essencial de sua liderança. Um relato de 1650 feito por um observador português listou mais de 29 invasões que os exércitos de Jinga realizaram entre 1648 e 1650, observando que os governantes das terras que ela invadiu foram mortos ou se tornaram tributários que a reconheciam como sua "senhora natural". Ela não perdera nada de sua ferocidade: numa campanha contra o imbangala Caheta, os quarenta mil soldados de Jinga enfrentaram seu exército de dez mil homens e dominaram de tal modo as tropas inimigas durante um ataque ao amanhecer que Caheta ficou paralisado de medo, sem saber se lutava ou fugia. Ela foi embora com mais de seis mil prisioneiros e destruiu tudo no quilombo de Caheta, "até as árvores". Ao descrever a Jinga que observou durante esses anos, o autor disse: "Vi Jinga vestida como um homem, armada com arco, flechas, e já velha e de pequena estatura. Seu discurso é muito efeminado".[1]

Após sua partida rápida de Luanda em agosto de 1648, o primeiro ato de Jinga foi alojar seu exército perto de Massangano e mandar tropas para obrigar os sobas da região a reconhecê-la como sua rainha. Com 139 regimentos de imbangalas sob seu controle, ela não teve dificuldade em fazer com que os sobas concordassem com suas exigências.[2] A invasão da província de Wandu em setembro daquele ano, descrita no capítulo anterior, resultou do desejo de Jinga de demonstrar ao governante de lá que ela ainda podia impor sua vontade às regiões que faziam fronteira com Ndongo.

Jinga continuou a usar seu exército para intimidar sobas das regiões que faziam fronteira com Congo, Matamba e Ndongo, com o objetivo de mostrar que ainda tinha forças poderosas sob seu controle, apesar dos reveses militares que sofrera. Nos meses posteriores à invasão de Wandu, ela empreendeu várias operações militares perto dos fortes portugueses de Massangano e Ambaca. Jinga sabia que o governador estava preocupado em aumentar os reforços militares nos fortes de Luanda e seus arredores, com o objetivo de trazer sobas rebeldes da região de volta ao domínio português, e pensaria duas vezes antes de enfrentá-la em batalha direta.

Quando estava voltando para Matamba, ela ordenou invasões no lado leste, até as margens do rio Kwango, com o propósito de restabelecer uma presença militar forte na região. Essa região estivera anteriormente sob o controle de Jinga, mas fora invadida por seus inimigos durante os anos em que ela esteve lutando nas proximidades de Ambaca. Seu maior oponente militar nessa área era o imbangala Kassanje, que estabelecera seu quilombo numa parte de Matamba que Jinga reivindicava como sua.[3]

É importante notar que os exércitos de Jinga durante essas campanhas do início dos anos 1650 eram compostos por homens e mulheres. Um viajante francês que esteve em Angola em 1652 observou que as mulheres que acompanhavam o exército de Jinga eram numerosas e que cada uma tinha "quatro ou cinco oficiais a seu serviço e para seu prazer". Tal como Jinga, essas mulheres eram treinadas para lutar e participavam de batalhas ao lado dos homens ou empreendiam suas próprias campanhas.[4]

Jinga não restringiu suas atividades militares ao leste de Matamba. Em março de 1655, por exemplo, mandou Jinga a Mona invadir a região de Mbwila, no leste do Congo, e, apesar da forte resistência, conseguiu conquistar a província. É provável que ela quisesse demonstrar aos portugueses que ainda era capaz de executar operações militares, embora estivesse ao mesmo tempo buscando a paz com eles.[5] Naquele período, ela controlava terras que se estendiam do lado leste de Ndongo a Matamba e, para o norte, ao longo do rio Kwango.[6] Jinga sempre sustentou que tinha direito a Angola e Ndongo, mas, mesmo depois de ter sido derrotada e forçada a fugir da região dos Dembos, o reino que governava ainda incluía partes de Ndongo, todo o reino de Matamba, território que o Congo reivindicava, e partes do reino de Yaka (na atual República Democrática do Congo).[7]

Durante esse período, Jinga não só mandava seus capitães para a guerra como às vezes assumia ela mesma o comando. Em dezembro de 1657, pouco antes de comandar suas tropas numa campanha contra o capitão imbangala Kalandula, Jinga preparou-se para a batalha, liderando os soldados nos habituais exercícios militares rigorosos com flechas e lanças. Em sua maioria, os soldados que participavam do exercício poderiam, por sua idade ser bisnetos dela. No caminho para o acampamento de Kalandula, Jinga deu ordens para bloquear todas as possíveis rotas de fuga, e o exército cercou sorrateiramente a base dele durante a noite. De manhã, ela mandou um soldado pôr sua bandeira no alto de uma árvore e desafiou Kalandula a lutar. Percebendo que Jinga o havia encurralado, Kalandula imediatamente enviou um emissário que jurou que ele considerava Jinga "sua rainha e deusa" e que, no futuro, desejava obedecer-lhe e servi-la. Quando quatrocentos de seus soldados tentaram fugir ao ouvir sua declaração, Jinga enviou imediatamente algumas tropas atrás deles e capturou a maioria. Muitos dos cativos foram enviados para Ambaca e vendidos como escravos. Ela então comandou suas tropas num ataque feroz contra as forças restantes de Kalandula, no qual 1500 soldados foram capturados e muitos morreram. O próprio Kalandula morreu; sua cabeça foi cortada e oferecida a Jinga, que mandou o sinistro troféu ao governador português.[8]

Embora essa batalha tenha sido a última que comandou pessoalmente, Jinga nunca dissolveu o exército e continuou a confiar na guerra como parte de sua estratégia para manter o controle sobre os territórios que havia subordinado, ajudar aliados ou punir vizinhos que representassem uma ameaça ao seu domínio.[9] Seu sargento-mor informava-a de qualquer movimento de exércitos inimigos, e ela contava com um grupo de batedores militares que podiam entrar em ação a qualquer momento para avaliar o perigo. Estava preparada para pôr tropas em campo sempre que necessário.[10] Por exemplo, em março de 1658, quatro meses após seu retorno da batalha contra Kalandula, ela recebeu a informação de que o exército de Yaka se aproveitara de sua ausência e fizera várias incursões na fronteira a nordeste de Matamba. Jinga tentou negociar com o rei dos yakas, mas, quando ele deixou claro que considerava isso um sinal de fraqueza, abandonou a diplomacia e ordenou um ataque. O capitão da operação conseguiu capturar o rei, que imediatamente pleiteou indulto. Jinga condescendeu; a guerra e o perdão asseguravam um grau adequado de respeito e medo por ela, bem como a paz na parte distante do nordeste de Matamba.[11]

Para demonstrar que a guerra ainda era um aspecto central de sua liderança, Jinga continuou a receber em suas fileiras muitos imbangalas e sobas que haviam sido seus aliados durante a ocupação holandesa, mas que se passaram para o lado português em consequência das campanhas militares de Correia de Sá contra eles entre 1648 e 1650. Correia de Sá decapitou catorze sobas identificados como rebeldes, que haviam aderido aos holandeses, bem como quatro dos cinco imbangalas que suas tropas capturaram durante operações em Kissama. Muitos dos sobas e imbangalas restantes logo ficaram descontentes com a política portuguesa de promover os interesses dos colonos. Com efeito, eles perderam a maior parte das terras férteis que cultivavam ao longo dos rios Dande, Zenza e Kwanza para colonos portugueses que se mudaram após a reconquista. Em consequência, trocaram novamente de lado e voltaram a ser fiéis a Jinga.[12]

Um desses líderes era o imbangala Kabuku Kandonga (e não o Kabuku que conhecemos no capítulo 5). Em fevereiro de 1653, ele decidiu romper sua aliança com os portugueses e fazer um acordo secreto com Jinga para unir seu quilombo ao dela em Matamba. Jinga enviou-lhe emissários no início de 1654, mas o governador português, que descreveu Jinga na época como "o inimigo capital dos portugueses", soube do plano e mandou aprisionar todos que estavam no quilombo de Kabuku. No ano seguinte, o novo governador Luís Martins de Sousa Chichorro invadiu as terras de Kabuku, o capturou e despachou para o Brasil.[13] Poucos dias depois, Sousa Chichorro organizou uma grande campanha contra o soba Kambambe, um dos antigos aliados de Jinga que ressurgira como uma importante ameaça para os portugueses, atraindo cerca de dez mil ambundos escravizados que os colonos portugueses reivindicaram como seus. Sousa Chichorro continuou suas operações na região por dezoito meses, com ambos os lados acumulando grandes baixas.[14] Kalandula, o imbangala que Jinga matou mais tarde em batalha, também estava envolvido em planos para se juntar a ela, mas conseguiu escapar da captura e fugir com um grande número de escravos e mil soldados. Ele se colocou junto com seu povo sob o controle de Jinga e estabeleceu-se a dez quilômetros de Ambaca, em terras que ela reivindicava.[15]

A estratégia militar de Jinga não se baseava apenas nos sucessos dos exércitos que comandava ou nos imbangalas e sobas que atraía para Matamba ou outras partes de suas terras. Ela também continuava ativamente envolvida na política local de Ndongo, o que significa que costumava usar seu exército para resolver disputas de sucessão a favor de candidatos que apoiava. Foi o que aconteceu no caso de João Muquila, que contestou a escolha do irmão para tomar o lugar de soba de seu pai, assassinando-o, bem como vários de seus tios. Quando os portugueses reconheceram o filho do irmão, Sebastião Kiluanje, como governante, em 1656, João chamou Jinga para ajudá-lo a expulsar Sebastião. O exército de Jinga fez três tentativas contra Sebastião, mas as tropas portuguesas repeliram os assaltos e mataram os três capitães que

Rainha Jinga fumando diante de um santuário. Antonio Cavazzi, *c.* 1668.

as comandaram.[16] Embora não tenha conseguido derrubar Sebastião, o caso ilustra que, mesmo quando negociava um tratado de paz com os portugueses, Jinga estava preparada para agir contra sobas da região em torno de Ambaca. Essa área continuaria a ser o centro da resistência para o resto de sua vida, e as autoridades portuguesas, embora conseguissem consolidar algum grau de controle sobre ela, não tinham escolha senão reconhecer que a força militar de Jinga seria um obstáculo importante aos seus planos de expansão para além do forte de Ambaca.[17]

Mesmo nos últimos anos de vida, quando não estava mais no comando de seu exército, Jinga continuou a supervisionar as campanhas militares. Por exemplo, em outubro de 1661, mandou seu exército para lutar contra o líder imbangala Kassanje, depois que ele liderou seu exército num ataque contra um soba nas terras dela, matando todos os homens e bebês e levando prisioneiras as mulheres e crianças. Outro soba repeliu um segundo ataque, obrigando Kassanje a recuar, mas mesmo assim Jinga decidiu contra-atacar imediatamente. Antes de reunir combatentes, ela foi à igreja a fim de fazer uma confissão privada para explicar os motivos de sua decisão de ir à guerra. Foi depois para a praça pública, acompanhada de suas guarda-costas, armadas com arcos e flechas, e seus soldados, que também serviam de proteção para ela. Ela incitou as pessoas com palavras apaixonadas e logo reuniu um enorme exército para lutar contra Kassanje. Seguindo o exército em retirada, suas tropas derrotaram as forças de Kassanje, matando muitos, fazendo outros prisioneiros e entregando a Jinga dezesseis bandeiras dos oficiais que se afogaram quando tentavam escapar através do rio Kwango. Isso aconteceu depois que Jinga aceitou plenamente o cristianismo como religião oficial de Matamba, mas a celebração da vitória incluiu rituais imbangalas, junto com uma missa cristã na qual as bandeiras capturadas do inimigo foram oferecidas à Virgem Maria em agradecimento pela vitória.[18]

A estratégia de Jinga de usar a força militar para demonstrar a continuidade de seu poder atormentava tanto os governadores portugueses que eles pediam frequentemente ao rei de Portugal permissão para fazer guerra contra ela de novo. Em julho de 1652, Bento Teixeira de Saldanha, um funcionário de Luanda, observou em carta ao rei João IV que os principais adversários dos portugueses em Angola eram o rei do Congo, Jinga e o governante da província totalmente inconquistada de Kissama. Os três governantes, explicou ele, conseguiam deter o tráfico de escravos para Luanda, "tão vital para a economia", porque "perseguem e atacam os sobas vassalos". Ele pedia permissão para recrutar soldados africanos, a fim de defender os sobas e fazer guerra aos três governantes. Em dezembro de 1652, a questão foi parcialmente resolvida quando o Conselho Ultramarino, numa decisão dividida, aconselhou o rei a não concordar com o pedido.[19] A continuidade da força militar de Jinga provavelmente influenciou a decisão do conselho. Alguns de seus membros alertaram-no de que deveria advertir as autoridades em Luanda para não guerrearem contra Jinga ou outros líderes, lembrando-lhe que governadores anteriores que usavam a guerra como meio para capturar escravos causaram a ruína do território. O conselho sugeria que perdoar Jinga e seus dois colegas africanos pela traição deles durante o período da ocupação holandesa seria vantajoso para os portugueses. Uma renovação da amizade significaria um retorno do tráfico de escravos.[20]

Em carta datada de 16 de setembro de 1653, autoridades de Lisboa mandaram as autoridades de Luanda empreender uma guerra contra Jinga somente se estivessem certas de que tinham tropas suficientes para proteger Luanda. A cidade não devia, sob nenhuma circunstância, ficar sujeita a "uma invasão dos inimigos". Em 1654, João IV advertiu o governador Sousa Chichorro de que não cedesse ao pedido de Ngola Hari para fazer guerra contra Jinga. Em vez disso, Sousa Chichorro deveria trabalhar para "conservar essa rainha", a fim de que o exército dela não invadisse e arruinasse a colônia.[21] Embora João IV tenha morrido no final daquele ano e Sousa Chichorro efetuado outras operações militares contra o Congo e Kissama, a diretiva real do falecido rei continuava influenciando as relações com Jinga. Ainda em 1657, depois que ela assinou um tratado com os portugueses, dos "três inimigos" que os portugueses identificavam em Angola, ela era a única com quem eles sentiam necessidade de buscar a paz.[22] Enquanto outras regiões continuariam a ser alvo de luta, Matamba não seria submetido à agressão militar portuguesa graças à poderosa imagem de Jinga e à sua prontidão militar.

### Diplomacia religiosa, de novo

Entre 1648 e 1656, ao mesmo tempo que seu exército efetuava campanhas em todas as regiões a leste de Ndongo, Jinga procurava uma solução diplomática. Como primeiro passo, em vez de tratar diretamente com os portugueses, ela fez uso dos sacerdotes e missionários capuchinhos capturados por seus exércitos. Suas primeiras tentativas de diplomacia religiosa ocorreram em 1643, em seu quilombo de Sengas de Kavanga, na região dos Dembos. Ali, Jinga começou uma campanha de longo prazo para conquistar a confiança dos missionários vindos de Roma para que eles se dispusessem a defender sua causa na Europa. Desde o início, ela tratou os missionários capturados de forma diferente de outros soldados ou civis portugueses. Em vez de mantê-los reféns, costumava libertá-los; se os mantinha prisioneiros, como fez com o padre Jerônimo de Sequeira, concedia-lhes uma considerável liberdade. Ela capturou o padre Sequeira em 1644, junto com doze soldados, mas deu-lhe livre acesso a seu quilombo e até construiu um pequeno altar e solicitou que ele rezasse missa para ela. Tratava-o com respeito, dirigindo-se a ele como *nganga ngola* (sacerdote do *ngola* [rei]), ao que ele respondia "*kalunga, kalunga queto*" (Céu, nosso Céu). Não surpreende que os portugueses que capturaram o quilombo em 1646 ficassem escandalizados ao descobrir que o altar estava localizado ao lado de uma "casa diabólica" que ela construiu para seus próprios gangas.[23]

A captura por seu exército de dois missionários capuchinhos espanhóis e um sacerdote do Congo durante a invasão da província de Wandu, em 1648, proporcionou-lhe a chance que estava procurando para iniciar relações diplomáticas formais com a Igreja católica. Os espanhóis, freis Bonaventura de Cordella e Francisco de Veas, junto com seu acompanhante e tradutor congolês, padre Calisto Zelotes dos Reis Magos, haviam recebido permissão do rei Garcia II para ir à província rebelde de Wandu e realizar trabalhos missionários. O grupo chegou uma semana antes de o exército de Jinga atacar a província e saquear a capital. Os guardas pessoais de Jinga apanharam os capuchinhos, que haviam se refugiado na igreja e estavam escondidos embaixo do altar. Os soldados de Jinga lembraram-se da ordem de que os gangas cristãos não deveriam ser mortos e entregaram a ela os sacerdotes espanhóis. Ela assegurou-lhes que não precisavam temê-la, mas eles tinham medo de ser obrigados a consumir carne humana. Jinga acalmou-os, fazendo com que uma de suas criadas lhes preparasse carne de veado, onde ainda se viam a pele e os ossos do animal para indicar a origem da refeição. Jinga também passou muitas horas conversando com eles em português, idioma que conhecia bem. Quando soube que o padre Zelotes estava entre os prisioneiros que deveriam ser mortos e comidos pelos soldados vitoriosos, ela exigiu que os capitães imbangalas o entregassem. Foi só então que percebeu que se tratava do padre que a apresentara pela primeira vez ao cristianismo, um quarto de século antes, em Luanda. Embora não pudesse impedir que ele fosse marcado e tivesse dois dentes da frente arrancados (indicando que seria um escravo no quilombo), Jinga cuidou dele, tratando de seus ferimentos e restaurando sua saúde. Mais tarde, ele se tornaria seu secretário pessoal e desempenharia um papel fundamental na reconciliação dela com a Igreja.[24]

Mas Jinga tinha outro motivo para tratar bem os freis Cordella e Veas: queria testá-los, a fim de ver se poderia usá-los como canal para comunicar-se com Roma. Nas muitas conversas que teve com os dois capuchinhos, ela fez uma defesa vivaz de seu estilo de vida. Não obstante se esquivasse das tentativas deles de persuadi-la a mudar seus costumes, ela indicou que levava a sério estabelecer vínculos mais estreitos com a Igreja. Era bem sabido

Rainha Jinga com missionários capturados.

que os missionários e a Igreja estavam horrorizados com o canibalismo ritual dos imbangalas. Jinga negou que ela fosse canibal, afirmando que ela e seus capitães "não comiam carne humana".[25] Admitiu que tolerava o costume entre seus soldados imbangalas, mas o que poderia fazer? "Era costume deles", disse ela, resignadamente, e era impossível parar com aquilo.

Jinga esforçou-se para fazer uma aliança com a Igreja católica romana. Entregou aos dois sacerdotes uma carta endereçada ao papa, na qual prometia voltar ao cristianismo e convidar missionários capuchinhos ao seu reino assim que a guerra com os portugueses acabasse e seu reino fosse restaurado. Como era habitual, deu presentes aos frades para mostrar sua sinceridade, oferecendo-lhes escravos e outros "bens valiosos". Ela ficou espantada — e agradavelmente surpreendida — quando eles recusaram suas ofertas, inclusive a de escravos. Impressionada, permitiu que partissem na companhia de uma embaixada do Congo que o rei Garcia II enviara com presentes para ela.[26]

Esse encontro com os dois capuchinhos espanhóis em 1648 foi o primeiro contato de Jinga com os missionários dessa ordem, mas sua reputação já era bem conhecida entre eles. Em março do mesmo ano, o frei capuchinho Giovanni Francesco da Roma escrevera uma carta à Propaganda Fide (Propagação da Fé, a Congregação da Santa Sé fundada com o propósito de evangelizar regiões do mundo onde o cristianismo ainda não havia fincado pé) sobre o estado da Igreja no Congo. Na carta, ele fazia referência a Jinga, observando que suas terras faziam fronteira com o Congo e que ela tinha sido batizada na Igreja católica, mas havia abandonado a fé devido à "crueldade dos portugueses" que "tinham feito uma guerra contra ela e se apoderado de seu reino".[27] Embora ela não soubesse disso no momento de seu encontro com os freis Cordella e Veas, os capuchinhos eram vistos com suspeita pelos portugueses e jesuítas e, em consequência, os sacerdotes espanhóis estavam predispostos a simpatizar com ela. As cartas que ela enviou aos capuchinhos indicando sua vontade de desenvolver contatos diplomáticos com Roma obtiveram o tipo de atenção que jamais teriam recebido dos jesuítas. A Companhia de Jesus havia desempenhado o papel central de braço religioso da conquista de Angola pelos portugueses desde a chegada de Dias de Novais, em 1575, a Luanda, e ainda representava a ordem colonial oficial portuguesa em Angola.

Não obstante, Jinga enfrentou obstáculos em sua tentativa de aproximação dos capuchinhos, que ainda estavam intranquilos com o que sabiam sobre ela. Em fevereiro de 1651, dois anos depois de Jinga ter libertado os dois sacerdotes espanhóis em Wandu, frei Serafino da Cortona, superior dos capuchinhos em Luanda, recebeu uma carta de Jinga na qual ela dizia que queria que ele "viesse e batizasse seu povo".[28] Ele não respondeu de imediato, mas certamente ficou intrigado. O frade demoraria quatro meses para escrever à Propaganda Fide. Nessa carta, explicava que não poderia atender ao pedido de Jinga antes que o rei Garcia II e os portugueses resolvessem sua longa disputa sobre o lugar onde o bispo do Congo e de Angola deveria residir, que decorria das tentativas portuguesas de mudar a sé da capital do Congo para Luanda como forma de puni-lo por ter apoiado os holandeses. Porém, frei Cortona relutou em deixar passar a oportunidade e incentivou as autoridades de Roma a enviar pelo menos dois capuchinhos para trabalhar em Matamba, convencido de que a presença deles "seria um ótimo serviço a Deus para ajudá-la". A reputação de Jinga de apóstata que consumia carne humana e tirava a vida de crianças inocentes estava tão enraizada que os capuchinhos de Angola sabiam que precisariam do pleno apoio de Roma antes de se comprometerem a atender ao pedido de Jinga. Com efeito, em sua carta, frei Cortona referiu-se a Jinga como uma governante que ia à guerra todos os anos, que tolerava os "costumes bárbaros" de matar recém-nascidos, enterrá-los vivos ou abandoná-los para serem comidos por animais selvagens, e viver de pilhagens, sem residência fixa.[29]

Em abril de 1651, Cortona ganhou em Luanda a companhia de um segundo capuchinho, frei Antonio Romano, que viera diretamente de Roma; os dois sacerdotes foram designados para trabalhar no forte português de Massangano. Além disso, eles viajaram pelo interior, levando os sacramentos para muitos dos habitantes das regiões em torno do forte. O mais significativo é que frei Cortona tornou-se confessor de Kambu, irmã de Jinga — conhecida agora por seu nome cristão de Bárbara e vivendo como prisioneira em Luanda —, e parece tê-la persuadido a escrever uma carta a Jinga para incentivá-la a desistir de seu estilo de vida imbangala e retornar ao cristianismo. Talvez inspirada por essa missiva ou por uma breve visita dos freis Cortona e Romano, Jinga escreveu uma carta em 15 de agosto daquele ano (que entregou a Cortona) diretamente à Propaganda Fide. Nela, agradecia aos cardeais por preocuparem-se com a salvação dela e de seu povo e por enviar o frei capuchinho Antonio Romano às suas terras. Confessava ainda que, graças à visita, conhecera finalmente o "Deus verdadeiro" e percebia agora que havia sido "enganada por nossas crenças idólatras, possuída pelo demônio". Ao pedir perdão por suas transgressões, Jinga prometia que qualquer missionário seria acolhido com os braços abertos, porque havia "muitas pessoas em nosso reino prontas para receber o santo batismo".[30]

Embora as guerras em que estava envolvida na época e os costumes imbangalas que tolerava sugiram que Jinga não estava pronta para uma transformação completa, sua diplomacia missionária fazia progressos. A posição favorável dos capuchinhos em relação a ela, apoiada pela carta simpática de frei Romano de 1648, certamente ajudou sua causa.[31] Graças à perseverança, Jinga parece ter convencido os capuchinhos de que havia alguma verdade em sua afirmação de que os portugueses haviam invadido injustamente suas terras.

De repente, ela tinha uma voz no Vaticano. Uma carta de 1651 de frei Cortona ao superior da ordem dos capuchinhos na Toscana deixa isso claro. Citando o pedido de Jinga para que enviassem missionários, Cortona acusa os portugueses de dissuadi-lo de responder a ela e exigir, em vez disso, que ele enviasse missionários para Massangano.[32] Ademais, escreveu ele, os portugueses haviam tomado Angola da rainha Jinga "pela força".[33] Alguns meses mais tarde, outro sacerdote capuchinho de Angola levantou de novo a questão do pedido de missionários que ela fizera, lembrando à

Propaganda Fide que Angola, que estava sob jurisdição portuguesa, fora tomada "pela força de armas da rainha Jinga, uma pagã".[34]

Não obstante a simpatia, os capuchinhos relutavam em aproximar-se de Jinga porque achavam difícil explicar por que ela desistira do cristianismo e adotara práticas que iam contra tudo o que a religião deles representava. Jinga logo percebeu que teria de tentar outra tática. Proclamar simplesmente que retornaria ao cristianismo já não era suficiente: era hora de agir. No início de 1652, ela mandou um emissário diretamente a Luanda. Jinga queria que os capuchinhos o batizassem, disse ele aos funcionários portugueses, e assegurou-lhes seu desejo de que missionários capuchinhos trabalhassem em Matamba. Depois de discutir a questão, frei Cortona recusou-se a batizar o embaixador. Mesmo depois das duas cartas de Jinga, mesmo depois da sua promessa de receber os missionários em Matamba, Cortona estava convencido de que o emissário voltaria aos costumes pagãos ao retornar para casa. Os capuchinhos elogiaram a bondade de Jinga para com os freis Cordella e Veas, mas estavam bem cientes de que ela queria ditar os termos da relação, e eles não se sentiam dispostos a confiar por completo nela.[35]

No entanto, a aproximação com os capuchinhos foi compensada de outras formas. Esses religiosos, que até então concentravam a maior parte de seus esforços missionários no reino do Congo, perceberam que Matamba e os outros territórios que Jinga reivindicava — inclusive partes de Ndongo — eram extremamente populosos e seriam fecundos e gratificantes para o trabalho missionário. Antecipando essa possível mudança de foco, frei Cortona, em carta escrita em 1652, advertiu as autoridades em Roma de que os potenciais candidatos à região deveriam aprender quimbundo, a língua de Jinga e de seu povo, em vez de quicongo, a língua dos congoleses.[36] Poucas semanas depois, um dos concorrentes em disputa pela nomeação para superior da ordem dos capuchinhos em Luanda pediu permissão para viajar com um companheiro ao "país pagão" porque haviam recebido da rainha Jinga "pedidos renovados" de missionários. Embora ela estivesse "continuamente em guerra" e houvesse cometido "inúmeras crueldades, condenadas não somente pela lei de Deus, mas pela lei natural", ele partiu para Matamba, armado com uma cópia da carta dela. (Os registros existentes não mencionam se ele alcançou seu objetivo.) Os missionários sabiam que enfrentavam desafios ao trazer para a Igreja uma governante cujas muitas guerras e práticas imbangalas a tornavam igualmente temida e fascinante. Eles, tal como seus equivalentes leigos, não conseguiam entender o motivo das escolhas de Jinga.[37]

Frei Cortona e outros capuchinhos continuaram a pressionar o Vaticano no que dizia respeito ao pedido de missionários, enviando cartas à Propaganda Fide e a seus colegas capuchinhos em Roma e em outros lugares da Itália. As cartas de Jinga tinham conseguido convencer os capuchinhos de Luanda de que ela era uma governante importante demais para ser ignorada, e, apesar de sua repugnância por alguns aspectos de seu estilo de vida, eles defenderam sua causa. O fato de sua irmã Bárbara estar levando uma vida religiosa exemplar em Luanda durante sua prisão pelos portugueses deu aos capuchinhos a esperança de que Jinga encontraria na irmã um exemplo cristão.[38]

Embora demorasse alguns meses para que Jinga recebesse a notícia de Roma, um avanço em sua diplomacia missionária ocorreu em março de 1653, quando frei Cortona enviou o frei Antonio Maria de Monteprandone a Roma com o objetivo de defender a indicação de um superior para Matamba que seria diferente do enviado ao Congo. Embora não estivesse minimizando a "pecaminosidade" de Jinga ou o fato de que seus súditos eram "pagãos que comiam carne humana", frei Monteprandone enfatizava os repetidos pedidos de missionários feitos por ela. Em maio de 1653, numa reunião do colégio de cardeais, eles finalmente aprovaram o pedido e, em outubro, selecionaram missionários para ir a Matamba.[39] Entre os missionários estavam os freis Antonio da Gaeta e Antonio Giovanni Cavazzi. Juntos com outros capuchinhos, eles chegaram a Luanda em novembro de 1654. Quatro dias depois, o Vaticano publicou o decreto oficial que estabelecia a missão no reino da rainha Jinga. Quando o grupo chegou a Luanda, Cortona escreveu a Jinga. Ela respondeu imediatamente. No início de 1655, depois de muito tempo, uma parte da diplomacia missionária de Jinga dava frutos. Nos anos seguintes, Gaeta, Cortona e Cavazzi se tornariam atores fundamentais da diplomacia política e missionária de Jinga e, por fim, de sua própria transformação religiosa.

### Diplomacia política, de novo

Jinga não desistira da diplomacia política, e ainda tinha uma estratégia a pôr em prática antes que todos os seus planos dessem certo. Percebendo que precisava conseguir um acordo formal com os portugueses para garantir a libertação de Bárbara e resolver sua reivindicação de terras que acreditava terem sido usurpadas pelos governadores portugueses, Jinga procurou um canal para tratar diretamente com as autoridades de Luanda. Uma oportunidade surgiu imediatamente após seu retorno a Matamba, em 1648, quando recebeu um enviado do governador Correia de Sá. Ela sabia que, em decorrência das operações militares dele, os portugueses haviam recuperado a fidelidade de todos os sobas em partes da região dos Dembos que ela havia controlado, assim como alguns das províncias de Libolo e Kissama e do entorno do forte de Massangano. Com efeito, muitos sobas que antes lhe haviam prometido fidelidade começaram a enviar embaixadas a Luanda para pedir amizade e paz aos portugueses.[40] Ela calculou que Correia de Sá não tinha tropas suficientes para atacá-la e não ficou surpresa quando, depois de retornar a Matamba, começou a receber cartas e enviados de Correia de Sá, bem como do rei de Portugal.

Jinga supôs que, em face de seus sucessos militares, Correia de Sá relutaria em ameaçá-la com a guerra, ao contrário do que acontecia com o rei Garcia II do Congo. Sua suposição estava correta. As comunicações deste com Correia de Sá estavam carregadas de acusações e tensão. Ao contrário de Jinga, o próprio Garcia enviou a Correia de Sá uma carta em 1648, depois que os holandeses foram embora, em que resumia as condições para a paz. A resposta do governador português no ano seguinte foi ameaçar o Congo com uma invasão militar se Garcia não concordasse em pagar reparações. Correia de Sá acusou Garcia de trair o rei de Portugal e advertiu que, se ele não concordasse em pagar novecentos escravos, invadiria seu reino. A coisa não parou por aí: além de várias outras condições onerosas, o governador português disse a Garcia que ele perderia os direitos à ilha de Luanda e às minas de prata que supostamente se localizavam em terras que o Congo reivindicava.

Enquanto estava envolvido nesse intercâmbio hostil de missivas com o vizinho de Jinga, Correia de Sá tentava, ao mesmo tempo, apaziguá-la, iniciando relações diplomáticas com ela. Jinga respondeu favoravelmente às embaixadas do governador que foram a Matamba entre 1648 e 1650, mas que tinham a ver com o comércio e outras questões menores. A partir do início de 1650, Correia de Sá começou a enviar mensagens oferecendo-se para perdoá-la em nome do rei João IV, e até mesmo indicando que o rei a receberia de volta à proteção portuguesa. Mas essas mensagens não mencionavam as questões de maior preocupação para ela: a libertação de Bárbara e as reivindicações de longa data de terras em Ndongo.[41]

Cerca de dois anos depois de receber as primeiras cartas, Jinga respondeu ao ramo de oliveira que Correia de Sá lhe estendera em dezembro de 1650. Acreditando que o governador estava genuinamente interessado na paz e que conseguiria finalmente a libertação de Bárbara, ela lhe mandou "escravos e duzentos *banzos*" (um *banzo* era um conjunto de artigos comerciais equivalentes a um escravo) para incentivá-lo a enviar uma embaixada mais formal. Correia de Sá fez o que ela pediu: alguns meses depois, enviou uma embaixada chefiada por Rui Pegado da Ponte, um português com muitos anos de Angola e fluência em quimbundo. Pegado levava consigo uma carta do governador, datada de 13 de abril de 1651, na qual ele a tratava de "rainha" e a lisonjeava dizendo que ela descendia do "sangue real de reis e imperadores" e que era diferente dos imbangalas, que eram "ladrões" que não tinham "pais, nem mães ou terras", tão desprezados que "Deus não pode ajudar um povo assim". O governador implorava-lhe que abandonasse seus costumes imbangalas e voltasse à Igreja, e esperava que ela permitisse que Pegado ou qualquer branco batizado, ou senhor de seu país, "batizasse as crianças".[42]

Antes de responder ao governador, Jinga consultou seus conselheiros, que apoiaram plenamente seus esforços para resolver o impasse através da diplomacia. Ao notar que a carta de Correia de Sá não fazia nenhuma referência à libertação de Bárbara ou à questão de suas reivindicações de terras, ela pôs essas questões no centro de sua resposta. Agradecendo a Pegado pelos presentes e pelas palavras favoráveis expressas nas cartas, ela ressaltava que tudo dependia da libertação de Bárbara. Detalhava então a longa história do conflito com os portugueses e, como havia feito em tantas ocasiões no passado quando se reunia com representantes da Coroa portuguesa, punha a culpa do início de todos os seus problemas no ex-governador Fernão de Sousa. Ela o acusava não só de oprimir e invadir seu Estado, mas de tomar-lhe o reino e transferi-lo para seu vassalo Ngola Hari. Com a intenção de capitalizar em cima da abertura diplomática que Correia de Sá iniciara, Jinga aproveitou a oportunidade para pedir a ajuda dele na recuperação das partes de Matamba que o imbangala Kassanje havia tomado, prometendo, em troca, desistir das práticas imbangalas. Por fim, quanto à questão do cristianismo, ela o desanimava, prometendo discuti-la numa data posterior.[43]

Pegado assegurou-lhe que Correia de Sá faria a paz com ela e libertaria Bárbara. Então Jinga enviou mais presentes para selar o acordo. Isso talvez explique por que Correia de Sá escreveu em 6 de outubro de 1651 ao rei João IV dizendo que fizera de Jinga "um vassalo de sua majestade" e temerosa das "armas de sua majestade".[44] Porém, ela não se intimidava com tanta facilidade e continuou a exigir uma série de condições para a paz. O processo de detalhamento do acordo duraria de 1651 a 1656, com muitos começos e paradas nas negociações.

Durante os três anos em que Correia de Sá permaneceu em Angola (1648-51) e nos três anos seguintes, nos quais Luanda teve dois outros governadores, Jinga tentou, em várias ocasiões, capitalizar as aberturas diplomáticas para pressionar pela libertação de Bárbara e obter ajuda portuguesa para consolidar seu controle sobre Matamba. No fim de 1654, ela já estava convencida de que os governadores portugueses não tinham intenção de exercer uma diplomacia séria, que estavam apenas dispostos "a desacreditá-la aos olhos do mundo e da opinião que os negros tinham dela".[45]

Quando o governador Luís Martins de Sousa Chichorro começou seu mandato, em outubro de 1654, e acenou que desejava reabrir as negociações de paz, Jinga estava pronta para receber as propostas portuguesas. Ela achava que estava numa boa posição, tanto política quanto pessoal. Seus exércitos tinham conseguido consolidar seu domínio sobre Matamba e suas fronteiras, apesar de o país ainda estar em grande parte despovoado, e os capuchinhos haviam entrado em contato com ela e indicado que estavam prontos para começar a trabalhar em Matamba. Do ponto de vista pessoal, ela ficou encantada ao saber que Sousa Chichorro era parente de João Correia de Sousa, o ex-governador que fora seu padrinho de batismo em 1622. Ela viu nessa relação uma oportunidade para reavivar as negociações que estavam paralisadas desde Correia de Sá. Jinga enviou um embaixador a Luanda com uma carta em que cumprimentava Sousa Chichorro por sua chegada em segurança e outras amabilidades habituais. O resto da carta, no entanto, era um pedido de libertação de sua irmã Bárbara, com promessas de pagar o resgate apropriado. Também prometia voltar para a Igreja e abandonar o estilo de vida imbangala. Solicitava que sacerdotes capuchinhos fossem à sua corte para "reconciliá-la com o Deus abençoado, batizar seu povo e fundar uma igreja em sua corte".[46] Foram necessários ainda catorze meses de negociações até que recebesse uma resposta positiva, mas o clima político em Luanda estava mudando a favor de Jinga.

Em dezembro de 1654, ou início de janeiro de 1655, ela conseguiu (por intermédio dos capuchinhos de Luanda) que Bárbara — ainda presa em Luanda — e um emissário seu se encontrassem com o governador. Uma vez marcado o encontro, Jinga e Sousa Chichorro prepararam-se para um elaborado evento público, com cada lado planejando montar uma exibição tradicional de teatro político. O governador Sousa Chichorro tomou providências para que mil soldados armados e em trajes militares estivessem presentes na praça ao redor do palácio de governo. Ele esperou dentro do palácio o anúncio da chegada de Bárbara e seu séquito, sentado em sua cadeira na sala oficial de reuniões, cercado por capitães militares e outras autoridades. Jinga, que não era de desperdiçar uma oportunidade de se apropriar de qualquer espaço público, preparou seus representantes para o que equivalia a um confronto. A embaixada que ela montara era liderada por Bárbara e o enviado, ambos "vestidos com riqueza e pompa e acompanhados por muitos negros cristãos da cidade". Com efeito, os servos de Bárbara eram tão impressionantes e pareciam "tanto com cavalheiros cristãos" que os soldados da guarda de honra cumprimentaram o grupo com salvas de tiros. Sousa Chichorro ficou encantado com o aparecimento de Bárbara, do enviado e do resto do grupo. Quando eles entraram na sala, o governador esqueceu-se de sua posição e "levantou-se imediatamente de sua cadeira e foi cumprimentar e reverenciar Bárbara". Não se esqueceu do emissário, saudando-o e apresentando os dois à sua comitiva.[47]

Nesse momento, as duas partes iniciaram as negociações. O governador encaminhou Bárbara e o enviado aos seus assentos, que eram almofadas colocadas no chão. Ao contrário de Jinga, que três décadas antes se recusara a sentar-se no chão, Bárbara e o enviado sentaram-se onde lhes foi indicado e, de maneira profissional, ela apresentou a carta de Jinga ao governador. O enviado então assumiu a palavra e informou Sousa Chichorro, em quimbundo, do motivo da audiência. Ele explicou que sua rainha, Jinga, o enviara para oficialmente dar-lhes as boas-vindas a Luanda e para que ele soubesse que ela e toda a sua corte se regozijavam com sua chegada e ela esperava que tivessem uma relação cordial e produtiva. Era essencial para Jinga estabelecer publicamente a conexão entre seu padrinho e o atual governador, e o enviado informou, como Jinga o havia instruído, que seu tio fora o padrinho de Jinga em 1622 e que ela mantivera o nome da família. Depois, ele transmitiu a Sousa Chichorro o fervoroso desejo de Jinga de que ele libertasse sua irmã Bárbara, que vivia como prisioneira em Luanda havia nove anos. Jinga estava velha, observou o enviado, e desejava ter por perto, nos últimos anos de sua vida, alguém relacionado pelo sangue. Quantos cativos Jinga teria de enviar, o enviado perguntou em seu nome, para resgatar Bárbara? No final do discurso, o enviado presenteou Sousa Chichorro com dez escravos enviados por Jinga.

Sousa Chichorro aceitou os escravos e disse a Bárbara e ao enviado que, embora não pudesse dar-lhes uma resposta antes de consultar seu conselho, eles deveriam informar Jinga que ele estava disposto a negociar. Prometeu que, tendo em vista que seu tio desempenhara um papel no batismo de Jinga, certamente faria tudo o que estava ao seu alcance para libertar Bárbara.[48] O governador sinalizou o fim da reunião, e Bárbara e o emissário, junto com seus servos, saíram com a mesma pompa e ostentação que haviam exibido ao entrar.

Enquanto as negociações com Sousa Chichorro avançavam, Jinga enviou dois emissários para novas discussões com o governador.[49] Além de trazer credenciais, eles também transmitiram ao governador uma mensagem oral que "haviam estudado bem", a qual "falaram [em] sua própria língua ambundo [quimbundo]". Em fevereiro de 1655, as negociações em Luanda já estavam a todo vapor.[50] Jinga hesitava em pôr os capuchinhos diretamente em cena enquanto as conversas não estivessem muito avançadas. Ela também continuava com suas operações militares, sabedora que Sousa Chichorro lançara recentemente uma grande ofensiva contra Kissama e que escrevera ao rei de Portugal para informá-lo de que, uma vez terminadas essas operações, ele estaria livre para atacar o Congo e Jinga. Por essa razão, Jinga começara dois anos antes negociações secretas com os sobas Kabuku e Kalandula. Mas Jinga também percebia que a continuação das negociações com o governador era essencial, e não abandonou suas comunicações com ele.[51]

E as negociações estavam realmente avançando. Os dois emissários que Jinga enviara para discutir a paz com Sousa Chichorro fizeram algum progresso. Enquanto isso, o enviado que acompanhara Bárbara na reunião com o governador voltara para Matamba e transmitira a Jinga os detalhes da reunião encorajadora que ele e sua irmã tiveram com o governador. Sousa Chichorro ficou muito satisfeito com o presente, informou o enviado, e, apesar das dificuldades, estava disposto a libertar Bárbara. Jinga mandou o emissário imediatamente de volta a Luanda, dessa vez com vinte escravos para presentear ao governador em seu nome, bem como outros seis para o auditor-geral, um dos membros da burocracia de Luanda que se opunha tenazmente a qualquer acordo com ela. Jinga voltou a orientar o emissário para abordar a questão da libertação de Bárbara, e também pedir que Sousa Chichorro permitisse que um dos capuchinhos fosse à sua corte em Matamba para ajudar nas negociações.

A decisão de Jinga de fazer seu enviado pedir ao governador que incluísse um sacerdote capuchinho nas discussões valeu a pena. Sousa Chichorro escreveu ao superior da ordem em Luanda e pediu que ele identificasse um frade que pudesse ser incluído nas negociações. As autoridades portuguesas de Luanda discutiram muito os méritos da decisão de negociar com Jinga e libertar Bárbara, e muitos deles se manifestaram contra.

Jinga fazia exigências um pouco diferentes em suas trocas de mensagens com os capuchinhos. Em sua correspondência com frei Cortona, que ainda não havia viajado para o interior após ter sido escolhido para se estabelecer em Matamba, ela sugeriu que um missionário capuchinho acompanhasse Bárbara na viagem a Matamba após sua libertação. Ele se tornara confessor de Bárbara num momento crucial das negociações, e, nos primeiros meses de 1655, Jinga enviou-lhe três "cartas corteses", uma indicação do quanto ela passara a confiar nele. Cortona tornara-se outro elo entre ela e o governador, outra voz que defendia a libertação de Bárbara. Desde sua eleição, ele estava ansioso para viajar a Matamba e, em fevereiro, antes de deixar a cidade com frei Gaeta, entrou em contato com Bárbara, sem dúvida para informá-la sobre o progresso das negociações. Ele chegou a Ambaca no início de maio e imediatamente escreveu a Jinga duas cartas informando-lhe que logo estaria em Matamba. Apesar de sua relação próxima com Bárbara e do contato com o governador em seu nome durante os delicados meses de negociações, Jinga recusara-lhe permissão para entrar em Matamba — exceto sob uma condição. Em resposta à carta dele de 5 de maio de 1655, Jinga declarou em termos inequívocos que ele poderia ir a Matamba somente se Bárbara o acompanhasse. Depois de esperar em Ambaca por dois meses, Cortona voltou a Massangano e escreveu a Sousa Chichorro, explicando sua situação e instando-o novamente a libertar Bárbara.[52]

A estratégia de Jinga de proibir a entrada dos capuchinhos em Matamba até que as negociações sobre Bárbara se concluíssem teve o efeito desejado. No fim do verão de 1655, reiniciaram-se as negociações. Embora bloqueasse a entrada dos missionários, ela mantinha negociações secretas com o governador Sousa Chichorro, recebendo suas mensagens, trocando opiniões sobre a guerra em Kissama que ele estava planejando e agradecendo os presentes que ele lhe enviava. Ele sempre escolhia coisas das quais sabia que ela gostava. Em setembro, Sousa Chichorro informou ao rei João IV sobre suas conversações com Jinga. Contou que ela lhe pedira a libertação de Bárbara e que estava esperando a resposta dela para ver se ela e seus funcionários concordariam com as condições de paz que ele havia apresentado. Sim, Bárbara era quase tão velha quanto Jinga, mas era uma "boa cristã", "bem instruída nas coisas da fé"; seu retorno certamente facilitaria a reconciliação de Jinga com a Igreja. Tanto para o governador quanto para Jinga, a libertação de Bárbara tornara-se a questão central nas negociações.[53]

Jinga deve ter concordado com as condições de Sousa Chichorro, porque em 2 de dezembro de 1655 ela recebeu a embaixada formal que ele enviou a Matamba. A missão era encabeçada por um colono bastante respeitado chamado Manuel Fróis Peixoto, que chegou armado com uma lista de demandas que se tornariam os elementos essenciais do acordo final.[54] Em duas semanas, Jinga persuadiu-se de que Sousa Chichorro era sério a respeito da libertação de Bárbara e da paz. Em decorrência de suas discussões e da crescente fé que teve em Peixoto, Jinga escreveu uma longa carta ao governador em 13 de dezembro, respondendo às demandas que Peixoto havia apresentado. Ela aproveitou a oportunidade para analisar a história de suas tratativas com os portugueses, com o objetivo de explicar por que ela e seus auxiliares continuavam a suspeitar de seus pedidos de paz, e detalhou exatamente o que exigia antes que pudesse fazer algum acordo significativo. Para começar, Jinga acusava Correia de Sá e outros ex-governadores de renegar as promessas anteriores que haviam feito de libertar Bárbara — e como se não fosse o suficiente, a tinham enganado e ficado com os escravos que enviara como resgate. A maior parte da carta, no entanto, era uma discussão ponto a ponto sobre as condições que Sousa Chichorro estabelecera para a libertação de Bárbara, bem como as expectativas de Jinga em relação ao traslado. Com uma estratégia semelhante à das negociações anteriores, Jinga situou essas no contexto das ações portuguesas do passado, ao mesmo tempo que tentava convencer o governador de que era tanto do interesse dela quanto do rei João chegar a um acordo. Declarava logo no início da carta que queria que o rei português soubesse que estava falando sério sobre fazer a paz. Mas, ainda desconfiada de que as autoridades locais e os colonos viessem a frustrar o acordo, aproveitou a oportunidade para elaborar um roteiro. Elogiou o governador Sousa Chichorro por enviar Peixoto, a quem chamou de negociador experiente e equilibrado, que convencera a ela e seus auxiliares da seriedade do compromisso português com a paz. Estava particularmente impressionada com o fato de Peixoto falar quimbundo ("a língua do meu reino") e enfatizou que esperava que ele continuasse sendo o principal negociador. Por que mudar de curso agora, uma vez que todos os seus funcionários estavam satisfeitos com ele e todos acreditavam que ele seguia as instruções do rei e "fala a verdade e relata tudo"? Isso não era pouca coisa para um pessoal tão cético, e Jinga não queria que isso passasse despercebido. Ela também foi inflexível num ponto: qualquer acordo que ela assinasse deveria ser assinado pela mão do rei; nenhum documento deveria ter origem nas autoridades locais, as quais acusou de sempre jogar os governadores contra ela. Essa era a única maneira pela qual ela e seus funcionários ficariam convencidos de que o documento era genuíno. Além disso, ciente dos benefícios das conexões pessoais, lembrava a Sousa Chichorro que o padrinho dela, João Correia de Sousa, era seu parente distante.[55]

Jinga também incluía um plano detalhado para o retorno de Bárbara, sem esquecer que uma grande exibição pública de alta posição social era essencial para seu povo. Ela pediu ao governador garantia de que Bárbara chegaria a Matamba em companhia de dois sacerdotes católicos, o capuchinho Cortona e o missionário carmelita João, que lhe proporcionariam "companhia boa e credenciada". Ela selecionara o frei João porque "me dizem que ele é um bom pregador e conhece o idioma de Ndongo". Exigia também que o governador providenciasse para Bárbara uma escolta secular que deveria ser "um soldado com conhecimento de fogos de artifício para que eu possa comemorar a chegada da minha irmã com eles". Depois, pela primeira vez, referia-se a sua própria mortalidade (na época das negociações, estava com 74 anos): uma vez que estava "muito velha", queria resolver seus assuntos de uma vez por todas e viver o resto de seus dias em paz. O retorno seguro de Bárbara era uma parte fundamental dos planos de Jinga para manter a integridade das terras que conquistara. Ela ainda acreditava fervorosamente que o fato de descender dos fundadores do reino de Ndongo lhe dava (e a Bárbara) o direito de governar, ao contrário de outros (Ngola Hari e os capitães imbangalas, em particular Jinga a Mona), cuja descendência plebeia, acreditava ela, os excluía do governo. Jinga expunha seus planos futuros para suas terras e como Bárbara se encaixava neles. Deixaria as terras para Bárbara, e não para seus "escravos": eles não saberiam como governar. Para ela, se um capitão imbangala como Jinga e Mona herdasse Matamba após sua morte, "uma grande ruína aconteceria porque eles não saberiam como obedecer à Sua Majestade". O direito inato de Bárbara e os muitos anos que ela vivera entre os portugueses como boa cristã faziam dela a melhor candidata para continuar o ato de equilíbrio que Jinga antevia como decorrência da paz. Ela acreditava que Bárbara, pelo menos, manteria os portugueses à distância, ao mesmo tempo que conservaria o respeito e a admiração de seu povo num Ndongo-Matamba independente.

Jinga incluiu na carta instruções detalhadas para o governador seguir em troca de sua concordância com as condições que Peixoto apresentara. Por exemplo, indicou que "se empenharia imediatamente em permitir que as mulheres parissem e criassem filhos [no quilombo]" somente depois que Bárbara e os dois missionários chegassem em segurança a Matamba. De acordo com os costumes imbangalas, as mulheres não tinham permissão para dar à luz ou criar filhos no quilombo, e a maioria dos fetos era abortada ou, se nascesse, abandonada para morrer fora do acampamento. Além disso, ciente de que algumas autoridades governamentais e outras congregações religiosas de Luanda desconfiavam de sua relação com os capuchinhos e, de fato, haviam impedido frei Gaeta (que havia assumido o lugar de Cortona) de sair de Massangano para viajar a Matamba, ela reiterava que desistiria de suas "práticas de guerra, desde que eu tenha clérigos (especificamente os freis Gaeta e João)" para fornecer "a mim e meus funcionários bons exemplos e ensiná-los a viver na santa fé católica". Jinga acreditava que era fundamental para manter a integridade do seu reino e seu povo que tivessem um frade como João, que sabia falar quimbundo.

A promessa do retorno em segurança de Bárbara pareceu mudar tudo para Jinga, e ela passou a aceitar condições que antes rejeitara. Uma dessas condições exigia que ela entregasse aos portugueses o imbangala Kalandula, que ela aprisionara porque destruíra suas terras. Na carta, declarou que faria isso; seu desejo de ver Bárbara era tão grande que, assim que Peixoto a entregasse, ela permitiria que Kalandula partisse "e se colocasse às ordens dele [de Sousa Chichorro]". Jinga não só estava disposta a trair esse aliado eventual em troca da paz e do retorno de sua irmã como, além disso, se ofereceu para mandar um de seus capitães com um grande exército para ajudar Sousa Chichorro a conquistar Kissama, que os portugueses ainda não haviam conseguido controlar totalmente. Estava disposta a tomar essas medidas drásticas para mostrar como era sincera sua resposta à oferta portuguesa de paz, e quão pronta estava a prestar "obediência" ao rei de Portugal. Jinga sabia que a restauração da paz fortaleceria suas feiras de tráfico de escravos e possibilitaria que elas se integrassem melhor à rede de comércio portuguesa. Os portugueses certamente se beneficiariam, e ela previa a compra de produtos importados por um menor preço.

Havia uma condição com a qual ela não concordaria: a exigência de Sousa Chichorro de que pagasse duzentos escravos para resgatar Bárbara. O número era muito alto, argumentou ela. Afinal, ao longo dos anos, ela dera numerosos escravos a vários governadores e seus emissários, além de mandar muitos presentes para secretários e servidores. Sua contraoferta foi de 130 escravos. Mandaria cem quando pudesse confirmar que Bárbara havia chegado a Ambaca, e manteria Peixoto como refém em Matamba até que "eu possa ver com meus próprios olhos minha irmã chegando em minha corte". Jinga pediu ao governador que não interpretasse seu comportamento como estranho. Ele devia saber que ela fora enganada várias vezes pelos portugueses e agora se recusava a ser crédula. Mas não era apenas Jinga: embora ela acreditasse que a delegação de Peixoto era sincera, seus funcionários continuavam desconfiados dos motivos dos portugueses.

Os emissários que entregaram a longa carta de Jinga ao governador ainda estavam em Luanda quando outro enviado dela chegou, em fevereiro de 1656, e disse numa apresentação verbal ao governador que ela estava pronta para assinar o tratado. Foi esse enviado que retornou com a primeira cópia dos vários artigos que comporiam o acordo final de paz. Sousa Chichorro, convencido de que Peixoto ganhara a confiança de Jinga, queria avançar rapidamente para concluir as negociações, mas enfrentou a oposição crescente de duas fontes: a primeira foi a dos jesuítas, que faziam parte do aparato da conquista desde a época de Dias de Novais. Grassavam ciúmes entre as diversas ordens de sacerdotes, e os membros da Companhia de Jesus (e outros, principalmente portugueses) com sede em Luanda estavam ressentidos porque os capuchinhos (principalmente italianos) haviam recebido permissão para abrir um novo posto avançado em Matamba. Eles fizeram de tudo para sabotar os planos dos capuchinhos de enviar alguns de seus membros para Matamba (a essa altura, o frade carmelita João já morrera).

Uma oposição ainda mais forte veio da Câmara, o órgão consultivo oficial em Luanda composto por colonos, que era abertamente acrimonioso. Seus membros enviaram duas cartas diretamente ao rei, uma escrita em março e a outra em julho de 1656, queixando-se da liderança de Sousa Chichorro e pedindo que ele impedisse o governador de prosseguir com os planos para libertar Bárbara. Tal como Jinga, os colonos tinham memórias arraigadas das guerras angolanas e incluíam na carta uma longa lista de razões pelas quais as decisões de Sousa Chichorro deveriam ser anuladas. Eles repassavam a história de suas relações com Ndongo, começando com Ngola Mbande, o irmão de Jinga, e lembravam ao rei quanto as guerras lhes haviam custado em vidas e propriedades. Jinga era ainda pior do que seu irmão, diziam eles, e todos os governadores, desde a época de Mendes de Vasconcelos, quatro décadas antes, tinham sido obrigados a pegar em armas contra ela. O conselho deles ao rei era que continuasse a manter

Bárbara como prisioneira. Se ela fosse libertada, não havia garantia de que Jinga honraria o tratado. Se fosse mantida, e não houvesse nenhum tratado, Jinga não teria ninguém em sua linhagem para herdar o reino de Ndongo, que eles alegavam que havia sido "tirado com justiça de Ngola Mbande", e o reino desapareceria.[56]

Mas a diplomacia de mediação de Jinga estava avançada demais para sair dos trilhos agora, e Sousa Chichorro estava cada vez mais convencido de que tinha de libertar Bárbara e fazer a paz com Jinga para que a colônia prosperasse. Jinga o convenceu de que a paz resultaria no fim do sistema imbangala de guerras e traria estabilidade para as terras para além de Ndongo, estabilidade que percebia ser essencial para os comerciantes portugueses. Em 1º de abril de 1656, Sousa Chichorro escreveu ao superior dos capuchinhos em Luanda para informá-lo de sua decisão, observando que acreditava que a causa de Jinga era justa e seria benéfica para o "Rei e Senhor". Além disso, acreditava que Jinga estava genuinamente interessada em voltar à fé católica. Destacou também que havia pedido duzentos escravos em troca da libertação de Bárbara e que, depois que tudo estivesse resolvido, a colônia teria paz e o comércio com Matamba se reabriria. Anunciou também que ia libertar Bárbara dentro de poucos dias.[57]

O governador Sousa Chichorro foi fiel à sua palavra e, no início de abril, começou o processo de libertação de Bárbara. Ela saiu de Luanda sob escolta armada para viajar a Massangano, onde, em 9 de abril de 1656, teve uma recepção militar. Permaneceu em Massangano por uma semana, tendo frei Gaeta ao seu lado, e depois partiram para Ambaca com uma escolta numerosa. Frei Cortona dera a Gaeta uma longa lista de instruções sobre o que ele precisava fazer para acelerar o fim das práticas imbangalas em Matamba. Em 20 de maio, depois de uma longa viagem com breves paradas, em que a população ambundo saudava Bárbara com entusiasmo, eles chegaram finalmente a Ambaca, onde ela recebeu outra saudação militar. Após as formalidades, Bárbara foi levada para a casa de um dos missionários, onde deveria permanecer por pouco tempo, antes que ela e Gaeta, junto com a escolta militar exigida por Jinga, continuassem a viagem para Matamba. Frei Gaeta mantinha Jinga a par do progresso do grupo e escreveu-lhe assim que chegaram a Ambaca para informar que ele e Bárbara estariam a caminho em breve.

Três dias após a chegada a Ambaca, no entanto, era imensa a indignação das autoridades de Luanda com a libertação de Bárbara por Sousa

Chichorro. Ainda aguardando a palavra do rei, aprovaram uma resolução ordenando ao governador que interrompesse a libertação. A resolução mandava que o governador enviasse um recado ao capitão Giuseppe Carasco, que deveria escoltar Bárbara de Ambaca a Matamba, para impedir que ela saísse de Ambaca. A ordem era que a prendesse imediatamente no forte para impedir que a ajudassem a escapar e estipulava que Bárbara deveria ser escoltada para Matamba somente depois que o governador recebesse os duzentos escravos que havia exigido como resgate. Essa virada nos eventos causou um tumulto. Frei Gaeta ficou furioso, convencido de que tudo aquilo fazia parte de um esquema para impedir que os capuchinhos começassem seu trabalho em Matamba. Os muitos criados e cortesãos que Jinga enviara para acompanhar Bárbara ficaram aflitos. Os ambundos do lugar que haviam se reunido para recebê-la e desejar-lhe uma boa viagem ficaram irritados e desapontados. Em pouco tempo, espalharam-se rumores de que os portugueses haviam enganado Jinga novamente — que o governador não pretendia devolver Bárbara para Jinga, mas mandá-la de volta a Luanda e aprisioná-la.[58]

Jinga passara meses preparando-se para o retorno da irmã e planejara uma minuciosa cerimônia pública para marcar a ocasião. Quando recebeu a notícia do que estava acontecendo em Ambaca, agora complementada pelos rumores de que os portugueses haviam mentido para ela e a enganado para assinar o tratado, sua raiva e seu desapontamento não tiveram limites. A informação a irritou tanto que ela imediatamente se voltou contra Peixoto, que ainda estava em sua corte, e ameaçou-o com um "assassinato cruel" se Bárbara não lhe fosse entregue. Consta que lhe disse: "Se aqui chorarmos por causa da prisão de nossa irmã, nós faremos isso, e em Luanda vão chorar sua morte".[59] O encarceramento de Bárbara em Ambaca ameaçava gorar todos os preparativos e pôr a vida de Peixoto em grave perigo. Foi nesse momento que a diplomacia religiosa de Jinga se fez valer, pois frei Gaeta percebeu que somente sua intervenção poderia impedir que o acordo malograsse. Jinga sabia que as ameaças à vida de Peixoto e a indignação pública eram os únicos meios que tinha para fazer o processo andar e, embora não quisesse suportar outra série de guerras e impasses, estava disposta a fazer qualquer coisa para obter a libertação de sua irmã. Uma carta suplicante de Gaeta, junto com a notícia de um improvável encontro espiritual do imbangala Jinga a Mona com um crucifixo cristão, acabou salvando a situação.

Frei Gaeta, que estava ansioso por chegar a Matamba e começar a construir uma igreja, aconselhou-a a continuar a acreditar. Assegurou-lhe que tudo ficaria bem. Acalmada consideravelmente por essas palavras encorajadoras, Jinga respondeu-lhe imediatamente, dizendo que a carta dele a reanimara e a deixara feliz porque Deus lhe enviara um missionário da estatura dele. Ela reiterava seu compromisso de cumprir a promessa de permitir que ele trabalhasse em Matamba e garantia que, quando ele chegasse, encontraria tudo o que pedira para a igreja que pretendia construir. Ela indicava novamente sua disposição de desistir do estilo de vida imbangala. Em conclusão, dizia que estava muito ansiosa para recebê-lo, junto com sua irmã, a escolta militar e o capitão Carasco, em sua corte de Matamba. Jinga mandara cem escravos para Ambaca e 99 deles chegaram em julho de 1656 (um deles morreu no caminho).[60] Ela esperava que, assim que os escravos chegassem a Ambaca, o comandante do forte libertasse Bárbara e ela pudesse tomar o caminho de Matamba.

Quando recebeu a carta de Jinga, frei Gaeta ainda não tinha certeza de que ela enviaria os outros cem escravos que os portugueses haviam exigido. Ele temia que, se não persuadisse Jinga a cumprir todas as condições do acordo, seu trabalho missionário em Matamba não poderia prosseguir e todo o investimento que os capuchinhos haviam feito daria em nada. Decidiu então ir diretamente a Matamba para discutir o problema com Jinga cara a cara. Tanto Bárbara quanto Carasco apoiaram inicialmente sua decisão, mas depois Carasco tentou dissuadi-lo. E se Jinga ficasse tão indignada ao vê-lo sem a irmã que decidisse vingar-se nele, como ameaçara fazer com Peixoto? Como a maioria dos portugueses, Carasco demonizava Jinga e tentou impressionar Gaeta dizendo que ela era má, tão imersa em seus costumes imbangalas que ela e seus subordinados não hesitariam em matar um frade inocente. Resoluto, Gaeta não recuou.[61]

Àquela altura, a diplomacia religiosa e política de Jinga envolvera Sousa Chichorro e o frei Gaeta de tal modo no processo que eles não podiam desistir. Gaeta escreveu a Cortona e informou-lhe sua decisão de viajar sozinho para Matamba. Frei Cortona encaminhou a carta ao governador, que respondeu rapidamente. Sousa Chichorro agradeceu a Cortona por tudo o que ele havia feito para avançar o processo e disse-lhe que aprovava o plano. Cortona poderia agora pedir a frei Gaeta que viajasse imediatamente a Matamba para garantir a Jinga que estava empenhado em libertar Bárbara.[62]

## Milagres religiosos e paz política

Além de manter as negociações com o governador nos eixos, Jinga também precisava preparar seus desconfiados conselheiros e capitães do exército para o processo de paz e para a cristianização com a qual se comprometera. Ao mesmo tempo que se correspondia com Gaeta e com o governador, aguardava ansiosamente o retorno de Jinga a Mona das operações contra o governante cristão Pombo Samba, na província de Mbwila. Aconteceu que o destaque do retorno dele à corte não teve a ver com seus sucessos militares ou com os despojos de guerra que trouxe consigo, mas com um crucifixo de quatro metros de altura que ele mandou para Jinga. Tratava-se, disse a ela, da "imagem de seu antigo [deus] Nzambi".[63]

Mais tarde, Jinga a Mona contou a frei Gaeta de onde vinha o crucifixo. Durante as operações contra Mbwila, seis meses antes da chegada do frade a Matamba, seus soldados haviam profanado a igreja de lá. O dano ao seu grande crucifixo fora grave, e Jinga a Mona mandou que os soldados o jogassem no mato. Durante a noite, no entanto, seu sono foi perturbado por um sonho em que o crucifixo lhe aparecia e em tom de reprimenda lhe ordenava que o recuperasse. Ele disse as seguintes palavras: "Leve-me à sua rainha ou cuidarei para que você não saia deste lugar". Jinga a Mona ficou tão perplexo com o sonho que, na manhã seguinte, mandou soldados procurarem o crucifixo. Eles o acharam, envolto numa pele de animal, e entregaram a ele.

Jinga a Mona levou o crucifixo para a corte, onde o deu de presente a Jinga. Alguns dos soldados que haviam andado com os brancos, disse ele, explicaram-lhe que se tratava da "figura de Deus que os cristãos adoram". Ele também contou a ela o sonho que tivera. Parece que Jinga foi tomada por uma onda de emoção e consta que falou em voz alta: "Deus procura por mim e vem pessoalmente para me encontrar". Ela então beijou o crucifixo e colocou-o no altar de uma sala do palácio que havia construído especialmente para isso. Jinga visitava a sala todos os dias e rezava para ter "paz e tranquilidade", para que não precisasse continuar conduzindo seus exércitos de batalha em batalha.[64]

Talvez o sonho tenha acontecido exatamente como Jinga a Mona contou. Também é possível que a história do crucifixo fosse uma artimanha inventada por Jinga para tornar as negociações e a conversão mais palatáveis aos seus conselheiros e capitães. Qualquer que seja a verdade, o fato é que o encontro de Jinga a Mona com o crucifixo ocorreu num momento oportuno. No fim de agosto de 1656, frei Gaeta estava a dois dias de distância da corte de Jinga, após uma árdua jornada de vinte dias, e enviou um dos ambundos de seu grupo à frente com uma carta informando à rainha de sua chegada iminente.[65] Ao saber que ele estava perto, Jinga preparou uma apresentação pública em sua homenagem. De acordo com o relato dele, quando estava a menos de dois quilômetros da corte, topou com uma procissão composta por capitães do exército de Jinga, funcionários da corte e mil arqueiros, todos "vestidos com pompa", que se ajoelharam no chão diante dele e pediram para beijar sua mão. Os capitães e os funcionários conduziram Gaeta até Jinga, que o esperava numa grande praça, cercada por seus guarda-costas e atendentes. Sempre consciente da impressão que causava, Jinga caminhou regiamente em direção ao frei Gaeta, ajoelhou-se diante dele e beijou com profunda devoção um crucifixo que ele lhe estendeu. Ainda ajoelhada, Jinga pronunciou estas palavras: "Agora sim, viveremos em paz e alegria". Mas a declaração extravagante de Jinga estava longe de terminar. Depois que se levantou, ela deu as boas-vindas ao frei Gaeta e se dirigiu a ele como o "sacerdote de Deus" que viera trazer-lhe descanso num momento em que queria parar de lutar. Depois que Gaeta respondeu com palavras de conforto, ela sinalizou aos seus guardas para que disparassem salvas de boas-vindas. Todos seguiram então o grupo até a residência de Jinga. Seus músicos tocavam cornos, tambores e outros instrumentos enquanto o povo cantava e as mulheres ululavam alto. Jinga conduziu o grupo ao pátio de sua residência, onde erguera uma plataforma com elaboradas colunas de madeira, na qual seus arqueiros, vestidos com sedas e panos de diferentes cores, estavam em posição de atenção. No meio do pátio, Jinga montara três assentos, um sob um dossel branco para si mesma, um segundo assento não muito afastado do seu para frei Gaeta e um terceiro para Peixoto. Todas as outras pessoas ficaram de pé enquanto Jinga ouvia frei Gaeta recitar suas mensagens políticas e religiosas.[66]

Mas a profunda reverência que Jinga mostrou a Gaeta e sua aparência externa de devoção sincera e disposição de ouvir as mensagens religiosas não eram o fim do que ela havia planejado. Após a reunião formal, conduziu o frade à sala onde pusera o crucifixo da campanha de Mbwila. Ela o pendurara sobre o altar, que estava "enfeitado com várias sedas" e onde velas estavam acesas e tochas queimavam. Depois que ambos beijaram os pés do crucifixo, Jinga confessou ao frade que, embora as ações portuguesas a tivessem afastado da Igreja, ela estava pronta para "parar de adorar ídolos". "Todo o meu povo", disse ela, "seguirá o meu exemplo e se converterá à mesma fé." Dentro de poucos dias, ela emitiu ordens para que trouxessem materiais de construção, a fim de construir a primeira igreja simples.[67]

A nova devoção de Jinga, no entanto, não garantia que ela assinaria o tratado. Com efeito, quando ficou doente, poucos dias após a construção da igreja, os elementos anticristãos de sua corte não perderam tempo em pôr a culpa de sua doença na paixão pelo crucifixo e pelo culto cristão. À medida que sua doença piorava e os remédios de ervas e objetos e marcas rituais que seus curandeiros e feiticeiros prescreveram não conseguiam melhorar sua saúde, aumentaram as chances de Jinga não sobreviver para supervisionar a transformação política e religiosa que esperava efetuar em Matamba. Na verdade, sua doença proporcionou uma chance para que alguns de seus curandeiros tradicionais, muitos dos quais se sentiam marginalizados, se afirmassem e tratassem de recuperar um pouco de seu poder.

Mas Jinga sobreviveu a essa provação, assim como já acontecera em tantas outras ocasiões.[68] Após sua recuperação, ela pôs uma fé ainda maior no frei Gaeta. Durante a pior parte de sua doença, ele rezou com ela e até a encorajou a remover e a queimar os objetos rituais que seus sacerdotes puseram em seu pescoço. Ele os substituiu por um cartão pendurado numa corrente de seda que trazia uma imagem da Santíssima Virgem Maria e as palavras: "Na vossa concepção, Virgem, Imaculada fostes: Rezai por nós ao vosso Pai, cujo filho gerastes". O frei Gaeta pôs a corrente de seda ao redor do pescoço dela e a instruiu a segurar o cartão com carinho na mão e invocar o nome da Virgem Maria sempre que pudesse. Sua recuperação, alguns dias depois, convenceu Jinga de que sua decisão de trocar os rituais imbangalas/ambundos pelos cristãos estava correta.[69]

A recuperação de Jinga e a nova devoção aos rituais católicos não diminuíram de forma alguma seu desejo de ter certeza de que os portugueses não a enganariam para tomar seu reino. Nos últimos dias de setembro, à medida que suas forças retornavam, ela e seus conselheiros participaram de uma maratona de discussões com Peixoto, frei Gaeta e outros representantes portugueses. Ela e seus conselheiros estudaram cada palavra do rascunho do tratado de paz. Opuseram-se vigorosamente aos termos pelos quais ela teria de pagar um tributo anual ao rei português. Com efeito, Jinga achou os portugueses presunçosos por incluir essa condição e a criticou acerbamente. No final, ela disse calmamente a Peixoto e à delegação portuguesa que, se o rei português lhe devolvesse o reino de Ndongo, que tomara dela pelas armas, estaria agindo como um cavalheiro; mas, se ele lhe desse todo o Ndongo junto com as terras de Angola que tirara dela, estaria agindo como um bom cristão. Ela estava voltando ao cristianismo por sua própria vontade, explicou, e não queria construir apenas uma igreja, mas muitas em Matamba. Ela seria "uma amiga dos amigos e inimiga dos inimigos" dos portugueses, como o tratado exigia, desde que houvesse uma "paz verdadeira e genuína". Voltando à questão de pagar tributo ao rei português, Jinga explicou que isso estava fora de questão:

> Em relação a pagar o tributo que vós reivindicais de mim, não há motivo para fazê-lo, porque, tendo nascido para governar o meu reino, não devo obedecer ou reconhecer outro soberano, e de Senhora absoluta tornar-me uma serva e escrava seria um grande embaraço. Agora que abracei a fé de Cristo para viver em tranquilidade e terminar minha vida em paz, faço o que eu não desejava fazer no passado, enquanto eu era uma imbangala, e no auge de meus muitos problemas e perseguições. Se os portugueses querem um presente de mim todos os anos, eu lhes darei voluntariamente, contanto que eles também me deem um, para que ambos nos tratemos com cortesia.[70]

Jinga prevaleceu. O tratado que foi finalmente assinado não mencionava o pagamento de um tributo anual ao rei português.[71] Durante as etapas finais das negociações, Jinga também convenceu Peixoto e os outros representantes portugueses a concordar que o rio Lucala seria a fronteira entre o reino de Angola português e seu reino de Matamba.[72]

Àquela altura, tanto Peixoto quanto o padre Gaeta estavam convencidos da seriedade de Jinga e enviaram uma mensagem ao governador para avalizá-la. Frei Gaeta já havia contado a frei Cortona sobre as mudanças que testemunhara. Pouco depois da sua chegada, ele escreveu a Cortona para dizer que a achava "completamente diferente do que me foi apresentado, eu digo e afirmo que ela não é o que era, ela se tornou outra pessoa, pacífica, piedosa e devota".[73] O governador levou em conta as opiniões do frei Gaeta e de Peixoto. Confiante agora de que a mudança de Jinga era genuína, Sousa Chichorro emitiu a ordem para a libertação de Bárbara de Ambaca e lhe deu permissão para partir para Matamba, mesmo antes de receber os escravos que faltavam.

Acompanhada por uma pequena escolta portuguesa e por frei Ignazio de Valsassina, o capuchinho que lhe arranjara o alojamento em Ambaca,

Bárbara partiu em 1º de outubro de 1656. Frei Ignazio permaneceria em Matamba com Bárbara por quatro anos.[74] Quando o grupo cruzou o rio Lucala e pisou no solo de Matamba, o ímpeto da multidão foi avassalador, pois as pessoas vindas de todas as partes do país se esforçaram para vislumbrá-la. Muitas não voltaram para suas aldeias, mas simplesmente se juntaram ao grupo e seguiram até a corte de Jinga, onde Bárbara e sua comitiva chegaram no dia 12 de outubro.

Uma semana antes, os emissários de Jinga haviam chegado a Luanda e entregado ao governador Sousa Chichorro os artigos da paz. Jinga esperou impaciente pela resposta do governador. Ela sabia que não poderia ver Bárbara até que o governador confirmasse o conteúdo do acordo e o tornasse público. Depois que chegou a resposta do governador, Jinga e seus funcionários não perderam tempo para iniciar os procedimentos finais.[75]

Uma multidão de pessoas, entre elas membros das forças militares e funcionários da corte, saudou a chegada de Bárbara à corte. Assim que Jinga pôs os olhos na irmã, suas emoções transbordaram. Ela se jogou ao chão diante de Bárbara, esfregando-se no solo como era costume quando uma pessoa recebia um favor ou quando os dependentes prestavam homenagem a senhores ou superiores. Dada a permissão para se aproximar de Bárbara, Jinga beijou a mão da irmã e se ajoelhou mais uma vez, inclinando-se até o chão de novo. Após esse cumprimento cerimonial, as duas irmãs abraçaram-se por muito tempo ternamente, sem dizer uma palavra, mas beijando-se muitas vezes.[76]

Terminada a saudação altamente emotiva, Jinga e seus auxiliares tiveram imediatamente uma audiência com Peixoto, capitão Carasco, Bárbara e o escriba oficial, além de frei Gaeta. Ambas as partes ouviram a leitura feita por um funcionário em voz alta e em quimbundo de cada uma das condições da paz. Os termos formais do acordo eram os mesmos com que Jinga havia concordado. Enquanto eram lidos, o escriba português registrou os seguintes artigos: Jinga concordava em reconciliar-se com a Santa Igreja Católica, em pedir imediatamente sacerdotes e padres, em construir uma igreja para frei Gaeta e permitir que ele batizasse todas as crianças nascidas após a assinatura do tratado. Jinga também teria de fazer um anúncio público para informar a seu povo que o frei Gaeta tinha autoridade para se livrar de todos os ritos e práticas imbangalas em Matamba. Além disso, Jinga deveria passar a obedecer ao rei João IV e teria de enviar seu exército para qualquer parte de Angola sempre que houvesse um pedido do representante do rei. Jinga também concordava em enviar seu exército para disciplinar os sobas rebeldes, a suas feiras, em entregar o líder imbangala Kalandula a Sousa Chichorro (o que fez quando apresentou sua cabeça cortada aos portugueses) e pagar 130 escravos para libertar Bárbara. O tratado prometia que o governador devolveria a Jinga as terras de Kituxela, que ela afirmava ser patrimônio seu, e concordava em mandar Kassanje e Ngola Hari repovoá-las para que os comerciantes portugueses pudessem usá-las para renovar suas provisões e viajar diretamente até a corte de Jinga. Na verdade, Sousa Chichorro já havia forçado Kassanje a devolver a gente de Jinga que ele havia capturado.[77] O acordo também obrigava as tropas portuguesas a proteger o povo de Jinga contra Kassanje ou Ngola Hari se eles violassem o tratado.

Depois que todos ouviram os termos do acordo, Jinga e seus funcionários bateram palmas, indicando à maneira formal ambundo que entendiam e aceitavam o tratado. Jinga ratificou verbalmente o acordo mais uma vez numa segunda cerimônia, enquanto seus assistentes, funcionários, espectadores, os portugueses e outros esperavam. Após a cerimônia formal, seus funcionários e todas as pessoas que se juntaram a Bárbara foram para a corte de Jinga. Lá, uma multidão de pessoas que testemunharam a cerimônia começou a bater palmas, indicando seu acordo com a aprovação verbal de Jinga. Ao ouvir o aplauso da população, Peixoto e Carasco souberam que a parte formal da cerimônia acabara. Eles entregaram Bárbara a Jinga. Nesse momento, Jinga e todos os seus funcionários puseram sua marca no documento, que também foi assinado pelo frei Gaeta, por Peixoto e Carasco.[78] A longa espera acabara. A paz, cuja negociação levara mais de um ano, foi finalmente assinada em 12 de outubro de 1656.

Uma vez assinado o tratado e com Bárbara oficialmente livre, Jinga anunciou o início das comemorações em homenagem ao retorno da irmã. Durante vários dias e noites, Jinga e seu povo regozijaram-se com entusiasmo. Frei Gaeta reclamou muito da farra noturna e lamentou o fato de que ninguém fora à igreja para celebrar. Jinga e seu povo não se importaram com as muitas noites sem dormir, e as celebrações públicas não se limitaram à corte em Matamba. Sousa Chichorro anunciou em Luanda que Jinga concordara com os termos do tratado ao som de trombetas, e os ambundos celebraram a paz há tanto tempo desejada.

Nem todos em Luanda ficaram tão entusiasmados: os membros da Câmara que se opunham à libertação de Bárbara e ao tratado ainda aguardavam a resposta do rei a respeito do pedido de que Sousa Chichorro fosse impedido de libertar Bárbara e fazer a paz com Jinga. Em 12 de dezembro de 1656, quando a regente portuguesa, rainha Luísa de Gusmão, finalmente respondeu ao pedido da Câmara e enviou um decreto real ordenando ao governador Sousa Chichorro que não prorrogasse a prisão de Bárbara, a sorte já estava decidida. A paz estava em andamento. Os 99 escravos que o governador recebera de Jinga como resgate para a libertação de Bárbara tinham sido transportados para Pernambuco, no Brasil, e outros trinta foram enviados para cumprir os termos do tratado.[79] E, o mais importante, Bárbara estava gozando a vida de uma princesa de Ndongo no reino de Ndongo-Matamba, legado que sua irmã criara.

No próximo e último capítulo de sua vida terrena, Jinga provou que estava disposta, ao abraçar sua nova vida religiosa e política, a ir ao mesmo extremo fanático de anos antes, quando se tornara uma imbangala e sobrevivera a toda uma vida de guerras e rapina. Suas relações com os portugueses a separaram de seus colegas líderes da África Central, especialmente de Ngola Hari, que os portugueses continuaram a marginalizar e humilhar até sua morte. Enquanto ela estava ditando os termos de sua relação com o rei português e seus representantes em Angola, Ngola Hari implorava que reconhecessem os sacrifícios que ele havia feito em nome deles, inclusive a perda de seu filho na guerra contra os holandeses. Sua queixa de 1652 de que era "importunado todos os dias por pessoas que me pedem para levar as cargas de pessoas privadas para o *pumbo* [feira]" e sua solicitação para favorecê-lo com "armas quando eu as peço contra Jinga" estavam em forte contraste com o golpe diplomático e o sucesso militar de Jinga.[80]

Contudo, Jinga jamais poderia ser complacente. Ela se preparou para os desafios significativos que sabia que enfrentaria quando tomou medidas para alinhar a relação de Ndongo-Matamba com os portugueses e com Roma, a fim de garantir a independência política de seu reino.

# 7.
# A caminho dos ancestrais

Tendo finalmente alcançado a paz com os portugueses depois de décadas de guerras prolongadas e iniciativas diplomáticas tortuosas, Jinga passou os últimos sete anos de sua vida numa jornada espiritual e política sem precedentes e outrora impensável. Nesse período, investiu seus esforços na institucionalização do cristianismo em seu reino de Ndongo-Matamba, reafirmando os conceitos de nobreza com os quais crescera e se preparando para passar um reino cristão independente à sua irmã Bárbara. Embora muitos de seus oponentes, tanto dentro como fora de seu reino, não concordassem com esse programa, a reputação que Jinga ganhara de figura política dominante na África Central fazia com que poucos questionassem ou se opusessem abertamente à sua campanha para construir um novo Ndongo em Matamba.

## Uma governante cristã

Embora Jinga tenha confidenciado ao frei Gaeta seu profundo desejo de retornar à fé católica, seu renascimento espiritual foi um processo que se desenrolou lentamente. Ele começou na fase final das negociações de paz, quando, na verdade, ela seria capaz de dizer qualquer coisa para garantir a libertação de sua irmã. Depois que Bárbara foi libertada, Jinga não parou para desfrutar a euforia do sucesso. O próximo passo no seu programa foi transformar seus seguidores em cristãos e construir uma comunidade cristã em Ndongo-Matamba, em seus termos e sob sua liderança de rainha. Ainda que fosse sincera em seu anseio de tornar-se uma cristã devota, sua busca espiritual estava fortemente ligada à sua ideia de realeza, e ela não pretendia deixar que os capuchinhos ditassem o ritmo e a natureza da conversão cristã em seu reino. Como rainha de Ndongo e Matamba, descendente da

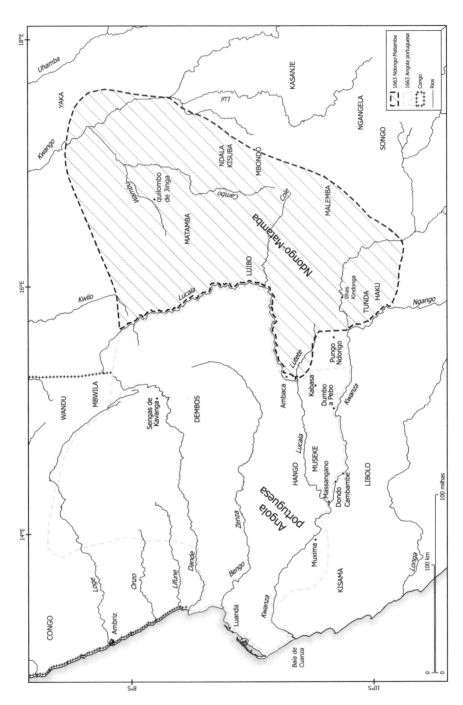

Angola portuguesa e Ndongo-Matamba, 1663.

realeza de Ndongo, ela se aferrava aos ideais políticos e símbolos que eram fundamentais para o domínio real.

Jinga articulou a ideia de seu destino de governar uma comunidade cristã como rainha cristã depois do reencontro com Bárbara, quando numa conversa com frei Gaeta comentou que a família Sousa "me deu vida, morte e ressurreição".[1] Se por vida Jinga entendia o batismo que recebeu em Luanda em 1622, quando João Correia de Sousa era governador, e por morte se referia à transformação em imbangala em decorrência das guerras de Fernão de Sousa, então por ressurreição se referia provavelmente à libertação de Bárbara, como parte do tratado de paz que assinou com Luís Martins de Sousa Chichorro. Mas essa ressurreição, de modo mais significativo, incluía também a substituição dos costumes imbangalas pelas noções tradicionais de realeza dos ambundos.

A concepção de Jinga a respeito de como uma rainha de Ndongo deveria viver tinha muito a ver com seu desejo de se estabilizar após sua retirada de Luanda em 1648, e ela adotou os adornos da realeza em parte como meio de conquistar o respeito tanto dos portugueses como de seus vizinhos. Ao mesmo tempo que comandava pessoalmente seus exércitos ou mandava suas tropas imbangalas para a batalha logo após a retirada, ela supervisionava a reconstrução de sua corte em Matamba. Uma vez que grandes áreas a leste e oeste haviam sido destruídas durante os vinte anos anteriores de guerras, Jinga escolhera um lugar para instalar sua corte no meio do país. Boa parte de Matamba permaneceria despovoada até 1658, mas a cidade e a corte que Jinga construiu eram movimentados centros de rituais e diplomacia.[2]

Jinga nunca perdia uma oportunidade para causar impressão. A residência em que recebeu frei Gaeta, em agosto de 1656, com seu grande pátio e muitas colunas de madeira, continuou a ser um centro de pompa e negócios oficiais muito depois de terem terminado as celebrações do tratado de paz. Na ocasião do primeiro encontro de Gaeta com Jinga, quando ele veio para discutir detalhes do tratado, ela mandou seus capitães reunirem mil arqueiros para servir de guarda de honra quando ele entrasse na cidade. Ela acreditava que essa exibição maciça era essencial porque a presença de Gaeta "aumentaria seu prestígio".[3] Depois da assinatura do tratado, houve muitas ocasiões em que ela recebeu delegações visitantes, entretendo-as com o que se tornou sua marca registrada. A corte sempre estava cheia de pessoas que lhe pediam audiências, e podiam ter certeza que ela lhes ofereceria um espetáculo.[4]

Jinga dava atenção especial à roupa e ao comportamento de seus guarda-costas armados de ambos os sexos. Como sempre, estava atenta à primeira impressão que poderia causar: eles eram o primeiro grupo a receber os visitantes que se aproximavam dos arredores da cidade e os responsáveis por escoltar as delegações visitantes até a cidade.[5] Jinga sempre se sentava no trono quando recebia visitantes oficiais. De acordo com Gaeta, que morou em Matamba por mais de três anos, nessas ocasiões Jinga, além de cuidar da aparência dos guardas, dava especial atenção ao seu próprio guarda-roupa. "Quando recebia embaixadores estrangeiros", observou ele, "ela estava sempre vestida com panos de seda, veludo e brocados importados da Europa, com uma coroa na cabeça, e sempre usava nas mãos, pés e braços muitos anéis feitos de ouro, prata, cobre, ferro, corais e várias contas importadas." Ela também usava o melhor dos xales locais que as mulheres valorizavam e aproveitava essas ocasiões para exibir os ricos tapetes, capachos enfeitados com contas de prata e outros itens preciosos que havia adquirido. Sua corte era mantida no mesmo padrão, e ela fazia questão de que seus muitos pajens e as trezentas assistentes pessoais também estivessem "ricamente vestidas de acordo com a maneira portuguesa".[6]

Durante seus anos de vida imbangala, Jinga havia minimizado sua identidade real ou simplesmente não tivera oportunidade de expressá-la. Depois que o tratado de paz lhe concedeu autoridade sobre uma parte do antigo reino de Ndongo e legalizou sua posição de rainha de Matamba, ela encontrou outras oportunidades para reforçar seu status real escondido havia tanto tempo. Enfatizava que possuía atributos espirituais especiais e sempre aparecia no pátio de sua residência numa hora designada para oferecer a *lunene* real [palavra real], que as pessoas acreditavam ser 'a melhor sorte do mundo'".[7] Jinga esperava deferência, e seus súditos livres, nobres ou plebeus, tinham de trabalhar três vezes por semana nas terras reais.[8] Em ocasiões públicas, ela exibia símbolos reais que possuíam grande importância para ela e seu povo, e também revivia muitos rituais. O machado de batalha, um símbolo real tradicional, era uma arma que Jinga empunhava com tremenda habilidade. De acordo com relatórios dos portugueses e dos missionários, após assinar o tratado, Jinga jogou o machado no chão e informou aos soldados que o rei português a havia derrotado. Nos anos seguintes, ela sempre exibia o machado e um arco em ocasiões públicas, e consta ter se vangloriado de que o machado não poderia ser derrotado porque era "uma arma real".[9] Mesmo depois que deixou de participar pessoalmente no campo de batalha, seus soldados acreditavam que, se recebessem os arcos diretamente de suas mãos, eles atingiriam seus alvos e seriam invencíveis.[10]

Seu desejo de manter alguns rituais e privilégios de Ndongo não contradizia fundamentalmente as expectativas que os missionários tinham a respeito dela como monarca cristã, mas ela enfrentou contestações de seu próprio povo quando tentou descartar certos ideais religiosos e práticas rituais de ambundos e imbangalas. Suas primeiras tentativas de implementar uma nova política começaram durante as negociações de 1656, quando não teve escolha senão demonstrar sua sinceridade quanto ao retorno à fé católica. Como havia feito no passado ao tomar grandes decisões, Jinga encenou sua transformação numa reunião pública com padres tradicionais.

A preservação do crucifixo que Jinga a Mona trouxera do campo de batalha e sua prática de rezar diariamente representavam uma ameaça às relações que ela cultivara com conselheiros religiosos e políticos durante sua época de imbangala. Ela precisava da confiança deles para evitar rebeliões de seus seguidores, especialmente dos poderosos capitães imbangalas. Ela arquitetou uma ruptura com as crenças espirituais tradicionais num cenário público em outubro de 1656, alguns dias antes de Bárbara chegar a Matamba, ao reunir o conselho de nove pessoas no qual ela se baseava para impor sua autoridade: os cinco poderosos *xingulas* (gangas possuídos por espíritos dos ancestrais) e seus quatro principais conselheiros políticos. Pediria aos *xingulas* que fizessem contato com seus honrados ancestrais. Ela organizara uma cerimônia semelhante em 1626, quando fugira da ilha de Danji. Naquela ocasião, os sacerdotes trouxeram o sagrado *misete* (relicário) em que ela guardara alguns ossos e pertences de Ngola Mbande; ao invocar o espírito de seu irmão, ela buscara a aprovação do espírito para sua fuga.

Trinta anos depois, os *xingulas* invocaram um panteão de cinco ancestrais. Além da *misete* de Ngola Mbande, havia quatro outras que guardavam os ossos de quatro capitães imbangalas reverenciados, que alcançaram o status de ancestrais após a morte. Jinga sabia que precisava obter a aprovação dos antepassados, além da de seu conselho, se quisesse ter êxito na substituição da ideologia e das práticas religiosas ambundos/imbangalas pelo cristianismo.

O padre Zelotes, o sacerdote do Congo cuja vida Jinga salvara após a sua captura na campanha de Wandu de 1648 e que desde então se tornara um dos favoritos de sua corte, compareceu à cerimônia. Foi a única testemunha ocular do evento e, mais tarde, relatou ao frei Gaeta como Jinga conduzira a reunião. Ela ficou diante dos membros do conselho e dirigiu-se a um deles de cada vez. Disse-lhes que frei Gaeta, um ganga cristão, lhes ensinaria a "lei de Cristo". Os cristãos, explicou ela, acreditavam que Cristo era "o Deus do céu e da terra". Ela anunciou então que pretendia seguir a lei cristã, já que tinha sido batizada quando jovem ao ir a Luanda como embaixadora de seu irmão. Mas, antes de abandonar suas crenças ambundos/imbangalas, ela precisava saber a opinião deles. Isso era extremamente importante, disse ela, porque, depois que abraçasse a lei cristã, teria de remover a *misete* dedicada a "nossos mortos", e não poderia mais realizar nenhum dos sacrifícios que faziam parte de seus rituais. Ela terminou perguntando: "Que me dizem disso, qual é o vosso sentimento?".[11]

Depois que Jinga terminou de falar, contou o padre Zelotes mais tarde ao frei Gaeta, cada um dos *xingulas* foi possuído pelos espíritos dos capitães imbangalas e de Ngola Mbande, e cada espírito deu sua permissão a Jinga. Quando o padre chegasse, explicou ela, ele batizaria todas as crianças nascidas em Matamba e elas teriam de ter permissão para viver, em vez de serem mortas ou abandonadas para morrer, como se fazia no quilombo. Seguiu-se um debate animado entre os espíritos incorporados pelos sacerdotes. Um deles disse a Jinga que ela poderia livrar-se da *misete*, que poderia rejeitar todos os rituais imbangalas, mas sempre haveria outros para honrá-los em outras regiões.

No final, os quatro espíritos imbangalas afirmaram que tinham sido criados como imbangalas e seguiram Jinga, que lhes dera um lar. Se queria viver como cristã, disseram eles, como rainha, ela era livre para fazê-lo. Jinga ouviu particularmente o sacerdote através do qual falava o espírito de seu irmão, Ngola Mbande. Quando ele vivia no mundo, disse, nem ele nem um único de seus antepassados tinham sido um imbangala. Tranquilizou Jinga dizendo que estava satisfeito com tudo o que ela fizera até agora e apreciava os sacrifícios que ela precisara fazer. Sim, ele preferiria que ela vivesse de acordo com as antigas tradições de Ndongo, à maneira de seus ancestrais, mas, se receber a lei cristã e viver como cristão significava que os brancos não fariam mais a guerra e permitiriam que ela vivesse em paz e tranquilidade no reino, então ele aceitava sua decisão. Os quatro conselheiros políticos deram então sua aprovação para que ela prosseguisse com sua transformação ideológica.[12]

Jinga estava agora pronta para iniciar o processo de cristianização. Isso significava dirigir frei Gaeta e trabalhar ao lado dele. A preparação de Jinga para a transição tinha sido feita com tanta habilidade, reforçada pela chegada de Bárbara e pela aceitação do acordo de paz, que ela não teve dificuldade em gerar excitação entre a população. Agora, em vez de consultar primeiro os *xingulas*, Jinga voltava-se para Gaeta, e mais tarde para o frei Cavazzi.

Os batismos em massa que ocorreram logo depois, na praça em frente à igreja recém-construída, nos dias que frei Gaeta escolheu, tiveram mais em comum com uma formação militar do que com um dos eventos mais sagrados da Igreja. Mas Jinga estava presente no início de todos eles. Em pouco tempo, seis dos principais cortesãos e muitos oficiais do exército foram batizados. Alguns batismos eram casos especiais, e Jinga deixou claro que os reconhecia adequadamente. Quando Jinga a Mona foi batizado, por exemplo, esquadrões de soldados compareceram à praça com suas bandeiras desfraldadas, ao som de tambores e instrumentos musicais antes da cerimônia religiosa. Jinga oferecia banquetes em sua residência após cada um desses batismos especiais, realizados diante de grande plateia. Depois que viu os funcionários da rainha concordarem com o batismo, a população da cidade lotou a igreja para aprender o catecismo e também se submeter ao rito. A maioria das pessoas comuns que receberam o batismo era composta por soldados que haviam levado vida nômade até então, permanecendo no máximo três ou quatro anos em um lugar antes de serem enviados para outra campanha ao capricho de Jinga e seus capitães. Até oito mil soldados e mil crianças que nasceram após a chegada do frei Gaeta passaram pela cerimônia.[13]

## Casamento cristão

Antes que fosse aceita na Igreja como membro pleno, Jinga passou por um longo período de exame de consciência e transformação pessoal. Embora ela e seus nobres tivessem aceitado até então os ensinamentos cristãos e o batismo com relativa facilidade, o sacramento do casamento monogâmico era muito mais difícil de aceitar. Os longos e acalorados debates que frei Gaeta teve com seus nobres e soldados fizeram pouco para ajudar e acabaram apenas em acusações mútuas. Os soldados comuns declararam que somente abandonariam suas concubinas se os nobres fizessem isso primeiro, e os nobres disseram que só fariam isso se seus superiores sociais dessem o exemplo. Os mais altos cortesãos tinham de apontar somente para Jinga. Era injusto pedir-lhes que abandonassem suas concubinas — um costume sagrado que haviam herdado de seus antepassados — enquanto "a rainha nossa Senhora, ainda que seja batizada [...] tem mais maridos e mais amantes do que temos esposas".[14]

Jinga teve de admitir que isso era um dilema. Ela tomou uma decisão, como sempre fazia, depois de calcular quanto suas ações fariam avançar seus objetivos. Desde a morte de seu filho recém-nascido e o incidente que levou à sua incapacidade de ter filhos tantos anos antes, Jinga tinha uma relação complicada com os homens. Durante seus anos de imbangala, possivelmente para compensar a perda do filho, ela humilhou publicamente os homens e muitas vezes ordenou que homens e meninos fossem mortos em sacrifícios rituais. Ao mesmo tempo, cercou-se de centenas de jovens viris que lhe serviam de amantes, concubinos e soldados. No entanto, ao mesmo tempo que acolhia sua irmã de volta e a designava sua sucessora, ela ainda ansiava por um filho. Chegou mesmo a afirmar em certa ocasião que somente um filho asseguraria a sobrevivência de Matamba. Um dia ela mencionou o tema para frei Gaeta e pediu-lhe que orasse a Deus, a fim de ajudá-la a conceber um filho. Fazendo tudo o que podia para controlar sua surpresa de que uma mulher de 75 anos considerasse possível ter filhos, ele aproveitou a oportunidade para abordar a questão do casamento cristão. Se ela quisesse esse presente de Deus, disse ele, teria primeiro de desistir de seus amantes e concubinos e casar-se com apenas um marido numa cerimônia católica. Isso não garantiria evidentemente que ela pudesse conceber um filho; se não conseguisse, ele não queria que culpasse a Deus. Independentemente disso, o casamento com um único homem realçaria seu status, granjeando-lhe "grande crédito e reputação no mundo" por dar um exemplo ao seu povo, e "glória e honra" no céu. Convencida por esses argumentos, Jinga concordou em casar-se na igreja, ciente de que suas núpcias estimulariam seu povo a seguir o exemplo. Ela escolheu dentre seus cortesãos um jovem chamado Sebastião, "gracioso, robusto [...] e com as feições mais bonitas", para ser seu marido.[15]

Em 30 de janeiro de 1657, cinco dias antes da data do casamento, Jinga enviou uma ordem a todos os funcionários e atendentes da corte e a milhares de soldados para que se reunissem na praça diante de igreja, agora chamada Santa Maria de Matamba. Vestida com seus trajes de guerra, mandou que efetuassem a dança militar que costumavam realizar antes de partir em campanha. Após o exercício, eles se reuniram em seus esquadrões, aguardando ansiosamente seu anúncio. Jinga estava numa grande cadeira colocada no meio da praça. Em um gesto dramático, ela pegou seu arco e se voltou para seus vassalos e as tropas. Com sua voz em volume máximo, gritou: "Ouçam, meus queridos vassalos, quem pode derrotar este arco e flecha de sua rainha Jinga?". Eles responderam: "Ninguém jamais fez isso porque milhares de homens viriam em sua defesa". Jinga continuou: "Quero dizer-lhes que o *manipulo* venceu, e, porque já estou velha, não desejo mais ir à guerra contra o povo dele. Já estou vivendo em paz com ele, e mais glória virá a mim através dos padres que vieram de Roma e que nos reconciliarão com a Santa Igreja Romana. [...] Eu abraçarei a santa fé católica que antes eu professava, e na qual irei morrer". Ela admitiu que entregara escravos aos portugueses para reaver sua irmã, e tudo estava como ela desejava. Quando Jinga parou de falar, Bárbara apareceu e se jogou ao chão diante dela, revirando-se na poeira numa demonstração de gratidão, como a própria Jinga fizera quando ela lhe foi apresentada, finalmente livre.[16]

A cerimônia tinha a ver com o estabelecimento de exemplos. Ela dirigiu-se novamente à multidão, proclamando que Jinga a Mona, o capitão do exército, aceitara o batismo. E, o que era mais importante, ela mesma havia escolhido um homem para se casar que já havia sido batizado. Anunciou que Bárbara também se casaria com o *mwene lumbo* Ngola Kanini, agora conhecido pelo nome cristão de João Guterres Kanini, logo que fosse confirmado que sua primeira esposa estava morta. Convocou então todos os presentes a desistir de seus múltiplos parceiros e adotar uniões monogâmicas, comparecer às aulas de catecismo e concordar com o batismo.[17]

Em 4 de fevereiro de 1657, depois de ter dispensado os mais de quarenta maridos ou concubinos que mantinha, Jinga casou-se com Sebastião em cerimônia na igreja.[18] Embora seu esposo fosse décadas mais jovem do que ela e não tivesse sangue nobre — era filho de um escravo que fugira de Luanda e se alistara em suas tropas —, ela o honrou imediatamente com o título de "marido de Jinga" (não de "rei") e concedeu-lhe quinhentos escravos para que pudesse viver como nobre.[19]

O casamento de Bárbara foi mais complicado. Jinga escolhera João Kanini porque ele era um parente de sangue e, portanto, elegível para governar. Ela o capturara na batalha em apoio de Ngolome a Keta, em 1644, e, em vez de matá-lo, fez dele seu *mwene lumbo*, o zelador da casa. Ele tinha todas as qualidades às quais ela dava preferência. Além de ser um parente próximo, devia lealdade a ela por tê-lo libertado depois que o aprisionara. Além disso, já era católico. Ela esperava que, ao selecionar um de seus parentes, o trono permaneceria dentro de sua linhagem. Quando chegou de Massangano a notícia de que a primeira esposa de João Kanini ainda estava viva, Jinga foi obrigada a cancelar o noivado. Relutante, deu permissão para Bárbara casar-se com Jinga a Mona, agora chamado de Antônio Carasco Jinga a Mona. A detalhada cerimônia de casamento católico de Bárbara ocorreu em 9 de setembro de 1657. Embora as duas irmãs não confiassem em Jinga a Mona — afinal, ele não era de linhagem real, mas um imbangala e escravo —, Jinga reconheceu que ao longo dos anos ele a servira fielmente. Desse modo, ela o honrou não apenas com a mão de sua irmã, mas também com um título de nobreza.[20]

As decisões ousadas de Jinga causaram um impacto imediato. No início de março de 1657, sua capital, cujo nome ela mudara para Santa Maria de Matamba, em homenagem à igreja que havia construído, já contava com 2506 cristãos batizados e muitos de seus súditos estavam tendo aulas de catecismo. Entre os primeiros convertidos estavam muitos dos funcionários de Jinga, entre eles oitenta macotas (chefes de linhagem) e suas esposas. Durante esse período, Jinga e Bárbara dedicaram toda atenção à igreja, comparecendo à missa três vezes por semana e participando da procissão sagrada, um evento semanal às sextas-feiras, em que as pessoas seguiam o frei Gaeta enquanto ele carregava o Santo Crucifixo ao redor da praça. Durante essas procissões, seis jovens ambundos faziam penitência açoitando-se com correntes de ferro.[21]

### Jinga, os portugueses e o Vaticano

Depois que ela e Bárbara realizaram suas cerimônias de casamento cristão, Jinga começou uma campanha sistemática para que o cristianismo católico de estilo europeu se disseminasse entre seu povo, instando os membros da corte a se batizar e viver como cristãos. Ela tinha motivos políticos para promover essa transformação cristã de Ndongo-Matamba. Embora o tratado de paz tivesse cedido aos portugueses certas terras em torno de Ndongo e na região dos Dembos que Ndongo tradicionalmente controlava ou que ela conquistara, Jinga ainda precisava garantir que Matamba e as áreas de Ndongo sob seu controle permanecessem independentes. Entre janeiro e setembro de 1657, ela retomou os contatos diplomáticos políticos e religiosos com Roma que havia iniciado quase uma década antes, enviando quase dez cartas ao governador Sousa Chichorro, ao rei João IV em Portugal e, o mais importante, a autoridades eclesiásticas em Roma. Como veremos, chegou até a designar um de seus conselheiros para encabeçar uma embaixada oficial ao Vaticano. Nessa época, frei Gaeta já era seu confessor pessoal, conselheiro e defensor político, e ela não hesitou em usá-lo para transmitir suas mensagens e providenciar os detalhes da viagem de seu embaixador a Portugal e Roma.

As cartas e as embaixadas de Jinga aos portugueses e às autoridades de Roma contêm elementos que mostram seus motivos políticos e religiosos. Nas cartas que seus emissários entregaram ao governador de Luanda, por exemplo, Jinga usou seu título de realeza (rainha) para referir-se a si mesma, junto com o nome quimbundo (Jinga) e seu nome cristão (dona Ana). Essas cartas sempre destacavam sua conformidade com os termos do tratado de paz, com o objetivo de tranquilizar os funcionários portugueses céticos quanto ao seu compromisso de aderir a todas as condições. Ela enfatizava sua seriedade em relação à nova religião e fornecia detalhes sobre a propagação dela entre seus seguidores. Seu objetivo era assegurar aos funcionários portugueses de Luanda e Lisboa que ela não só era séria a respeito da paz como a nova fé a colocava em igualdade espiritual com eles. Em janeiro de 1657, menos de três meses após a assinatura da primeira cópia do tratado, ela enviou uma carta ao governador Sousa Chichorro que falava de sua aceitação do cristianismo. Nela, dizia que se tornara sua "parente espiritual".[22] Três dias depois, escreveu-lhe outra carta, essa de natureza mais política, em apoio a Peixoto, que fora tão importante no direcionamento das negociações de paz à conclusão bem-sucedida. Ela o elogiava pela dedicação e paixão que mostrara e por ter um conhecimento tão profundo de quimbundo: ele era "o melhor linguista em meu reino porque nasceu em Angola e foi criado por seus avós".[23]

Em março de 1657, Jinga enviou novamente seus cortesãos ao governador com a notícia de seu casamento católico e também com um jovem escravo de presente. O governador Sousa Chichorro estava ansioso para transmitir às autoridades de Lisboa as boas-novas da rápida propagação do cristianismo em Matamba. Em sua carta de congratulações a Jinga, ele a chamava de "filha" e mandava de presente uma peça de joalheria composta de muitas pérolas, no meio das quais estava uma imagem da Virgem Maria. O governador também enviou ao rei cartas detalhadas sobre os acontecimentos em Matamba.[24]

Jinga fazia de tudo para demonstrar que era agora uma forte aliada dos portugueses. Em resposta ao presente de casamento, enviou ao governador outro jovem escravo, destinado a servir como carregador. Em agosto daquele mesmo ano, escreveu novamente a Sousa Chichorro, dessa vez oferecendo-se a enviar seu exército para participar de uma guerra contra o rei do Congo, a quem os portugueses acusavam de abrigar escravos fugitivos. Ao saber da morte do rei João IV, em novembro de 1656, pouco depois de a paz ter chegado finalmente a Ndongo-Matamba, Jinga declarou um período de luto público em sua memória e, seguindo o costume português, ela mesma vestiu luto.[25]

Grande parte dos contatos escritos e verbais de Jinga com os portugueses de Luanda nos cinco anos que se seguiram a essa série de cartas de 1657 concentrou-se em sua crescente inquietude em relação às operações militares deles. Ela fazia questão de responder a seus pedidos persistentes para que resolvesse disputas comerciais que surgiam entre os muitos comerciantes portugueses e os seus representantes, que começaram cada vez mais a se mudar para Matamba em decorrência do acordo de paz. Uma dessas cartas foi escrita em resposta àquela que recebera do soldado/cronista português Antônio de Cadornega, que se tornara juiz em Luanda e escrevera a Jinga após uma reunião com frei Gaeta. Disposta a construir uma igreja inspirada nas que vira em Luanda, ela pedira a Gaeta que recrutasse artesãos, carpinteiros, canteiros, pedreiros e trabalhadores em ferro especializados. Ela lhe dera uma soma para pagar adiantado aos proprietários de escravos pelo aluguel dos serviços de seus cativos para que pudessem ser enviados a Matamba. Quando circulou a notícia de que Jinga estava planejando um grande projeto de construção, escravos de propriedade dos portugueses de Massangano fugiram e tentaram chegar à região. Cadornega escreveu a Jinga pedindo que ela resolvesse o problema. Em sua resposta, ela negou que seu povo tivesse aceitado ou vendido escravos portugueses fugitivos e pôs a culpa em indivíduos que queriam perturbar a paz de que ela e seu povo estavam usufruindo. Desafiou-o a questionar todos os *pumbeiros* (africanos que traficavam escravos em nome de seus proprietários portugueses) de sua corte sobre a mercadoria que seus donos lhes haviam dado para comprar escravos. Terminava a carta frisando que, quando vendia escravos a agentes portugueses, sempre os advertia de que deveriam trancá-los; mas, em vez disso, parecia que a maioria deixava os escravos soltos. Eles assumiam um risco.[26]

Apesar de muitas cartas ao governador e sua exibição pública de amizade, a desconfiança de Jinga em relação aos portugueses nunca diminuiu. Ela continuou a cultivar sua relação com os capuchinhos, que sabia que facilitariam as relações diplomáticas que queria com o papa. Enquanto seus emissários estavam em Luanda entregando suas cartas e relatando ao governador as muitas coisas maravilhosas que Jinga estava fazendo para promover o cristianismo em Matamba, ela continuava a avançar com sua diplomacia religiosa. Não estava satisfeita com a qualidade dos frades que tinham vindo de Luanda e, de fato, já havia demitido vários deles. Decidiu então pedir capuchinhos diretamente a Roma.

Em agosto e setembro de 1657, Jinga escreveu várias cartas ao papa e à Propaganda Fide informando que chegara finalmente ao conhecimento do Deus verdadeiro e estava aliviada por não estar vivendo uma vida idólatra em poder do diabo. Dizia que qualquer sacerdote que pudesse ser enviado seria recebido com boa vontade em seu reino, já que muita gente de seu povo estava ansiosa para ser batizada.[27]

Confiando no conselho de frei Gaeta, em agosto desse ano ela já havia elaborado um plano minucioso para que o papado a reconhecesse como uma monarca cristã e Matamba como um Estado cristão. Um de seus conselheiros, João, que falava e escrevia em português, encabeçaria uma missão oficial a Lisboa e Roma. Ela deu a ele um dos títulos mais altos de sua corte — *mwene makau* (escanção-chefe) — e selecionou seu *tendala* e um macota para acompanhá-lo. Também pôs à disposição de João vários escravos para que pudesse viajar no estilo associado à realeza.[28] Em 8 de agosto de 1657, João partiu de Matamba com as cartas que lhe foram confiadas por Jinga e que deveria entregar pessoalmente às autoridades de Luanda, Lisboa e Roma. Uma das cartas era endereçada à rainha Luísa de Portugal, viúva do rei João IV, então regente, em nome de seu filho e futuro rei Afonso VI. A carta de Jinga expressava à rainha suas profundas condolências pela morte do marido e agradecia respeitosamente pela finalização do tratado de paz.

Jinga esperava que a carta convencesse as autoridades portuguesas de Luanda de que seu único propósito ao enviar João a Portugal era transmitir suas condolências pessoalmente à rainha. Evidentemente, isso estava longe da verdade. Seu verdadeiro objetivo era que frei Serafino da Cortona e outros capuchinhos de Lisboa arranjassem para que João pudesse viajar a Roma e entregar as cartas que ela escrevera à Propaganda Fide e ao papa. Acreditando que eles poderiam ajudá-lo a enfrentar a burocracia em Luanda e Lisboa, ela confiou os arranjos da viagem de João aos freis Gaeta e Cortona, prefeito da missão sediada em Massangano.

Jinga fez Gaeta jurar segredo depois de discutir os planos com ele. Ela temia que, se a notícia chegasse aos comerciantes portugueses de Matamba ou a membros de outras ordens religiosas em Luanda, eles tentariam prejudicar a embaixada. Em 15 de agosto, escreveu a Cortona, compartilhando todos os detalhes com ele e pedindo-lhe ajuda. Ela enfatizava ao sacerdote que era imperativo que João viajasse a Roma para entregar sua carta pessoalmente ao papa. Queria que o papa soubesse que o aceitara como "padre universal de todos os cristãos", e esperava que em seu nome João "beijasse seus pés e pedisse sua bênção para a filha que sou da Igreja". Sem deixar nada ao acaso, ela contou a frei Cortona que havia "assinado com meu sinal da cruz e selo" para provar a todos que João era realmente seu embaixador.[29]

Jinga confiava implicitamente no frei Gaeta, sabendo do profundo comprometimento que ele tinha com o projeto cristão dela. Decorrido um ano de sua presença na corte, ele não só se tornara seu conselheiro espiritual, mas também seu confidente político. Por sua vez, Gaeta, vendo uma oportunidade para os capuchinhos espalharem a notícia em Roma e em "toda a cristandade" da conversão de uma "rainha pagã" que prometia total lealdade ao papa, servia de canal de comunicação entre Jinga, seu embaixador e frei Cortona.[30] Em 20 de agosto, ele escreveu uma carta a Cortona em que fornecia mais detalhes sobre a embaixada e pedia que ele jurasse segredo, como ele próprio havia jurado. Gaeta implorava a Cortona que encontrasse um professor que desse lições de etiqueta europeia ao embaixador de Jinga antes de partir para Lisboa. Ela estava ciente da importância da aparência e pretendia fornecer escravos a João, "de modo que se façam coletes e roupas adequadas para ele usar durante a viagem a Lisboa", bem como um guarda-chuva (para indicar seu status) e cinco ou seis servos. João levaria um ou dois desse grupo com ele para Roma e os outros o aguardariam em Lisboa. Os capuchinhos envolvidos na promoção da diplomacia papal de Jinga sabiam que poderiam fortalecer o pedido dela se pudessem mostrar que as autoridades portuguesas estavam obstruindo o avanço missionário do papado. Frei Gaeta disse a Cortona que, se as autoridades portuguesas de Luanda impedissem o embaixador de Jinga de sair, ele deveria espalhar em Lisboa e Roma que os portugueses haviam impedido o embaixador de levar carta de condolências de Jinga para a viúva e o filho menino do rei João. Isso reforçaria a simpatia dos cardeais pelos pedidos de Jinga.[31]

Mas João nunca partiu de Luanda. Em maio de 1658, João Fernandes Vieira substituiu Sousa Chichorro no governo de Luanda e impediu sua partida. Sousa Chichorro havia dado sua aprovação e, com efeito, João deveria

Carta de Jinga ao frei Serafino da Cortona, 15 de agosto de 1657.

viajar no mesmo navio em que o ex-governador regressava a Lisboa. Fernandes Vieira anunciou sua decisão de deter a partida do embaixador para Lisboa numa audiência pública, na qual João fez uma apresentação aos funcionários sobre as razões pelas quais Jinga desejava que ele fizesse a viagem. Vieira baseou sua posição num decreto real que determinava que "nenhum Senhor etíope [africano] deveria viajar ou enviar uma embaixada à Europa". Mesmo que seus conselheiros ameaçassem romper a paz em reação ao insulto, Jinga não teve escolha senão chamar de volta seu embaixador. Foi um tremendo golpe para ela. Mas permaneceu exteriormente imperturbável, pois já havia designado frei Cortona para ser seu enviado e representante em Roma. Antes de retornar a Matamba, João entregou a Cortona as cartas que deveria ter levado para a Europa, junto com as instruções verbais que Jinga lhe dera.[32]

A frenética tentativa de aproximação de Jinga com Roma contrastava fortemente com suas relações com os portugueses. Depois de ter alcançado seus objetivos de libertar a irmã e estabelecer as fronteiras ocidentais de Matamba, os portugueses eram menos importantes para seus planos. Ela ainda mantinha contato com as autoridades de Luanda, mas o número de cartas que escrevia começou a diminuir consideravelmente. Ademais, suas respostas careciam dos detalhes, da urgência e do desespero das anteriores a 1658. Ela escrevia, sobretudo, sobre a questão ainda contenciosa de sua relação política com sobas que anteriormente havia subjugado e sobre os quais os portugueses reivindicavam agora soberania, ou com aqueles que haviam sido seus aliados durante a guerra. Jinga tinha consciência de que o tratado não resolvera todas as disputas políticas com seus antigos rivais, e eles sabiam que ela ainda tinha capacidade de mobilizar uma aliança antiportuguesa. Com efeito, em agosto de 1658, o novo governador Fernandes Vieira escrevera em relatório a Lisboa que um desses sobas se recusava a obedecer a seus pedidos e até lhe enviara uma carta afirmando que juraria lealdade apenas ao "rei do Congo e à rainha Jinga". Ele estava pronto para fazer o que esses governantes mandassem, mas não o faria para o rei de Portugal.[33] As cartas que Jinga recebia das autoridades de Luanda vinham muitas vezes depois de ordens de Lisboa para permitir que os missionários de Roma fossem a Matamba com o propósito de batizar o povo e converter os chefes de Jinga. Os mesmos funcionários receberam também ordens para manter uma correspondência aberta e amizade com Jinga, de modo que, "após a morte dela, seus funcionários continuassem obedientes ao rei".[34]

Jinga ainda mantinha relações oficiais com os soberanos do Congo e recebia periodicamente seus enviados, bem como trocava cartas com eles. Essa situação levou o governador Vieira a declarar guerra contra o Congo em março de 1659. Vieira afirmava ter recebido notícias de que o rei Garcia II renovara sua aliança com Jinga, "nossa inimiga principal", e advertia que, se ele não declarasse guerra unilateral, Congo e Matamba voltariam a se tornar aliados e levariam consigo muitos sobas, "alguns voluntariamente, outros por medo".[35]

Ao mesmo tempo que mantinha as relações com os portugueses no mesmo patamar, Jinga continuava os esforços para iniciar um contato direto com o papado. Ela escreveu inúmeras cartas aos capuchinhos em Roma e no Vaticano nas quais manifestava seu profundo desejo por missionários capuchinhos e reconhecimento oficial. Em suas cartas para autoridades do Vaticano encontram-se informações que ela obtivera dos capuchinhos sobre o tratamento que Roma dispensava aos monarcas cristãos europeus e sobre o papel da Igreja na sociedade. Elas equivalem a uma verdadeira campanha para persuadir as autoridades do Vaticano de que ela era digna de ser tratada da maneira como tratariam qualquer governante cristão, da Europa ou de outros lugares.

As cartas também destinavam-se a persuadir a Santa Sé a reconhecer Matamba como um reino cristão. Numa carta escrita em setembro de 1657, que frei Cortona levou a Roma, ela dizia que o sacerdote tinha permissão para jurar em seu nome lealdade e obediência ao papa como vigário de Cristo na Terra, bem como agradecer-lhe por ter enviado capuchinhos para ela. Declarava com orgulho que ela e toda a sua corte tinham sido purificadas pelo batismo e haviam construído uma igreja. Em conclusão, pedia ao pontífice para ajudá-la a continuar no caminho que havia escolhido e mandar-lhe missionários, indulgências e bênçãos.[36]

Jinga teria de esperar vários anos até receber respostas de Roma. Embora apoiassem o trabalho missionário dos capuchinhos em Matamba, as autoridades do Conselho Ultramarino português foram inflexivelmente contra a ordem de estabelecer instituições religiosas naquele reino: temiam que isso permitisse que Jinga encontrasse novas oportunidades para desafiar os portugueses. Em janeiro de 1659, os conselheiros alertaram a rainha Luísa de que ela jamais deveria permitir que os capuchinhos construíssem uma base permanente em Luanda dedicada somente ao seu trabalho em Matamba, mas apenas um albergue onde poderiam descansar após as viagens.[37]

Com as autoridades portuguesas erguendo tantos obstáculos, tornou-se difícil para Roma atender aos pedidos de Jinga para que os capuchinhos fossem para Matamba. A campanha de cartas de Jinga continuava, com ou sem respostas. O fato de os freis Gaeta e Romano também enviarem cartas e relatos a autoridades do Vaticano em seu favor, ressaltando o impacto que a conversão de Jinga tivera nas sociedades vizinhas, manteve a campanha viva e atraiu mais capuchinhos para sua causa.[38] Jinga nunca perdeu a esperança de que receberia uma resposta positiva do Vaticano, e, depois de cada longa discussão que tinha com Gaeta e Cavazzi, ela escrevia uma carta a qualquer autoridade do Vaticano que eles sugerissem. Em dezembro de 1659, por exemplo, escreveu uma carta ao cardeal D'Este, agradecendo-lhe pelo envio de frei Gaeta, ao qual atribuía a salvação das almas dela e de seus vassalos e destacava que sua presença lhe permitira conhecer o "Deus verdadeiro" e, graças a isso, ela estava em paz "em corpo e alma". A carta terminava, como tantas outras anteriores, com o pedido de que outros capuchinhos fossem para Matamba, de modo que pudessem conferir o santo batismo às muitas pessoas do seu reino desesperadas para recebê-lo.[39]

Em março de 1661, Jinga recebeu finalmente o que tanto ansiava: uma carta de próprio punho escrita pelo papa. Datada de 19 de junho de 1660, levara nove meses para chegar. Nela, o papa Alexandre VII respondia favoravelmente a todos os pedidos de Jinga. Dirigia-se a ela como "Querida em Cristo, nossa filha Ana, rainha Nzinga", a acolhia na verdadeira religião cristã e indicava que estava orando para que seu país fosse próspero e virtuoso. O papa também escreveu sobre sua esperança de que ela especificamente, como filha de Cristo, crescesse em virtude e generosidade e que o Deus Supremo a admitisse entre os eleitos.[40]

Em sua resposta, datada de 25 de agosto de 1662, menos de um ano e meio antes de sua morte, Jinga admitia ao pontífice que não viveria para ver o pleno florescimento do cristianismo em Matamba e que a transformação religiosa que ela imaginava não poderia ser feita em um dia, mas tinha de se desenvolver lentamente. Jurava, no entanto, que, enquanto Deus lhe desse vida, "deixaria a nova cristandade em bom estado" para que, após sua morte, o seu substituto governasse um reino verdadeiramente cristão. Jinga pedia ao pontífice que pensasse com bondade em seu reino. Admitia que estava em grande necessidade de tesouros espirituais da Santa Igreja e pedia que lhe enviasse duas indulgências, uma para o Dia de Santa Ana, que ela prometia "ler na igreja que fiz em minha corte dedicada à referida santa Ana" e a outra para outra igreja que ela construíra, dedicada ao Santo Crucifixo e a Nossa Senhora.[41] Ela havia assinado suas primeiras cartas ao papa simplesmente como "Rainha Dona Anna" ou como sua filha "mais obediente e submissa"; ainda não incluíra a cruz como seu selo oficial. Mas, quando respondeu à carta em que ele lhe oferecia a aceitação oficial dela como monarca cristã, inseriu a cruz como seu selo oficial antes de seu nome.[42]

Naqueles que seriam os últimos meses de sua vida, aumentou muito o número de cartas escritas por Jinga. Em março de 1663, ela escreveu ao capuchinho Crisóstomo de Gênova solicitando que entregasse pessoalmente uma carta ao papa, bem como outra missiva endereçada ao Procurador dos Capuchinhos. Ela pedia ao frei Gênova que cumprimentasse o papa em seu nome e beijasse seus pés, e recebesse em seu nome a bênção do pontífice, bem como divulgasse o progresso do cristianismo em seu reino.[43]

Em abril de 1663, apenas oito meses antes de sua morte, escreveu outra carta ao prefeito da Propaganda Fide, dando-a novamente a frei Gênova para que a entregasse. Como de costume, agradecia ao prefeito por enviar-lhe capuchinhos, observando que eles lhe haviam trazido a "verdadeira luz" e que estavam cumprindo todos os seus deveres. Observava também que, como monarca cristã, beijava humildemente o manto sagrado do pontífice e pedia-lhe uma bênção. O ponto principal de sua carta, no entanto, era lamentar o fato de que a morte ou a doença de vários capuchinhos em Matamba deixara sua terra carente de missionários para levar adiante o trabalho evangélico. Ela temia que, sem mais capuchinhos, a situação ficasse perigosa. Aproveitava também a oportunidade para anunciar que estava construindo mais uma igreja. Além disso, dera permissão para construir uma escola em que os novos sacerdotes pudessem ensinar as crianças.[44] Como em sua carta ao papa, a assinatura de Jinga refletia sua nova posição social: ela inseriu "Filha em Cristo" e pôs a cruz cristã antes de seu nome, "Rainha Dona Ana".[45]

## Estabelecendo as bases para a transformação

A nova paixão espiritual de Jinga não se limitava a escrever cartas ou manobrar para obter o reconhecimento diplomático do Vaticano. Enquanto esperava ansiosamente a garantia de Roma de que enviaria mais missionários, ela trabalhava com os capuchinhos que já estavam em Matamba para começar a preparar as bases de sua transformação cristã. Naquela época, já abandonara suas práticas imbangalas, mas não as técnicas que utilizara

Carta do papa Alexandre VII para Jinga, 19 de junho de 1660.

salute... quàm ... filij ... incumbere ...
quarum ... et ... Christus
Dominus ... Patri ... crucem, et mortem subire
libenti animo voluit. Age igitur ... in Christo
filia Nostra generose, atque constanter prosequere
sanctum ... modis ... pietatis ... Virtutem ...
... aeternâ ... non ...
... Deo conspectum, et ... in ...
cum ... eius adiutricis ... Nos ...
... litteras à Te cedentem, et obe ...
... domino ... ...
... excipimus perbenigne, tibi per eam ...
benedictionem ... Christi ... ...
sumus. Hanc autem ... ... quæ Regiæ
Coronæ Dominiquæ tuæ, quæ ... boni Regis
fidelitas eis mini ... ... imprimitur ... ...
... aliud S. Mariam Maiorem sub annulo
Piscatoris. Die 19. Juny 1669.

como líder imbangala. Assim como reformulara as leis imbangalas quando se tornou capitã, ela iniciou o esforço de cristianização por uma campanha de construção da igreja, para que os freis Gaeta, Valsassina e Cavazzi e os poucos sacerdotes das paróquias de Matamba pudessem pregar e ensinar o catecismo ao povo. Ela aprendeu com os capuchinhos tudo o que pôde sobre celebrações e organização da Igreja na Europa, às vezes lamentando que não conseguisse promover festejos tão rebuscados. No entanto, levou a sério as informações e tentou pôr em prática alguns dos paramentos públicos esperados de um monarca cristão.

No fim de 1658, ela já havia construído três locais para altares, quatro cemitérios, logo depois das quatro entradas da cidade, e quatro igrejas novas, uma das quais era para o uso exclusivo de sua irmã Bárbara.[46] Seguiram-se outras igrejas menores, junto com pequenos altares cristãos e um cemitério maior dentro da cidade.[47]

Em 1659, Jinga decidiu mudar sua capital para cerca de dez quilômetros adiante, às margens do rio Hamba, um afluente do Kwango. Escolheu uma excelente localização para a nova cidade, num vale cercado por uma variedade de árvores. No início de 1660, começou os preparativos para a mudança e ordenou que seu povo construísse uma igreja temporária e casas para a corte. Usando materiais tradicionais, os construtores terminaram a igreja rapidamente. Em seguida, vieram sua própria residência, uma casa para os capuchinhos, e as casas para os funcionários e servidores da corte. (De início, ela pretendia que somente pessoas que haviam sido batizadas pudessem morar na cidade, mas acabou por revogar essa ordem.)

Antes da mudança, Jinga tomou uma decisão crucial que sinalizava a crescente distância entre sua nova espiritualidade e as antigas crenças ambundas/imbangalas. Foi quando decidiu entregar a frei Gaeta a *misete* de prata que guardava os restos mortais de seu irmão e outros objetos rituais. A decisão foi tomada, em parte, em resposta à pressão exercida pelo frade capuchinho e seu intérprete Calisto Zelotes, o ex-padre do Congo cuja vida ela havia poupado em 1648. Eles insistiam que ela não poderia ser considerada cristã de fato se ainda acreditasse que a *misete* lhe oferecia proteção. Ela não discordava, mas também percebia que não podia simplesmente entregar a *misete* a Gaeta sem correr o risco de uma possível revolta dos gangas, que ainda exerciam um tremendo poder espiritual sobre a população, apesar da conversão de Jinga ao cristianismo. Tal como em 1656, ela sabia que precisava do apoio não só dos gangas e *xingulas*, mas também de outros funcionários cujo apoio público seria vital para a revolução ideológica que ela estava tentando promover. Para rebater qualquer oposição pública, organizou uma de suas famosas discussões públicas, na qual as principais facções discutiram acirradamente a questão. O resultado do debate foi o esperado: não havia espaço para a *misete* na nova Matamba de Jinga. Depois, ela a levou para a igreja e, ajoelhada perante o Santo Crucifixo, entregou-a ao frei Gaeta.[48] Mais uma vez, ela conseguiu desarmar uma situação potencialmente explosiva usando uma discussão aparentemente democrática para dar mais um passo adiante em sua revolução cultural. Numa última ruptura com seu estilo de vida imbangala, ela concordou que a *misete* fosse fundida e transformada em uma lâmpada cristã para uso em sua nova igreja.[49]

Após a entrega da *misete*, Jinga e os capuchinhos conduziram a população numa procissão solene até a igreja temporária, onde se localizaria sua nova corte, chamada Kabasa (o título tradicional para a sede dos governantes ambundos) e também Santa Maria de Matamba, seu nome cristão. Eles visitaram o lugar onde ela decidira realizar um grande projeto: a construção de uma grande igreja de pedra, junto com um albergue para os frades e uma escola.

A nova igreja teria 37 por 12 metros, com varandas em todos os lados. Ela queria uma construção que reproduzisse as igrejas de estilo europeu que vira em Luanda e aproveitou todas as oportunidades para aprender, questionando os comerciantes portugueses de Matamba sobre como fazer uma edificação daquele tipo.[50] Enquanto frei Gaeta recrutava trabalhadores qualificados entre os escravos de Massangano, Jinga mobilizava homens, mulheres e crianças para começar o árduo trabalho de desenterrar e transportar pedras e vigas de madeira para o local escolhido. Em alguns momentos da operação, Jinga recrutou todos, independentemente de posição social — dos capuchinhos aos seus nobres e criados domésticos —, para cavar e transportar pedras. Evidentemente, a maioria dos operários era composta por escravos, que se contavam aos milhares, mas mais de dezessete mil pessoas livres, inclusive mulheres e crianças, também participaram. A própria Jinga carregou algumas pedras, além de fornecer refeições e outros incentivos aos trabalhadores. Ela fez questão de que os rituais cristãos em torno da construção fossem seguidos com rigor, colocando dois anéis de ouro no solo antes que os construtores colocassem as pedras do alicerce.[51]

Embora a obra demorasse três anos para ficar pronta, Jinga conseguiu construir uma igreja inteiramente de pedra num lugar onde os materiais de construção eram escassos e havia pouquíssimos trabalhadores qualificados. Após sua conclusão, em 1663, tornou-se a maior estrutura até então construída no interior de Angola. Ao lado da igreja principal havia duas capelas laterais, uma contendo o Crucifixo Sagrado que Jinga a Mona trouxera de Mbwila e a outra, uma imagem de Nossa Senhora, que foi dedicada ao Santo Rosário. Essa capela era muito importante para Jinga, que a construiu especificamente para uso da Irmandade de Nossa Senhora do Rosário, que estimulara os capuchinhos a organizar. Ela forneceu os fundos para a construção da capela e para a manutenção da irmandade.

Instisfeita por ter somente capuchinhos estrangeiros como transmissores da religião, Jinga pressionou os missionários a construir um seminário, a fim de preparar seu próprio povo para o sacerdócio. Também mandou construir uma escola ao lado da igreja. Ela não viveu para ver gente de seu povo se tornar sacerdote, mas, antes de sua morte, quarenta crianças receberam uma educação rudimentar na escola, aprendendo a ler e recebendo instrução religiosa.[52] Ao mesmo tempo que construía a igreja grande, ergueu uma menor em sua corte, que dedicou a santa Ana. Como havia feito para a grande igreja de pedra, também depositou um anel de ouro no alicerce dela. Quando a igreja ficou pronta, ela pagou o que teria sido considerado na época uma pequena fortuna — 125 ducados italianos — por uma bela representação de santa Ana, e também encomendou várias decorações de seda e brocado.[53]

Durante o período de construção dessas igrejas, o cristianismo começou a enraizar-se em Matamba, em grande medida graças aos esforços de Jinga. Ela encorajou as pessoas a frequentar as missas, a aprender os princípios mais importantes da nova religião e a batizar-se e casar. Também esperava que as crianças recém-nascidas fossem batizadas na Igreja e vivessem como cristãs. Para alcançar esse objetivo, convocou os serviços do padre Zelotes para ajudar a catequizar os adultos. Em pouco tempo, equipes de jovens que tinham aprendido o catecismo estavam ensinando aos outros. Ela mesma não perdia ocasião para levar as pessoas à igreja e estimulá-las a frequentar as aulas de catecismo — às vezes usando ameaças (afinal, tratava-se de Jinga), mas também oferecendo prêmios como incentivos. Ela mesma tornou-se professora, fazendo meninas recitarem as litanias da Virgem Santa e explicando-lhes as virtudes da virgindade.

Quando percebeu que sua campanha inicial não resultara num aumento significativo do número de pessoas que os capuchinhos acreditavam estar suficientemente preparadas para o batismo, Jinga tomou medidas mais draconianas, e foi de casa em casa solicitando às famílias que abandonassem suas concubinas e frequentassem a igreja. Decorridos cinco meses de seu próprio casamento, três mil pessoas já tinham sido batizadas, incluindo as crianças. Quando frei Cavazzi, que se tornaria o principal confessor de Jinga e permaneceria em Matamba até depois da morte da rainha, e os outros missionários chegaram, em outubro de 1658, muitas pessoas estavam ansiosas para batizar seus filhos, e catorze mães recentes os receberam e pediram batismo para seus bebês, afirmando que as crianças haviam nascido depois que frei Gaeta fora embora de Matamba, no início daquele ano. Embora Cavazzi achasse que alguns dos adultos que examinou tinham familiaridade suficiente com o catecismo para receber o Santo Sacramento, o número de pessoas que haviam sido batizadas até aquela data e que poderiam tomar a comunhão representava uma porcentagem minúscula da população.

## A batalha pelas almas

Os números simplesmente não estavam a favor de Jinga. Seria possível argumentar que o pequeno número de cristãos em Matamba decorria do fato de nunca ter havido mais do que dois capuchinhos presentes ao mesmo tempo e, sozinhos, não conseguiram atingir uma população tão grande, estimada em cerca de duzentos mil em todo o reino de Ndongo-Matamba. Mas Jinga sabia onde estava a verdadeira raiz do problema. Esses dois capuchinhos e o punhado de sacerdotes seculares não eram páreo para os milhares de gangas que continuavam a praticar os rituais e fornecer os serviços espirituais de que a maioria da população dependia. Alguns dos gangas e *xingulas* contestavam publicamente Jinga e os capuchinhos; um deles chegou a declarar, quando possuído por espíritos, que era Ngola Mbande, o criador do céu e da terra.[54]

Esses líderes espirituais tradicionais estavam em toda parte de Matamba e compunham uma força poderosa contra o cristianismo que Jinga estava incentivando. Em 1659, depois de uma missa de Páscoa em que apenas um pequeno grupo de pessoas fez a comunhão, ela decidiu que era hora de agir contra os gangas. Logo após a missa, emitiu uma proclamação exigindo que todos se ajoelhassem e demonstrassem devoção apropriada quando o sino da igreja tocasse de manhã, ao meio-dia e no final da noite, ou correriam o risco de serem presos. Em seguida, outra proclamação determinou que os gangas fechassem todos os seus acampamentos de iniciação.

Não demorou para que Jinga entrasse em discussões controversas com seus conselheiros, instando-os a promover o fim do costume dos *tambos*, as minuciosas cerimônias para os mortos que incluíam práticas tradicionais imbangalas e ambundas, entre elas, sacrifícios humanos. Numa medida teatral, ela os fez prometer que não realizariam *tambos* após sua própria morte. Muitas pessoas resistiam a essas proclamações, escondendo seus objetos rituais e continuando a realizar os ritos tradicionais em segredo nos túmulos de seus antepassados. Mas uma decisão oficial estabeleceu que toda a veneração religiosa tinha de ser feita nas igrejas cristãs através da mediação dos frades. Em novembro de 1659, os esforços de Jinga já mostravam algum sucesso: o total de pessoas batizadas aumentou para quatro mil, mas ainda era uma porcentagem pequena da população.[55]

Em junho de 1661, com a intenção de erradicar os costumes imbangalas e plantar o cristianismo em regiões fora de sua corte, Jinga enviou uma carta a frei Gaeta em Luanda, na qual informava sobre seus esforços para exortar os sobas a abraçar a fé católica e estimular seu povo a ouvir e obedecer aos missionários. Ela queria que os sobas ajudassem os capuchinhos a queimar as casas onde os gangas guardavam seus ícones religiosos e, no lugar delas, construir igrejas e erguer cruzes.[56] Enviar missionários ao interior era uma abordagem ainda mais direta. Em duas ocasiões, em 1661 e em 1663, ela enviou frei Cavazzi, acompanhado por seus funcionários, para circular pelo reino e lhe deu permissão para ir às cortes de todos os seus chefes regionais para convertê-los junto com seus povos.

Do fim de 1661 ao início de 1662, Cavazzi viajou para as províncias ocidentais de Matamba, distantes cerca de dez dias da corte de Jinga. Essa região tinha sido a parte central do reino de Ndongo e local de sua corte antes de sua fuga em 1629, depois que os portugueses mandaram tropas para a área. O secretário de Jinga (provavelmente o padre Zelotes) e um pajem acompanharam Cavazzi. O pajem atuou como intérprete, repassando a mensagem aos governantes locais em quimbundo. Quando eles chegaram às ilhas Kindonga, antigo local da corte de Jinga, Cavazzi enviou uma ordem a todos os sobas das ilhas para que viessem ouvir a proclamação de Jinga, que foi transmitida pelo pajem em quimbundo. Ele informou-lhes que a rainha enviara o padre capuchinho e seu secretário para batizá-los e às crianças, para casá-los como mandava a Santíssima Mãe Igreja e para exortá-los a "imitar seu exemplo". Jinga exigia que cada um deles construísse uma igreja em sua corte como ela fizera na dela e "erguesse cruzes e outras coisas que o sacerdote indicará".[57] Essas ordens, concluiu ele, exigiam cumprimento rigoroso de todos os ambundos.

Para aqueles ouvintes que não eram ambundos — a população local incluía escravos refugiados e outros forasteiros —, Jinga tinha um conjunto diferente de regras. Se eles se recusassem a obedecer suas instruções de desistir de seus costumes tradicionais, deveriam deixar as ilhas. O secretário concluía com a exigência de que as pessoas reunidas entregassem a Cavazzi "todas as suas relíquias". A título de exemplo, ele explicou às pessoas que Jinga entregara a *misete* que continha os restos mortais de Mbande Ngola, que levara com ela quando fugira das ilhas. Cavazzi também deu instruções sobre como construir uma igreja.[58] O frade batizou 440 crianças nessa ocasião e destruiu muitos altares e pequenos templos construídos por pescadores locais ao longo das margens do rio. Segundo a crença popular, o rio falava aos antepassados, e esses templos eram um sinal para que os ancestrais os abençoassem com uma abundância de peixes.[59]

Na segunda viagem do padre Cavazzi, em setembro de 1663, Jinga o enviou para uma área da região sudeste de Matamba, a cinco dias de distância de sua corte, e deu a ele permissão para que queimasse todos os altares em que as pessoas cultivavam suas divindades locais e erguesse cruzes em seu lugar. Em pouco tempo, ele batizou 330 crianças e vários adultos, e também queimou vários altares. Fincou muitas cruzes na estrada "para lembrar como santuários, [e] deu a cada uma o nome de um santo".[60] A campanha terminou em apenas seis semanas, pois, apesar de bem-sucedida, Cavazzi precisou retornar a Matamba porque Jinga estava doente e (como veremos) ele era necessário na corte.

Em sua própria capital, Jinga permitiu que o frei Cavazzi e os outros capuchinhos prendessem os *xingulas* e outros praticantes religiosos tradicionais, confiscassem e queimassem seus objetos rituais e templos e os entregassem a ela para um julgamento especial. Muitos dos condenados foram imediatamente vendidos a comerciantes portugueses e enviados a Luanda para o transporte "através da água salgada". Foi o que aconteceu com um sacerdote de oitenta anos chamado Nganga ya Matamba em 1661. Embora fosse um homem extremamente popular — conhecido, respeitado e temido tanto pelos capuchinhos como por funcionários portugueses —, Jinga o condenou junto com um acompanhante a ser açoitado em público depois de encontrá-los praticando rituais religiosos imbangalas/ambundos. Após a humilhação pública, vendeu-os aos comerciantes portugueses.

Nganga ya Matamba terminou em Luanda e foi transportado para o Rio de Janeiro, onde foi questionado por jesuítas. Ao perceberem que ele era um famoso ganga de Matamba que gozava de grande reputação em Angola, temeram que ele logo teria adeptos entre os escravos no Brasil. Mandaram-no de volta a Angola, mas ele morreu na viagem de retorno.[61]

Logo após o incidente com Nganga ya Matamba, Jinga prendeu sete pessoas suspeitas de estarem envolvidas em adivinhação e as condenou também. Ela enfrentou os defensores dos *xingulas* no tribunal, exigindo que eles entregassem aqueles que estavam protegendo. O dinheiro da venda dos curandeiros condenados foi para os capuchinhos, que o usaram na compra de ornamentos religiosos para a igreja.[62]

No verão de 1662, os esforços de Jinga já davam mostras de valer a pena, pois o número de cristãos em Matamba aumentara significativamente. Embora não tenhamos números exatos, um mês depois da inauguração da grande igreja de pedra, em agosto de 1663, adultos batizados eram oito mil, além dos milhares de crianças. Mais de seiscentos casamentos cristãos também foram consagrados nessa época.[63]

O empenho de Jinga em transformar Matamba numa sociedade cristã também era visível de outras maneiras. Tal como acontecera no reino do Congo, a cruz tornou-se onipresente em Matamba e substituiu muitos dos símbolos tradicionais que antes dominavam as assembleias públicas. Havia cruzes em todas as casas da cidade, e os exércitos de Jinga acrescentaram o símbolo às bandeiras e estandartes que carregavam em campanhas militares. Os sacrifícios humanos já não tinham lugar nos rituais de guerra. Os cativos que queriam ser batizados eram enviados aos capuchinhos, que os usavam para construir igrejas e trabalhar com os pobres. A atração do cristianismo se espalhara da residência de Jinga e da população central por quilômetros ao redor da cidade, e vinha gente à capital para que seus filhos fossem batizados, para ouvir a pregação dos capuchinhos ou para receber aconselhamento espiritual.[64]

O impacto da revolução cristã de Jinga não se limitava a Matamba e às regiões que ela controlava, mas já tivera repercussões nos reinos de aliados e inimigos. O imbangala Kassanje, que provocara medo nos capuchinhos ao se banquetear com carne humana quando eles estavam em suas terras durante as tentativas anteriores de convertê-lo, exigiu a presença de um deles. O frei Antonio Seravezza batizaria Kassanje e 28 de seus filhos. Ngola Hari, que havia negligenciado a promoção do cristianismo em seu reinado, pediu ao governador Sousa Chichorro que lhe enviasse capuchinhos e estava com tudo pronto para eles quando chegaram. A notícia da conversão e promoção ativa do cristianismo de Jinga também se espalhou para Libolo, uma região cujos governantes haviam resistido tenazmente aos exércitos portugueses e tinham sido alguns dos aliados mais fortes de Jinga. Eles escreveram duas vezes ao governador Sousa Chichorro pedindo sacerdotes. Embora ela não tivesse como saber disso, sua revolução cristã pegou as autoridades portugueses de surpresa; sempre que um capuchinho passava por Lisboa, era invariavelmente bombardeado de perguntas sobre a milagrosa conversão da pessoa que para eles representava o epítome do mal e da barbárie.[65]

## A face pública da cristandade

Embora sua condição de rainha lhe possibilitasse implementar a revolução social que estava começando a transformar Matamba em um reino cristão, Jinga sabia que, para que seu projeto cristão atingisse a população em geral, ela, e não os missionários, deveria ser sua face pública. Ela estava bem preparada para o desafio: durante todo o tempo havia afirmado que retornaria à religião cristã se os portugueses deixassem de fazer guerras contra ela. Jogava-se em todas as tarefas com igual dedicação, e, tal como fizera quando se transformara numa temida líder imbangala, tornou-se uma devotada adepta da fé. Imediatamente após seu casamento, pôs-se a aprender, compreender e incorporar em sua vida diária todos os elementos da fé católica. Três vezes por semana, ia até a capela que construíra para a Irmandade do Rosário e, na companhia de sua irmã, de funcionários da corte e líderes militares, de suas atendentes e outros cortesãos, fazia suas devoções.[66] Em pouco tempo, não só aprendeu a dizer todas as devoções e orações em quimbundo, mas também memorizou as palavras latinas de alguns hinos. Ela exigia que seus assistentes aprendessem a cantar com ela "os cânticos da Madona".[67] E alcançou sua maior vitória espiritual em 1660, quando, no domingo de Pentecostes, recebeu a Sagrada Comunhão pela primeira vez.[68] A partir de então, Jinga foi um modelo de devoção cristã, tão fervorosa em sua observação dos rituais que costumava passar horas na igreja, especialmente após a comunhão. Com efeito, declarou certa vez que os sábados eram "o dia da rainha" e não fazia nada o dia inteiro, mas rezava para a Virgem Maria, tendo dito certa vez a frei Cavazzi que passar o dia em devoção à Santa Mãe não era nada para ela, tão grande era o seu desejo de "homenageá-la".[69]

Ao acreditar nos missionários, Jinga também observava a virtude cristã de ser generosa para com os menos afortunados. Dava esmolas às pessoas e distribuía provisões no Natal, na Páscoa, no Pentecostes e nos dias dos santos. Fazia questão de que os capuchinhos tivessem recursos suficientes para comprar vinho, velas e outras coisas essenciais para a missa. Aproveitava todas as ocasiões que o calendário da Igreja oferecia para demonstrar sua generosidade e piedade pública. Quando deu ao padre Gaeta a *misete* com os ossos de seu irmão para ser fundida em Luanda, enviou também quatro escravos para serem vendidos, a fim de cobrir o custo do recipiente que queria para a água benta.

Em abril de 1662, durante a cerimônia de dedicação de uma pequena igreja que construíra, chamada Santa Ana, Jinga mostrou a profundidade de sua transformação religiosa ao escrever ela mesma uma oração para a santa e recitá-la em voz alta na igreja. Na oração, ela confessava a santa Ana que, apesar de ser uma pecadora indigna de seu nome, construíra a pequena igreja para homenageá-la. Reconhecendo que a Santa Mãe conhecia seus sentimentos e intenções, uma vez que Deus lhe revelara tudo, admitiu que, durante anos, tinha sido cristã apenas no nome, tendo abusado da fé através da idolatria e do derramamento de sangue inocente, mas, graças aos seus sacerdotes, Deus lhe dera a chance de penitenciar-se. A oração pedia a santa Ana que intercedesse junto a Jesus Cristo e buscasse perdão para todos os seus pecados graves. Ela queria reparar o imenso dano que causara à sua alma e às almas de tantas criaturas pelas quais Ele havia morrido. Jinga pressentia que estava se aproximando do fim da vida e manifestava contrição genuína. Rezava para que santa Ana aceitasse a modesta oferta da pequena igreja e a considerasse entre os menores de seus escravos, de modo que "por vossa intervenção em meu nome, Deus encha minha alma com graça e suas eternas bênçãos". De acordo com o relato de Cavazzi, ela mostrava um remorso tão sincero ao recitar a oração que todos os que a ouviam sentiam que viera do fundo de sua alma. Lágrimas brotavam dos olhos de todos, inclusive dos olhos dos missionários.[70]

Jinga teve muitas outras oportunidades para divulgar sua nova devoção e generosidade. Uma delas aconteceu depois da morte de frei Gaeta em Luanda, em 9 de julho de 1662. Numa cerimônia em memória das almas dos mortos que realizou em sua homenagem dois meses depois, Jinga e membros da corte rezaram uma esmerada missa de réquiem para sua alma, trajando apropriadamente luto, à moda portuguesa.[71] No dia seguinte, ela enviou provisões ao albergue para que os capuchinhos distribuíssem aos pobres, certificando-se de que havia mais do que suficiente para dar às pessoas que moravam na cidade e área vizinha.[72]

Sua exibição pública mais grandiosa de devoção e generosidade ocorreu em 12 de agosto de 1663, quando dedicou a grande igreja de pedra à Virgem Maria, numa rebuscada cerimônia. A igreja era uma realização espetacular, o edifício mais alto já construído na região. Um enorme número de espectadores, que ia desde sobas de terras próximas e distantes a europeus ansiosos para vislumbrar aquela improvável obra-prima no meio da selva, reuniu-se diante de Jinga. Ela anunciou que a primeira missa era dedicada a Nossa Senhora, que também dava nome à igreja. No altar-mor, Jinga colocou uma pintura que era uma cópia da que havia na igreja de Santa Maria Maggiore, que lhe fora enviada de Roma, e estátuas de são Francisco e santo Antônio de Pádua, presentes de Portugal.[73]

Enquanto a espiritualidade cristã de Jinga se aprofundava, ela continuava a desfazer-se de outros elementos de sua vida pagã, às vezes referindo-se a si mesma em sua correspondência oficial simplesmente com seu título real e nome cristão, "Dona Rainha Ana", em vez de usar o nome Jinga. Em certo momento, mudou completamente sua maneira de se vestir. Abandonou os primorosos panos e sedas que amava, assim como os vestidos feitos com matéria-prima local, sinal de sua condição de rainha. Também deixou de lado a moda portuguesa, bem como as numerosas pulseiras que sempre foram sua marca pessoal de rainha. Em vez disso, usava apenas dois panos para cobrir o corpo, um como saia e outro como blusa, e envolvia os ombros com um xale de fino acabamento. Em lugar dos adereços que adornavam seu pescoço e suas pernas, usava um colar com "uma Cruz Sagrada e Coroa em relevo".[74] Parecia ser uma transformação total, por dentro e por fora.

## Sucessão solidificadora e status real

O compromisso pessoal de Jinga com o cristianismo em seus últimos anos de vida representava uma expressão genuína de seu renascimento espiritual, mas seus motivos também eram, como sempre, profundamente políticos. Seu maior medo era de que, se o cristianismo não se arraigasse em Matamba e nas partes de Ndongo sob seu controle, Bárbara não fosse capaz de manter o reino após sua morte. Certa de que a única maneira de preservar seu legado real era garantir que Roma considerasse Matamba um reino cristão legítimo, ela continuou com a revolução cristã.

Jinga tinha motivos para temer o que aconteceria com Matamba quando Bárbara se tornasse rainha. Sua principal preocupação ainda girava em torno dos portugueses, que ela sabia que não hesitariam em tomar Matamba na primeira oportunidade. Com efeito, as operações militares que realizavam constantemente contra os sobas que viviam nas terras que faziam fronteira com Ndongo e Matamba a convenceram de que eles estavam inclinados a romper a paz e levá-la de volta à guerra e à insegurança. Também suspeitava que eles estivessem desgostosos por ela tê-los ignorado e procurado uma aliança oficial diretamente com o Vaticano.[75] O que mais a incomodou foram as operações de setembro de 1663 que o governador André Vidal de Negreiros empreendeu contra áreas que haviam estado sob seu controle.[76] O resultado dessas operações foi que os portugueses instalaram o próprio candidato numa região que haviam tomado de Jinga e capturaram, aprisionaram e deportaram para o Brasil alguns de seus ex-aliados, junto com mais de quatro mil outros cativos.[77] Jinga sabia que isso não era um bom augúrio para Matamba.

Ela também passou muitas noites sem dormir preocupada com a situação política interna de Matamba. Em 1663, já estava óbvio que a aprovação que recebera dos *xingulas* e de seus quatro conselheiros, pela qual eles apoiavam sua decisão de abandonar a *misete* de prata e, por extensão, os ritos e as práticas ambundas/imbangalas em favor do cristianismo, não era suficiente para garantir o pleno apoio popular à sua revolução religiosa. A oposição era cada vez mais evidente, pois funcionários da corte escondiam gangas que os missionários haviam apanhado praticando suas artes, e alguns deles se ressentiam do poder crescente que Jinga concedia aos capuchinhos.[78]

O líder da oposição não era outro se não Jinga a Mona, seu confidente e o marido que havia selecionado com relutância para Bárbara. A relação entre os dois era complicada e piorou à medida que sua jornada espiritual cristã ganhava densidade. Nascido em Ndongo, Jinga a Mona fora capturado quando criança por um dos exércitos imbangalas de Jinga e criado à maneira deles. Jinga tivera um interesse particular pelo jovem cativo, talvez vendo nele um substituto para o filho assassinado. Com efeito, seu próprio nome, Jinga a Mona — "filho de Jinga" —, refletia a proximidade da relação. Na corte, havia quem visse nele um irmão adotivo de Jinga, já que o conhecimento local o identificava como filho da mulher que fora ama de leite de Jinga.[79] Durante o período imbangala da rainha, Jinga a Mona galgara rapidamente as fileiras do exército e alcançara a distinção de general das forças armadas de Jinga. Ao longo de todos esses anos, ele nunca a desafiou abertamente, nem mesmo durante os primeiros anos do retorno dela ao cristianismo. Com efeito, corria na corte o rumor de que a história do crucifixo místico que ele havia resgatado durante a campanha de Mbwila, em 1655, era uma invenção e que, na verdade, Jinga o enviara para localizá-lo e trazê-lo para ela, numa tentativa de ajudá-la numa crise política difícil.

Mas Jinga a Mona guardava certo grau de ressentimento e ciúme dela: ele não tinha dúvidas de que ela valorizava suas habilidades militares e que era seu conselheiro mais confiável, mas ela jamais o considerara completamente seu igual, em virtude de seu passado plebeu. E, embora ele se considerasse herdeiro natural do quilombo (agora o reino de Ndongo-Matamba), Jinga anunciara que seria Bárbara — agora sua esposa — que assumiria o controle após sua morte. O vínculo entre os dois ficou mais desgastado quando Jinga a Mona percebeu que a jornada cristã de Jinga vinha também com um renovado interesse pela linhagem real que claramente o impedia de ser cogitado para futuro líder de Matamba. Por sua vez, Jinga temia e respeitava Jinga a Mona, mas, à medida que se aproximava do cristianismo, a distância entre eles crescia. Embora apoiasse abertamente o programa cristão de Jinga, Jinga a Mona cultivava ao mesmo tempo e com discrição o apoio dos gangas descontentes (sendo até identificado como líder deles e um praticante secreto de cultos não cristãos).[80] Jinga a Mona também atraía outras facções na corte que achavam que a rainha estava desistindo de muitos dos princípios democráticos que prevaleciam no quilombo, onde o mérito, mais do que o nascimento, possibilitava que os indivíduos, até mesmo humildes escravos, ascendessem a posições de liderança. Ela ainda provocava medo e certamente ainda impunha respeito como rainha, mas essas pessoas sentiam-se agora impotentes.

Jinga percebeu que Jinga a Mona não se submeteria a Bárbara. Por isso, ela o mantinha em sua confiança, não só porque suas habilidades militares excepcionais proporcionavam proteção a Matamba, mas também porque ele se submetia à vontade dela, não hesitando em seguir suas instruções e nunca questionando suas ações. Ele foi o primeiro funcionário da corte a apresentar-se para ser batizado, e deleitava-se com os elogios e a adulação pública com que ela o cobria. Estava sempre ao lado dela em suas aparições públicas. Mas mesmo assim Jinga suspeitava de um crescente afastamento de Jinga a Mona em relação à sua virada para o cristianismo. Isso ficou bastante evidente em 1659, quando de seu anúncio público de que não deveria haver mais *tambos* (sacrifícios humanos e outros rituais realizados nos enterros), nem mesmo para ela. Pela primeira vez, Jinga a Mona a contradisse publicamente, declarando que o sacrifício em homenagem a ela deixaria o povo muito feliz. Irritada por essa demonstração de independência, Jinga atacou-o, sugerindo que seus nobres seriam os primeiros a ser sacrificados, e ele estaria na linha de frente. Jinga a Mona nunca mais se opôs a ela em público, mas continuou secretamente a cultivar os gangas e, em vez de suprimir os rituais ambundos/imbangalas, ele os promovia.[81] Apesar da oposição de Jinga a Mona, a rainha perseverou em seu programa de cristianização. Seu objetivo era conquistar o reconhecimento oficial pelo papa de Matamba como Estado cristão, pois estava convencida de que essa era a única garantia de contar com um poderoso contrapeso político e ideológico aos portugueses e partidários de Jinga a Mona.

Mas a ameaça ia além de Jinga a Mona, pois a maioria do povo de Jinga ainda se aferrava às crenças tradicionais com as quais havia crescido. Com efeito, o programa monarquista de Jinga era parcialmente responsável por isso, porque ela integrara muitas das convenções da realeza de Ndongo em seus rituais cristãos. Ironicamente, quanto mais ela tentava organizar uma transição suave para se afastar das tradições militaristas imbangalas, mais ela permitia que sua ideologia monarquista ambunda influenciasse a revolução cristã. Esse viés deu a Jinga a Mona ampla oportunidade para atrair o apoio de outros membros imbangalas poderosos e cada vez mais alienados de sua corte. Ao escolher Bárbara e não Jinga a Mona para herdar seu trono, Jinga tornou oficial a ideia de que sua descendência (e de Bárbara) dos fundadores do Estado de Ndongo fazia delas as legítimas governantes de Matamba. Ainda que não tenha ouvido falar da noção de direito divino dos reis, ela via em Roma o fiador que lhe permitiria entregar Matamba a Bárbara.

Essa atitude já era evidente em 1657, durante o período de intenso envio de cartas às autoridades portuguesas de Luanda, ao papa e outros funcionários do Vaticano. Naquela ocasião, ela renunciou ao título de Ngola Jinga Ngombe e Nga (Rainha Jinga, Mestre de Armas e Grande Guerreira), que assumira quando se tornara imbangala, e passou a usar o título de rainha Jinga Ana. Além disso, em vez de se referir à sua residência como o quilombo de Jinga, ela a chamou de "nosso reino de Matamba" ou "minha corte em Matamba".[82] Porém, Jinga nunca desistiu de dois elementos centrais de sua identidade ambunda. Em primeiro lugar, a ideia de que, como descendente dos governantes do reino de Ndongo, tinha o direito inerente de governar e, em segundo, que tinha a obrigação de preservar elementos essenciais da cultura e das tradições de seu povo. Mesmo em suas últimas cartas ao Vaticano, nas quais anunciava sua fidelidade absoluta ao papa e se identificava como dona Ana, ela usou o título de rainha.[83]

As tendências monarquistas de Jinga estavam voltadas para sua agenda doméstica e secular. Seu compromisso com a realeza aumentou à medida que ela se envolvia mais profundamente com sua fé cristã. A crença em sua própria superioridade matizava todos os argumentos que defendia. Em 1659, quando soube das operações do exército português em partes de Ndongo ainda sob seu controle, ela imediatamente convocou frei Gaeta para exigir explicações. Sem lhe dar tempo para responder, fez uma longa diatribe contra os governadores e colonos portugueses. Embora ela tivesse assinado o tratado de paz, disse enfurecida, eles estavam com ciúme da paz que ela trouxera para Matamba e tentavam instigá-la a retornar à guerra para que perdesse seu reino. Ela fez uma defesa vigorosa de seu direito de governar, afirmando que "jamais provocara" os portugueses e nem mesmo tinha sido a primeira a "pegar as armas contra eles". Ela os acusou de tentar repetidamente "tirar meu reino de mim" e culpou os governadores e colonos por todas as guerras que ela travara. Explicou sua conquista de Matamba culpando os portugueses, que haviam tirado seus reinos de "Angola e Ndongo" e a forçaram a ocupar uma terra que "não era minha". No final da diatribe, asseverou enfaticamente que "nasci rainha e tenho de agir como uma rainha em tudo o que faço". Em virtude da maneira como ela percebia a ideia de realeza, insistiu que ninguém deveria questionar sua autoridade de rainha, muito menos todos os governadores portugueses, os quais desconsiderava por serem meros funcionários que "nasceram subordinados na Europa". Acusava-os de ir para Angola somente por ambição e ganância, e que todos queriam "viver como reis na África em detrimento do país".[84]

Jinga estava sempre pronta a defender seu direito de rainha e usava todas as oportunidades disponíveis para reforçar essa condição. As guerras que seu exército travou depois de 1658, quando ela já não entrava pessoalmente no campo de batalha, ainda ofereciam oportunidades para comparecer perante seu povo como líder militar e rainha. As festas da Igreja também proporcionavam ocasiões oportunas para exibir sua orientação monarquista e militarista. Ela escolheu o dia 6 de janeiro de 1661, a festa da Epifania, menos de um ano depois de ter feito sua primeira comunhão, para entregar à igreja a lâmpada que fora feita com a prata fundida da *misete* em que guardara os ossos do irmão e outras relíquias. Mandou que seus mosqueteiros e músicos tocassem música militar e dessem salvas de tiros enquanto caminhava de sua corte para os degraus da igreja. Envolta em vários xales e sedas, ela recebeu a água benta antes de entrar na igreja. No grupo de Jinga estavam Jinga a Mona, que carregava a lâmpada, um dos seus outros assessores mais velhos, que carregava o recipiente que ela fizera para a água benta, seu *tendala*, que carregava um tapete feito de ouro, e seu sargento-mor, que carregava um pedaço do mesmo tapete dourado. Jinga encabeçou a procissão até o altar. Tomando a lâmpada de Jinga a Mona, entregou-a a frei Cavazzi, junto com as outras coisas.[85]

Pouco tempo depois, ela pediu a Cavazzi que organizasse uma procissão ao redor das casas de sua corte com o Santo Sacramento. Explicou que queria fazer isso porque tinha tanto amor pelo mistério divino que desejava que todos os seus súditos o vissem e aprendessem a mostrar a devida veneração e respeito. Na manhã da procissão, ela chegou vestida com penas, joias e uma manta lindamente desenhada, elementos associados à realeza na tradição ambunda. Quando a procissão se aproximou de um altar que erguera no centro da praça, Jinga levantou-se de onde estava sentada, entregou uma vela a um de seus pajens e, pegando suas flechas e um arco, executou uma dança de guerra. Ajoelhou-se três vezes diante do altar e começou uma dança majestosa. Isso era típico da habilidade de Jinga para misturar as tradições ambundas e cristãs. Sua roupa e a dança guerreira vinham das tradições reais que aprendera nas cortes do pai e do avô, enquanto a dança em torno do altar cristão era uma tradição pela qual os portugueses de Luanda eram famosos e que ela aprendera durante sua estada na cidade, em 1622.[86]

Jinga teve algum sucesso em misturar habilmente os símbolos e rituais de seu passado monarquista com elementos do cristianismo popular. O notável é que ela viu claramente que os rituais cristãos funcionavam bem com as ideias religiosas e políticas dos ambundos sobre monarquia e tentou institucionalizá-los. Com efeito, quanto mais desenvolvia a devoção e a conduta cristãs, mais ela insistia que os funcionários da corte e outros mantivessem a deferência e o respeito tradicionais que sua pessoa real exigia. Ela esperava essa deferência em todas as circunstâncias, estivesse ela trabalhando ao lado de seu povo quando construíam igrejas, frequentando a missa ou fazendo penitência. Ela também estimulava neles a crença de que os monarcas não morriam. Jinga vivera várias décadas a mais do que a maioria de seus pares e por isso era fácil para as pessoas manter a velha crença ambunda de que os governantes eram imortais e rejeitar o ensinamento cristão sobre a morte terrena. Jinga reforçou essa crença tradicional ao proibir que as pessoas discutissem sua morte.[87]

Ainda que tenha se tornado mais devota nos últimos anos de vida e às vezes vestisse roupas simples, Jinga continuou a dar atenção à vestimenta e à postura. Ia sempre à missa usando roupas especificamente desenhadas para ela, algumas até importadas da região iorubá de Ijebu. Todos sabiam que somente Jinga e Bárbara podiam usar as "sedas, veludos e brocados" que vinham da Europa. A coroa real a separava obviamente de todos, e ela sempre a usava nas celebrações religiosas e eclesiásticas. Antes de 1660, usava também muitos anéis feitos de "ouro, prata, ferro, cobre, corais e vidro" nas mãos, pés e pernas, todos legitimando sua condição real para seus seguidores ambundos e provando que ela ainda era a rainha de Ndongo.[88] Com a atenção que Jinga prestava a sua aparência, não é de admirar que relutasse tanto em se separar dos braceletes que os *xingulas* haviam abençoado e que usava na crença de que a protegeriam de doenças e danos físicos. Ela se livrara de alguns deles em 1657, devido a sua doença, mas os outros foram deixados somente mais tarde em sua jornada espiritual.[89] Dezenove anéis de ferro permaneceram. Cobrindo braços e pernas, esses aros haviam sido dedicados a seus antepassados pelos sacerdotes. Até o final, Jinga acreditou que eles tinham mais poder para protegê-la da doença do que os objetos cristãos. Embora dedicada ao cristianismo, ela continuou a tolerar muitos rituais ambundos/imbangalas.

## Pompa e circunstância

Embora houvesse uma distinção clara entre o vestuário e os adornos usados por Jinga e por seus nobres e suas atendentes, aqueles que serviam em sua corte sempre estavam cuidadosa e adequadamente vestidos. Nos festejos, ela costumava ser acompanhada por até mil assistentes magnificamente vestidas, que saltavam para atender a suas ordens.[90] Chegou a mandar algumas delas a Luanda para aprender a confeccionar rendas e costurar, tornando-as responsáveis por fazer muitos dos vestidos, lenços e outros artigos de vestuário comuns entre as mulheres de alta posição social de Luanda. Nas ocasiões oficiais em que recebia autoridades portuguesas, Jinga e suas assistentes usavam essas roupas.[91]

O fausto era fundamental em tudo o que Jinga fazia. Mantinha a tradicional comitiva militar, cantores e músicos da cultura ambunda/imbangala, e esperava que eles estivessem prontos para executar suas ordens, fosse para disparar mosquetes quando a ocasião pedia, apresentar novas músicas que haviam composto em sua honra, ou tocar a música tradicional que ela preferisse. Quando saía da corte para fazer a ronda da cidade ou participar de festejos da Igreja, os músicos a acompanhavam. Ela sempre se viu mandando em todas as coisas, inclusive na justiça. Nunca abandonou a ideia de que, sendo rainha, tinha o direito de julgar os casos, e seu tribunal era uma colmeia em atividade, enquanto ela ouvia atentamente os vários casos criminais discutidos diante dela e de seus conselheiros. Embora nunca tenha deixado de considerar a opinião de seus conselheiros, era ela que tomava a decisão final quanto à culpa ou à inocência dos demandantes.[92]

Nos primeiros anos de sua transição para o cristianismo, a maioria das celebrações continha muitos elementos ambundos/imbangalas, com apenas um verniz de cristianismo. Os rituais cristãos começaram a ganhar influência e, em 1662, as festividades públicas já se caracterizavam por uma mistura singular de rituais cristãos e ambundos. Essa mistura já era evidente após seu casamento, quando a igreja e a praça substituíram o quilombo como local para as celebrações tanto seculares como religiosas. Àquela altura, as duas tradições tornaram-se indistinguíveis. Na missa, seus músicos tocavam instrumentos musicais ambundos; seus soldados davam salvas de mosquetes quando a anfitriã se levantava e realizavam vigílias sagradas na noite anterior a um dia de festa. Ela participava junto com o povo de várias danças, cantorias comunais em quimbundo e atividades semelhantes.[93]

Em 1661, o recebimento da carta do papa Alexandre VII, em que ele a chamava de filha, foi um evento que pediu comemoração. Todos os elementos das tradições monárquicas ambundas e do teatro cristão juntaram-se gloriosamente. Cavazzi traduzira a carta do latim para o quimbundo. No dia anterior ao que ele deveria ler a carta para a multidão reunida, ela foi à igreja e a ratificou espiritualmente com uma profissão pública de sua fé cristã; Cavazzi pôs então o documento em suas mãos. Após essa cerimônia religiosa formal na igreja, Jinga colocou cuidadosamente a carta numa bolsa de couro que pendia de seu pescoço. No dia seguinte, ela apareceu com frei Cavazzi na praça, onde uma grande multidão a esperava. Eles a receberam com a costumeira saudação ambunda, "batendo palmas, gritando e se aplastando com terra", o tipo de saudação que os inferiores sempre davam aos seus superiores. Ela anunciou que finalmente recebera uma saudação do papa e frei Cavazzi leu em voz alta a versão em quimbundo da carta. Depois disso, Jinga conduziu a multidão, inclusive o frade, outros funcionários religiosos e suas atendentes, para fora da praça até uma área aberta em frente à sua residência, onde havia preparado uma grande festa. Sentou-se na cadeira sob um dossel que seus funcionários haviam arrumado e mandou que abrissem grandes barris de vinhos europeus, que pôs à disposição do povo. As assistentes derramaram o vinho em grandes recipientes de madeira e chamaram o povo para beber "à sua grandeza".[94] Nessa ocasião, ela rompeu com seu velho hábito de comer com os dedos à maneira ambunda. Quando frei Gaeta perguntara por que preferia comer assim, ela declarara orgulhosa que preferia seguir "o costume antigo de seus antepassados".[95] Mas, nessa festa especial, ela usou utensílios e pratos de estilo europeu.

A festa igualou-se a tudo o que o governador poderia ter preparado em Luanda. O dia foi uma longa e única celebração. Jinga concedeu títulos e outras honrarias a seus cortesãos e até libertou alguns de seus escravos. No final do dia, participou da dança militar que se esperava de uma rainha e mostrou todas as manobras que aperfeiçoara quando criança, empunhando habilmente arco, flecha e espada.[96] Jinga tornou-se uma cristã devota, mas continuou a ser uma monarquista e tradicionalista até o fim. Ela queria que Bárbara preservasse tudo aquilo.

Seu desejo estava claro na carta de agradecimento que escreveu ao papa Alexandre VII, na qual fazia uma descrição detalhada dos eventos que promoveu ao receber a carta dele, observando que todos estavam felizes com a carta e que as comemorações duraram "muitos dias contínuos". Na ocasião, ela já conseguira obter mais dois capuchinhos italianos para fazer companhia ao frei Cavazzi para dar continuidade ao trabalho de cristianização de seu povo, mas o número de sacerdotes continuava pequeno.[97]

Como havia feito em cartas anteriores, Jinga pedia ao papa que não se esquecesse de seu reino. Ela sabia que os homens fortes de sua corte, em particular Jinga a Mona, continuavam desconfiados dos missionários e da religião deles e ela temia pelo futuro do reino.[98]

### A morte de uma rainha

Os cortesãos de Jinga e até mesmo a facção de Jinga a Mona sabiam que a rainha tinha uma dedicação profunda a suas ideias monarquistas. Os membros imbangalas de seu círculo íntimo, saudosos dos dias excitantes em que a mobilidade ascendente dependia das façanhas militares e dos rituais desumanos, aguardavam ansiosamente pelo acontecimento momentoso que pressentiam ser iminente. A partir de 1662, a morte provável de Jinga começou a desencadear tensões crescentes. Até então, enquanto estava bem de saúde, ela conseguira manter sob controle as tensões entre os cristãos e monarquistas, de um lado, e a facção ambundo/imbangala, do outro, mas a doença a impediu de continuar a fazê-lo. Isso ficou claro pela primeira vez em 1656, quando enfrentou uma inflamação perigosa na garganta e uma febre alta que ameaçavam acabar com sua vida. Seus conselheiros primeiro chamaram *xingulas* para que a tratassem, e frei Gaeta só interveio depois que a medicação e os procedimentos deles fracassaram.[99] Nos primeiros anos de seu renascimento espiritual, Jinga tolerou os rituais ambundos/imbangalas na morte de altos funcionários. Foi o que ocorreu em 1658, quando um de seus oficiais mais proeminentes morreu e Gaeta se recusou a dar-lhe o funeral cristão que ela exigiu. Irritada pela recusa, ela organizou e participou de *tambos* que incluíram o sacrifício humano que ela havia condenado e declarado ilegal. Para o observador casual que olhasse para Matamba nos três anos após o seu renascimento cristão, Jinga estava firme em suas novas crenças, mas somente quando todos gozavam de boa saúde. Quando surgiam doenças ou ocorriam mortes inexplicáveis de ambundos ou capuchinhos em quem confiava, ela permitia algum espaço aos tradicionalistas. A sequência de acontecimentos ocorridos do fim de março de 1662 até sua morte, em 17 de dezembro de 1663, ilustra isso com bastante clareza.

Em março de 1662, frei Gaeta ficou doente em Matamba; no início de abril, recuperara-se até certo ponto. A própria Jinga ficou doente poucos dias depois. Nesse período, chegou de Luanda a notícia de que o papa e seus cardeais haviam respondido às suas cartas recentes. Além disso, desembarcara em Luanda um novo grupo de seis capuchinhos que deveriam ir trabalhar em Matamba. Embora ainda não se sentisse bem, ela encontrou força para organizar o tipo de celebração pública em que poderia contar as novidades emocionantes e demonstrar que era uma monarca poderosa. No entanto, nem todas as notícias eram boas. Jinga ficou desanimada ao saber que frei Gaeta devia ser transferido de Matamba para Luanda para se tornar o superior de todos os capuchinhos da África Central. Seu ânimo melhorou quando ele lhe deu sua velha e desgastada batina de capuchinho.

Ele também concordou em permanecer o tempo necessário para supervisionar a dedicação da igreja de Santa Ana, que estava quase concluída. O frade deixou Matamba após a missa de dedicação, em abril de 1662. Nos dezenove meses que decorreriam entre a partida de Gaeta e a morte de Jinga, ela implementaria várias políticas para fortalecer o cristianismo em toda Matamba, muitas das quais giravam em torno de sua campanha de escrever cartas para o papa e derrotar os gangas.

Quando recebeu a notícia da morte de frei Gaeta em Luanda, em 9 de julho de 1662, seu ânimo ficou mais abatido do que nunca e sua saúde continuou ruim. Ela e suas atendentes desfilaram em trajes de luto e realizaram uma missa de réquiem para a alma dele. Os rituais de luto cristão, no entanto, só aumentaram sua sensação de mau pressentimento e desgraça.

Pouco mais do que um ano depois, em agosto de 1663, duas mortes que ocorreram no espaço de algumas horas representaram para ela o mais grave desafio da facção pró-*xingulas*. Primeiro, Kabanga, irmão de Jinga a Mona, teve morte súbita. A irmã dele, que chegou para o enterro algumas horas depois, desabou sobre o cadáver e morreu instantaneamente. O fato de as duas mortes ocorrerem na noite anterior à missa de dedicação da igreja de pedra criou um clima sombrio para as celebrações iminentes. Frei Cavazzi suspeitou que os dois tomaram veneno em um pacto de suicídio promovido pelos *xingulas* a fim de prejudicar o projeto cristão de Jinga. No entanto, foi a recusa de Cavazzi de dar aos mortos um enterro cristão que indignou a população. Seus líderes retrucaram que os falecidos deveriam ter um enterro cristão e um *tambo*: o suicídio deles era um ato de amor, mas eles ainda eram cristãos. Na discussão acalorada que se seguiu, alguns líderes da facção pró-*xingulas*, ameaçaram boicotar a dedicação e realizar o *tambo*. No final, as pessoas só conseguiram uma parte do que queriam: puderam enterrar os irmaos perto da igreja, mas o *tambo* foi proibido. Jinga prevaleceu nessa crise, mas sabia que se não tomasse novas medidas para eliminar os *xingulas* eles agiriam de novo. No dia 2 de setembro, menos de duas semanas após esse incidente explosivo, Jinga deu permissão ao frei Cavazzi para ir a uma região que ficava a quatro dias de distância da corte com o objetivo de convencer as autoridades do lugar a participar da campanha de erradicação dos gangas e *xingulas* e destruir seus altares e outros objetos rituais.[100]

Ela podia ter vencido dessa vez, mas as mortes inexplicadas e o desapontamento que sentiu diante da resistência aberta da facção pró-*xingulas* a incomodaram. Embora continuasse com sua campanha religiosa, o estado de espírito exuberante que costumava exibir foi substituído por um pressentimento de desgraça e uma reflexão silenciosa. Entre 2 de setembro e 14 de outubro de 1663, cerca de dois meses depois da morte dos irmãos de Jinga a Mona, a doença voltou a atacar. Dois capuchinhos que estavam em sua corte ficaram doentes e logo depois foi a vez de Jinga cair gravemente enferma. No dia 14 de outubro, sua saúde se deteriorou apesar das intervenções dos *xingulas* chamados por seus conselheiros para adivinhar a causa da doença. Sua garganta e seu peito ficaram tão inflamados que ela só conseguia pronunciar algumas palavras com dificuldade. Entre 14 de outubro e 14 de dezembro, Jinga permaneceu acamada, com uma febre alta que, em alguns dias, lhe provocava delírios. Sempre que tinha forças para falar, refletiria sobre as decepções que sofrera, vendo a morte de Kabanga e da irmã dele como uma advertência para si mesma sobre sua própria mortalidade iminente. Quando conseguiu respirar, avisou aos que a rodeavam que, embora parecesse estar melhorando, sentia que ia morrer. Um abscesso que apareceu no lado direito de sua garganta nesse momento foi um mau sinal, pois confirmou que a infecção estava se espalhando. Em 14 de dezembro, o abscesso explodiu e a infecção se espalhou para os pulmões. Seus médicos fizeram várias sangrias, mas sua situação só piorou. Ela permaneceu nesse estado agudo por três dias, com febres altas e falta de ar que iam e vinham, enquanto seus pulmões se deterioravam ainda mais.[101]

Em seus últimos dias de vida, o drama entre a facção pró-*xingulas* e o frei Cavazzi desenrolou-se nos aposentos privados de Jinga. Cavazzi voltara de sua viagem no dia 14 de outubro. Quando a doença apareceu, os quatro conselheiros de Jinga que permaneciam em vigília na porta de seus aposentos privados convocaram imediatamente os médicos tradicionais para atendê-la. O padre e esses curandeiros ficaram junto a Jinga durante seus últimos dias. Enquanto os médicos aplicavam seus diversos remédios e a sangravam, Cavazzi tratava de suas necessidades espirituais, rezando missas na igreja por sua saúde, pondo a imagem da Virgem Maria sobre seu peito, dando-lhe a Sagrada Comunhão e encorajando-a a confessar seus pecados. Percebendo que não tinha muito tempo de vida, ela tentou, como de costume, assumir o comando da situação, pois temia que os conselheiros não seguissem suas instruções se não as ouvissem diretamente dela. Em 11 de dezembro, antes de receber a comunhão, ela reuniu toda a energia que podia e disse-lhes exatamente o que queria que fizessem após sua morte.[102] Mandou que enviassem uma mensagem ao frei Cavazzi para informá-lo da deterioração de seu estado e solicitar sua presença imediata na corte. Depois que Cavazzi voltou, os conselheiros parecem ter dado o lugar para curandeiros e capuchinhos. Os curandeiros continuaram a usar vários remédios para aliviar seus sintomas, sem sucesso.

Três dias antes de morrer, Jinga mandou frei Cavazzi chamar os quatro conselheiros novamente ao quarto. Entre ataques agudos de falta de ar, deu aquelas que seriam suas últimas ordens. Ela desejava morrer como católica e queria que eles continuassem a promover o cristianismo em Matamba. Seu único arrependimento era "não ter deixado um filho porque desejava que alguém de sua linhagem herdasse seu reino". Parando várias vezes para recuperar o fôlego e falando numa voz quase inaudível, ela pousou os olhos em seu conselheiro mais velho (o *tendala*) e disse-lhe que, depois que ela morresse, ele se tornaria vice-rei interino. Ela o advertiu de que garantisse a paz no reino e encorajou-o a trabalhar com o intérprete dela para defender o cristianismo que trouxera para o país. Por fim, Jinga proferiu uma última ordem: não interferir nos preparos fúnebres que ela já havia combinado com frei Cavazzi.[103]

Durante a missa de comunhão que Cavazzi realizou logo depois, ela encontrou forças para pedir perdão várias vezes, e dizer "Amém" no final das orações. Diante da morte que se aproximava, ela estava muito arrependida, implorando aos conselheiros e ao frei Cavazzi que intercedessem por sua alma. Foram suas últimas palavras. Nas 36 horas seguintes, Jinga permaneceu no limiar da morte, para finalmente cair num sono tranquilo. Frei Cavazzi administrou os últimos sacramentos logo antes de ela morrer pacificamente em seu sono, às onze horas da manhã de 17 de dezembro de 1663.

As ramificações da revolução monarquista e cristã de Jinga começaram a se manifestar enquanto ela ainda estava na agonia da morte. Ao dar o último suspiro, seus conselheiros já estavam enviando soldados para reforçar a guarda em torno da corte para evitar a fuga de escravos e atendentes que previam ser sacrificados. Alguns já haviam escapado antes que os guardas se reunissem, e muitos foram trazidos de volta à corte a força. Para evitar o pandemônio que temiam que acontecesse quando a notícia de sua morte se tornasse pública, seus conselheiros tentaram mantê-la em segredo, fechando os portões da corte. Só puderam manter as coisas assim durante as 24 horas seguintes à morte. Então, tiveram de anunciar publicamente o falecimento da rainha.

Essas preocupações faziam sentido. Nem eles nem ninguém em Matamba, inclusive os capuchinhos, poderiam imaginar um enterro cristão para Jinga sem os concomitantes ritos funerários tradicionais, entre eles os *tambos* e sacrifícios humanos que ela havia banido. Seus atendentes pessoais, em particular as mulheres, foram os primeiros a demonstrar o medo do que seu falecimento augurava. Durante os seis anos anteriores, haviam acompanhado Jinga em sua jornada cristã e monarquista, vivendo e exibindo como ela uma profunda espiritualidade cristã e desdém e desconfiança em relação à facção pró-*xingulas*. Os arranjos para seu enterro prometiam drama e medo para todos os envolvidos.

### Competição de tradições e um funeral real

Mesmo antes que Jinga desse seu último suspiro, sua revolução cristã já estava se desintegrando. As tensões quanto às noções monarquistas que estavam no cerne da ideologia de governo de Jinga vieram à tona poucas horas depois de sua morte, quando seus conselheiros tiveram de decidir que tipo de enterro deveriam lhe dar. Embora em seu leito de morte ela tivesse reunido forças para adverti-los a respeitar seus desejos e enterrá-la com o simples hábito capuchinho do frei Gaeta, os conselheiros tinham outros planos. Assim que ela morreu, instruíram suas atendentes pessoais a preparar o corpo para uma despedida real. A simplicidade não faria parte disso.

As assistentes de Jinga lavaram amorosamente seu corpo, esfregando-o com pós, ervas e perfumes. Após o embalsamamento, vestiram-no com todo o refinamento que denotava sua condição de rainha. Os adornos que escolheram refletiam as tradições monárquicas ambundas que Jinga tanto reverenciara. Ela seria rainha na morte como na vida, da cabeça aos pés. As assistentes cobriram sua cabeça com um gorro requintado, sobre o qual puseram sua coroa de corais, pérolas e outras joias. Também arrumaram cuidadosamente quatro plumas, duas vermelhas e duas brancas, sob a frente da coroa — somente a realeza podia usar plumas nas cerimônias oficiais. Honrando seu amor pelos adornos pessoais, as mulheres arrumaram seus cabelos com corais e pérolas e puseram dois grandes brincos de pérola em suas orelhas. Cobriram seus membros com faixas de prata e ouro, colocando entre cada conjunto de pulseiras um arranjo de pelos de elefante, outro símbolo de realeza. Puseram nos pés um elegante par de chinelos de veludo com botões de vidro e cobriram seu corpo com dois ricos xales de brocado, um para a sua metade superior e o outro cobrindo-a até os tornozelos. Por fim, jogaram uma capa escarlate bordada de ouro sobre seus ombros e prenderam os dois lados com um grande broche.[104]

Com o corpo vestido de forma tão carinhosa e esmerada, as acompanhantes e os conselheiros queriam que o povo visse o cadáver de Jinga em todo o seu esplendor real. Eles ignoraram abertamente frei Cavazzi, que passara pelo quarto durante todo o tempo, tentando lembrá-los da jura que haviam feito à rainha: deveriam honrar seu desejo de leito de morte e enterrá-la com o hábito do frei Gaeta. Sabiam que o frade tinha razão, mas concordaram somente depois que Cavazzi prometeu que poderiam vestir o cadáver com todo o luxo real após a cerimônia cristã. Começou então o cuidadoso processo de despir e vestir de novo a rainha, envolver seu corpo no hábito capuchinho, pôr uma coroa em sua cabeça e um rosário e um crucifixo em sua mão.

Nesse meio-tempo, os conselheiros concordaram que Bárbara deveria ser coroada rainha antes que o povo fosse informado da morte de Jinga. Às oito horas da manhã de quinta-feira, 18 de dezembro de 1663, cerca de 24 horas após a morte de Jinga, os conselheiros anunciaram a eleição de Bárbara e deram-lhe o "arco e flecha, que são os símbolos reais".[105] Somente depois disso é que anunciaram publicamente a morte de Jinga, enquanto suas assistentes preparavam o corpo para a câmara-ardente oficial.

O grupo que cuidava do corpo deixou os aposentos de Jinga às duas horas da tarde de quinta-feira, menos de seis horas depois de Bárbara ter sido coroada rainha. Jinga ficaria orgulhosa dos membros da procissão fúnebre que fizeram a curta caminhada, carregando seu corpo numa cama parecida com uma maca ou um tampo de mesa de seus aposentos até a praça, onde durante sua vida ela fizera tantos pronunciamentos oficiais, participara de inúmeros desfiles religiosos e despedira-se das tropas, ou, depois de campanhas bem-sucedidas, as recebera de volta. A essa altura, a procissão fúnebre tinha mais semelhança com a de um monarca cristão do que com a de um líder ambundo/imbangala. Um membro da Irmandade do Rosário, vestido com uma capa branca e carregando uma grande cruz, encabeçou a procissão, seguido por quarenta outros membros, vestidos com roupas semelhantes e carregando velas acesas e rosários. Frei Cavazzi e os outros dois capuchinhos que estavam trabalhando em Matamba na época ocupavam lugares proeminentes logo à frente do corpo, enquanto doze irmãos do Rosário carregavam o féretro. Também acompanhando a procissão seguia uma banda militar com mais de noventa músicos, bem como muitos dos mil homens, mulheres e crianças que compunham a comitiva pessoal de Jinga.[106]

Até então, o corpo de Jinga não fora colocado em um caixão e ainda estava coberto de pilhas de lindo *jabu* (tecido importado de Ijebu, Nigéria). O cadáver jazia de costas sobre a mesa; um jovem pajem sentou-se na mesa perto da cabeça de Jinga e segurou-a em posição vertical. Quando a procissão chegou à praça, depuseram a mesa no pórtico erguido na área chamada "sala de audiência". Ali, Jinga fizera muitos discursos em muitas ocasiões; agora os vinte mil soldados e outras pessoas estavam reunidos na praça para ver o cadáver de sua rainha, para ver Jinga pela última vez.[107] Durante as várias horas em que o corpo permaneceu em exibição, o pajem ficou imóvel, segurando a cabeça coroada, enquanto os súditos de Jinga passavam pelo pórtico para prestar sua homenagem.

Não é de surpreender que a mistura de tradições cristãs e ambundas fosse evidente enquanto seu corpo se encontrava em câmara-ardente, uma vez que Jinga morreu antes que sua revolução cristã estivesse completa. Os rituais fúnebres cristãos ocorreram nesse momento, ainda que o cadáver de Jinga estivesse coberto por tecidos nigerianos coloridos. Frei Cavazzi e os outros capuchinhos, junto com os membros da irmandade alfabetizados em português, ficaram ao redor do corpo e se alternaram para ler as orações católicas do ofício dos defuntos. As pessoas que se reuniram na praça desfilaram perante o corpo com respeito e muitas delas retornaram várias vezes.

Essa vigília era familiar para qualquer católico da época, mas a cerimônia que se seguiu foi especificamente ambunda. Quando os conselheiros anunciaram que o enterro de Jinga ocorreria naquela mesma tarde para não atrasar a coroação de Bárbara, os músicos militares começaram a tocar uma música que Cavazzi descreveu como "muito estranha e bárbara e não feita para invocar compaixão"; a música sinalizou aos membros do exército presentes na praça que era hora de entrar em formação de desfile. Os soldados formaram imediatamente uma guarda de honra em ambos os lados da praça e depuseram suas armas no chão. Assim que os doze carregadores católicos ergueram o féretro e caminharam lentamente pela praça e ao redor dela, os soldados levantaram as armas e, de repente, começaram a dançar com alegria ao ver a rainha morta.

À medida que o cortejo avançava lentamente na direção da igreja de Santa Ana, onde se realizaria a cerimônia cristã, o povo se dava conta da realidade. Quando perceberam que Jinga não estaria mais lá para dar as bênçãos costumeiras, as pessoas foram tomadas pela tristeza, lamentando que a rainha que haviam perdido era insubstituível. Os soldados descarregaram suas armas de fogo enquanto homens, mulheres e crianças erguiam os braços para o céu. Os pranteadores caíram no chão, cuspiram na poeira e se emplastraram com uma mistura de saliva e terra, alguns usando cinzas e ervas que haviam trazido para passar no corpo. Nesse último ato de subordinação perante o cadáver, demonstraram o mesmo grau de respeito à rainha morta que tinham quando ela estava viva. Jinga não esperaria nada menos do que isso.

A interseção dos elementos culturais cristãos e ambundos continuou durante o sepultamento no túmulo que havia sido cavado ao lado da igreja que Jinga construíra, e também estava evidente nos rituais que ocorreram antes e depois do enterro. Antes que o corpo fosse colocado no túmulo de três e meio por cinco e meio metros, frei Cavazzi e os outros capuchinhos realizaram um funeral católico com uma oração não diferente da ouvida nos serviços funerários católicos para os governantes europeus falecidos. Depois que a oração terminou, os funcionários de Jinga prepararam o túmulo para receber o cadáver. O costume ambundo mandava que todas as roupas e objetos que a falecida usava fossem colocados no túmulo para que nenhuma pessoa viva pudesse usá-los. De acordo com esse costume, eles encheram as laterais do túmulo com os adornos favoritos de Jinga — rendados de seda enfeitados de ouro, vários xales e belos tapetes — dando ao túmulo a aparência de uma opulenta e almofadada arca real. Liderados por Jinga a Mona, os conselheiros e atendentes acrescentaram então os pertences pessoais de Jinga, entre eles grandes quantidades de xales, coroas, corais, vasilhas de prata, panos finos holandeses, sedas importadas, capas, peças de linho da Alemanha, veludos, bastões, escudos, arcos, flechas e uma grande quantidade de peles de elefante que ela havia adquirido durante sua longa vida. O pedido de Jinga de ser enterrada no hábito de capuchinhos de frei Gaeta aparentemente não foi honrado, pois ela estava vestida com todo o luxo.

Também de acordo com o costume, Jinga a Mona mandou que algumas assistentes e pajens de Jinga entrassem no túmulo para receber o corpo. Temendo que fossem enterradas com sua senhora, elas se encolheram e

Rainha Jinga carregada para o seu sepulcro. Antonio Cavazzi, c. 1668.

depois fugiram gritando. Durante o pandemônio, um dos sacerdotes, com a ajuda de Jinga a Mona e outros funcionários da corte, enrolou o corpo em três panos, um vermelho, um amarelo e um preto, nos quais um alfaiate português empregado por Jinga havia bordado uma cruz branca. Eles também puseram sobre o corpo as muitas sedas que Jinga usara. Antes de colocá-lo no caixão de madeira forrado de veludo e carmesim, frei Cavazzi pôs sob a cabeça de Jinga uma placa de chumbo com um epitáfio escrito em latim. Cavazzi, Jinga a Mona e os outros funcionários fecharam o caixão e estavam prontos para baixá-lo ao túmulo — mas não havia assistentes para recebê-lo. Todas desapareceram. Dois dos frades capuchinhos concordaram em substituir as mulheres desaparecidas. Eles arrumaram o caixão com segurança sobre os objetos que haviam sido colocados no túmulo antes de saírem dali.[108] O valor das coisas sepultadas com Jinga chegava a cerca de dezesseis mil escudos romanos, segundo Cavazzi. Isso equivalia a tudo o que teria um nobre que vivesse em Roma naquela época.[109] Apesar de ter sido enterrada com tantos bens mundanos valiosos, os únicos objetos que identificavam o lugar do túmulo de Jinga eram pedras marcadas com a cruz, que cercavam a sepultura, e outra cruz no topo do túmulo.[110]

Durante o enterro, foi Jinga a Mona, e não Bárbara, que supervisionou e participou dos rituais fúnebres conforme o protocolo exigia. Ele identificou o corpo, ajudou a fechar o caixão e jogou a primeira terra no túmulo. Embora estivesse irado porque as assistentes não cumpriram seu dever, decidiu não as repreender, e o grupo reapareceu depois que o túmulo foi coberto, certas de que o perigo havia passado. Os moradores da cidade participaram da vigília em torno do túmulo durante toda a noite. As atividades de luto consistiram de orações cristãs, salvas de tiros disparadas pelos soldados e a realização de outros atos ao redor do túmulo.

O enterro foi apenas o início de um longo período de luto em honra de Jinga; durante os dias, semanas e meses seguintes realizaram-se cerimônias não só na capital de Matamba, mas em todo o resto do reino, presididas por sobas e outros chefes regionais. Os portugueses também realizaram uma cerimônia em sua homenagem em Luanda.

A capital continuou a ser o centro oficial do luto. Na manhã seguinte ao enterro, os capuchinhos rezaram missa de réquiem na igreja de Santa Ana com Bárbara, toda a corte e membros das várias milícias presentes. Gritos e lamentos interromperam várias vezes a longa cerimônia. Com efeito, as expressões públicas de dor do povo eram tão fortes que os soldados pressionaram seu capitão para obter permissão para um *tambo*, ignorando flagrantemente a proibição que Jinga havia dado a essa prática. Os soldados acreditavam ser injusto privar alguém tão reverenciada de tão alta honra, explicou o capitão a frei Cavazzi e Bárbara. Ele também advertiu que poderia ser perigoso negar aos soldados o *tambo*: não podia garantir o que aconteceria se o pedido fosse recusado. Bárbara concordou com o pedido deles porque temia uma revolta e esperava que, ao ceder, ela os conquistaria. Mas estabeleceu várias condições, estipulando que o *tambo* fosse limitado a uma cerimônia militar e não deveria haver derramamento de "sangue, fosse de homens, mulheres ou animais". Ela também os advertiu para não se envolverem em "danças imodestas".[111]

Durante os seis dias seguintes, os mais de vinte mil soldados e civis que tinham vindo assistir ao enterro de Jinga permaneceram numa aldeia temporária que construíram no meio da cidade e montaram uma peça que retratava todos os aspectos da longa vida da rainha. Entre os destaques estavam reconstituições e esquetes de suas estratégias militares que mostravam o modo de Jinga de chamar as tropas para a formação, seus ataques surpresa, suas ações na batalha, sua forma de tratar os inimigos e o comportamento dos prisioneiros. No final de cada apresentação, os soldados/atores ficavam na frente de seus oficiais, erguiam os arcos e as flechas e gritavam: "Viva a rainha, estou pronto para dar minha vida para defendê-la dos inimigos". Os conselheiros de Jinga também recriaram as cenas dos muitos debates e discussões que tiveram com ela. Suas atendentes pessoais também fizeram sua parte: animaram o *tambo* com danças vigorosas e sugestivas, tentaram vestir-se como o faziam quando Jinga estava viva, imitaram sua maneira majestosa de caminhar e o modo como a atendiam e apresentaram vários esquetes divertidos que demonstravam sua profunda devoção e a profundidade de sua perda com a morte da rainha. No final da apresentação de cada dia, Bárbara oferecia uma refeição suntuosa para os participantes, enquanto recebia o tributo dos muitos sobas e senhores provinciais que foram à cidade para prestar homenagem à rainha morta e jurar obediência à nova. Contudo, algumas pessoas não ficaram satisfeitas com esse ritual modificado de *tambo*, temendo que não fosse suficientemente solene e se perguntando em voz alta se Jinga voltaria e "se vingaria".[112]

Os esforços do povo para homenagear a vida de Jinga de acordo com as tradições ambundas e o fervor dos capuchinhos ao rezar por sua alma significavam que as tradições ambundas e católicas continuavam a trabalhar juntas, mas com propósitos cruzados, mesmo depois que o *tambo* formalmente terminou. Para tentar fazer a população retornar à igreja, que não havia feito nenhuma cerimônia desde que os rituais do *tambo* haviam começado, frei Cavazzi anunciou imediatamente após o último conjunto de apresentações que a Igreja realizaria orações para honrar a memória de Jinga. Nos oito dias seguintes, ele e os outros capuchinhos conduziram o povo a recitar o ofício dos defuntos, celebrando a missa solene e realizando as bênçãos habituais no túmulo para o repouso da alma de Jinga. As cerimônias eram meticulosas: os altares e outras partes da igreja estavam decorados de preto; velas acesas foram colocadas nos altares e nas paredes; palmas foram exibidas de forma proeminente em toda a igreja; e o incenso foi usado com liberalidade. A cada dia, Bárbara e membros de sua corte, seguidos por grandes multidões, enchiam a igreja e participavam dos rituais junto ao túmulo de Jinga, no qual os sacerdotes e os civis derramavam água benta enquanto recitavam orações fúnebres.

Talvez não seja surpreendente que tenham irrompido conflitos. Embora os capuchinhos planejassem restringir as atividades no túmulo a rituais puramente católicos, o povo tinha outras ideias. Quando frei Cavazzi insistiu para que se controlassem e fizessem apenas o que a Igreja permitia — para começar, rezar somente orações em benefício da alma de Jinga, pois Deus cuidaria de todo o resto —, eles o ignoraram em grande medida e prantearam à maneira ambundo, chorando alto e exigindo permissão para pôr tochas acesas ao redor do túmulo. Eles explicaram que era isso que faziam nas tumbas de seus reis. Jinga tinha mais necessidade de seus gritos do que de orações, argumentaram eles, e seu único propósito era honrar sua senhora real. No final, seus seguidores foram autorizados a colocar apenas duas velas no túmulo. Os cortesãos, no entanto, fizeram uma cerimônia desse evento, escolhendo imediatamente dois jovens pajens para levar as duas velas da igreja para o túmulo. Antes que os pajens saíssem da igreja, várias das assistentes de Jinga limparam completamente o caminho por onde os jovens deveriam passar e, de acordo com a tradição ambunda de honrar seus reis, as mulheres polvilharam o chão com grandes quantidades de perfume e pó.[113]

A interseção de tradições ambundas e cristãs não se limitou aos eventos que ocorreram na cidade onde Jinga tinha vivido. Era visível também em regiões do reino muito distantes da corte. Com efeito, assim que a notícia da morte de Jinga chegou às partes mais distantes de Matamba e até Luanda, as cerimônias em sua homenagem variaram das que se enquadravam inteiramente nas tradições ambundas/imbangalas a uma cerimônia católica formal em Luanda. Enquanto nas áreas próximas da corte o povo havia respeitado com relutância a proibição de Jinga de sacrifício humano, em algumas partes da fronteira do reino, as celebrações incluíram essas práticas imbangalas, com sacrifícios de seres humanos e animais.[114] Em Luanda, o governador realizou uma missa solene em homenagem a Jinga. Acompanhados por seu gabinete, por membros do conselho e outros membros de alto nível da sociedade de Luanda, os capuchinhos conduziram dignitários religiosos, funcionários públicos e comerciantes na procissão, carregando velas para rezar pela alma de Jinga. Escravos e homens livres ambundos da cidade também celebraram Jinga com uma mistura de rituais católicos e ambundos, mas os documentos não falam do que ocorreu exatamente fora da cerimônia oficial.

Mesmo quando Jinga jazia morta, muitos aspectos de sua longa vida já estavam moldando cada conversa e marcando cada face em sua corte e fora das fronteiras de Matamba. Nos meses e anos que se seguiram à sua morte, as estratégias políticas e as ideias em conflito das pessoas mais próximas a ela — Bárbara, frei Cavazzi, Jinga a Mona, autoridades portuguesas, seus oponentes e seus devotos —, todas reivindicaram o direito ao seu legado e contribuíram para a evolução de sua memória.

# Epílogo

Após a morte de Jinga, sua memória continuou viva nas histórias que se contavam sobre ela. Essas histórias desenvolveram-se de maneiras muito diferentes nas tradições da Europa em comparação com as da África e das Américas, como ilustram dois poemas contrastantes sobre Jinga.

O primeiro poema foi escrito por Antonio Cavazzi, o missionário capuchinho que morou na corte de Jinga nos últimos anos de sua vida. Ele foi incluído na versão manuscrita do livro de Cavazzi de 1687, *Istorica Descrizione de' tre' regni Congo, Matamba et Angola* [Descrição histórica dos três reinos do Congo, Matamba e Angola]. Porém, o poema não fez parte da versão publicada e permaneceu escondido por mais de três séculos no manuscrito inédito que Cavazzi terminou entre 1666 e 1668, dois anos após a morte de Jinga.[1]

Apesar de Cavazzi ter testemunhado a conversão de Jinga ao cristianismo e estar presente em seu leito de morte, ele nunca se convenceu da sinceridade dela e, com efeito, em seu poema, apresentava-a ao lado de mulheres, como Medeia, que ganharam notoriedade pelo suposto uso de magia negra, pela astúcia e crueldade. Para Cavazzi, Jinga superou todas elas porque enganou o céu, roubando-o de sua alma:

*Sob este pano três vezes dobrado*
*Neste túmulo escuro que vês*
*Jinga, que se fez Rainha de Dongo e Matamba,*
*Jaz enterrada, um cadáver seco*
*Neste túmulo escuro que vês*
*[...]*
*Aqui jaz aquela que viveu para morrer*
*Aqui jaz aquela que morta vive*

*Neste túmulo escuro em que se escondeu.*
*[...]*
*Por Agripina, Roma rebelou-se*
*Por Helena, a Grécia rebelou-se*
*Por Uxodonia, a Alemanha rebelou-se*
*Por Hécuba, a Espanha rebelou-se*
*Mas a Etiópia não se rebelou por Jinga*
*Em vez disso, Jinga transtornou, destruiu e arruinou a Etiópia.*
*Jinga na morte*
*roubou do tesouro do Céu*
*Neste túmulo*
*Seu corpo está trancado*
*Portanto, podemos cantar uma ladra muito esperta*
*Uma ladra muito esperta roubou do tesouro do Céu.*[2]

Pouco mais de três séculos depois que Cavazzi escreveu esse poema, a poeta e jornalista afro-cubana de ascendência iorubá Georgina Herrera escreveu um poema muito diferente sobre Jinga. Herrera ressuscitou em linguagem poética uma Jinga muito distante da construção de Cavazzi. Em seu poema de 1978, "Canto de amor e respeito para dona Ana de Sousa", Jinga torna-se a "santa dama e rainha", bem como a "mãe de todos os primórdios". Herrera reivindica Jinga, santifica sua memória na diáspora africana e traz vida e legitimidade para ela, superando a separação que Cavazzi interpusera entre a governante e a "mãe África":

*Oh! Dona Ana, avó*
*de ira e bondade. Tantos*
*anos de batalha contra o inimigo*
*[...]*
*fazem de você uma mulher inimitável.*
*É lindo fechar meus olhos, olhar*
*para você ao longo dos séculos*
*e circunstâncias, falar*
*com o seu povo [...]*[3]

O poema de Herrera, publicado três anos depois da Primeira Conferência Mundial das Mulheres promovida pelas Nações Unidas em 1975, não só falava para as mulheres da diáspora africana como também reivindicava Jinga para todas as mulheres. Essa Jinga saltou do túmulo escuro em que Cavazzi a encaixotou para ocupar seu lugar de figura histórica notável.

Essa recuperação era extremamente necessária porque, ao longo dos séculos, a memória de Jinga ficou cativa da versão de sua história com que os missionários Antonio da Gaeta e Antonio Cavazzi alimentaram o público europeu. Esses dois homens, cuja legitimidade nunca foi questionada, justamente por terem vivido na corte de Jinga durante seus últimos anos, tiveram muito a ver com a imagem de Jinga que chegou aos europeus. Eles coletaram tradições orais enquanto foram seus confessores e conselheiros e pregaram para seu povo. Eles registraram os diversos elementos contraditórios que Jinga combinou de forma criativa para garantir sua sobrevivência política, cultural, espiritual e física. As cartas e os relatórios privados que enviaram ao Vaticano compuseram o substrato do relato biográfico, histórico e psicológico da história de Jinga. Eles e seus editores no Vaticano moldaram a história que chegou ao público.

O autor da primeira biografia publicada de Jinga foi Antonio da Gaeta, o primeiro capuchinho que pregou para ela em Matamba e que reivindicou o sucesso de sua conversão ao cristianismo. A biografia apareceu em 1669, apenas seis anos após a morte de Jinga, com o título laudatório de *La Meravigliosa Conversione alla Santa Fede di Cristo della Regina Singa e del suo Regno di Matamba nell'Africa meridionale* [A maravilhosa conversão à santa fé de Cristo da rainha Jinga e de seu reino de Matamba na África Meridional]. A obra fazia elogios silenciosos a Jinga, referindo-se a ela como uma "dama altamente nobre".[4] Gaeta punha Jinga na companhia de todas as mulheres da Antiguidade que se tornaram famosas ou infames por sua capacidade de ganhar renome em um mundo masculino. A lista incluía, entre outras, Minerva, Artemísia, Semíramis, Hipólita, Cleópatra, santa Catarina, Maria Ana de Áustria e santa Apolônia.[5] Na biografia de Gaeta, o que se destacava era a incrível façanha dos missionários que conseguiram penetrar no coração dessa "amazona bélica".[6] A Divina Providência usara Gaeta como o arcanjo conquistador que subverteu o diabo e transformou Jinga, uma "idólatra pagã" monstruosa, imersa em "rituais e cerimônias diabólicas", numa "cristã devota".[7]

Uma segunda biografia de Jinga apareceu como parte do livro de Cavazzi, publicado em 1687. O manuscrito passou por várias revisões nas mãos do comitê editorial do Vaticano, que excluiu o poema e removeu outras referências fantásticas que Cavazzi incluíra. A versão impressa trazia informações de cartas escritas às autoridades do Vaticano por contemporâneos de Cavazzi.[8] Embora os editores deixassem de fora o poema em que ele punia Jinga por ousar roubar sua alma do Céu e declarava que seu destino era jazer para sempre escondida em seu "túmulo escuro", o livro que ele e seus manipuladores publicaram acabou por libertar Jinga dessa tumba.

As publicações sobre Jinga que apareceram após os livros de Gaeta e Cavazzi elogiaram-na fracamente por ser um "gênio selvagem" ou por ser uma convertida relutante. Os escritores concentraram-se principalmente na barbárie de Jinga, sua natureza sanguinária, sexualidade desenfreada e canibalismo. Escritores holandeses e franceses fizeram traduções do livro de Cavazzi que apresentavam apenas aspectos selecionados da vida de Jinga. O dominicano francês Jean-Baptiste Labat, um irmão da Ordem Dominicana que viajara às Índias Ocidentais para fazer trabalho missionário, publicou sua tradução francesa ampliada de Cavazzi em 1732 para destacar o sucesso das missões católicas entre os povos primitivos. Para ele, a história de Jinga ilustrava o poder do Estado europeu e da Igreja católica de colonizar e espalhar o cristianismo pelas terras pagãs. Desse modo, Labat transformou Jinga em uma súdita colonial conquistada que se subordinou às armas e à Igreja europeias.[9]

Autores posteriores que escreveram em diferentes épocas e em diferentes gêneros produziram as próprias versões da história de Jinga. Ignorando o retrato feito por Gaeta de uma líder que a Igreja finalmente convertera, ou o retrato menos elogioso, mas ainda complexo, feito por Cavazzi de uma líder política astuta, escritores franceses, holandeses e alemães dos séculos XVIII e XIX basearam-se em grande medida na versão adulterada que Labat fez de Cavazzi, bem como em um livro de Olfert Dapper publicado em 1668, que descrevia povos e sociedades africanos com base nos relatórios de comerciantes e funcionários holandeses.[10] Na época, a única publicação disponível em português sobre Jinga era um panfleto de oito páginas impresso em 1749. Mas publicações portuguesas sobre Jinga continuaram a aparecer até o século XX.[11] O longo trabalho do historiador e soldado português Antônio de Oliveira de Cadornega, escrito entre 1670 e 1681 e que contém muitos detalhes sobre as relações militares e diplomáticas de Jinga com os portugueses, só foi impresso em 1940.[12]

A tradução de Cavazzi feita por Labat forneceu a base que os intelectuais europeus do século XVIII e XIX usaram para criar suas próprias versões da vida de Jinga. Embora alguns escritores ligassem-na às fábulas sobre monarcas africanos antropófagos e outras histórias estranhas incluídas nos diários de viagem e geografias históricas populares que ganharam ampla circulação na Europa em meados do século XVIII, eles também criaram uma Jinga que mostrava todas as fraquezas de um líder complexo.[13] *Zingha reine d'Angola* [Zingha, rainha de Angola], publicado em 1769 por Jean-Louis Castilhon, destaca-se como a primeira obra de ficção que tem Jinga como personagem. A Jinga de Castilhon é, por natureza, cruel, mas não canibal; é seu desejo de vingança e de dominar que a faz superar o horror de consumir carne humana e tornar-se uma imbangala.[14] Ela é uma líder inteligente o suficiente para formular estratégias contra as tentativas portuguesas de tomar suas terras. No final, ela se arrepende e é salva pela conversão, apesar de seus crimes.[15]

O grande interesse dos escritores europeus pela vida de Jinga era para usá-la como representante do "outro" africano.[16] Foi como rainha canibal que Jinga dominou os romances libertinos publicados nos anos anteriores à Revolução Francesa. Nesse período, os escritores rejeitaram a hierarquia estabelecida da Igreja e da política e exploraram, entre outras coisas, o mundo do erotismo. Eles criaram seus próprios detalhes lascivos e sangrentos a respeito de Jinga, usando imagens de pintores europeus que a retratavam como uma figura erótica. *A filosofia na alcova* do Marquês de Sade (1795) usava o exemplo de Jinga para ilustrar a tendência das mulheres de serem conduzidas por sua sexualidade a cometer atos horríveis. Sua "Zingua, Rainha de Angola", cuja história de vida ele alegava ter conhecido graças a "uma fonte missionária", era apresentada aos leitores como "a mais cruel das mulheres", que exercia domínio total sobre os homens. Essa rainha, escreveu ele, "matava seus amantes assim que conseguia o que queria deles". O espírito maligno e a disposição sexual de Jinga eram de tal ordem que ela tratava os homens como os romanos tratavam seus gladiadores. Como os romanos, ela fazia os guerreiros lutarem até a morte e o "prêmio do vencedor" não era dinheiro ou liberdade, mas ela mesma. Sade criou uma Jinga que não tinha respeito pela vida ordenada, apenas um desejo de prazer. Ela chegou a ponto de baixar uma lei que promovia a prostituição e não tinha problema em moer num almofariz "toda mulher grávida com menos de trinta anos".[17] Essa Jinga confirmava noções europeias do outro exótico.[18] Quando Jinga apareceu em 1817 numa resenha de *The Histories of the Discoveries of Africa* [As histórias das descobertas da África] publicada na *London Quarterly Review*, o resenhista, bem familiarizado com o livro de Cavazzi, e também com outras publicações, aceitou a narrativa existente sobre Jinga. Ele concluía que ela era "um dos monstros mais horríveis que já apareceram na face da Terra em forma feminina".[19]

Essa imagem de Jinga como um ícone do desvio sexual, do mal e da brutalidade não se limitava aos escritores libertinos franceses nem aos resenhistas ingleses. O filósofo G.W.F. Hegel também propagou um retrato semelhante. Em palestras feitas na Universidade de Berlim no início do século XIX, ele usou os retratos de Jinga conhecidos nos círculos religiosos e literários europeus para ilustrar que a África estava "fora da história". Para Hegel, Jinga (cujo nome ele escolheu não usar, talvez sabendo que um nome marca a pessoa como sujeito da história), ao lado de outros líderes africanos, representava uma aberração da história. Ela governou um "Estado feminino", onde cenas sangrentas prevaleciam enquanto homens adultos e crianças do sexo masculino eram rotineiramente massacrados. Além disso, os homens que sobreviviam não tinham poder como homens, uma vez que as mulheres guerreiras (Hegel se refere a elas como "as fúrias") que cercavam Jinga usavam os cativos masculinos como amantes. Essas mulheres eram tão antinaturais que não cultivavam nem amamentavam nada, destruindo terras colonizadas e indo para o campo para dar à luz os bebês que concebiam. O ódio delas aos homens era tamanho que abandonavam os bebês do sexo masculino no campo, deixando-os morrer. Felizmente, concluía Hegel, esse Estado desapareceu.[20]

Publicado em 1834, três anos antes da obra de Hegel, um capítulo sobre a rainha Jinga apareceu no livro *Les femmes célèbres de tous les pays* [As mulheres célebres de todos os países], de Laure Junot, duquesa de Abrantès, e Joseph Straszewicz, que a retratava como o paradigma da luxúria e da crueldade e contribuiu para uma imagem de Jinga que alimentava as fantasias sexuais reprimidas da Europa, bem como a imagem emergente do primitivo.[21] Junot colocava Jinga ao lado de gente como "Lady Jane Gray, Maria Letizia Ramolino [mãe de Napoleão Bonaparte], Maria Antonieta e Catarina I da Rússia", todas mulheres famigeradas em suas épocas. Como observou um resenhista inglês, a autora enfocou essas mulheres para ilustrar "retratos horríveis da natureza humana". A Jinga de Junot, como a de Hegel, era "uma das mais insaciáveis fúrias do seu período". Essa Jinga jamais poderia ser a "vovó" amorosa que uma neta da diáspora como Herrera desejava contemplar.[22] Em vez disso, Junot apresentava um demônio sedento de sangue que no funeral do pai matou e consumiu duzentos homens, mulheres e crianças. Essas pessoas inocentes foram mortas pela própria Jinga, que depois bebeu o sangue de uma das vítimas. A imagem de Jinga transmitida por Junot foi amplamente propagada em publicações inglesas. Por exemplo, foram publicados longos trechos e resenhas em revistas como *Royal Ladies Magazine*, *Literary Gazette* e *The Britannica Magazine*.[23]

Décadas após a publicação da obra de Junot, fragmentos de informações distorcidas sobre Jinga continuaram a aparecer em jornais, revistas e periódicos publicados na Europa. Naquela época, ensaístas e panfletistas portugueses e brasileiros competiam para apresentar suas próprias versões de Jinga. Os escritores portugueses tinham vários objetivos. Em particular, queriam corrigir o que denunciaram como "a absurda lenda do missionário Cavazzi", que dava aos estrangeiros imagens distorcidas das conquistas portuguesas em Angola e do lugar de Jinga nesses acontecimentos. Esses escritores lusófonos estavam ansiosos para mostrar que os autores europeus não tinham conhecimento de nenhum dos relatos das testemunhas oculares portuguesas e, portanto, não podiam apresentar histórias imparciais das atividades portuguesas em Angola naquela época. Apesar das alegações de que estavam corrigindo a história e, assim, recuperando uma imagem menos distorcida de Jinga, o que eles fizeram foi criar suas próprias distorções. Ao longo do século XIX, a imagem de Jinga que os leitores portugueses consumiram conservava muitos dos elementos que a tornaram uma figura atraente para os escritores libertinos franceses. Em uma das versões, ela era pintada como uma "rainha varonil" que tinha prazer em realizar os atos "mais cruéis", enquanto em outra ela aparece como um canibal "que comia o peito de suas vítimas porque era onde estava o coração".[24] No século XX, quando as autoridades portuguesas usavam a propaganda colonialista como arma ideológica na tentativa de ampliar e consolidar o Estado português em Angola, Jinga era "uma negra selvagem" que, apesar de possuir um "intelecto indígena superior", foi finalmente conquistada pelo poder militar português superior e se submeteu voluntariamente ao cristianismo.[25]

As tradições dos angolanos colonizados e africanos escravizados e enviados para as Américas durante a vida de Jinga pintavam uma imagem muito diferente da rainha africana. Em Angola, os livros didáticos portugueses contavam

255

a história de Jinga como uma pagã que acabou por se subordinar aos portugueses, ou apagavam seu nome completamente. Quando os africanos da colônia começaram a luta nacionalista contra o colonialismo português, vozes das áreas rurais que Jinga outrora controlara apresentaram uma versão muito diferente. A história de Jinga que o povo das regiões rurais de Angola de língua quimbundo transmitia oralmente para seus filhos e netos era a de uma governante orgulhosa que conquistara terras, ganhara muitas guerras contra os portugueses e mantivera a independência e as tradições de seu povo.[26]

Essa imagem de Jinga que as tradições orais preservaram assumiu uma nova dinâmica na década de 1960, quando os angolanos passaram a olhar para sua história, a fim de encontrar pontos de referência para sua luta de resistência contra os portugueses. Enfrentando um regime colonial racista e explorador, cujas políticas dividiam os angolanos conforme raça, classe, etnias, regiões e línguas, os descendentes de anciãos ambundos que haviam absorvido as tradições orais sobre a resistência de Jinga trouxeram de volta a Jinga heroica. Nos poemas e histórias revolucionárias que publicaram em fontes ocidentais, utilizados como propaganda para encorajar os jovens angolanos a participarem da luta, puseram o exemplo da resistência de Jinga no centro do palco. A Jinga deles não era a pervertida sexual ou a canibal cruel que enchia as páginas de publicações europeias anteriores. Em vez disso, os angolanos fizeram dela uma heroína revolucionária que unira seu povo numa luta épica contra a agressão portuguesa. Essa Jinga proporcionou o modelo para transformar súditos portugueses colonizados em guerrilheiros revolucionários cujo dever, como o dela, era conquistar a independência de Angola e manter o povo unido.[27]

Desde que conquistou a independência, em 1975, o governo do MPLA (Movimento Popular de Libertação de Angola) vem promovendo a história e a imagem de Jinga. Além de publicar poemas, livros e histórias sobre ela e a história de Angola durante sua época, o governo começou a transformá-la numa heroína nacional. O novo governo, chefiado por ex-prisioneiros e líderes da resistência, tratou de desfazer o legado colonial que excluíra Jinga dos livros didáticos e exigia que os professores punissem os estudantes que falavam quimbundo, e passou a compartilhar as tradições sobre as façanhas de Jinga que haviam recolhido nas aldeias. Os novos líderes escolheram enraizar a história da nova nação na história do século XVII de Jinga. O primeiro passo para torná-la um símbolo da nação foi exigir que todas as escolas e centros de recrutamento militar usassem uma edição revisada do livro *História de Angola*, que punha a história da resistência de Jinga no centro da história da nação.[28] Além disso, o governo apoiou a publicação de romances históricos e outras obras sobre Jinga e o período em que ela viveu.[29]

Esse foco no nacionalismo assumiu especial importância devido à sangrenta guerra civil que começou alguns meses antes da independência em 1975 e só terminou oficialmente em 2002. Embora a guerra fosse, em parte, um subproduto da Guerra Fria entre a URSS e os Estados Unidos, ela também foi moldada pelas divisões etnolinguísticas que as políticas coloniais portuguesas haviam estimulado.

Após o fim da guerra civil, as autoridades do governo do MPLA, que haviam usado a história da resistência de Jinga para motivar os jovens guerrilheiros angolanos, apropriaram-se de sua história como símbolo para unificar a nação. Embora outras figuras históricas reconhecidas por sua contribuição para a fundação da nação angolana moderna, Jinga recebeu atenção especial. Em 2003, o governo inaugurou uma estátua monumental dela no largo de Kinaxixe, no centro de Luanda, que tivera papel proeminente na história pré-colonial e colonial de Angola. Durante as guerras portuguesas do século XVII contra Ndongo, o Kinaxixe foi um mercado de escravos, e continuou a ser o local onde os ambundos da zona rural traziam seus produtos para vender. Em 1937, os portugueses fizeram dele um lugar de glória colonial quando as autoridades inauguraram um monumento em homenagem aos mortos portugueses na Primeira Guerra Mundial. Em 1975, o governo do MPLA removeu esse monumento e o substituiu por um enorme veículo militar que simbolizava a vitória sobre os portugueses. Quando a estátua monumental de Jinga substituiu o veículo militar, milhões de angolanos que fugiram do campo durante a guerra civil viviam agora em Luanda. A estátua de Jinga naquele lugar simbólico e reverenciado atraiu os angolanos de todas as origens linguísticas e étnicas, que passaram a considerá-la não só um símbolo de resistência, mas uma mãe severa que nutria seus filhos na nova nação. A estátua de Jinga, localizada no espaço mais limpo da capital, tornou-se um lugar onde, por exemplo, participantes de festas de casamento se reuniam para tirar fotografias. Durante a década em que sua estátua enfeitou o histórico largo de Kinaxixe, Jinga foi verdadeiramente a "Mãe da Nação", como muitos jovens angolanos de Luanda afirmavam.[30]

Os muitos simpósios, fóruns e encontros internacionais que o governo angolano patrocinou sobre a história angolana reforçaram ainda mais a posição de Jinga como uma figura exemplar do passado angolano com relevância contemporânea.[31] Uma das principais iniciativas do governo foi identificar Jinga como a "mãe da nação angolana moderna". Essa campanha nacional fez muito para resgatar sua imagem daquela que os escritores europeus haviam perpetuado. Em 2013, quando os angolanos comemoraram o 350º aniversário da morte de Jinga com uma série de exposições e livros em sua homenagem, a imagem de Jinga já havia mudado para a de uma líder proeminente de Angola e do mundo. Ela era uma figura da história, da memória e do mito. Nos colóquios acadêmicos que o governo realizou em Angola e na Europa, as guerras de resistência de Jinga ocuparam espaço igual ao da narrativa de Cavazzi sobre sua conversão. Essa Jinga era uma rainha, "uma mulher em armas que lutou no interior africano em defesa de seu povo".[32]

O esforço do governo angolano que causou o maior impacto na transformação da condição de Jinga foi a encomenda de um filme, *Jinga, rainha de Angola*, que estreou em Angola no ano do 350º aniversário.[33] Tendo no papel da heroína a linda atriz angolana Lesliana Pereira, o filme criou uma nova Jinga para uma nova nação angolana e para o mundo. Em vez de uma Jinga sexualizada com um seio exposto, como estava representada numa pintura usada no livro de Castilhon (e que ainda continua a ser a imagem icônica de Jinga), a nova Jinga era uma destemida líder guerrilheira. Vestida com uma tradicional roupa de tecido de casca de árvore, que poderia ser confundida com uma cartucheira, ostentando um penteado ao estilo afro politizado dos anos 1960 e 1970, essa Jinga estava decidida a manter Angola independente.[34]

Jinga também teve um renascimento no Brasil, para onde foram enviados milhões de cativos africanos de Ndongo, Matamba e Congo, escravizados antes, durante e depois de sua vida. Nas fazendas e nas regiões de mineração do nordeste do Brasil, do Rio de Janeiro, de Minas Gerais e outros lugares, eles fundiram elementos de suas línguas e culturas centro-africanas com tradições brasileiras para desenvolver uma cultura afro-brasileira singular. Os primeiros visitantes do nordeste do Brasil registraram as celebrações seculares e religiosas nessas comunidades escravas. Sua língua, suas práticas religiosas, danças e músicas continham referências a eventos históricos e culturais da África Central da época de Jinga. Com o tempo, essas celebrações, especialmente a eleição de reis e rainhas, passaram a incluir africanos escravizados de outras partes da África que também foram levados para o Brasil. Apesar disso, a contribuição da África Central continuou dominante; por exemplo, o rei e a rainha eleitos durante as festividades sempre foram chamados de rei do Congo e rainha Jinga.

A autora Linda Heywood ao lado da imensa estátua de Jinga, em Luanda, Angola.

No século XX, quando os desfiles e festejos de inspiração centro-africana — lundus, maracatus, cucumbis, congadas, umbandas — estavam a caminho de se tornarem sinônimo de cultura afro-brasileira, a história de Jinga e, em especial, suas guerras contra os portugueses e os reis do Congo, foram o ponto focal de dramas encenados em comunidades de todo o Brasil. Desde a região de Pernambuco, onde durante as celebrações anuais dos cucumbis, a mulher que carregava o título de "Jinga" sentava ao lado do "rei do Congo" e tinha assegurada a veneração da comunidade durante todo o ano, até as apresentações públicas das congadas no início do século XX, onde o embaixador de Jinga tentava obter uma audiência com o "rei do

Congo", mas era impedido de prosseguir devido ao medo que o rei tinha da rainha Jinga, seu nome manteve-se vivo no Brasil. A história de Jinga também foi captada na terminologia da arte marcial da capoeira, onde o termo *ginga* veio significar os movimentos dissimulados reminiscentes do treinamento que os soldados de Jinga recebiam em preparação para a batalha. No entanto, à medida que o termo evoluiu nos centros urbanos afro-brasileiros empobrecidos, repórteres e autoridades policiais passaram a estigmatizar as ações físicas associadas a esses movimentos como perigosas ou criminosas.[35]

Mas Jinga estava no Brasil para ficar. Nas décadas de meados do século XX, à medida que os países africanos ganhavam sua independência, estudiosos brasileiros procuraram na África as raízes da cultura afro-brasileira. Foi nesse período que a primeira biografia em língua portuguesa de Jinga foi publicada no Brasil. Na década de 2000, Jinga já se tornara a querida dos poetas das escolas de samba do Rio de Janeiro. Eles escreveram canções louvando sua bravura e o que eles interpretaram como promoção dos direitos das mulheres e do poder negro. Os afro-brasileiros lideraram o interesse público pela história de Jinga, acreditando que poderiam apresentar à nação a parte escondida até então de sua identidade. Em 2013, quando o filme angolano *Jinga, a Rainha de Angola* estreou no Brasil, os afro-brasileiros saudaram seu foco revolucionário, que consideraram ligado à sua vida no Brasil. As mulheres afro-brasileiras, especialmente as pertencentes às escolas de samba, cujas danças, comidas e tradições religiosas demonstravam sua resiliência e independência, viam em Jinga sua heroína. Consideravam-se "herdeiras reais da rainha Nzinga de Angola".[36]

A apropriação estratégica da vida de Jinga pelo governo angolano para representar a resistência colonial e a unidade nacional foi apenas o primeiro passo na reabilitação que a imagem de Jinga recebeu no último meio século. O interesse no Brasil pelas raízes culturais também trouxe a história de Jinga para a consciência de uma nova geração de afro-brasileiros ansiosos para se reconectar com um passado africano glorioso. Mas o impacto de Jinga também se estendeu a outras populações afrodescendentes das Américas. Em lugares como Cuba, Jamaica e Estados Unidos, o interesse pela história de Jinga gerou uma efusão de poesias, peças de teatro, pinturas e até mesmo um livro infantil.[37] O renascimento cultural de Jinga também atingiu uma plateia global maior. Em 2013, a pedido do governo angolano e com o generoso apoio financeiro da República da Bulgária, a Unesco comemorou o 350º aniversário da morte de Jinga, acrescentando seu perfil à série Mulheres na História Africana. A história em quadrinhos de 56 páginas, destinada ao uso em escolas de ensino fundamental, inclui incidentes importantes da vida de Jinga e uma seção pedagógica sobre temas como "resistência" e "governança por uma mulher".[38] Além disso, a Unesco acrescentou o nome de Jinga a uma lista de dezenove importantes líderes femininas da África que homenageou até agora.

A ressurreição de Jinga, no entanto, ainda está em andamento.[39] Ela precisa ocupar seu lugar na história popular, ao lado de suas quase contemporâneas Elizabeth I da Inglaterra e Pocahontas, nas fileiras das "mulheres famosas da história", embora a homenagem da Unesco seja um passo nessa direção. Jinga já não representa o outro, mas uma mulher poderosa, com poucos contemporâneos de igual calibre, que fez o que era necessário para manter a independência de suas terras. Ela serviu de inspiração para o seu povo durante sua vida e para os angolanos e brasileiros, séculos após sua morte. Jinga exige ser apresentada como o ser humano complexo que foi, e receber seu lugar merecido na história mundial.

# Jinga, um destino

Luiz Felipe de Alencastro

O livro de Linda Heywood traz uma importante contribuição à história do centro-oeste africano e, mais largamente, à história do Atlântico Sul. O nome étnico da rainha de Dongo e Matamba comporta várias grafias. Como tenho feito noutros textos, optei neste posfácio pela designação usada em muitos documentos portugueses dos séculos XVII e XVIII que se referem à rainha "Jinga", ao reino do "Dongo" e aos guerreiros "jagas", em vez de *Njinga*, *Ndongo* ou guerreiros *imbangala*. Acresce que o nome "Jinga" vem assim grafado em relatos das congadas e cantos populares do Brasil de ontem e de hoje, como se lê nos versos recolhidos por Câmara Cascudo e citados mais adiante.

Linda Heywood é autora de estudos de referência sobre a primeira colonização do Congo e Angola (1483-1850), por vezes em coautoria com John Thornton, seu colega no departamento de estudos afro-americanos da Universidade de Boston. Caso pouco comum entre os estudiosos da história do centro-oeste africano seiscentista, ela também pesquisou e escreveu sobre a segunda colonização portuguesa, concluída em 1974, sobre temas econômicos ("The Growth and Decline of African Agriculture in Central Angola, 1890 1950". *Journal of Southern African Studies*, v. 13, n. 3, 1987) e a guerra civil angolana ("Unita and Ethnic Nationalism in Angola". *The Journal of Modern African Studies*, v. 27, n. 1, 1989), e, entre outras obras, coeditou o volume de história diplomática *African Americans in U.S. Foreign Policy: From the Era of Frederick Douglass to the Age of Obama* (2015).

Trata-se, portanto, de uma autora cuja produção acadêmica vai além dos escaninhos temporais e temáticos que costumam circunscrever as especializações universitárias. Sua biografia de Jinga é o reflexo de três décadas de investigações e de uma longa familiaridade com os arquivos e a bibliografia sobre a região Angola-Congo. Seus trabalhos sobre o tema do livro ainda não terminaram, porquanto Jinga viverá noutros tempos e continentes no livro que a autora redige atualmente.

Dada a singularidade do destino de Jinga e a presença mais ou menos simultânea em Angola e no Congo de militares, funcionários metropolitanos, traficantes portugueses e holandeses, assim como o clero regular, missionários jesuítas e capuchinhos portugueses, espanhóis e italianos, a vida da rainha de Matamba possui mais referências escritas do que a de qualquer outro soberano da África subsaariana seiscentista.

A diversidade das fontes corresponde às diferentes narrativas dos agentes históricos presentes na África centro-ocidental e à rivalidade que opunha os capuchinhos espanhóis e italianos aos jesuítas, ao clero regular e às autoridades portuguesas.

Linda Heywood descreve em profundidade a intervenção do cristianismo pregado pelos missionários, associado às armas portuguesas, na invasão e na desestabilização das sociedades nativas. Referindo-se a Ngola Kasenda, avô de Jinga e rei do Dongo na época de Paulo Dias Novais, primeiro governador de Angola, ela escreve: "A penetração religiosa e os avanços espirituais dos portugueses foram tão influentes em minar a autoridade de Kasenda quanto as conquistas militares". Ela mostra como Ngola Kasenda e sua neta manobraram de permeio ao cristianismo do clero português, aos missionários e às facções religiosas nativas que se confrontavam nos reinos e nas comunidades angolanas. A respeito do peso das tradições nos momentos críticos da organização social, Linda Heywood chama a atenção para os sacrifícios humanos praticados nos enterros dos reis do Dongo. Mencionando os que ocorreram na morte de Ndambi a Ngola, o segundo rei do Dongo (1556-61), ela escreve: "Governantes posteriores, inclusive Jinga, consideravam esse costume de sacrifício humano uma parte essencial dos rituais funerários em honra aos reis de Ndongo e outros membros da elite".

A autora sublinha ainda as tensões entre as ordens religiosas que conduziam as missões em Angola e a maneira pela qual Jinga se associou a capuchinhos italianos e espanhóis para tentar neutralizar a pressão militar, política e religiosa portuguesa e jesuíta tanto em Angola como na Europa. De fato, por iniciativa própria ou aconselhada por missionários, Jinga enviou várias cartas a Roma para obter proteção diplomática da Cúria e dos superiores dos capuchinhos. A dimensão das quizílias entre capuchinhos e jesuítas merece ser explicitada.

Fiéis a Portugal durante o período da União Ibérica (1580-1640) e, sobretudo, à dinastia bragantina depois da Restauração, os jesuítas lusitanos receberam mal o proselitismo dos capuchinhos em Angola e no Congo. Dependendo diretamente do papa através da Secretaria da Propaganda Fide, órgão romano que a partir de 1622 buscou contornar a autoridade filipina, e depois bragantina, sobre as missões ultramarinas, os capuchinhos nem sempre se identificavam com a política colonial portuguesa. Acresce que entre os capuchinhos havia, além de espanhóis, missionários oriundos dos territórios hispânicos na península Itálica, Sardenha e Sicília, os quais, na prática, eram súditos do trono de Madri. Por isso, na Restauração e durante a guerra luso-espanhola (1640-68), missionários espanhóis ou súditos da Espanha eram vistos com desconfiança e hostilidade em Angola e no Congo. O antagonismo se perpetuou na historiografia portuguesa sobre o centro-oeste africano até o final do salazarismo, com autores que consideravam os capuchinhos agentes do imperialismo (no sentido próprio e figurado) madrilense no século XVII.

Mas havia mais. Inseridos desde o começo da invasão portuguesa na economia atlântica e na sociedade colonial angolana, os jesuítas possuíam, para escândalo dos capuchinhos recém-chegados, fazendas e escravos em Angola. Por vezes também faziam tráfico de africanos de seu Colégio de Luanda para seu Colégio da Bahia, onde os escravos eram usados ou vendidos. A respeito do reino do Congo, onde a concorrência entre as duas ordens missionárias era mais viva ainda do que em Angola, frei Cortona, diretor da missão capuchinha em Matamba, escreveu a Roma em 1655 para denunciar os negócios dos jesuítas no tráfico de escravos congolês. Este era o motivo, dizia ele, da oposição dos jesuítas às missões dos capuchinhos na região. Na realidade, sem se oporem frontalmente ao escravismo, os capuchinhos não se envolviam no tráfico negreiro nem possuíam ou aceitavam escravos dos sobas (chefes locais angolanos), traficantes e colonos. Na circunstância, a disputa entre as duas ordens missionárias no Congo e Angola se insere na geopolítica global europeia e ultramarina.

O itinerário da vida pecaminosa de Jinga, até sua morte com reputação de santidade, foi inicialmente registrado em dois livros redigidos por missionários capuchinhos que a conheceram bem. Na versão dos dois autores, mal evangelizada e batizada com o nome de Ana de Sousa pelo clero português de Luanda em 1622, Jinga retornou ao paganismo e a tradições e costumes jagas até ser salva para Cristo em 1656, graças à persistência piedosa dos capuchinhos. Dessa data em diante, até sua morte, Jinga e seus súditos de Matamba passaram a viver com "temor de Deus e piedade cristã", como escreve no seu livro frei Antonio da Gaeta, que persuadiu Jinga a voltar ao cristianismo. O segundo livro é de frei Cavazzi de Montecuccolo, que deu a extrema-unção e organizou o cortejo fúnebre da rainha de Matamba. A obra de frei Gaeta — nascido no reino de Nápoles e, portanto, súdito espanhol — sublinha todo o seu mérito e o dos capuchinhos na conversão final da rainha de Matamba. O título do livro, publicado em 1668, não deixa por menos: *La Meravigliosa Conversione alla Santa Fede di Cristo della Regina Singa e del suo regno di Matamba...*

Participante ativo das negociações entre o governador de Angola e a rainha de Matamba sobre o tratado de paz firmado em 1656, Gaeta reproduz em seu livro as explicações dela sobre sua apostasia. Segundo Jinga, seu abandono do cristianismo deveu-se à ausência de missionários em Matamba e à violência dos portugueses que lhe roubaram o reino do Dongo em 1624.

O livro de frei Cavazzi incorpora partes do livro de Gaeta e tem por título: *Istorica descrizione de' tre' regni Congo, Matamba et Angola* (1687). A obra foi em seguida traduzida em várias línguas, divulgando a história da conversão da rainha de Matamba para os leitores, missionários e fiéis da Europa e do Atlântico Sul. Cavazzi ficou fascinado por Jinga e foi seu primeiro biógrafo. Aliás, junto com John Thornton, Linda Heywood prefaciou uma tradução recente, ornada de uma excelente cartografia, dos capítulos da *Istorica descrizione* referentes à rainha de Matamba, publicada em Paris com o título *Njinga, reine d'Angola: La relation d'Antonio Cavazzi de Montecuccolo* (2010). Em português, há a tradução do livro de Cavazzi acrescida dos comentários do capuchinho frei Graziano Maria Saccardo da Leguzzano, editada em dois volumes em Lisboa (1965). Como escreveu o historiador angolano Adriano Parreira, as notas do comentador são tão substanciosas e magistrais que os dois volumes deveriam ser considerados como uma nova obra, designada como edição Cavazzi-Leguzzano. Linda Heywood faz uma leitura fina das observações de Gaeta e Cavazzi sobre Jinga, assim como dos autores que se inspiraram nos escritos dos dois missionários.

Note-se que, quando os dois livros foram publicados na Itália, a Europa sofria as consequências dramáticas do mais sangrento conflito de sua história, a Guerra dos Trinta Anos (1618-48). Movida por conflitos religiosos e jogos de poder entre as monarquias, essa guerra deu lugar a fanatismos, massacres e pilhagens cuja lembrança pode ter levado leitores de Cavazzi a relativizar as violências retratadas no reino de Matamba.

Outra fonte importante da época é o livro de Antônio de Oliveira de Cadornega, *História geral das guerras angolanas* (1680-81). Cadornega viveu 51 anos em Massangano e Luanda e seu livro se baseia na documentação das câmaras das duas cidades e na tradição oral dos angolistas (colonos portugueses de Angola) e dos nativos angolanos ("negros noticiosos"). Seu livro defende o ponto de vista dos colonos, suas lutas e seus méritos para explicitamente compará-los aos colonos do Brasil, os brasílicos, que haviam vencido e expulsado os holandeses de Pernambuco. Nada de similar foi escrito em nenhum outro enclave europeu na África até a emergência, nas últimas décadas do século XIX, da identidade "pied-noir" na Argélia francesa. Embora a *História geral* só tenha tido uma edição completa em 1940, seu texto não era desconhecido. Havia uma cópia completa do manuscrito na Academia de Ciências de Lisboa, outra, também completa, com partes traduzidas em francês, na Biblioteca Real (depois Nacional) de Paris desde os anos 1730 e uma cópia de um dos três volumes no Museu Britânico desde meados do século XIX.

Um ponto a ser ressaltado na obra dos três autores concerne à longevidade de Jinga, parte integrante de sua reputação e da lenda criada em torno de seu reinado em Matamba.

Na sua fala reproduzida no livro de frei Gaeta, Jinga diz que foi batizada *fanciulla*, isto é, "jovem ou donzela". A expressão cola mal com os quarenta anos que ela teria a essa altura (1622), conforme o ano de seu nascimento indicado por Cavazzi (1582), retomada neste livro por Linda Heywood e pela maioria dos autores. Outro acontecimento, o combate de Jinga na ribeira do rio Dande, na batalha de Sengas de Kavanga, travada em 1646 contra os portugueses, que a autora considera "épica" e descreve com vivacidade, também lança dúvidas sobre sua suposta data de nascimento. No confronto, Cadornega combatia junto com as tropas que atacaram o quilombo (acampamento de guerra) de Jinga e foi testemunha ocular da bravura da rainha de Matamba. As forças de Luanda dispunham de mosqueteiros portugueses e angolistas, combatentes angolanos ou são-tomenses vestidos à portuguesa ("cangoandas"), esquadrões de arqueiros e zagaieiros nativos, e tinham até pequenos canhões que atiravam metralha. Mas Jinga não arredou o pé e lutou com seus soldados, "como se fora um valente generalíssimo, tomando ela a vanguarda e acometimento de nosso exército", nas palavras de Cadornega. Ora, segundo a data proposta por Cavazzi, Jinga teria nessa época 64 anos. Idade meio avançada, considerando as agruras de sua vida guerreira, para combater e comandar seus soldados durante um dia inteiro e, na caída da noite, conseguir furar o cerco inimigo e escapar ilesa.

Por isso, junto com Arlindo Correia, faço parte da minoria dos historiadores que questiona sua data de nascimento e penso que, quando morreu, em 1663, Jinga tinha idade bem inferior aos provectos 81 anos indicados por Cavazzi. De todo modo, na época da conclusão de seu manuscrito (1681), dezoito anos depois da morte de Jinga, Cadornega diz que havia gente em Angola acreditando que ela ainda vivia, escondida em seu quilombo, "velha e despossuída de seu reino e senhorios". Volto em seguida à lenda sobre sua longevidade e seus feitos.

Linda Heywood destaca o marco histórico causado pela invasão holandesa em Angola no ano de 1641, depois de terem conquistado parte do Nordeste brasileiro em 1630: "Em 1641, um novo ator entrou em cena na África Central". Na realidade, no mesmo movimento, entra em cena na África Central um segundo novo ator: o brasílico, o português estabelecido no Brasil. Ponto que deve ser ressaltado para os leitores desta tradução brasileira do livro.

Nos socorros vindos da Bahia e do Rio de Janeiro para atacar os holandeses e Jinga, desde 1644, chegam oficiais, soldados e traficantes que vão introduzir, mais duradouramente que os holandeses, seus interesses no centro-oeste africano. Comandando a força expedicionária saída da Guanabara que expulsa os holandeses de Angola e São Tomé em 1648, Salvador Correia de Sá, governador do Rio do Janeiro, filho e neto de governadores da mesma capitania, senhor de engenhos na região de Campos, assume o governo angolano. Com suas tropas da expedição, majoritariamente financiada por negreiros fluminenses, ele ataca Jinga e outros reinos da região. Em 1650, um ano e meio apenas depois de sua posse em Luanda, o capuchinho frei Bonaventura de Sorrento, missionando em Angola desde 1645, denunciava numa carta à Propaganda Fide, em Roma, a carnificina e as escravizações perpetradas pelo governador Salvador de Sá e suas tropas formadas em boa parte por brasílicos: "Desbarataram muitas aldeias, mataram muita gente e fizeram mais de sete mil escravos".

Jinga também registrou o novo patamar da ofensiva negreira desencadeada pelos escravocratas brasílicos, considerando Salvador de Sá um dos mais vorazes governadores de sua época. Ele havia se comprometido a libertar Kambu, irmã de Jinga aprisionada em Luanda, e recebeu muitos escravos que ela mandou como pagamento do resgate, mas não cumpriu a promessa e continuou guerreando Matamba. Linda Heywood descreve as chantagens e extorsões a que Jinga foi submetida para obter a libertação de Kambu em 1656. Em 1655, quatro anos depois de Salvador Correia de Sá ter deixado o governo de Angola, a rainha Jinga ainda reclamava para o novo governador em Luanda: "Estou tão queixosa dos governadores passados, que me prometeram entregar minha irmã, pela qual tenho dado infinitas peças [escravos]... e nunca me entregaram ela; mais ainda, [...] moviam logo guerras, com que me inquietaram e fizeram sempre andar feito jaga, usando tiranias [...]. E de quem estou mais queixosa é do governador Salvador Correia, a quem dei as peças".

A ofensiva negreira brasílica prossegue após o governo de Salvador Correia (1648-51), com capitães e tropas vindas de Pernambuco, sobretudo com os dois heróis da guerra contra os holandeses premiados por João IV com o governo de Angola, João Fernandes de Vieira (1658-61) e André Vidal de Negreiros (1661-66). Trazendo mais tropas brasílicas, esses governadores expandem o domínio territorial português e a pilhagem negreira. Aclimatadas aos combates e às doenças tropicais (ao contrário das tropas europeias, lusas e holandesas presentes em Angola), integrando veteranos de guerras contra os holandeses, índios e quilombolas, as tropas brasílicas têm um papel decisivo em algumas batalhas-chave. A partir dessa época acentua-se um elemento central da afirmação dos interesses brasílicos — e, depois de 1822, brasileiros — no Atlântico Sul: a navegação bilateral entre o Brasil e Angola, em detrimento das viagens triangulares que começavam e terminavam em Lisboa.

Linda Heywood aponta os reides de preação de nativos das tropas de André Vidal de Negreiros em Matamba em 1663, pouco antes da morte de Jinga, quando foram escravizados e enviados para Pernambuco e Paraíba, terra de Negreiros, mais de quatro mil súditos de Jinga e de seus aliados. A ofensiva de Vidal de Negreiros encetava os reides que culminaram com a batalha de Ambuíla (1665), na qual tropas luso-pernambucanas e seus aliados locais destroem o exército do reino independente do Congo e matam o rei local, os membros de sua corte e seus aliados vindos de Matamba. A batalha, maior embate colonial na África desde Alcácer-Quibir (1578), precipita o declínio dos reinos do Congo e de Matamba, governado nessa época pela rainha Kambu (dona Bárbara), sucessora de Jinga.

A presença de oficiais e milicianos brasílicos nas guerras angolanas pode ser observada desde 1646. Na grande batalha de Sengas de Kavanga, citada acima, o capitão do regimento luso-africano que atacava Jinga e seus homens era Paulo Pereira. Afrobrasílico, capitão do terço de Henrique Dias em Pernambuco, ele integrou, no começo de 1645, um contingente de duzentos soldados enviados da Bahia em socorro de Angola. Desembarcadas no porto de Quicombo, as tropas foram emboscadas por jagas da região de

Benguela e quase inteiramente massacradas. Paulo Pereira foi um dos raros sobreviventes do ataque; juntou-se, em seguida, às tropas que cercaram Jinga no seu quilombo da várzea de Kavanga e depois combateram os holandeses. Salvador de Sá o nomeou sargento-mor da tropa africana em Benguela. Cadornega, que o conheceu e o admirava, conta sua morte extravagante, sucedida pouco depois de reides de preação em Calumbo, sudeste de Luanda, próximo ao território de Matamba. Na sequência, Paulo Pereira foi atacado e morto por um leão: "E assim acabou este homem tão benemérito na boca desta besta feroz", conclui pesaroso Cadornega. Ao longo de sua vida militar, Paulo Pereira comandou afrobrasílicos e africanos em Pernambuco lutando contra os holandeses, a quem combateu de novo em Angola, assim como a Jinga, comandando afrobrasílicos, luso-angolanos e angolanos. Menciono o fato para assinalar que uma parte dos milicianos e oficiais que saíram do Brasil para combater em Angola, mais afortunados que Paulo Pereira, voltaram às suas capitanias de origem, trazendo para terras brasileiras relatos sobre a vida e as batalhas de Jinga. De fato, de 1644 até as primeiras décadas do século XVIII, várias expedições militares partiram do Brasil em socorro dos colonos portugueses de Angola. Sem contar os oficiais, padres e traficantes que circulavam nas duas margens do Atlântico Sul.

Câmara Cascudo registra dois versos do folclore nordestino que evocam o feitio belicoso da rainha de Matamba: "Mandou matar Rei Meu senhor! E quem mandou foi Rainha Jinga!". Ou ainda: "Rainha Jinga é mulher de batalha! Tem duas cadeiras arredor de navalha!".

Embora o assunto seja tema de seu livro seguinte, intitulado *Njinga, History and Memory in the Angola, Europe and the African Diaspora*, Linda Heywood aborda no final desta biografia a presença de Jinga na cultura afro-brasileira, em particular nas congadas, onde a rainha Jinga às vezes se contrapunha ao rei do Congo. Mas a associação entre Jinga e o Brasil também permeava, pejorativamente, círculos mais elitistas da vida cultural luso-brasileira. Abespinhado com as broncas internas da Academia das Belas Letras de Lisboa — presidida pelo poeta carioca Caldas Barbosa —, o poeta Bocage, nascido em Setúbal, redige em 1792 um soneto, que citei alhures, ofendendo a Academia e seu presidente. Fazendo referência ao fato de que Caldas Barbosa era mulato, filho de uma ex-escrava angolana, Bocage o insulta, chamando-o de "neto da rainha Jinga" e atribuindo-lhe ascendência simiesca com o "animal sem rabo":

*Preside o neto da rainha Jinga*
*À corja vil, aduladora, insana*
*[...]*
*Lembrou-se no Brasil bruxa insolente*
*De armar ao pobre mundo estranha peta*
*Procura um mono, que infernal careta*
*Lhe faz de longe, e lhe arreganha o dente*
*[...]*
*Conserva-lhe as feições na face preta;*
*Corta-lhe a cauda, veste-o de roupeta*
*E os guinchos lhe converte em voz de gente.*
*Deixa-lhe os calos, deixa-lhe a catinga;*
*Eis entre os Lusos o animal sem rabo*
*Prole se aclama da rainha Jinga.*

A polissemia e a homonímia da palavra "Jinga" também ajudaram a propagar relatos e lendas sobre a valentia e a quase imortalidade da rainha de Matamba. Depois da morte de Kambu, seu marido Jinga a Mona toma o poder. Na sequência, houve um rei Jinga (Francisco Ngola Kanini) no reino conjunto do Dongo e Matamba, e uma rainha, sua irmã e sucessora, Veronica Guterres, que ganhou o título de rainha Jinga no seu longo reinado (1681-1721). Na época de sua subida ao trono, Matamba, na região de Malanje, já era chamado de território jinga. Há também ali um dialeto do quimbundo denominado língua jinga. Assim, quando o capitão do navio negreiro *Santo Antônio e Almas*, saído da Bahia em 1682, registrou o transporte de 74 soldados e quinze cavalos até Luanda para socorrer as tropas portuguesas engajadas na "guerra da Jinga", havia gente no recôncavo e alhures convencida de que se tratava da mesma Jinga combatida pelos companheiros de armas de Paulo Pereira embarcados na mesma Bahia em 1645. Por vezes governado por rainhas, Matamba conheceu outras soberanas denominadas Jinga, tais como a rainha Ana II Guterres da Silva, no trono entre 1742 e 1756, e a rainha Ana III Guterres (morta em 1767).

"De fins do primeiro quartel do século XVII até cerca da primeira década do século XIX foi a nação dos ambundos quase exclusivamente governada por um escasso número de mulheres a quem os portugueses usualmente chamavam rainha Jinga", resume o historiador angolano Fernando Campos. Desse modo, houve em Angola várias "guerras da Jinga que causaram espanto e curiosidade no Brasil e em Portugal".

Romances históricos recentes de dois conhecidos autores angolanos, *A gloriosa família* (1997), de Pepetela, e, sobretudo, *A rainha Ginga,* de José Eduardo Agualusa (2015), ajudaram a recentrar a narrativa sobre a rainha Jinga no cenário seiscentista, na vida da neta de Ngola Kasenda, morta em 1663, biografada por Cavazzi, cujo nome oficial, inscrito nas suas estátuas monumentais na praça Kinaxixe, em Luanda, ou no centro de Malanje, sua terra, é Mwene Njinga Mbandi, ou seja, Chefe Njinga Mbandi.

Mas nas congadas e na memória afro-brasileira Njinga Mbandi mistura-se a outras rainhas Jinga sempre jovens, sempre vivas. Como escreve Câmara Cascudo, a rainha de Matamba "sem jamais saber da existência do Brasil, continua na memória brasileira, íntegra, feroz, na autenticidade do tipo voluntarioso, decisivo, legítimo... Jinga vive".

# Glossário

ILIJA  leis ou proibições dos imbangalas (singular *kijila*).

KIJIKO  servo.

KILAMBA  soldado ambundo, sob comando de um africano, que lutava ao lado dos portugueses.

QUILOMBO  acampamento de guerra, ou unidade militar alojada no acampamento.

KIMBARE  soldado ambundo das forças portuguesas.

MACOTA  homem importante de Ndongo; chefe de linhagem ou nobre hereditário.

MAKUNGE  mensageiro, representante de nível baixo.

MISETE  relicário.

MUBIKA  escravo.

MURINDA  divisão territorial menor do que uma província.

MWENE LUMB  funcionário encarregado da residência real.

NGANGA (GANGA)  sacerdote de Ndongo ou curandeiro religioso.

NGOL  rei ou governante.

PUMBEIRO  escravo africano que trabalhava como negociante para os portugueses nas feiras de escravos.

SOBA  líder local ou senhor provincial.

TAMBO  rito fúnebre ambundo.

TENDALA  o principal funcionário administrativo de Ndongo.

XINGULA  médium da corte; ganga possuído por um espírito.

# Lista de nomes

Governantes de Ndongo (período do reinado entre parênteses)

Ngola Kiluanje kia Samba (1515-1556). Fundador de Ndongo.
Ndambi a Ngola (1556-1561)
Ngola Kiluanje kia Ndambi (1561-1575)
Ngola Kilombo kia Kasenda (1575-1592)
Mbande a Ngola Kiluanje (1592-1617). Filho de Kasenda.
Ngola Mbande (1617-1624). Filho de Mbande a Ngola, irmão de Jinga.
Ngola Hari (instalado no trono pelos portugueses em 1626). Rival de Jinga.
Jinga (1582-1663; reinou em 1624-1663). Filha de Mbande a Ngola e irmã de Ngola Mbande.
Irmãs: Kambu (Bárbara) e Funji (Graça)

Governadores portugueses de Angola, com datas do mandato

Francisco de Almeida (1592-1593)
Manuel Cerveira Pereira (1603-1606)
Bento Banha Cardoso (1611-1615)
Manuel Cerveira Pereira, segundo mandato (1615-1617)
Luís Mendes de Vasconcelos (1617-1621)
João Correia de Sousa (1621-1623)
Pedro de Sousa Coelho (1623)
Bispo Simão de Mascarenhas (1623-1624)
Fernão de Sousa (1624-1630)
Manuel Pereira Coutinho (1630-1635)
Francisco de Vasconcelos da Cunha (1635-1639)
Pedro Cesar de Menezes (1639-1645)
Francisco de Sotomaior (1645-1646)
Salvador Correia de Sá (1648-1651)
Luís Martins de Sousa Chichorro (1654-1658)
João Fernandes Vieira (1658-1661)
André Vidal de Negreiros (1661-1666)

# Cronologia

**1515** Fundação de Ndongo por Ngola Kiluanje kia Samba

**1556** Morte de Ngola Kiluanje kia Samba; Ndambi a Ngola torna-se rei

**1560** Missão portuguesa chega a Luanda

**1561** Morte de Ndambi a Ngola; Ngola Kiluanje kia Ndambi torna-se rei

**1575** Armada portuguesa chega a Luanda sob o comando de Paulo Dias de Novais; morte de Ngola Kiluanje kia Ndambi; Kasenda torna-se rei

**1582** Nasce Jinga

**1592** Morte de Kasenda; Mbande a Ngola torna-se rei

**1617** Morte de Mbande a Ngola; Ngola Mbande torna-se rei

**1622** Jinga chefia uma delegação diplomática a Luanda e é batizada

**1624** Morte de Ngola Mbande; Jinga torna-se rainha

**1626** (**julho**) Os portugueses derrotam as forças de Jinga nas ilhas Kindonga; Jinga foge

**1626** (**outubro**) Os portugueses instalam Ngola Hari como rei fantoche de Ndongo

**1629** Jinga é atacada pelos portugueses e foge da região de Ngangela; os portugueses capturam as irmãs de Jinga, Kambu e Funji

**1631** Jinga torna-se líder imbangala e começa a conquista de Matamba

**1632-33** Kambu é libertada

**1641** Forças holandesas capturam Luanda

**1646** Os portugueses destroem o quilombo de Jinga na região dos Dembos; Kambu é recapturada

**1647** Jinga e os holandeses assinam acordo de aliança; os portugueses matam Funji (Graça), acusada de espionagem

**1648** (**agosto**) Os portugueses retomam Luanda e os holandeses retiram-se

**1648** (**setembro**) Jinga ataca a província de Wandu, no Congo; Jinga instala uma corte em Matamba e reina como governante de Ndongo-Matamba

**1654** Roma aprova o envio de missionários capuchinhos a Matamba

**1656** (**abril**) Os portugueses libertam Kambu (Bárbara) do cativeiro

**1656** (**outubro**) Bárbara chega a Matamba; Jinga assina tratado de paz com os portugueses

**1661** Jinga recebe uma carta do papa Alexandre VII

**1663** (**17 de dezembro**) Morte de Jinga

# Notas

## Abreviações

**AHU** Arquivo Histórico Ultramarino, Lisboa

**Cavazzi, MSS Araldi** Giovanni Antonio Cavazzi da Montecuccolo, "Missione evangelica nel Regno de Congo" (1668), volume A. Coleção particular, Família Araldi, Modena, Itália. Citado por livro e número de página. Para mais informações sobre essa fonte, ver <http://www.bu.edu/afam/faculty/john-thornton/cavazzi-missione-evangelica-2/>

**CX.** Caixa

**FHA** Beatrix Heintze, ed., *Fontes para a história de Angola do século XVII*, 2 v. (Wiesbaden: Franz Steiner, 1985-1988)

**fol.** fólio

**JAH** *Journal of African History*

**MMA** António Brásio, ed., *Monumenta Missionaria Africana: África Ocidental*. 15 v. Lisboa: Agência Geral do Ultramar, Divisão de Publicações e Biblioteca, 1952-1988

**MS** manuscrito

**par.** parágrafo

## Introdução [pp. 7-23]

1. Ver, por exemplo, Patrick Graille, "*Zingha, reine d'Angola: Histoire Africaine* (1769) de Castilhon, Premier Roman Historique Africain et Anticolonialiste de la Littérature Occidentale", in Inocência Mata (org.), *A rainha Nzinga Mbandi: história, memória e mito*, 2. ed. Lisboa: Edições Colibri, 2014, pp. 47-56.
2. "Carta do Rei do Congo ao D. João III, 28 de janeiro de 1530", *MMA* 1:540.
3. "Apontamentos do padre Sebastião de Souto" (1561), *MMA* 11:479.
4. Para uma visão geral completa da organização de Ndongo no século XVI, ver Beatrix Heintze, "O Estado do Ndongo no Século XVI", in Heintze, *Angola nos séculos XVI e XVII: Estudos sobre fontes, métodos e história*. Luanda, 2007, pp. 169-242.
5. Carta do Irmão Antônio Mendes, 29 de outubro de 1562, *MMA* 2:511.
6. Para uma análise mais detalhada da organização administrativa de Kabasa, ver Linda M. Heywood e John K. Thornton, *Central Africans, Atlantic Creoles, and the Foundation of the Americas, 1585-1660*. Nova York: Cambridge University Press, 2007, pp. 72-9.
7. Para a questão da legitimidade e poder em Ndongo, ver John K. Thornton, "Legitimacy and Political Power: Queen Jinga, 1624-1663", *JAH* 32 (1991), pp. 25-40.

8. John K. Thornton, "The Art of War in Angola, 1575-1680", *Comparative Studies in Society and History*, 30 (1988): pp. 360-78.
9. [Baltasar Barreira], "Informação acerca dos Escravos de Angola" (1582-1583), *MMA* 3:227-229.
10. Cavazzi, MSS Araldi, livro 2, p. 3.
11. Pierre du Jarric, *Histoire des choses plus memorables advenues tant ez Indes Orientales, que autres païs de la descouverte des Portugais*, 3 v. Bordeaux, 1608-1614, 2:98.
12. Carta do irmão Antônio Mendes ao Padre Geral, 9 de maio de 1563, *MMA* 2:509.
13. Carta do irmão Antônio Mendes, 29 de outubro de 1562, *MMA* 2:489.
14. Padre Francisco de Gouveia ao Padre Geral, 1º de novembro de 1564, *MMA* 15:231-232.
15. Giovanni Antonio Cavazzi da Montecuccolo, *Istorica Descrizione de' tre' regni Congo, Matamba et Angola*. Bolonha: Giacomo Monti, 1687, livro 2, par. 131. Todas as referências a esta obra estão citadas por livro e número do parágrafo. Há uma tradução portuguesa: João Antônio Cavazzi de Montecúccolo, *Descrição histórica dos três reinos do Congo, Matamba e Angola*, trad. Graciano Maria [Saccardo] de Leguzzano, 2 v. Lisboa: Junta de Investigações do Ultramar, 1965.
16. Carta do Irmão Antônio Mendes ao Padre Geral, 9 de maio de 1563, *MMA* 2:500.
17. Carta do Irmão Antônio Mendes, 29 de outubro de 1562, *MMA* 2:508. Ver também Heywood e Thornton, *Central Africans*, pp. 80-1.
18. Para a história de Hohoria e Zundi, ver Cavazzi, MSS Araldi, livro 2, pp. 2-10; Antonio da Gaeta, *La Meravigliosa Conversione alla Santa Fede di Cristo della Regina Singa*. Nápoles: ed. Francesco Maria Gioia, 1669, pp. 136-9.
19. Sobre as várias linhagens descendentes das concubinas de Ngola Kiluanje kia Samba, ver Cavazzi, MSS Araldi, livro 2, p. 10. Ver também Cavazzi, *Istorica Descrizione*, livro 2, pars. 129-133; Beatrix Heintze, "Written Sources, Oral Traditions, and Oral Sources as Written Sources: The Steep and Thorny Way to Early Angolan History", *Paideuma* 33 (1987), pp. 263-87.
20. Cavazzi, MSS Araldi, livro 2, pp. 13-4.
21. Carta do Padre Diogo da Costa ao Provincial de Portugal, 31 de maio de 1586, *MMA* 3:333.
22. Ibid., *MMA* 3:336-337.
23. "Informação dos Casamentos de Angola" (1582-1583), *MMA* 3:231.
24. Ibid., *MMA* 3:231-232. Ver também: Antônio de Oliveira de Cadornega, *História geral das guerras angolanas*, José Delgado (org.), 3 v. (1940-1942; repr. Lisboa: Agência-Geral do Ultramar, 1972), 1:30-32.
25. Cavazzi, MSS Araldi, livro 2, p. 14.

### 1. O reino de Ndongo e a invasão portuguesa [pp. 25-41]

1. Para uma visão geral das fontes europeias contemporâneas que fornecem detalhes da relação Ndongo-Portugal, ver: Linda M. Heywood e John K. Thornton, *Central Africans, Atlantic Creoles, and the Foundation of the Americas, 1585-1660*. Nova York: Cambridge University Press, 2007, pp. 79-82.
2. Giovanni Antonio Cavazzi da Montecuccolo, *Istorica Descrizione de' tre' regni Congo, Matamba et Angola*. Bolonha: Giacomo Monti, 1687, livro 2, par. 130.
3. Cavazzi, *Istorica Descrizione*, livro 2, par. 130.
4. Para uma reconstrução dessa história inicial, ver: Cavazzi, MSS Araldi, livro 2, pp. 4-12; Antonio da Gaeta, *La Meravigliosa Conversione alla Santa Fede di Cristo della Regina Singa*. Nápoles: Francesco Maria Gioia, 1669, pp. 135-45.

5. Farinha Torres, "Campanhas contra o Rei de Angola", *Mensário Administrativo* 26/27 (1949), pp. 97-9.
6. Ibid., 97-101.
7. Para os detalhes dessa visita, ver: Carta do irmão Antônio Mendes ao Padre Geral, 9 de maio de 1563, *MMA* 2:498-500.
8. Carta do irmão Antônio Mendes ao Padre Geral, 9 de maio de 1563, *MMA* 2:509, 511.
9. Andrew Battel observa que pavões domesticados eram considerados sagrados e mantidos no túmulo do governante provincial Shillambansa, tio do rei de Ndongo (*The Strange Adventures of Andrew Battell in Angola*, ed. E. G. Ravenstein. Londres: Hakluyt Society, 1901, pp. 26-7).
10. Para uma descrição desse traje, ver: Cavazzi, MSS Araldi, livro 2, p. 3.
11. Carta do irmão Antônio Mendes ao Padre Geral, 9 de maio de 1563, *MMA* 2:509. Ver também: Heywood e Thornton, *Central Africans*, p. 81; David Birmingham, *Trade and Conflict in Angola: The Mbundu and Their Neighbors under the Influence of the Portuguese, 1483-1790*. Oxford: Clarendon Press, 1966, pp. 33-8.
12. Manuel Ruela Pombo, *Angola-Menina, 1560-1565*. Lisboa, 1944, p. 18.
13. Cavazzi, MSS Araldi, livro 2, p. 6; Carta do irmão Antônio Mendes ao Padre Geral, 9 de maio de 1563, *MMA* 2:508-509; Garcia Simões ao Provincial de Portugal, 20 de outubro de 1575, *MMA* 3:134.
14. Carta do irmão Antônio Mendes ao Padre Geral, 9 de maio de 1563, *MMA* 2:499-503.
15. Esses eventos estão detalhados na carta do irmão Antônio Mendes ao Padre Geral, 9 de maio de 1563, *MMA* 2:499-503.
16. Antônio Mendes escreveu que Ngola Kiluanje recebera um recado do rei do Congo, alertando-o de que os portugueses estavam interessados somente em determinar se Ndongo tinha prata e ouro, para que Portugal pudesse "tomar a terra". Ver: ibid., 2:502.
17. Ruela Pombo, *Angola-Menina*, 28. Essa hipótese vem de um documento escrito pelo capitão Garcia Mendes Castelo Branco, que acompanhou Dias de Novais em sua viagem de 1575 e foi soldado em Angola por meio século. Ver: "Relação do que faz o Capitão Garcia Mendez das cousas tocantes ao Reyno de Angola", *MMA* 6:453-467 (datada de 1620 pelo editor de *MMA*).
18. Cartas de Francisco de Gouveia ao padre Diogo Mirão, 10 de novembro de 1564, *MMA* 2:528; 15:231-232.
19. Cavazzi, *Istorica Descrizione*, livro 2, par. 131.
20. Carta do irmão Antônio Mendes ao Padre Geral, 9 de maio de 1563, *MMA* 2:508-509; Carta de Francisco de Gouveia ao Padre Geral, 10 de novembro de 1564, *MMA* 15:230.
21. Carta do padre Garcia Simões ao Provincial, 20 de outubro de 1575, *MMA* 3:135. Tradições que coletei entre 2008 e 2011 na província moderna de Malange, onde se localizavam o Estado e a capital de Jinga, e onde vive o povo chamado de Jingas, atribuem muitos milagres a Ngola Kiluanje kia Ndambi.
22. Para uma discussão dessa questão, ver: Heywood e Thornton, *Central Africans*, p. 85.
23. Cavazzi, *Istorica Descrizione*, livro 2, par. 132.
24. Carta do padre Baltasar Barreira, 14 de maio de 1586, *MMA* 3:321.
25. Carta de Diogo da Costa ao Provincial de Portugal, 31 de maio de 1586, *MMA* 3:337.
26. Ruela Pombo, *Angola-Menina*, p. 29. Ver também: Capitão Durão Paias, "Efemérides angolanas em mais de quatro séculos", *in Mensário Administrativo* 26/27 (1949): 16.
27. Carta de Garcia Simões ao Padre Provincial, 20 de outubro de 1575, *MMA* 3:131.

28. Torres, "Campanhas contra o Rei de Angola", 98-101.

29. Ruela Pombo, *Angola-Menina*, 29.

30. Rodrigues, Pero. "História da Residência dos Padres da Companhia de Jesus em Angola", 10 de maio de 1594, *MMA* 4:572. Uma légua espanhola media aproximadamente quatro quilômetros. "Memórias de Jerônimo Castanho a El-Rei", 5 de setembro de 1599, *MMA* 4:606-607; Carta de doação de Paulo Dias de Novais aos padres da Companhia, 26 de agosto de 1581, *MMA* 15:265-267, 279. Consta que eram mil escravos.

31. Carta de Dias de Novais ao Rei, 13 de março de 1582, *MMA* 4:335.

32. Carta do padre Baltasar Afonso, 31 de agosto de 1582, *MMA* 3:219.

33. Carta do padre Baltasar Afonso, 3 de janeiro de 1583, *MMA* 3:233; Carta do padre Baltasar Afonso, 3 de outubro de 1583, *MMA* 3:248.

34. Carta de Diogo da Costa, 20 de julho de 1585, *MMA* 3:320.

35. Carta do padre Baltasar Afonso ao Provincial do Brasil, 27 de agosto de 1585, *MMA* 3:323-325.

36. Carta do padre Diogo da Costa ao Provincial de Portugal, 31 de maio de 1586, *MMA* 3:336.

37. Carta do padre Baltasar Afonso ao padre Miguel de Sousa, 4 de julho de 1581, *MMA* 3:202.

38. Carta do padre Baltasar Afonso, 3 de outubro de 1583, *MMA* 3:248.

39. Ibid. Sobre os diversos relatórios das campanhas, ver: Carta de Pero Rodrigues, 20 de novembro de 1583, *MMA* 4:567-568; Carta do padre Baltasar Afonso, 3 de outubro de 1583, *MMA* 3:248.

40. Carta do padre Baltasar Afonso, 3 de outubro de 1583, *MMA* 3:248.

41. "Memórias de Jerônimo Castanho a El-Rei", 5 de setembro de 1599, *MMA* 4:606-607.

42. Consta que o exército que Sebastião Manibama, cunhado do rei Álvaro do Congo, mandou em 1579-80 tinha quase sessenta mil homens. Ver: Pigafetta, Felippo. *Relazione dei Reame di Congo e circonvincine contrade*. Roma, 1591, p. 27.

43. Du Jarric, Pierre. *Histoire des choses plus memorables advenues tant ez Indes Orientales, que autres païs de la descouverte des Portugais*, 3 v. Bordeaux, 1608-1614, 2:87; Carta do padre Baltasar Barreira ao Padre Geral, 3 de janeiro de 1582, *MMA* 15:269.

44. Carta de Paulo de Novais ao Rei, 3 de maio de 1582, *MMA* 4:342.

45. Rodrigues, "História da Residência", *MMA* 4:587.

46. Carta do padre Baltasar Barreira ao padre Sebastião Morais, 31 de janeiro de 1582, *MMA* 3:208.

47. Carta de Diogo da Costa, 4 de junho de 1585, *MMA* 3:316; Pero Rodrigues, *MMA* 4:574.

48. Carta Anual da Missão de Angola, 15 de março de 1890, *MMA* 3:482-483.

49. Du Jarric, *Histoire*, 2:102.

50. Seção de uma carta de Fernão Martins, 1591, *MMA* 3:433-434; "Desbarato dos Reis da Etiópia e Descobrimento da Ilha de Luanda", 1591, *MMA* 4:534-540; "Memória intitulada *O Livro Primeiro da Monarquia Angolana ... e os fatos ocorridos dos anos de 1580 até 1590*", Instituto Histórico e Geográfico Brasileiro, Rio de Janeiro, África/Angola Col., DL41, doc. 13, fol. 8.

51. Seção de uma carta sobre Angola e Congo, 1591, *MMA* 3:431-432.

52. Silva Corrêa, Elias Alexandre da. *História de Angola*, Manuel Múrias (org.), 2 v. [1792]. Lisboa: Editorial Ática, 1937, 1:211.

53. Carta do padre Baltasar Afonso ao padre Miguel de Sousa, 4 de julho de 1581, *MMA* 3:200.

54. Du Jarric, *Histoire*, 2:89.

55. Cavazzi, *Istorica Descrizione*, livro 2, par. 132.

56. Carta do irmão Antônio Mendes ao Padre Geral, 9 de maio de 1563, *MMA* 2:509.

57. Memórias de Jerônimo Castanho ao Rei, 5 de setembro de 1599, *MMA* 4:606-607; Carta de doação de Paulo Dias de Novais aos padres da Companhia, 26 de agosto de 1581, *MMA* 15:265-267, 279.
58. Carta de Sesmaria de Paulo Dias de Novais, 2 de abril de 1587, *MMA* 4:461-464.
59. Rodrigues, "História da Residência", *MMA* 4:554.
60. Rodrigues, "História da Residência", *MMA* 4:578.
61. Carta de Garcia Simões ao Provincial, 20 de outubro de 1575, *MMA* 3:138-141.
62. Carta do padre Baltasar Barreira ao Padre Geral, 3 de janeiro de 1582, *MMA* 15:270-272.
63. Rodrigues, "História da Residência", *MMA* 4:578-581.
64. Carta do padre Diogo da Costa ao Provincial de Portugal, 31 de maio de 1586, *MMA* 3:332-333.
65. Carta do padre Baltasar Afonso ao padre Miguel de Sousa, 4 de julho de 1581, *MMA* 3:202-203, 206.
66. Carta do padre Baltasar Barreira ao Padre Geral, 3 de janeiro de 1582, *MMA* 15:276.
67. Du Jarric, *Histoire*, 2:90.
68. Ibid. Em 1622, Jinga desafiaria esse costume quando foi a Luanda para negociar a paz em nome de seu irmão.
69. Carta de Paulo Dias de Novais ao Rei, 3 de julho de 1582, *MMA* 4:342.
70. Carta do padre Baltasar Barreira ao Provincial, 20 de novembro de 1583, *MMA* 3:258-259.
71. Carta do padre Baltasar Barreira ao Padre Geral, 3 de janeiro de 1582, *MMA* 15:270-274.
72. Carta do padre Baltasar Afonso ao padre Miguel de Sousa, 4 de julho de 1581, *MMA* 3:204-205.
73. Carta de Diogo da Costa, 31 de maio de 1586, *MMA* 3:339.
74. Du Jarric, *Histoire*, 2:91-92, 99.
75. Carta do padre Diogo da Costa, 20 de julho de 1585, *MMA* 3:319-320.
76. Carta do padre Diogo da Costa ao Provincial de Portugal, 31 de maio de 1586, *MMA* 3:339.
77. Carta do padre Baltasar Barreira ao Padre Geral, 3 de janeiro de 1582, *MMA* 15:274.
78. Carta do padre Baltasar Barreira ao Geral da Companhia; ver também Du Jarric, *Histoire*, 2:89.
79. Du Jarric, *Histoire*, 2:89.
80. Cavazzi, MSS Araldi, livro 2, pp. 9-10, 15, 18; "Estado Religioso e Politico de Angola" (1588), *MMA* 3:376.
81. Carta do padre Baltasar Barreira, 14 de maio de 1586, *MMA* 3:329-331. Descrições do aparecimento de seres fantasmagóricos durante batalhas importantes ocorrem com frequência em textos religiosos e militares portugueses da época. Ver, por exemplo: Thornton, John. *The Kongolese Saint Anthony: Donna Beatriz Kimpa Vita and the Antonian Movement, 1684-1706*. Cambridge: Cambridge University Press, 1998, pp. 32-5.
82. Carta do padre Diogo da Costa ao Provincial, 31 de maio de 1586, *MMA* 3:332-333.
83. Cavazzi, *Istorica Descrizione*, livro 2, par. 132.
84. Pero Rodrigues (1580), *MMA* 4:66. Ver também: Heywood e Thornton, *Central Africans*, pp. 86-7.
85. Carta do padre Baltasar Afonso ao padre Miguel de Sousa, 4 de julho de 1581, *MMA* 3:202-203.
86. "Estado Religioso e Politico de Angola" (1588), *MMA* 3:376. Kafuxi ka Mbari vivia na região de Kissama, que mais tarde se tornou um centro que atraía escravos e homens livres fugitivos. Ver: Heintze, Beatrix. "Historical Notes on the Kisama of Angola", *JAH* 13 (1972), 407-418.
87. "Estado Religioso e Politico de Angola" (1588), *MMA* 3:376.
88. Carta do irmão Antônio Mendes ao Padre Geral, 9 de maio de 1563, *MMA* 2:509.

89. Carta do padre Diogo da Costa ao Provincial de Portugal, 31 de maio de 1586, *MMA* 3:333.
90. Cavazzi, MSS Araldi, livro 2, pp. 7-8.
91. Gaeta, *La Meravigliosa Conversione*, pp. 171-2.


2. Crise e a ascensão de Jinga [pp. 42-61]


1. Rodrigues, Pero. "História da Residência dos Padres da Companhia de Jesus em Angola, e Cousas Tocantes ao Reino e Conquista", 10 de maio de 1594, *MMA* 4:569-571.
2. Garcia Mendes Castello Branco. "Relação", *MMA* 6:465; Battel, Andrew. *The Strange Adventures of Andrew Battell, in Angola and the Adjoining Regions*, E. G. Ravenstein (org.). Londres: Hakluyt Society, 1901, p. 27.
3. Du Jarric, Pierre. *Histoire des choses plus memorables advenues tant ez Indes Orientales, que autres païs de la descouverte des Portugais*, 3 v. Bordeaux, 1608-1614, 2:103.
4. Ver: Birmingham, David. *Trade and Conflict in Angola: The Mbundu and Their Neighbors under the Influence of the Portuguese, 1483-1790*. Oxford: Clarendon Press, 1966, pp. 57-63.
5. "Missão dos Jesuítas em Angola" (1602-1603), *MMA* 5:53-55, 82-83; Cadornega, Antônio de Oliveira de. *História geral das guerras angolanas*, José Delgado (org.), 3 v., 1940-42 (repr. Lisboa: Agência-Geral do Ultramar, 1972), 1:217-8.
6. "Missão dos Jesuítas em Angola" (1602-1603), *MMA* 5:51.
7. Ibid., *MMA* 5:54. Ver também: Heywood, Linda M.; Thornton, John K. *Central Africans, Atlantic Creoles, and the Foundation of the Americas, 1585-1660*. Nova York: Cambridge University Press, 2007, pp. 91-2.
8. Battel, *Strange Adventures*, p. 26.
9. Para a mais recente discussão dos imbangalas, ver: Heywood e Thornton, *Central Africans*, pp. 93-5.
10. Silva Corrêa, Elias Alexandre da. *História de Angola*, Manuel Múrias (org.), 2 v. ([1792] Lisboa: Editorial Ática, 1937), 1:219.
11. André Velho da Fonseca ao Rei, 28 de fevereiro de 1612, *MMA* 6:64-70.
12. Carta de Bento Banha Cardoso, 28 de junho de 1614, *MMA* 6:178.
13. Devassa de Bento Banha Cardoso, 21 de agosto de 1615, AHU, Cx. 1, doc. 40.
14. Sobre o tráfico de escravos dos portugueses nesse período, ver: Birmingham, *Trade and Conflict in Angola*; Heywood e Thornton, *Central Africans*.
15. Du Jarric, *Histoire*, 2:79-80; [Barreira], Informação sobre os escravos de Angola (1582-1583), *MMA* 3:228. Heywood e Thornton, *Central Africans*, pp. 77-9, afirmaram que os *mubikas* podiam ser vendidos, mas os *kijikos* não. Porém, Baltasar Barreira (em "Informação sobre os escravos de Angola", pp. 228-9) declara que tanto *mubikas* quanto *kijikos* eram vendidos e trocados. Giovanni Antonio Cavazzi da Montecuccolo, *Istorica Descrizione de' tre' regni Congo, Matamba et Angola* (Bolonha: Giacomo Monti, 1687), livro 1, par. 330, relembrando a situação que existia nas décadas de 1650 e 1660, observou que os *kijikos* não costumavam ser vendidos.
16. Carta do padre Francisco de Gouveia ao Colégio das Artes, 19 de maio de 1565, *MMA* 2:530.
17. [Barreira], Informação sobre os escravos de Angola (1582-1583), *MMA* 3:230.
18. Ibid., *MMA* 3:228.
19. Gaeta, Antonio da. *La Meravigliosa Conversione alla Santa Fede di Cristo della Regina Singa*, ed. Francesco Maria Gioia (Nápoles, 1669), 169.

20. "Memórias de Jerônimo Castanho a El-Rei", 5 de setembro de 1599, *MMA* 4:606-607. Ver também: Heywood e Thornton, *Central Africans.*

21. Carta de um padre ao Provincial de Portugal, 15 de dezembro de 1587, *MMA* 3:354.

22. Graziano Saccardo, *Congo e Angola: Con la storia dell'antica missione dei cappuccini*, 3 vols. (Veneza, 1982-1983), 1:102-103.

23. Heywood e Thornton, *Central Africans*, p. 95.

24. Ibid., p. 113.

25. "Memórias de Pedro Sardinha ao Conselho de Estado" (1612), *MMA* 5:103-106.

26. André Velho da Fonseca, 4 de março de 1612, "Devassa que tem direito sobre as Causas", AHU, Cx. 1, doc. 18.

27. "Processo de Justificação dos Actos de Bento Banha Cardoso", em Alfredo de Albuquerque Felner, *Angola: Apontamentos sobre a Ocupação e Início do Estabelecimento dos Portugueses no Congo, Angola e Benguela*. Coimbra: Imprensa da Universidade, 1933, pp. 437-9.

28. Consulta, 31 de outubro de 1616, AHU, Cx. 1, doc. 58.

29. Guerreiro, *Relação* (1602-1603), *MMA* 5:57.

30. Guerreiro, "Das Coisas da Missão de Angola" (1606-1607), *MMA* 5:238-240.

31. Para uma análise mais completa desses eventos, ver: Heywood e Thornton, *Central Africans*, pp. 102-5. Ver também: Thornton, John K. "Religious and Ceremonial Life in the Kongo and Mbundu Areas, 1500-1700", in Heywood, Linda (org.). *Central Africans and Cultural Transformations in the American Diaspora*. Cambridge: Cambridge University Press, 2002), pp. 71-90.

32. Du Jarric, *Histoire*, 2:103.

33. Missão dos Jesuítas em Angola (1602-1603), *MMA* 5:55-56; "Relacion del Governador d'Angola sobre el Estado en que tem Aquella Conquista ...", 28 de maio de 1603, *MMA* 5:60-62.

34. Saccardo, *Congo e Angola*, 1:168.

35. Regimento do Governador de Angola, 26 de março de 1607, *MMA* 5:269.

36. Regimento do Governador de Angola, 22 de setembro de 1611, *MMA* 6:26.

37. Carta de André Velho da Fonseca ao Rei, 28 de fevereiro de 1612, *MMA* 6:65.

38. Ibid., *MMA* 6:66; André Velho da Fonseca, 4 de março de 1612, "Devassa que tem direito sobre as Causas", AHU, Cx. 1, doc. 18.

39. Regimento do Governador de Angola, 3 de setembro de 1616, *MMA* 6:258-259.

40. Ibid.

41. "Catálogo dos Governadores do Reino de Angola" (1784), in *Colecção de Noticias para a Historia e Geografia das Nações Ultramarinas*, v. 3, par. 1 (Lisboa, Academia Real das Sciencias, 1825), 361-362; João Carlos Feo Cardoso de Castello Branco e Torres, *Memórias Contendo a Biographia do Vice Almirante Luiz da Motta Feo e Torres*. Paris: Fantin, 1825, pp. 151-2.

42. Ibid.

43. Cavazzi, *Istorica Descrizione*, livro 2, par. 134 [258].

44. Ibid., livro 2, par. 23.

45. Cavazzi, MSS Araldi, livro 2, p. 23.

46. Feo Cardoso, *Memórias*, p. 155.

47. Gaeta, *La Meravigliosa Conversione.*

48. Cavazzi, MSS Araldi, livro 2, p. 23.

49. Saccardo, *Congo e Angola*, 1:169; Cavazzi, MSS Araldi, livro 2, p. 15.

50. Sobre a vida e as viagens de Cavazzi, ver a introdução de Francisco Leite de Faria à tradução portuguesa de seu livro, *Descrição histórica dos três reinos do Congo, Matamba e Angola*, trad. Graciano Maria [Saccardo] de Leguzzano, 2 v. Lisboa: Junta de Investigações do Ultramar, 1965.

51. Feo Cardoso, *Memórias*, p. 156.

52. Carta de Luís Mendes de Vasconcelos ao Conde de Faro, 9 de setembro de 1617, *MMA* 6:286.

53. Ibid.

54. Cadornega, *História geral*, 1:86; ver também: Heywood e Thornton, *Central Africans*, pp. 117-8.

55. Cadornega, *História geral*, 1:86.

56. "Informação de Manuel Vogado Sotomaior a Sua Majestade El-Rei" (*c.* 1620), *MMA* 15:476. Ver também os relatos do bispo Manuel Baptista Soares, "Relata a el-Rei os excessos que presenciara no Governo de Angola", 7 de setembro de 1619, *MMA* 6:378-381; Manuel Severim da Faria, "História portugueza e de outras provincias do occidente desde o anno de 1610 até o de 1640", em Cadornega, *História geral*, 1:88n1; e Fernão de Sousa, "Lembrança do estado em que achei a El Rey de Angola", *c.* outubro de 1624, *FHA* 1:195.

57. "Informação de Manuel Vogado Sotomaior a Sua Majestade El-Rei", *MMA* 15:476.

58. Saccardo, *Congo e Angola*, 1:170.

59. Carta de Baltasar Rebelo de Aragão (1618), *MMA* 6:334. Situados na atual província de Kwanza Norte.

60. Saccardo, *Congo e Angola*, 1:171.

61. Soares, "Relata a el-Rei", *MMA* 6:380; Cadornega, *História geral*, 1:94-95.

62. Feo Cardoso, *Memórias*, p. 157.

63. Cadornega, *História geral*, 1:91-92.

64. Ibid., 1:94-95; ver também: Heintze, Beatrix. *Angola nos séculos XVI e XVII: Estudos sobre fontes, métodos e história.* Luanda, 2007, p. 286.

65. "História Política de Angola (1622-1623)", *MMA* 7:78; Cavazzi, MSS Araldi, livro 2, p. 23; Cavazzi, *Istorica Descrizione*, livro 5, par. 106; Cadornega, *História geral*, 1:88-89n1, 90; Feo Cardoso, *Memórias*, p. 157; Saccardo, *Congo e Angola*, 1:171.

66. Cadornega, *História geral*, 1:135.

67. Cavazzi, MSS Araldi, livro 2, p. 23.

68. "Informação de Manuel Vogado Sotomaior a Sua Majestade El Rei" (c. 1620), *MMA* 15:479.

69. Feo Cardoso, *Memórias*, p. 157.

70. Parece improvável que Ngola Mbande tenha concordado em fazer um pagamento anual dessa magnitude à Coroa portuguesa e aceitado a suserania portuguesa, como alegaram alguns documentos posteriores. Sobre essa recusa, ver: Cavazzi, MSS Araldi, livro 2, p. 25; Feo Cardoso, *Memórias*, p. 159.

71. Felner, *Angola*, p. 209.

72. Cadornega, *História geral*, 1:155n.

73. "Informação de Manuel Vogado Sotomaior a Sua Majestade El Rei" (c. 1620), *MMA* 15:476. Ver também: Saccardo, *Congo e Angola*, 1:171.

74. Gaeta, *La Meravigliosa Conversione*, p. 148; Bento Banha Cardoso ao Rei, 2 de fevereiro de 1626, *MMA* 7:414.

75. Ver: Birmingham, David. "Carnival at Luanda", *JAH* 29 (1988), p. 96. Para a descrição original, ver: "Relação das Festas que a Residencia de Angolla fez na Beatificação do Beato Padre Francisco de Xavier da Companhia de Jesus", in Felner, *Angola*, pp. 531-41.

76. Sottomaior, "Papel sobre as cousas de Angola" (*c.* 1620), *MMA* 15:476; ver também: Heywood e Thornton, *Central Africans*, pp. 159-60.

77. "Catálogo dos Governadores", 364; Feo Cardoso, *Memórias*, p. 158; Cavazzi, MSS Araldi, livro 2, pp. 24-5.

78. Cavazzi, MSS Araldi, livro 2, p. 24.

79. Ibid.; Cavazzi, *Descrição histórica*, v. 2, livro 5, par. 106.

80. Cavazzi, MSS Araldi, livro 2, p. 25; "Catálogo dos Governadores", p. 364.

81. "Catálogo dos Governadores", pp. 364-5; Feo Cardoso, *Memórias*, p. 158; Cavazzi, Araldi MSS, livro 2, p. 25; "Relação do Padre Mateus Cardoso" (1623), *MMA* 7:177.

82. Cavazzi, MSS Araldi, livro 2, p. 25; Feo Cardoso, *Memórias*, p. 159.

83. Cavazzi, MSS Araldi, livro 2, p. 24; Feo Cardoso, *Memórias*, p. 159.

84. A igreja era chamada Igreja Matriz.

85. Cadornega, *História geral*, 1:156n.

86. Cavazzi, MSS Araldi, livro 2, pp. 28-9.

87. "História Política de Angola" (1622-1623), *MMA* 7:79.

88. "Carta do Colector Apostólico ao Cardeal Barbnerini", 30 de dezembro de 1623, *MMA* 7:172-173; Cavazzi, *Descrição histórica*, v. 5, livro 5, par. 106.

89. O próprio Correia de Sousa descreveu essa campanha num relatório que mandou para Lisboa: "Carta de Correia de Sousa ao Marques de Frecilha", 3 de junho de 1622, *MMA* 7:17-24. Ver também: Heywood e Thornton, *Central Africans*, pp. 136-7; Saccardo, *Congo e Angola*, 1:176.

90. Heintze, *Angola nos séculos XVI e XVII*, p. 308.

91. Ibid., p. 310.

92. Silva Corrêa, *História de Angola*, 1:219.

93. Cavazzi, MSS Araldi, livro 2, p. 32.

94. Ibid.; Cadornega, *História geral*, 1:161.


## 3. Uma rainha combativa [pp. 62-90]

1. Cavazzi, MSS Araldi, livro 2, p. 20; Cavazzi da Montecuccolo, Giovanni Antonio. *Istorica Descrizione de' tre' regni Congo, Matamba et Angola*. Bolonha: Giacomo Monti, 1687, livro 5, par. 106; Gaeta, Antonio da, *La Meravigliosa Conversione alla Santa Fede di Cristo della Regina Singa*, Francesco Maria Gioia (org.). Nápoles, 1669, p. 146.

2. Cavazzi, *Istorica Descrizione*, livro 5, par. 106.

3. Ibid.

4. Entrevista. *Rei Jinga*, Corte Real, Marimba, Angola, 22 de julho de 2011. Após os anos 1670, os portugueses passaram a chamar o governante de Ndongo-Matamba de Rei Jinga. No século XIX, a palavra "jinga" passou a ser associada ao povo que vivia na região de Matamba (hoje província de Malange), onde se localizava Marimba, a última capital de Jinga. O título ainda está em uso nos dias de hoje. Em 2011, visitei Marimba para localizar o túmulo de Jinga e entrevistei o rei Jinga, que se chamava rei Cabombo.

5. Cavazzi, MSS Araldi, livro 1, p. 21.

6. Gaeta, *La Meravigliosa Conversione*.

7. Cavazzi, MSS Araldi, livro 2, pp. 94-5.

8. Cavazzi, MSS Araldi, livro 2, pp. 82-5.

9. Cavazzi, *Istorica Descrizione*, livro 1, par. 314.
10. Cadornega, Antônio de Oliveira de. *História geral das guerras angolanas*, José Delgado (org.), 3 v. (1940-1942; repr. Lisboa: Agência-Geral do Ultramar, 1972), 1:58. Embora o editor da *História geral* e historiadores como Beatrix Heintze tenham desconsiderado todas as referências de Cadornega a Jinga antes de ela se tornar rainha, argumentando que ele confundiu as datas relativas a Jinga, discordo dessa conclusão. Sustento que, embora Cadornega tenha de fato confundido datas, em todo o texto ele se refere a Jinga como rainha Jinga porque essa era sua posição quando ele chegou a Angola, em 1639. Acredito que Cadornega estava certo quando disse que Jinga participou das guerras anteriores a 1624, pois consultou notas de campo agora perdidas que descrevem a situação no terreno que comandantes e governadores deixaram no forte de Massangano. Parece provável que suas muitas referências a Jinga mobilizando a população para lutar contra os portugueses nos anos anteriores à sua ascensão ao trono baseavam-se em descrições das batalhas feitas por esses relatos, e Cadornega não teria inserido Jinga na ação sem fundamentação. Veja-se, por exemplo, a referência de Cadornega às campanhas de João Mendes de Vasconcelos, na qual observa ter consultado "alguns documentos de serviço dos antigos conquistadores" que acompanhavam Mendes de Vasconcelos e falaram de fato com alguns dos participantes: Cadornega, *História geral*, 1:95.
11. Cadornega, *História geral*, 1:59.
12. Ibid., 1:61.
13. Cavazzi, *Istorica Descrizione*, livro 5, par. 106.
14. Cadornega, *História geral*, 1:94.
15. Cavazzi, *Istorica Descrizione*, livro 5, par. 106.
16. Cadornega, *História geral*, 1:53-54.
17. Ibid. Cadornega diz que a carta do governador continha "palavras imperiosas", destinadas a indicar que ele era superior e Ngola Mbande, inferior a ele. Cadornega teve acesso a documentos gerados na época, inclusive às cartas do governador para Ngola Mbande. Muitos desses documentos não existem mais.
18. Pelo menos, os portugueses acreditavam nisso; ver: Cadornega, *História geral*, 1:53-54.
19. Cavazzi, *Istorica Descrizione*, livro 5, par. 106.
20. Gaeta, *La Meravigliosa Conversione*, p. 174.
21. Cavazzi, MSS Araldi, livro 2, pp. 24-5; Cavazzi, *Istorica Descrizione*, livro 5, par. 106.
22. Cavazzi, MSS Araldi, livro 2, p. 25; Cavazzi, *Istorica Descrizione*, livro 5, par. 106.
23. Cavazzi, *Istorica Descrizione*, livro 5, par. 106.
24. Cavazzi, MSS Araldi, livro 2, p. 25; Cavazzi, *Istorica Descrizione*, livro 5, par. 106.
25. "História das relações entre a Angola portuguesa e o Ndongo 1617-Septembro de 1625", *FHA* 1:199.
26. Cadornega, *História geral*, 1:126.
27. Cavazzi, MSS Araldi, livro 2, p. 33; "Carta de Fernão de Sousa ao Governo", 15 de agosto de 1624, *FHA* 2:85.
28. Cavazzi, MSS Araldi, livro 2, p. 33.
29. Para uma descrição de como Jinga lidou com as contestações à sua elegibilidade ao trono de Ndongo, ver: Thornton, John K. "Legitimacy and Political Power: Queen Jinga, 1624-1663", *JAH* 32 (1991), pp. 25-40; ver também: Miller, Joseph C. "Nzinga of Matamba in a New Perspective", *JAH* 16 (1975), pp. 201-16; Parreira, Adriano. *Economia e sociedade em Angola na época da Rainha Jinga, século XVII*. Lisboa: Editorial Estampa, 1990, pp. 177-83.

30. Cadornega, *História geral*, 1:142.
31. Cavazzi, *Istorica Descrizione*, livro 5, par. 107; "História das relações entre a Angola portuguesa e o Ndongo 1617-Septembro de 1625", *FHA* 1:199.
32. Carta de Fernão de Sousa ao Governo, 15 de agosto de 1624, *FHA* 2:85-86.
33. Ibid.
34. Ibid.
35. "O Extenso Relatório do Governador a Seus Filhos" (s.d., 1625-1630), *FHA* 1:223.
36. Carta de Fernão de Sousa sobre os tributos de vassalagem dos sobas, 8 de julho de 1626, *FHA* 1:363.
37. Ibid., 1:363-364.
38. Ibid., 1:364.
39. Carta do Governador a Seus Filhos, *FHA* 1:227.
40. Carta de Fernão de Sousa ao Governo, 19 de março de 1625, *FHA* 2:129; Carta do Governador a Seus Filhos, *FHA* 1:227.
41. Carta de Fernão de Sousa a El-Rei, 22 de agosto de 1625, *MMA* 7:366.
42. Carta de Fernão de Sousa ao Governo, 2 de agosto de 1627, *FHA* 2:183.
43. Carta de Fernão de Sousa sobre os tributos de vassalagem dos sobas, 8 de julho de 1626, *FHA* 1:364.
44. Carta de Fernão de Sousa a El-Rei, 22 de agosto de 1625, *MMA* 7:365-368.
45. Cadornega, *História geral*, 1:141-142.
46. Ibid., 1:116-117, 146.
47. Carta de Fernão de Sousa ao Governo (s.d., 9 de julho de 1626), *FHA* 2:166-167.
48. Carta do Governador a Seus Filhos, *FHA* 1:229-230.
49. "A ilegitimidade do novo rei do Ndongo, Angola Aire" (s.d., entre 20 de julho e 14 de setembro de 1629), *FHA* 1:209. Para o passado da linhagem de Hari, ver: Cadornega, *História geral*, 1:141-142.
50. Carta do Governador a Seus Filhos, *FHA* 1:229-230.
51. Ibid., 1:240.
52. Carta de Fernão de Sousa a El-Rei, 21 de fevereiro de 1626, *MMA* 7:417-420; ver: Heintze, Beatriz. *Angola nos séculos XVI e XVII: Estudos sobre fontes, métodos e história*. Luanda, 2007, pp. 321-9, para a mais recente reconstrução da sequência desses eventos.
53. Carta do Governador a Seus Filhos, *FHA* 1:241.
54. Carta de Fernão de Sousa a El-Rei, 21 de fevereiro de 1626, *MMA* 7:417. Essa questão provocou uma extensa discussão na literatura secundária. Ver, por exemplo: Thornton, "Legitimacy and Political Power"; Miller, "Nzinga of Matamba in a new Perspective".
55. Carta de Fernão de Sousa a El-Rei, 7 de março de 1626, *MMA* 7:426.
56. Heintze, *Angola nos séculos XVI e XVII*, p. 328.
57. Ibid., p. 331.
58. Carta do Governador a Seus Filhos, *FHA* 1:242-3.
59. Ibid.; Heintze, *Angola nos séculos XVI e XVII*, pp. 340-1.
60. Carta do Governador a Seus Filhos, *FHA* 1:242-3.
61. Ibid.
62. Ibid.
63. Rainha Jinga para Bento Banha Cardoso, 3 de março de 1626 [datada errada de 1625], tal como citada em Carta do Governador a Seus Filhos, *FHA* 1:244-5. Portugal estava sob a Coroa espanhola.

64. Carta do Governador a Seus Filhos, *FHA* 1:245.
65. Ibid., 1:245.
66. Ibid., 1:261.
67. Para mais detalhes, ver: Cavazzi, MSS Araldi, livro 2, p. 26; João Carlos Feo Cardoso de Castello Branco e Torres. *Memórias Contendo a Biographia do Vice Almirante Luiz da Motta Feo e Torres.* Paris: Fantin, 1825, p. 160.
68. Cavazzi, MSS Araldi, livro 2, p. 100.
69. Ibid., livro 2, p. 27.
70. Cavazzi, *Istorica Descrizione*, livro 5, par. 106.
71. Ibid.
72. Ibid., par. 108.
73. Carta de Fernão de Sousa a El-Rei, 15 de agosto de 1624, *MMA* 7:249.
74. Carta do padre Péro de Novais aos Governadores de Portugal, 11 de junho de 1624, *MMA* 7:240-242. Ver também: *MMA* 7:491.
75. Carta do Governador de Angola a El-Rei, 16 de janeiro de 1628, *MMA* 7:530-531; Saccardo, Graziano. *Congo e Angola: Con la storia dell'antica missione dei cappuccini*, 3 v. Veneza, 1982-1983, 1:170-1.
76. Carta de Fernão de Sousa ao Governo, 10 de dezembro de 1624, *FHA* 2:117.
77. Cadornega, *História geral*, 1:137-8; Heintze, *Angola nos séculos XVI e XVII*, p. 34l.
78. Carta de Fernão de Sousa a El-Rei, 22 de agosto de 1625, *MMA* 7:361-5.
79. "Notícias da África Ocidental (1624-1625)", *MMA* 7:300.
80. Carta do Governador a Seus Filhos, *FHA* 1:242; Carta de Fernão de Sousa a El-Rei, 21 de fevereiro de 1626, *MMA* 7:419.
81. Carta do Governador a Seus Filhos, *FHA* 1:242; Carta de Fernão de Sousa a El-Rei, 21 de fevereiro de 1626, *MMA* 7:418-9.
82. Carta do Governador a Seus Filhos, *FHA* 1:245-7.
83. Ibid., 1:247-8; ver também: Heintze, *Angola nos séculos XVI e XVII*, p. 342.
84. Carta do Governador a Seus Filhos, *FHA* 1:251.
85. Carta de Fernão de Sousa ao Governo (s.d., 9 de julho de 1626), *FHA* 2:167.
86. Carta do Governador a Seus Filhos, *FHA* 1:248.
87. Carta de Fernão de Sousa ao Governo (s.d., 9 de julho de 1626), *FHA* 2:167.
88. Ibid.; Carta do Governador a Seus Filhos, *FHA* 1:252.
89. Carta do Governador a Seus Filhos, *FHA* 1:252.
90. Cadornega, *História geral*, 1:132-4.
91. Ibid., 1:135-6.
92. Ibid., 1:136-9; Carta do Governador a Seus Filhos, *FHA* 1:252.
93. Carta do Governador a Seus Filhos, *FHA* 1:252.
94. Ibid.
95. Cadornega, *História geral*, 1:138-9; ver também: Carta do Governador a Seus Filhos, *FHA* 1:254; Carta de Fernão de Sousa ao Governo (s.d. 9 de julho de 1626), *FHA* 2:167.
96. Cadornega, *História geral*, 1:139-40; ver também: Carta do Governador a Seus Filhos, *FHA* 1:254; Carta de Fernão de Sousa ao Governo (s.d. 9 de julho de 1626), *FHA* 2:167.
97. Carta do Governador a Seus Filhos, *FHA* 1:254; Carta de Fernão de Sousa ao Governo (s.d. 9 de julho de 1626), *FHA* 2:167.
98. Cavazzi, MSS Araldi, livro 2, p. 38; Heintze, *Angola nos séculos XVI e XVII*, pp. 344, 348.

## 4. Política traiçoeira [pp. 91-119]

1. "O Extenso Relatório do Governador a Seus Filhos" (s.d., 1625-1630), *FHA* 1:254.
2. Para a linhagem de Ngola Hari, ver: Campos, Fernando. "Conflitos na Dinastia Guterres através da sua Cronologia", *África* (São Paulo), 27-28 (2006-2007): 23-43, nas pp. 27-8.
3. Carta do Governador a Seus Filhos, *FHA* 1:256-257.
4. Ibid., 1:254. Para uma compreensão dos debates em torno da legitimidade de Jinga, ver: Thornton, John K. "Legitimacy and Political Power: Queen Jinga, 1624-1663", *JAH* 32 (1991): 25-40; Miller, Joseph C. "Nzinga of Matamba in a New Perspective", *JAH* 16 (1975), pp. 201-16.
5. Carta do Governador a Seus Filhos, *FHA* 1:255-257. Para os termos impostos a Hari a Kiluanje, ver: "Regimento de Fernão de Sousa a Bento Banha Cardoso" (s.d., *c.* janeiro de 1626), *FHA* 1:204-205.
6. Carta do Governador a Seus Filhos, *FHA* 1:256.
7. Saccardo, Graziano. *Congo e Angola: Con la storia dell'antica missione dei cappuccini*, 3 v. Veneza, 1982-1983, 1:220.
8. Cadornega, Antônio de Oliveira de. *História Geral das Guerras Angolanas*, José Delgado (org.), 3 v. (1940-1942; repr. Lisboa: Agência-Geral do Ultramar, 1972), 1:158.
9. Carta do Governador a Seus Filhos, *FHA* 1:256; Cadornega. *História Geral*, 1:139.
10. Carta do Governador a Seus Filhos, *FHA* 1:256, 258.
11. Ibid., 1:260.
12. Ibid., 1:256.
13. Ibid., 1:256-7.
14. Ibid., 1:258.
15. Ibid., 1:258; Heintze, Beatrix. *Angola nos séculos XVI e XVII: Estudos sobre fontes, métodos e história* (Luanda, 2007), pp. 352-3.
16. Carta de Fernão de Sousa ao Governo, 2 de agosto de 1627, *FHA* 2:183-184.
17. Ibid., 2:183-185; Relação dos successos de Angola [1]623 a [1]624, Biblioteca Nacional do Rio de Janeiro (BNRJ), Seção Manuscritos, I-33-33-11, Códice Manuel Severim de Faria, fols.1-10.
18. Carta do Governador a Seus Filhos, *FHA* 1:258; "Relação do Governo Fernão de Sousa ao Secretario de Estado", 30 de janeiro de 1627, *MMA* 7:497-489.
19. Carta do Governador a Seus Filhos, *FHA* 1:282; Saccardo, *Congo e Angola*, 1:224.
20. "Estado Religioso do Reino de Dongo", 27 de março de 1627, *MMA* 7:505.
21. Carta do Governador a Seus Filhos, *FHA* 1:282-8.
22. Ibid., 1:284.
23. Ibid., 1:282-3.
24. Ibid., 1:26, 282-5.
25. Cadornega, *História geral*, 1:141-2.
26. Carta do Governador a Seus Filhos, *FHA* 1:287.
27. Ibid., 1:284.
28. Ibid., 1:290, 298.
29. Ibid., 1:298.
30. Ibid.
31. Ibid., 1:293-4.
32. Ibid., 1:294.
33. Ibid.

34. Carta do Governador a Seus Filhos, 1:294.

35. Ibid., 1:298.

36. Ibid., 1:299-300.

37. Ibid., 1:298-9, 314

38. Ibid., 1:300.

39. Ibid., 1:297.

40. Ibid., 1:297-9.

41. Ibid., 1:300.

42. Ibid., 1:301.

43. Carta de Fernão de Sousa ao Governo, 10 de julho de 1628, *FHA* 2:198.

44. Ver, por exemplo: Wiesner-Hanks, Merry. *Women and Gender in Early Modern Europe*, 3. ed. Nova York: Cambridge University Press, 2008; Jansen, Sharon L. *Debating Women, Politics, and Power in Early Modern Europe*. Nova York: Palgrave Macmillan, 2008.

45. A exceção à regra na Europa não estava na península Ibérica católica de Sousa, mas na Inglaterra pós-Reforma, com a incomparável rainha Elizabeth I, que no ano em que Jinga nasceu completava meio século de seu reinado de setenta anos. Ver: Christopher Haigh, *Elizabeth I*, 2. ed. Nova York: Longman, 1998.

46. Carta do Governador a Seus Filhos, *FHA* 1:316.

47. Ibid., 1:325, 328.

48. Ibid., 1:328-9.

49. Ibid., 1:316.

50. Ibid.

51. Ibid., 1:314-5.

52. Carta de Fernão de Sousa ao Governo, 10 de julho de 1628, *FHA* 2:198-9; Carta de Fernão de Sousa ao Governo, não enviada (s.d., final de julho ou início de agosto de 1628), *FHA* 2:201.

53. Carta de Fernão de Sousa ao Governo, 10 de julho de 1628, *FHA* 2:197-9.

54. Ibid.

55. Ibid., 2:198-9.

56. Ibid.

57. Ibid., 2:197-9.

58. Carta do Governador a Seus Filhos, *FHA* 1:306.

59. Ibid., 1:305.

60. Carta de Fernão de Sousa ao Governo, 10 de julho de 1628, *FHA* 2:197-9.

61. Carta de Fernão de Sousa ao Governo, não enviada (s.d., final de julho ou início de agosto de 1628), *FHA* 2:200.

62. Carta do Governador a Seus Filhos, *FHA* 1:303-5.

63. Ibid., 1:303, 305.

64. Ibid., 1:316.

65. Ibid., 1:322.

66. Ibid., 1:330.

67. "Queixa dos *Tendalas* e *Macotas* de Ndongo", 28 de fevereiro de 1629, *FHA* 2:286; Carta de Fernão de Sousa a Paio de Araújo de Azevedo, 20 de março de 1629, *FHA* 2:287-8.

68. Carta do Governador a Seus Filhos, *FHA* 1:326.

69. Ibid., 1:328-9.

70. Ibid.

71. Carta do Governador a Seus Filhos, 1:328-9.
72. Ibid., 1:331, 334.
73. Ibid., 1:334.
74. Cadornega, *História geral*, 1:148.
75. Carta do Governador a Seus Filhos, *FHA* 1:331-2; Cadornega, *História geral*, 1:149.
76. Carta do Governador a Seus Filhos, *FHA* 1:332; João Carlos Feo Cardoso de Castello Branco e Torres. *Memórias contendo a biographia do Vice Almirante Luiz da Motta Feo e Torres*. Paris: Fantin, 1825, p. 166.
77. Carta do Governador a Seus Filhos, *FHA* 1:333.
78. Ibid., 1:332.
79. Ibid., 1:333-4.
80. Ibid., 1:335.
81. Ibid., 1:335; Cadornega, *História geral*, 1:150-2.
82. Carta do Governador a Seus Filhos, *FHA* 1:334-5.
83. "A Ilegitimidade do Novo Rei do Ndongo, Angola Aire" (s.d., entre 20 de julho e 14 de setembro de 1629), *FHA* 1:209-10.
84. Carta do Governador a Seus Filhos, *FHA* 1:336.
85. Ibid.
86. Ibid.; "Catálogo dos Governadores do Reino de Angola" (1784), *Collecção de Noticias para a Historia e Geografia das Nações Ultramarinas*, v. 3, parte 1 (Lisboa, Academia Real das Sciencias, 1825), 369-70; Feo Cardoso, *Memórias*, p. 166.
87. Carta do Governador a Seus Filhos, *FHA* 1:346.
88. Ibid., 1:345.
89. Ibid.
90. Ibid., 1:345-6.
91. Ibid., 1:346.
92. Ibid., 1:339, 346.
93. Ibid., 1:346-7.

5. Guerra e diplomacia [pp. 120-62]

1. Cadornega, Antônio de Oliveira de. *História geral das guerras angolanas*, José Delgado (org.), 3 v. (1940-1942; repr. Lisboa: Agência-Geral do Ultramar, 1972), 1:166n; Delgado, Ralph. *História de Angola*, 2 ed. Banco de Angola, s.d., p. 140.
2. João Carlos Feo Cardoso de Castello Branco e Torres. *Memórias contendo a biographia do Vice Almirante Luiz da Motta Feo e Torres*. Paris: Fantin, 1825, p. 69; Carta de Fernão de Sousa ao Governo, 8 de janeiro de 1630, *FHA* 2:244-5.
3. "O Extenso Relatório do Governador a Seus Filhos" (s.d., 1625-1630), *FHA* 1:326-7.
4. Carta e Verdadeira Relação do Padre Pedro Tavares ... as suas Missões dos Reinos de Angola e de Congo. Biblioteca Pública de Évora, Códex cxvii2-4, fols. 21,23.
5. Relação do Governador Fernão de Sousa, 1624-1630, *MMA* 7:653.
6. Carta de Fernão de Sousa ao Governo, 8 de janeiro de 1630, *FHA* 2:244; Relação de Fernão de Sousa, 23 de fevereiro de 1632, *MMA* 8:138.
7. Carta de Fernão de Sousa ao Governo, 8 de janeiro de 1630, *FHA* 2:244-5; Relação de Fernão de Sousa, 23 de fevereiro de 1632, *MMA* 8:138.

8. Cadornega, *História geral*, 1:166n; Carta de Fernão de Sousa ao Governo, 8 de janeiro de 1630, *FHA* 2:244; Relação de Fernão de Sousa, 23 de fevereiro de 1632, *MMA* 8:138.

9. Carta de Fernão de Sousa ao Governo, 8 de janeiro de 1630, *FHA* 2:244; Relação de Fernão de Sousa, 23 de fevereiro de 1632, *MMA* 8:138.

10. Para mais informações sobre sacrifício humano e rituais fúnebres ambundos, ver: Carta do Padre Pedro Tavares ao Reitor do Colégio de Luanda, 14 de outubro de 1631, *MMA* 8:71-2.

11. Cavazzi da Montecuccolo, Giovanni Antonio. *Istorica Descrizione de' tre' regni Congo, Matamba et Angola*. Bolonha: Giacomo Monti, 1687, livro 5, par. 107.

12. Cavazzi, MSS Araldi, livro 2, p. 95.

13. Sobre as diversas ideias que foram propostas a respeito da origem dos imbangalas, ver: Miller, Joseph C. *Kings and Kinsmen: Early Mbundu States in Angola*. Oxford: Clarendon Press, 1976. Ver também: Sousa Pinto, Paulo Jorge de. "Em Torno de um Problema da Identidade: Os 'Jaga' na História do Congo e Angola", *in Mare Liberum* 18-19 (1999-2000): 193-246.

14. Ver: Cavazzi, MSS Araldi, livro 2, pp. 1-40.

15. Ibid., livro 1, pp. 15-25.

16. Ibid., livro 1, pp. 26-30.

17. Ibid., livro 1, p. 4.

18. Cavazzi, que conta toda a história de Tembo a Ndumbo, pode tê-la enfeitado para seus leitores do século XVII.

19. Cavazzi, MSS Araldi, livro 1, p. 23.

20. Ibid., livro 1, pp. 37-40.

21. Ibid., livro 1, p. 23.

22. Para uma discussão do princípio de linhagem e o lugar dos imbangalas na política da África Central, ver: Miller. *Kings and Kinsmen*, pp. 144-150, 162-4, 234-5.

23. Cavazzi, MSS Araldi, livro 2, pp. 35-9.

24. Ibid., livro 2, pp. 35-9.

25. Franco, Antonio, *Synopsis Annalium Societatis Jesu in Lusitania*. Augsburg: Vieth, 1726, doc. 1632, par. 7 [p. 260].

26. Cavazzi, MSS Araldi, livro 2, p. 37.

27. Ibid., livro 2, pp. 42-3. Ver também: Cadornega, *História geral*, 1:194.

28. Cavazzi, MSS Araldi, livro 2, pp. 42-3; Cadornega, *História geral*, 1:414.

29. Cavazzi, MSS Araldi, livro 2, p. 196. Em quimbundo, *kalunga* significa "mar" ou "morte."

30. Cavazzi, MSS Araldi, livro 2, p. 3.

31. Ibid., livro 2, pp. 42-3, 103; Cadornega. *História geral*, 1:405.

32. Cadornega, *História geral*, 1:153.

33. Carta do Padre Gonçalo de Sousa en Nome da Camara de Luanda, 6 de julho de 1633, *MMA* 8:242-3.

34. Relação de Fernão de Sousa a El-Rei, 2 de março de 1632, *MMA* 8:161-2.

35. Carta do padre Gonçalo de Sousa en Nome da Camara de Luanda, 6 de julho de 1633, *MMA* 8:242-3.

36. Franco, *Synopsis Annalium,* doc. 1632, par. 7 [p. 260]; Carta de Fernão de Sousa a El-Rei, 31 de março de 1634, *MMA* 8:261.

37. Cadornega, *História geral*, 1:415.

38. Carta de Fernão de Sousa a El-Rei, 31 de março de 1634, *MMA* 8:261.

39. Cavazzi, *Istorica Descrizione*, livro 5, par. 112.

40. Cadornega, *História geral*, 1:193-4.
41. Franco, *Synopsis Annalium*, do. 1637, par. 19 [p. 273].
42. Cadornega, *História geral*, 1:209-10.
43. Ibid.
44. Ibid., 1:210.
45. Cavazzi, *Istorica Descrizione*, livro 5, par. 113; Cavazzi, MSS Araldi, livro 2, pp. 44-5.
46. Cavazzi, *Istorica Descrizione*, livro 5, par. 113; Cavazzi, MSS Araldi, livro 2, pp. 44-5.
47. Cadornega, *História geral*, 1:222-4.
48. Cavazzi, MSS Araldi, livro 2, pp. 44-5; Cavazzi. *Istorica Descrizione*, livro 5, par. 113.
49. Para detalhes da conquista holandesa, ver: Heywood, Linda M. e Thornton, e John K. *Central Africans, Atlantic Creoles, and the Foundation of the Americas, 1585-1660*. Cambridge: Cambridge University Press, 2007, pp. 145-52.
50. Cavazzi, MSS Araldi, livro 2, p. 53.
51. Feo Cardoso, *Memórias*, p. 175.
52. Cadornega, *História geral*, 1:247-8.
53. Jadin, Louis. *L'Ancien Congo et l'Angola, 1639-1655: D'Après les Archives Romaines, Portugaises, Néerlandaises et Espagnoles*, 3 v. Bruxelas: Institut Historique Belge de Rome, 1975, 1:158. Esse livro traz traduções francesas dos documentos originais holandeses.
54. Jadin, *Ancien Congo*, 1:255.
55. Sobre a dimensão centro-africana da Guerra dos Trinta Anos e sobre as iniciativas do reino do Congo para promover as relações comerciais e políticas com os holandeses, ver: Thornton, John e Mosterman, Andrea. "A Re-Interpretation of the Kongo-Portuguese War of 1622 according to New Documentary Evidence", *JAH* 51 (2010): 241-2. Para uma análise de maior alcance desse período, ver: Thornton, John K. "The Kingdom of Kongo and the Thirty Years War", *Journal of World History* 27 (2016): 189-213.
56. "Pièces d'un dossier ... Éstats-Généraux", 20 de janeiro de 1649, in: Jadin, *Ancien Congo*, 2:1102; Ratelband, Klaas. *Os holandeses no Brasil e na costa africana: Angola, Kongo e São Tomé, 1600-1650*. Lisboa: Vega, 2003, pp. 161-2.
57. Carta do Governador de Angola a el Rei de Portugal, 9 de março de 1643, *MMA* 9:28-31.
58. Cadornega, *História Geral*, 1:261, 286-7.
59. Jadin, *Ancien Congo*, 1:124; Cadornega. *História Geral*, 1:293; Cert. de Francisco de Fonseca Saraiva, 29 de novembro de 1642, MS 1505, Papéis sobre Angola, Biblioteca da Universidade da Coimbra (BUC), Coimbra, Portugal.
60. Cadornega, *História geral*, 1:422-3.
61. Ibid., 1:290-4.
62. Cavazzi, *Istorica Descrizione*, livro 5, par. 115.
63. Jadin. *Ancien Congo*, 1:124.
64. Feo Cardoso, *Memórias*, p. 174; "Catalogo dos Governadores do Reino de Angola" (1784), em *Collecção de Noticias para a Historia e Geografia das Nações Ultramarinas*, v. 3, parte I. Lisboa, Academia Real das Sciencias, 1825, p. 374; "Sucessos do Arraial do Bengo entre Portugueses e Holandes", 17 de maio de 1643, *MMA* 9:46-54.
65. Jadin, *Ancien Congo*, 1:416-7.
66. Cadornega, *História geral*, 1:393-4.
67. Embora não tenhamos prova direta da opinião de Jinga, os portugueses acreditavam nisso, de acordo com: Cadornega. *História geral*, 1:394.
68. Cadornega, *História geral*, 1:326.

69. Cadornega, *História geral*, 1:326-8. Sobre a tentativa desesperada de Garcia de obter o apoio holandês para atacar Jinga, ver: Carta de Sousa Coutinho a El-Rei, 6 de setembro de 1643, *MMA* 9:64.
70. Cadornega, *História geral*, 1:327-8.
71. Carta de Sousa Coutinho a el Rei, 6 de junho de 1643, *MMA* 9:64; Carta de Sousa Coutinho ao Conde da Vidigueira, 10 de outubro de 1643, *MMA* 9:81.
72. Rapport de Pieter Moortamer au Conseil du Bresil, 14 de outubro de 1643, em Jadin, *Ancien Congo*, 1:346-347.
73. Ratelband, *Os holandeses*, p. 253.
74. "Les XIX aux directeurs du district de la côte sud d'Africa", 30 de novembro de 1644, in: Jadin, *Ancien Congo*, 1:597.
75. Cadornega, *História geral*, 1:352, 404.
76. Ibid., 1:396.
77. Cavazzi, *Istorica Descrizione*, livro 6, par. 32.
78. Cadornega, *História geral*, 1:350-3; Carta do Nuncio em Madrid a Propaganda Fide, 27 de setembro de 1645, *MMA* 9:380.
79. Cadornega, *História geral*, 1:412-3.
80. Ibid., 1:412-4.
81. "Consulta do Conselho Ultramarino", 17 de agosto de 1644, *MMA* 9:133.
82. "Avis du Conseil d'Outre-mer sur le Rapporr au Roi d'António de Abreu de Miranda", 23 de julho de 1644, in: Jadin, *Ancien Congo*, 1:556.
83. Carta do Nuncio em Madrid a Propaganda Fide, 27 de setembro de 1645, *MMA* 9:380.
84. Carta de Francisco de Sotomaior a El-Rei D. João IV, 4 de dezembro de 1645, *MMA* 9:406-7; Cadornega, *História geral*, 1:387.
85. Carta de Francisco de Sotomaior a El-Rei D. João IV, 4 de dezembro de 1645, *MMA* 9:402, 406-7.
86. Cadornega, *História geral*, 1:387-8.
87. Ibid.
88. Ratelband, *Os holandeses*, p. 275.
89. Cadornega, *História geral*, 1:395.
90. Ibid.
91. Ibid., 1:394.
92. Carta de Antonio Teles da Silva a El-Rei D. João IV, 18 de dezembro de 1646, *MMA* 9:470-1.
93. Cadornega, *História geral*, 1:394-5.
94. As descrições da sequência da batalha e outros detalhes vêm de: Cadornega, *História geral*, 1:393-432. Cadornega participou da batalha.
95. Cadornega, *História geral*, 1:412; Carta de Antônio Teles da Silva a El-Rei D. João IV, 18 de dezembro de 1646, *MMA* 9:471.
96. Cadornega, *Historia geral*, 1:412-3, 418; Informação do piloto Manuel Soares sobre do Reino de Angola, 1647, *MMA* 10:69.
97. Cadornega, *História geral*, 1:413-5.
98. Ibid., 1:415-6.
99. Ibid., 1:421-2. Como sinal de sua dívida para com os soldados imbangalas, os portugueses permitiram que eles saqueassem as moradias antes dos outros soldados. Eles não perderam tempo para vender ou trocar os anéis de ouro, as sedas e outros objetos valiosos com os portugueses, uma vez que não usavam esses "adornos e coisas vistosas". Cadornega, *História geral*, 1:421.

100. Cadornega, *História geral*, 1:418-9.

101. Ibid., 1:421-2.

102. Ibid., 1:490.

103. Ver as anotações de 17, 24 e 27 de maio de 1647, em "Extract uyt het register der resolutien gehouden in Angola", MS 5759, West-Indische Compagnie Archiven (Arquivos da Companhia das Índias Ocidentais), Nationaal Archief, Haia; Ouman e Lems para rainha Ana Jinga, 10 de junho de 1647, ibid.; tal como citado por Ratelband, *Os holandeses*, 302-3, 334-5. Consultei também o original holandês.

104. Ibid.

105. "Les XIX au Directeurs de Luanda", 10 de agosto de 1646, in: Jadin, *Ancien Congo*, 2:827-8.

106. Jadin. *Ancien Congo*, 2:765.

107. Cadornega, *História geral*, 1:507-8.

108. Ibid., 1:521-3.

109. Ratelband, *Os holandeses*, 223-4, 331.

110. Cadornega, *História geral*, 1:491-2.

111. Ibid., 1:491-2; Carta de São Paulo de Loanda, 16 de dezembro de 1647, in: Jadin, *Ancien Congo*, 2:938-40.

112. Cadornega, *História geral*, 1:430, 434.

113. Carta de São Paulo de Loanda, 16 de dezembro de 1647, in: Jadin, *Ancien Congo*, 2:938-40; Cadornega, *História geral*, 1:498-500. Ver também: *Arquivos de Angola*, 2ª série 2 (1945), pp. 149-64, para o testemunho de sobreviventes portugueses; Ratelband, *Os holandeses*, pp. 304-6; *Extract van seeckeren Brief gheschreven uyt Loando St. Paulo, in Angola, van weghen de groote Victorei die de Onse verkregen hebben tegen de Portugesen onder 't beleydt van onsen Directeur Ouman*. Haia: Ludolph Breeckevelt, 1648.

114. Cadornega, *História geral*, 1:444.

115. Ibid., 1:501.

116. Ibid., 1:501-5. Os portugueses tinham algumas fazendas em suas terras, mas Atungo entrara para a aliança entre Jinga e os holandeses e lutara ao lado do capitão-mor de Jinga, Jinga a Mona.

117. Jadin, *Ancien Congo*, 2:883n1, 1053.

118. Cadornega, *História geral*, 3:89-91; 462. Ver também: Jadin, *Ancien Congo*, 2:883n1, 1053.

119. Ratelband, *Os holandeses*, pp. 318-21; Cadornega, *História geral*, 1:521-8.

120. Ratelband, *Os holandeses*, pp. 330-5.

121. Ibid., pp. 330-6; Jadin, *Ancien Congo*, 2:883n1.

122. Cavazzi, MSS Araldi, livro 2, p. 76.

123. Para detalhes das operações em Wandu, ver: Tereul, "Descripcion Narrativa", pp. 85-90, em MS 3533, Biblioteca Nacional de Espanha, Madri; Cavazzi, MSS Araldi, livro 2, pp. 78-80; J. B. Labat. *Relation Historique de l'Ethiopie Occidentale*, 4 v. (Paris, 1732), 3:118-226; Cavazzi, *Istorica Descrizione*, livro 4, pars. 21-2.

## 6. Um ato de equilíbrio [pp. 163-96]

1. "Araldi Ms. Informazione sopra la Regina Jinga, Ambaca, 20/10/1650", Congo, Angola, Documenti, v. 2 (1646-1653), p. 234, Coleção Saccardo, Archivio Provinciale dei Cappuccini di Venezia, Veneza, Itália (doravante citado como Coleção Saccardo). Esse relatório

foi escrito por Rui Pegado da Ponte, um embaixador enviado a Jinga pelos portugueses em 1648, ou pelo padre Dionísio Coelho, um membro da embaixada portuguesa de 1640, à corte dela em Matamba, que tentou e não conseguiu afastá-la das práticas imbangalas e aproximá-la do cristianismo.

2. Cavazzi da Montecuccolo, Giovanni Antonio. *Istorica Descrizione de' tre' regni Congo, Matamba et Angola*. Bolonha: Giacomo Monti, 1687, livro 6, par. 138.

3. Cavazzi, MSS Araldi, livro 2, p. 2.

4. "Relação de uma Viagem a Angola", *MMA* 11:249.

5. Cadornega, Antônio de Oliveira de. *História geral das guerras angolanas*, José Delgado (org.), 3 v. (1940-1942; repr. Lisboa: Agência-Geral do Ultramar, 1972), 2:128-32.

6. Cavazzi, *Istorica Descrizione*, livro 6, par. 32.

7. Gaeta, Antonio da. *La Meravigliosa Conversione alla Santa Fede di Cristo della Regina Singa*, ed. Francesco Maria Gioia. Nápoles, 1669, p. 99. Jinga, ao descrever ao frei Gaeta seus longos anos de vida como imbangala, alegou que os portugueses "me expulsaram de meus reinos de Dongo e Angola".

8. Cavazzi, *Istorica Descrizione*, livro 6, pars. 31-2.

9. Ibid., livro 6, par. 93.

10. Cavazzi, MSS Araldi, livro 2, pp. 151-2.

11. Saccardo, Graziano. *Congo e Angola: Con la storia dell'antica missione dei cappuccini*, 3 v. Veneza, 1982-1983, 2:507; Cavazzi, *Istorica Descrizione*, livro 6, pars. 4, 33.

12. João Carlos Feo Cardoso de Castello Branco e Torres. *Memórias Contendo a Biographia do Vice Almirante Luiz da Motta Feo e Torres*. Paris: Fantin, 1825, pp. 180-4; Saccardo, *Congo e Angola*, 2:75-79, 498.

13. Cadornega, *História geral*, 2:128, 347, 355.

14. "Consulta do Conselho Ultramarino", *MMA* 11:498n30, 514-7; Carta de Luís Martins de Sousa Chichorro para João IV, *MMA* 11:509; Cadornega, *História geral*, 2:103-26.

15. Cavazzi, *Istorica Descrizione*, livro 6, pars. 31, 32; Cadornega, *História geral*, 2:75-9; "Consulta do Conselho Ultramarino", *MMA* 11:497-8; AHU, Angola, papéis avulsos, 9 de dezembro de 1656, Cx. 6, doc. 681; Saccardo, *Congo e Angola*, 1:516.

16. "Avventimenti della 'Morinda' o sobato Gunza-Moisa (1670)", Africa, Angola, Congo, Documenti, vol. 4 (1664-1674), p. 234, Coleção Saccardo.

17. Treslado de Paz con Congo (transcrição), "Auto de Devaça que mandou obrar o Cappitam-Mor Luis Lobo de Sequeira", 25 de agosto de 1664, AHU, Cx. 5, doc. 15. Embora Jinga tenha morrido poucos meses antes dessa investigação, as autoridades portuguesas suspeitavam que missionários espanhóis estavam promovendo os interesses da Espanha durante a década de 1650. A testemunha n. 4, Manuel Afonso Salgado, disse que os congos estavam esperando por uma frota espanhola que viria e destruiria os portugueses. Ele queria a ajuda dos Dembos e também da "Raynha Jinga" (s.p.).

18. Cavazzi, MSS Araldi, livro 3, pp. 30-2.

19. "Consulta do Conselho Ultramarino": 14 de dezembro de 1652, *MMA* 11:245; Bento Teixeira de Saldanha ao rei de Portugal, 13 de julho de 1652, in: Jadin, Louis. *L'Ancien Congo et l'Angola, 1639-1655: D'Apres les Archives Romaines, Portugaises, Néerlandaises et Espagnoles*, 3 v. Bruxelas: Institut Historique Belge de Rome, 1975, 3:1428.

20. "Consulta do Conselho Ultramarino", 14 de dezembro de 1652, *MMA* 11:246.

21. Carta do Rei ao Governador Chichorro, 22 de fevereiro de 1654, *MMA* 11:355.

22. Carta do governador Sousa Chichorro, 11 de janeiro de 1657, AHU, Cx. 6, doc. 92.

23. Cadornega, *História geral*, 1:415-8.

24. Da Firenze, Filippo. "Ragguagli del Congo, Succinta Relazione de i tre Regni di Congo, Matamba e Angola" (1711), fols. 88-90. Archivo Provinciale dei Cappuccini di Toscana, Florença; ver também: Jadin, *Ancien Congo*, 2:818; Saccardo, *Congo e Angola*, 1:507.

25. Teruel, António de. "Descripción Narrativa de la Mission serafica de los Padres Capuchinos en Reino de Congo" (1660), p. 90, MS 3533, Biblioteca Nacional de Espanha, Madri. Cavazzi também notou que Jinga não praticava o canibalismo. Ele escreveu: "Se a rainha relutava em comer carne humana, ela não se abstinha de beber sangue humano". Cavazzi, MSS Araldi, livro 2, p. 9.

26. Da Firenze. "Ragguagli del Congo, Succinta Relazione de i tre Regni di Congo, Matamba e Angola" (1711), fols. 88-90.

27. "P. Giovanni Francesco da Roma ai Cardinalli di Propaganda Fide, Rome, Fine Marzo 1648", África, Angola, Congo, Documenti, vol. 2 (1646-1653), pp. 92-3, Coleção Saccardo.

28. Jadin, *Ancien Congo*, 3:1331.

29. Carta de Serafino da Cortona aos Cardeais de Propaganda Fide, 5 de junho de 1651, *MMA* 11:43.

30. Carta de Frei João Francesco de Roma a Propaganda Fide, *MMA* 11:427-8; Carta de Frei Antonio Romano ao Secretario da Propaganda, *MMA* 11:432-8; Carta da Rainha Ana Jinga a Propaganda Fide, 15 de agosto de 1651, *MMA* 11:70-1. Para uma tradução inglesa da carta de Jinga, ver: McKnight, Kathryn Joy e Garofalo, Leo J. *Afro-Latino Voices: Narratives from the Early Modern Ibero-Atlantic World, 1550-1812*. Indianapolis: Hackett, 2009, p. 45.

31. Carta do padre Francesco da Roma ai Cardinali di Propaganda Fide, Roma, Fine Marzo 1648: Congo, Angola, Matamba, Documenti, v. 2 (1646-1653), pp. 92-3, Coleção Saccardo.

32. Carta de Serafino da Cortona, 22 novembro 1651, *MMA* 11:113.

33. Ibid.

34. Ibid.; Carta de Bonaventura de Sorrenta ao Secretário de Propaganda Fide, 7 de maio de 1652, *MMA* 11:181.

35. Carta do padre Serafino da Cortona ao Provincial da Toscana, 15 de maio de 1652, *MMA* 11:191-2.

36. Ibid.

37. Carta do padre Jacinto de Vetralla ao Secretário da Propaganda, 30 de maio de 1652, *MMA* 11:195-6.

38. "Antonio da Monteprandone secrétaire de la Propagande", s.d., in: Jadin, *Ancien Congo*, 3:1463. Embora o relatório esteja sem data e sem assinatura, Jadin (p. 1456) observa que foi escrito depois de março de 1653.

39. "Décisions de la Propagande", 6 de maio de 1653, in: Jadin, *Ancien Congo*, 3:1468.

40. Cadornega, *História geral*, 2:55-7.

41. Cavazzi, *Istorica Descrizione*, livro 6, par. 2.

42. Cavazzi, MSS Araldi, livro 2, p. 2.

43. Cavazzi, MSS Araldi, livro 2, pp. 71-3; Cavazzi, *Istorica Descrizione*, livro 6, par. 2.

44. Carta de Salvador de Sá a El-Rei, 6 de outubro de 1650, *MMA* 10:571; Cavazzi, *Istorica Descrizione*, livro 6, par. 2.

45. Cavazzi, MSS Araldi, livro 2, p. 10.

46. Cavazzi, MSS Araldi, livro 2, pp. 2-3.

47. Gaeta, *La Meravigliosa Conversione*, pp. 70-2.

48. Ibid.

49. "P. Serafino da Cortona a Propaganda Fide", 10 de fevereiro de 1655, Congo, Angola, Matamba, Documenti, v. 3 (1654-1663), p. 65, Coleção Saccardo.

50. "P. Antonio de S. Pedro, Ministro dei Terziari, a un P. di Massangano", Congo, Angola, Matamba, Documenti, v. 3 (1654-1663), p. 70, Coleção Saccardo.
51. "Consulta do Concelho Ultramarino", 13 de julho de 1655, *MMA* 11:497-501.
52. "P. Serafino da Cortona a Padre Provincale di Toscana", 21 de novembro de 1656, Congo, Angola, Matamba, Documenti, v. 3 (1654-1663), p. 62, Coleção Saccardo.
53. Carta do Governo Geral de Angola a El-Rey João IV, 17 de setembro de 1655, *MMA* 11:514.
54. Cavazzi, *Istorica Descrizione*, livro 6, par. 2.
55. Para o texto dessa carta, ver: Cadornega, *História geral*, 2:500-3; tradução para o inglês in: McKnight e Garofalo, *Afro-Latino Voices*, pp. 45-50.
56. Carta da Câmara Municipal ao Rei, Museu de Angola, *Documentação de Angola*, 2:253-62, em Congo Raccolta, 1654-1690, v. 2, p. 45, Coleção Saccardo.
57. Gaeta, *La Meravigliosa Conversione*, pp. 80-1; Cavazzi, MSS Araldi, livro 2, p. 8; Carta do Governador a Serafim da Cortona, 10 de abril de 1656.
58. Gaeta, *La Meravigliosa Conversione*, pp. 84-85.
59. Ibid., pp. 85-86.
60. Ibid.; Saccardo, *Congo e Angola*, 1:511.
61. Gaeta, *La Meravigliosa Conversione*, pp. 90-1.
62. Ibid., pp. 93-4.
63. Cavazzi, MSS Araldi, livro 2, p. 117; Gaeta, *La Meravigliosa Conversione*, pp. 108-11.
64. Gaeta, *La Meravigliosa Conversione*, pp. 107-10.
65. Sobre a data da chegada de frei Gaeta, ver a nota do editor in: Cavazzi, *Descrição histórica dos três reinos do Congo, Matamba e Angola*, trad. Graciano Maria [Saccardo] de Leguzzano, 2 v. Lisboa: Junta de Investigações do Ultramar, 1965, 2:184n27.
66. Gaeta, *La Meravigliosa Conversione*, pp. 97-100.
67. Ibid., pp. 101-3, 116.
68. Ibid., pp. 127-32.
69. Ibid., pp. 130-1.
70. Ibid., p. 233.
71. Entre os signatários do tratado assinado em Matamba estavam o escriba Francisco Ribeira Pereira, Jinga, o secretário que representava o governador e dezessete outras pessoas, entre elas Jinga a Mona, que assinou com uma cruz, Peixoto, o padre Antonio Romano e Calisto Zelotes; ver: Saccardo, *Congo e Angola*, 1:514.
72. Gaeta, *La Meravigliosa Conversione*, pp. 231-8.
73. Ibid., p. 106.
74. Saccardo, *Congo e Angola*, 1:512.
75. Carta do Governador-Geral de Angola a El-Rei D. João IV, 14 de outubro de 1656, *MMA* 12:61-63; Gaeta, *La Meravigliosa Conversione*, p. 238.
76. Cavazzi, *Istorica Descrizione*, livro 6, par. 16.
77. Ibid., livro 6, par. 9; Carta do Governador-Geral a El-Rei D. João IV, 29 de julho de 1656, *MMA* 12:39-41.
78. "Capitulações do Governador de Angola com a Rainha Dona Ana Jinga", 12 de outubro de 1656, *MMA* 12:57-60.
79. "Consulta do Ultramarino", 3 de outubro de 1656, *MMA* 12:73-5; Carta Régia ao Governador-Geral de Angola, 6 de dezembro de 1656, *MMA* 12:87-8.
80. Filipe, rei de Dongo, a João IV, 8 de abril de 1653, *MMA* 12:286-7.

## 7. A caminho dos ancestrais [pp. 197-248]

1. Cavazzi da Montecuccolo, Giovanni Antonio. *Istorica Descrizione de' tre' regni Congo, Matamba et Angola*. Bolonha: Giacomo Monti, 1687, livro 6, par. 100.
2. Serafino da Cortona, Relatorio, 9 de dezembro de 1658, *MMA* 7:195-203.
3. Cavazzi, *Istorica Descrizione*, livro 6, par. 14.
4. Ibid.; Gaeta, Antonio da, *La Meravigliosa Conversione alla Santa Fede di Cristo della Regina Singa*, Francesco Maria Gioia (org.). Nápoles, 1669, p. 176.
5. Cavazzi, *Istorica Descrizione*, livro 6, par. 141.
6. Gaeta, *La Meravigliosa Conversione*, pp. 174-5; Cavazzi, *Istorica Descrizione*, livro 6, par. 86.
7. Cavazzi, *Istorica Descrizione*, livro 6, par. 91.
8. Ibid.
9. Cavazzi, MSS Araldi, livro 2, p. 10.
10. Cavazzi, *Istorica Descrizione*, livro 6, par. 91.
11. Gaeta, *La Meravigliosa Conversione*, pp. 223-8.
12. Ibid.
13. Ibid., pp. 243-6.
14. Ibid., p. 259.
15. Ibid., pp. 261-3.
16. "Serafino da Cortona ao Governador Geral", 20 de março de 1657, *MMM* 12:101-3.
17. Ibid.
18. "Relazione sopra la Regina Zinga", Roma, 26 de novembro de 1658, Congo, Angola, Matamba, Documenti, v. 3 (1654-1663), pp. 187-9, Coleção Saccardo, Archivio Provinciale dei Cappuccini di Venezia, Veneza, Itália (doravante citado como Coleção Saccardo).
19. Cavazzi, *Istorica Descrizione*, livro 6, par. 23.
20. Carta do padre Serafim de Cortona ao Padre Provincial da Toscana, 10 de abril de 1657, *MMA* 12:108; Cavazzi, *Istorica Descrizione*, livro 6, par. 25; Saccardo, Graziano. *Congo e Angola: Con la storia dell'antica missione dei cappuccini*, 3 v. Veneza, 1982-1983, 1:519.
21. Carta de Frei Antonio Romano ao Superior dos Capuchinhos, Matamba, 8 de março de 1657, *MMA* 12:94-5.
22. Carta de Jinga ao Governo de Angola, Matamba, 12 de janeiro de 1657, *MMA* 12:92-3.
23. Carta de Recomendação de "Ana Jinga" para Manuel Frois Peixoto, 15 de janeiro de 1657, AHU, Cx. 11, doc. 130.
24. "Relazione sopra la Regina Zinga", Coleção Saccardo.
25. Carta do Governo Geral de Angola a El-Rei D. Afonso VI, 29 de agosto de 1657, *MMA* 12:133-4.
26. Cadornega, Antônio de Oliveira de. *História geral das guerras angolanas*, José Delgado (org.), 3 v. (1940-1942; repr. Lisboa: Agência-Geral do Ultramar, 1972), 2:171-3; Carta da Rainha D. Ana Jinga a Oliveira de Cadornega, 15 de junho de 1660, *MMA* 12:289.
27. Jinga alla S. Congregazione di Propaganda, Matamba, 15 de agosto de 1657, Congo, Angola, Matamba, Documenti, v. 3 (1654-1663), p. 146, Coleção Saccardo; Carta da Rainha Ana Jinga ao Papa, 8 de setembro de 1657, *MMA* 12:138-9; Rainha Jinga aos Cardeais da Propaganda Fide, 8 de setembro de 1657, *MMA* 12:140.
28. Lettera del P. Antonio da Gaeta ai P. Serafino da Cortona, Matamba, 20 de agosto de 1657, Congo, Angola, Matamba, Documenti, vol. 3 (1654-1663), pp. 86-9, Coleção Saccardo.
29. Carta da Rainha D. Ana Jinga a Frei Serafim da Cortona, 15 de agosto de 1657, *MMA* 11:131-2.

30. Lettera di P. Gaeta alla Serafino da Cortona, Matamba, 8 de setembro de 1657, Congo, Angola, Matamba, Documenti, v. 3 (1654-1663), p. 92, Coleção Saccardo.

31. Lettera dei P. Antonio da Gaeta al P. Serafino da Cortona, Matamba, 20 de agosto de 1657, Coleção Saccardo.

32. Ibid.; Cavazzi, *Istorica Descrizione*, livro 6, par. 36. Para detalhes dos eventos de 1658, ver: Saccardo, *Congo e Angola*, 1:520.

33. "Declaração do Governo de Angola ao concelho e Junta de Guerra", 9 de setembro de 1658, *MMA* 12:173-5.

34. "Consulta do Conselho Ultramarino", 25 de janeiro de 1659, *MMA* 12:209-11.

35. "Declaração de Guerra ao Rei do Congo", 11 de março de 1659, *MMA* 12:226.

36. Carta da Rainha Ana Jinga ao Papa, 8 de setembro de 1657, *MMA* 12:138-9.

37. "Consulta do Conselho Ultramarino", 25 janeiro 1659, *MMA* 12:211.

38. Carta de Frei Antônio Gaeta Romano ao Secretário da Propaganda Fide, 8 de setembro de 1858, *MMA* 12:160-3.

39. Carta da Rainha D. Ana Jinga ao Cardeal D'Este, 2 de dezembro de 1659, *MMA* 12:279.

40. Breve do Papa Alexandre VII à Rainha Ana de Sousa Jinga, 19 de junho de 1660, *MMA* 12:290-1.

41. Carta da Rainha D. Ana Jinga ao Papa Alexandre VII, 25 de agosto de 1662, *MMA* 12:402-3.

42. Ibid.

43. Carta da Rainha D. Ana Jinga a Frei Crisóstomo de Gênova, 18 de março de 1663, *MMA* 12:430-1.

44. Carta da Rainha D. Ana Jinga ao Prefeito da Propaganda, 10 de abril de 1663, *MMA* 12:434-5.

45. Carta da Rainha D. Ana Jinga a Frei Crisóstomo de Gênova, 18 de março de 1663, *MMA* 12:430-1; Carta da Rainha Dona Ana Jinga ao Prefeito da Propaganda, 10 de abril de 1663, *MMA* 12:434-5.

46. Gaeta, *La Meravigliosa Conversione*, p. 284.

47. Cavazzi, *Istorica Descrizione*, livro 6, par. 40.

48. Cavazzi, MSS Araldi, livro 2, pp. 134-5.

49. Cavazzi, *Istorica Descrizione*, livro 6, pars. 52-9.

50. Ibid., livro 6, par. 26.

51. Cavazzi, MSS Araldi, livro 9, p. 135.

52. Ibid., livro 2, p. 7

53. Ibid., livro 2, p. 136.

54. Cavazzi, *Istorica Descrizione*, livro 6, par. 48.

55. "P. Serafino da Cortona a Propaganda", Roma, novembro de 1659, Congo, Angola, Matamba, Documenti, v. 3 (1654-1663), p. 222, Coleção Saccardo; Cavazzi, *Istorica Descrizione*, livro 6, par. 38.

56. Cavazzi, *Istorica Descrizione*, livro 6, par. 62.

57. Cavazzi, MSS Araldi, livro 2, pp. 1-2, 167-74.

58. Ibid., livro 2, pp. 167-74.

59. Cavazzi, *Istorica Descrizione*, livro 6, pars. 63-9.

60. Cavazzi da Montecuccolo, Giovanni Antonio. "Missione evangelica nel Regno de Congo", v. B, fol. 493. Coleção particular, Família Araldi, Modena, Itália.

61. Cavazzi, MSS Araldi, livro 2, pp. 155-9.

62. Ibid.

63. Carta del p. Cavazzi a Propaganda, 12 de agosto de 1663, Raccolta L, v. 2 (1654-1690), p. 165, Coleção Saccardo.

64. Cavazzi, *Istorica Descrizione*, livro 6, par. 105.
65. "Relazione sopra a Regina Zinga", 26 de novembro de 1658, Congo Raccolta L, 1654-1690, v. 3, pp. 190-1, Coleção Saccardo.
66. Cadornega, *História geral*, 2:171-2.
67. Cavazzi, MSS Araldi, livro 2, pp. 5, 22.
68. Cadornega, *História geral*, 2:171n1.
69. Cavazzi, *Istorica Descrizione*, livro 6, par. 96.
70. Ibid., livro 6, par. 75.
71. Cavazzi, MSS Araldi, livro 2, p. 5.
72. Cavazzi, *Istorica Descrizione*, livro 6, par. 79.
73. Ibid., livro 6, par. 101.
74. Cavazzi, MSS Araldi, livro 2, pp. 18-20.
75. Gaeta, *La Meravigliosa Conversione*, 335-7.
76. Cadornega, *História geral*, 2:157-9; Cavazzi, *Istorica Descrizione*, livro 6, pars. 44-6.
77. "Relatorio de Bartholemeu Paes Bulhão", 16 de maio de 1664, AHU, Cx. 8, doc. 8; Birmingham, David. *Trade and Conflict in Angola: the Mbundu and Their Neighbours under the Influence of the Portuguese, 1483-1790*. Oxford: Clarendon Press, 1966, p. 121.
78. Cavazzi, *Istorica Descrizione*, livro 6, par. 6.
79. Cavazzi, MSS Araldi, livro II, p. 21.
80. Ibid., livro 2, p. 216.
81. Cavazzi, *Istorica Descrizione*, livro 6, par. 94.
82. Cavazzi, MSS Araldi, livro 2, p. 36.
83. Ibid., livro 2, p. 6.
84. Gaeta, *La Meravigliosa Conversione*, pp. 336-7.
85. Cavazzi, MSS Araldi, livro 2, pp. 150-2.
86. Cavazzi, *Istorica Descrizione*, livro 6, par. 59.
87. Cavazzi, MSS Araldi, livro 2, p. 3.
88. Gaeta, *La Meravigliosa Conversione*, pp. 173-7.
89. Cadornega, *História geral*, 2:169-70.
90. Cavazzi, MSS Araldi, livro 2, p. 22.
91. Cadornega, *História geral*, 2:223-4.
92. Gaeta, *La Meravigliosa Conversione*, pp. 173-7.
93. Cavazzi, MSS Araldi, livro 2, pp. 161-4.
94. Ibid., livro 2, p. 5.
95. Cavazzi, *Istorica Descrizione*, livro 2, par. 120.
96. Ibid., livro 2, par. 74.
97. "Lettera dei p. Cavazzi a Propaganda", 12 de agosto de 1663, Congo Raccolta L 1654-1690, v. 2, p. 165, Coleção Saccardo. Naquela época, os portugueses temiam que os capuchinhos da Espanha pudessem ser espiões do rei espanhol.
98. Cavazzi, MSS Araldi, livro 2, pp. 18-20.
99. Cavazzi, *Istorica Descrizione*, livro 6, par. 28.
100. Ibid., livro 6, par. 103.
101. Os detalhes dos últimos dias de Jinga encontram-se em: Cavazzi, *Istorica Descrizione*, livro 6, pars. 107-9. Em 2010, enviei as descrições de Cavazzi para a dra. Ana Luiza Gibertoni Cruz, então estudante do quarto ano de Medicina e minha assistente de pós-graduação, e Amanda Thornton, então residente e agora médica especializando-se

em doenças infecciosas, que ofereceram diagnósticos a respeito da causa da morte de Jinga.

102. Cavazzi, MSS Araldi, livro 2, pp. 197-8.
103. Cavazzi, *Istorica Descrizione*, livro 6, par. 108.
104. Cavazzi, MSS Araldi, livro 2, p. 61; Cavazzi, *Istorica Descrizione*, livro 6, par. 111.
105. Cavazzi, *Istorica Descrizione*, livro 6, pars. 110-1.
106. Cavazzi, MSS Araldi, livro 2, pp. 8-9.
107. Cavazzi, *Istorica Descrizione*, livro 6, par. 111.
108. Ibid. Ver também: Cavazzi, MSS Araldi, livro 2, pp. 200-1.
109. Cavazzi, *Istorica Descrizione*, livro 6, par. 111.
110. Cavazzi, MSS Araldi, livro 2, pp. 203-4.
111. Cavazzi, *Istorica Descrizione*, livro 6, par. 112.
112. Ibid., livro 6, par. 113.
113. Ibid., livro 6, par. 114.
114. Cavazzi, MSS Araldi, livro 2, p. 208.

## Epílogo [pp. 249-61]

1. Para o livro publicado de Cavazzi, ver: Cavazzi da Montecuccolo, Giovanni Antonio. *Istorica Descrizione de' tre' regni Congo, Matamba et Angola*. Bolonha: Giacomo Monti, 1687.
2. Cavazzi, Araldi MSS, livro 2, pp. 213-214. Agradeço a Rita Coté, professora de italiano na Universidade de Boston, pela tradução desse poema, bem como de outros trechos difíceis do manuscrito de Cavazzi. Agradeço também ao estudioso anônimo da história italiana que a Harvard University Press consultou sobre a transcrição e a tradução. Os nomes dessas mulheres famosas apareciam com frequência nos escritos de literatura com os quais Cavazzi estava familiarizado. Ver por exemplo: Villandrando, Agustín de Rojas. *El Viaje entretenido* (1604), Manuel Cañete (org.). Madrid, 1901, p. 193.
3. Tal como citado em: Herrera, Georgina. *Always Rebellious, Cimarroneando*, edição bilíngue. Chico, CA: Cubanabooks, 2014. O poema foi publicado pela primeira vez em: Herrera, Georgina. *Granas de sol e luna*. Havana, 1978.
4. Gaeta, Antonio da. *La Meravigliosa Conversione alla Santa Fede di Cristo della Regina Singa*, Francesco Maria Gioia (org.). Nápoles, 1669.
5. Agradeço ao padre dr. Gabriele Bortolami por compartilhar comigo seu trabalho inédito "Antonio da Gaeta e la conversione della regina Nzinga Mbandi (1669)".
6. Relazione, Roma, 26 de novembro de 1658, fol. 264r, Coleção Saccardo, Archivio Provinciale dei Cappuccini di Venezia, Veneza, Itália.
7. Gaeta, *La Meravigliosa Conversione*, p. 228.
8. *Njinga, reine d'angola: La relation d'Antonio Cavazzi de Montecuccolo* (1687). Tradução de Xavier de Castro e Alix du Cheyron d'Abzac, prefácio de Linda Heywood e John Thornton. Paris: Éditions Chandeigne, 2010. Ver também: Gallouët, Catherine. "Farouche, touchante, belle, e cannibale: Transmissions et permutations des representations de Jinga, reine d'Angola du 17e au 18e siècle", in: *Dix-huitième siècle* 44 (2012), pp. 253-72.
9. Para a tradução francesa, ver: Labar, Jean-Baptiste. *Relation historique de L'Ethiopie Occidental: Contenant la description des Royaumes de Congo, Angolle, et Matamba*, 5 v. Paris,

1732. Para a tradução alemã, ver: *Historische Beschreibung der in dem untem occidentalischen Mobrenland ligenden drey Königreichen Congo, Matamba, und Angola*, Munique, 1694.

10. Dapper, Olfert. *Naukeurige Beschrijvinge der Afrikaensche Gewesten*. Amsterdã, 1668. Uma tradução francesa foi publicada em 1676.

11. Ver: Gonsalves, Domingos. *Notícia Memorável da Vida et Acçoens da Rainha Jinga, Jinga Amena*. Lisboa, 1749; Cadornega, Antônio de Oliveira de. *História geral das guerras angolanas*, José Delgado (org.), v. 2 (1940; repr. Lisboa: Agência-Geral do Ultramar, 1972). O texto de Cavazzi foi traduzido para o português somente em 1965: Cavazzi de Montecúccolo, João Antônio. *Descrição histórica dos três reinos do Congo, Matamba e Angola,* trad. Graciano Maria [Saccardo] de Leguzzano, 2 v. (Lisboa: Junta de Investigações do Ultramar, 1965).

12. Para uma análise do preconceito nessas publicações ver: Gallouët, "Farouche, touchante, belle, e cannibale".

13. Diderot, Denis. *Encyclopedie, ou Dictionnaire des sciences, des arts et des métiers*. Paris, 1751.

14. Castilhon, Jean-Louis. *Zhinga, reine d'Angola: Histoire Africaine en Deux Parties*. Paris, 1769, pp. 126-7.

15. Ver também: Sauvage, Emmanuel. "Sade et l'exotisme Africain: Images de Noirs", *Études littéraires* 37 (2006), pp. 97-116.

16. Ibid.

17. Marquês de Sade. *Philosophy in the Bedroom* (1795), trad. Richard Seaver e Austryn Wainhouse, digitalizado e composto por Supervert 32C Inc., 2002, p. 57.

18. Sauvage, "Sade et l'exotisme Africain".

19. *London Quarterly Review,* vol. 17 (1817), pp. 334-8.

20. Hegel, G. W. F. *Leçons sur la Philosophie de l'Histoire*. Paris, 1998, p. 78.

21. Duquesa d'Abrantès e Joseph Straszewicz, *Les femmes célèbres de tous les pays: Leurs vies et leurs portraits* (Paris, 1834), pp. 7-25.

22. Ibid., pp. 7-25.

23. *The Britannica Magazine,* vol. 5, n. 57, pp. 50-6; *Royal Ladies Magazine,* v. 2 (1834), pp. 21-2; *Literary Gazette* (1834), v. 18.

24. *Almanach de Lembranças Luso-Brasileiro para o anno de 1859* (Lisboa, 1859), pp. 374-6.

25. Ver, por exemplo: Delgado, Ralph. *História de Angola*. Luanda, 1948, pp. 72-3.

26. As tradições a respeito de Jinga que circularam entre os ambundos que vivem nas regiões onde ela nasceu e que conquistou ainda não foram coletadas e estudadas de forma sistemática. Cheguei a essa conclusão a partir das entrevistas que fiz em Luanda e Malange, em 2008 e 2011. As entrevistas foram realizadas em português e em quimbundo, com a ajuda de um intérprete angolano de língua quimbundo.

27. Agostinho Neto, *Sagrada esperança*, 11 ed. Lisboa, 1987, pp. 138-40; República Popular de Angola, *História de Angola* (Ministério da Educação, 1976).

28. República Popular de Angola, *História de Angola*.

29. Pacavira, Manuel Pedro. *Nzinga Mbandi*, Luanda, 1975; Pepetela. *A gloriosa família*. Alfradige: Dom Quixote, 1997; República de Angola, *Jinga a Mbande e Aimé Cesaire: independência e universidade*. República de Angola, Ministério da Cultura, 2013.

30. Baseado em entrevistas com angolanos feitas quando visitei Kinaxixe in 2003, 2008 e 2011. A estátua está agora no recentemente inaugurado Museu Angolano das Forças Armadas, em Luanda.

31. Pacavira, Manuel Pedro. *Nzinga Mbandi*. Luanda, 1975; Pepetela, *A gloriosa família*; República de Angola, *Jinga a Mbande e Aimé Cesaire*.

32. Miranda, Manuel Ricardo. *Jinga: rainha de Angola.* Cruz Quebrada: Oficina do Livro, 2008.

33. Mata, Inocência (org.). *A rainha Nzinga Mbandi: história, memória e mito*, 2. ed. Lisboa: Colibri, 2014.

34. <https://www.youtube.com/watch?v=m2TVm1GsPFU.>

35. Ver, por exemplo: Silva, Rafael Ferreira da. "A mulher na capoeira e a participação no movimento de resistência ao sistema racista e patriarcal", disponível em: <www.uneb. brenlacandosexualidades/files/2015/A>; Barbosa, Solange, "O espírito da rainha Nzinga Mbandi no Brasil e no Caribe", em Mata (org.). *A rainha Nzinga Mbandi*, pp. 147-56.

36. Câmara Cascudo, Luís da. *Made in Africa.* Rio de Janeiro, 1965; Glasgow, Roy. *Nzinga* (São Paulo: Perspectiva, 1982); <http://www.galeriadosamba.com.br/espacoaberto/topico/203340/0/2/0/ >

37. Herrera, *Granos de sol e luna*; Oliveros, Pauline. *Jinga, the Queen King: The Return of a Warrior* (DVD, 2010, baseado numa peça de 1993 encenada na Brooklyn Academy of Music); Cook, Verna S. e Brooks, Charlotte K. (orgs.) *Distinguished Black Women*, 1991-1995, v. 3. Washington, D.C.: Black Women in Sisterhood for Action, 1995; Havemeyer, Janie. *Jinga "The Warrior Queen".* Foster City, CA: Goosebottom, 2011.

38. Unesco. *Jinga Mbandi: Queen of Ndongo and Matamba.* Unesco, 2015. Disponível em: <http://en .unesco.org/womeninafrica/Jinga-mbandi/comic>.

39. Ver, por exemplo, sua inclusão em: Duindum, Jeroen. *Dynasties: A Global History of Power, 1300-1800.* Cambridge: Cambridge University Press, 2015.

# Agradecimentos

Desde a infância, sou fascinada por mulheres famosas da história e, ao longo dos anos, li biografias e ficção histórica sobre muitas mulheres governantes, em particular Elizabeth I da Inglaterra. Transferi a paixão que tive por Elizabeth para Jinga depois que comecei a lecionar história antiga da África Central na Universidade Howard, em meados da década de 1980. Muitas pessoas me apoiaram nessa longa jornada. Esta biografia não poderia ter sido escrita sem o apoio de colegas da Universidade Howard e, mais importante, da Universidade de Boston, minha base acadêmica durante quase treze anos. Entre 2008 e 2015, essa universidade proporcionou-me bolsas de pesquisa e licenças sabáticas que me permitiram coletar material para esta biografia em Angola, Portugal e Itália. Minha gratidão vai também para o Centro de Ciências Humanas da Universidade de Boston (BUCH), pelo prêmio de produção de publicação para 2015-2016, que cobriu o custo das ilustrações e os mapas originais que aprimoram o livro. Valorizei o apoio e o incentivo ao longo dos anos dos vários diretores da Faculdade de Artes e Ciências da Universidade de Boston e das cadeiras e dos colegas professores do Departamento de História e do Programa de Estudos Afro-Americanos.

Este livro baseia-se numa ampla gama de fontes arquivísticas e primárias publicadas em português, italiano, holandês e francês, e em pesquisas realizadas em arquivos e bibliotecas de Angola, Portugal, Itália, França, Holanda, Inglaterra e Brasil. Passei nove anos reunindo e estudando os relatórios dos governadores portugueses que detalham as guerras que travaram contra Jinga, bem como as relações diplomáticas e econômicas que tiveram com ela. Examinei cuidadosamente as duas biografias de Jinga publicadas por contemporâneos seus: *La Meravigliosa Conversione alla Santa Fede di Cristo della Regina Singa* (1669), de Antonio da Gaeta, e *Istorica Descrizione de' tre' regni, Congo, Matamba et Angola* (1687), de Giovanni Antonio Cavazzi. Os dois missionários recolheram muitas tradições sobre a vida inicial de Jinga diretamente dela, bem como dos anciãos de sua corte. Consultei também os manuscritos inéditos das biografias de Gaeta e Cavazzi e a tradução feita por John Thornton do manuscrito de Cavazzi, além de cartas e relatórios publicados e não publicados que Cavazzi, Gaeta e outros missionários capuchinhos enviaram para a Itália e Portugal. Obtive outros esclarecimentos sobre o estilo de liderança e estratagemas militares de Jinga nos registros da Companhia Holandesa das Índias Ocidentais (recolhidos e traduzidos para o francês por Louis Jadin) deixados pelos dois diretores — seus futuros aliados — que estiveram em Angola no auge das guerras de Jinga contra os portugueses (1641-48). A tradução de John Thornton de alguns documentos holandeses originais ajudou-me a comparar as traduções com os documentos originais. As opiniões da própria Jinga sobre suas políticas militares, econômicas e diplomáticas, preservadas nas muitas cartas que seus secretários escreveram em seu nome aos portugueses, aos missionários e ao papa, proporcionaram uma ótima compreensão do grau de cálculo político por trás de suas relações bem-sucedidas com os portugueses e missionários. As versões publicadas dessas cartas encontram-se na valiosa série *Monumenta Missionaria Africana*, editada por Antônio Brásio. Algumas das cartas originais estão disponíveis no acervo do Arquivo Histórico Ultramarino (AHU) em Lisboa e em arquivos de Roma. Obtive mais informações sobre o estilo de liderança e a experiência militar de Jinga ao ler as muitas cartas enviadas pelo governador Fernão de Sousa ao rei de Portugal, bem como a seus filhos, durante os primeiros anos da resistência de Jinga. Beatrix Heintze coletou e publicou esses documentos em uma coleção de dois volumes. Fundamentais para uma compreensão mais profunda dos instintos políticos de Jinga foram as cartas enviadas a Portugal pelos muitos governadores portugueses de Angola durante a época de Jinga, cartas entregues pelos embaixadores dela em quimbundo e traduzidas para o português. As observações de Antônio de Cadornega, o soldado português que participou de muitas batalhas cruciais contra Jinga e que também se correspondeu com ela quando trabalhou no sistema judiciário de Luanda, revelaram-se indispensáveis. Com suas muitas referências a Jinga, a história em três volumes das guerras angolanas escrita por Cadornega oferece uma verdadeira perspectiva privilegiada; ao contrário dos governadores coloniais, Cadornega viveu em Angola por mais de cinquenta anos, a partir de

1638. Também consultei biografias, livros, poemas e artigos publicados nos dois séculos posteriores à morte de Jinga. As obras publicadas de escritores portugueses do início até meados do século XIX, ansiosos por reivindicar a posse de Jinga através de seus próprios relatórios e revisões, também se mostraram essenciais.

A pesquisa não poderia ter sido concluída sem a assistência das inúmeras equipes profissionais das várias bibliotecas e arquivos onde trabalhei durante anos ou que me concederam permissão para usar as ilustrações incluídas no livro. Ofereço meus agradecimentos ao Arquivo Histórico Ultramarino (Lisboa), ao Arquivo Histórico Nacional de Angola, aos Arquivos Secretos e à Biblioteca do Vaticano, ao Archivio Provinciale dei Cappuccini de Veneza (Coleção Saccardo, Veneza), à Divisão de Livros Raros da Biblioteca Pública de Nova York, às fundações Astor, Lenox e Tilden, à Bibliothèque des Arts Décoratifs de Paris e à Academia das Ciências de Lisboa. Meus mais sinceros agradecimentos ao dr. Vincenzo Negro, de Módena, Itália, que me concedeu permissão para usar as seis ilustrações de Cavazzi do manuscrito de Araldi, e à dra. Cécile Fromont, que me permitiu usar a ilustração de Jinga com missionários capturados. Obrigado também a Aharon de Grassi e Isabelle Lewis pelos mapas incluídos no livro.

Agradecimentos especiais ao Centro Hutchins de Pesquisas Africanas e Africano-Americanas da Universidade Harvard, que me concedeu a honra de ser uma Du Bois Fellow regular durante o ano letivo, bem como no verão. O generoso apoio financeiro do centro permitiu-me viajar a Angola, ao Brasil e a Portugal para realizar pesquisas sobre Jinga. Devo agradecer especialmente a Henry Louis Gates Jr., que nunca duvidou de que a biografia de Jinga tivesse de ser escrita e sempre assegurou que houvesse apoio institucional para fazê-la. Além disso, o livro não teria sido concluído sem o estímulo e o apoio do diretor executivo Abby Wolf, da diretora do programa de Fellows, Krishna Lewis, e de todos os meus colegas e amigos no Centro Hutchins. Eu não poderia pedir um ambiente mais estimulante para evocar Jinga.

Devo muitos agradecimentos aos estudantes da Universidade de Boston e da Universidade Harvard que trabalharam como assistentes de pesquisa e ajudaram a traduzir algumas das fontes do italiano para o inglês. As traduções feitas por Miriam Bassi (Universidade de Boston, 2007-2008) e Ana Luíza Gibertoni Cruz (MD, mestranda na Escola de Saúde Pública de Harvard, 2009-2010) foram particularmente apreciadas. Um agradecimento especial mais uma vez a Luíza Gibertoni e a Amanda Virginia Heywood Thornton, MD, pelo tempo gasto na leitura da descrição que Cavazzi fez dos sintomas médicos exibidos por Jinga em seus últimos dias e por terem chegado a diagnósticos semelhantes quanto à doença que causou a morte da rainha.

Muito obrigado a Julie Wolf, por me ajudar a transformar o manuscrito em um livro que leitores tanto do mundo acadêmico quanto do público em geral se sentissem à vontade para ler. Eu não teria concluído o manuscrito sem sua orientação especializada. Agradecimentos também a Paul Lucas, pelos conselhos e sugestões sobre como melhorar a versão inicial do manuscrito. Sua contribuição permitiu que eu separasse a vida e a morte de Jinga de Jinga como uma figura de memória, para conceber esses dois aspectos da rainha como um rico material. Os comentários e críticas dos leitores anônimos que leram o manuscrito para a Harvard University Press foram todos muito apreciados e enriqueceram este livro. Finalmente, estou em dívida para sempre com minha editora na Harvard University Press, Kathleen McDermott, por seu estímulo, sua paciência e orientação. Desde o primeiro momento em que ela leu o manuscrito, Kathleen acreditou que a vida de Jinga transcendia o tempo e o lugar, e a maneira profissional e pessoal com que ela tratou todo o processo foi motivadora.

Por último, devo agradecer à minha família, pelo infinito e inequívoco apoio e amor ao longo deste projeto, com o qual todos convivemos nos últimos anos. Assim como minha filha Amanda emprestou-me sua experiência médica, minha filha Amara tomou tempo de sua ocupada agenda em Londres para compartilhar e-mails comigo sobre o manuscrito. Agradeço imensamente a John, meu marido e colega, e único especialista sobre família na história pré-colonial da África Central, por seu amor, compreensão e apoio irrestrito durante esses anos. As conversas que tivemos e as pesquisas que realizamos juntos sobre a África Central no século XVII possibilitaram que eu entendesse o lugar de Jinga em Angola e o mundo à sua volta. Minha maior esperança é que John goste de ler a vida de Jinga que recriei a partir dos documentos que ele tão generosamente compartilhou comigo.

# Índice remissivo

*Os números de página em itálico referem-se a mapas e ilustrações.*

## A

Afonso (rei do Congo), 12-3
Afonso, Baltasar, 32
Akibata, Gaspar, 149-50
Alexandre VII (papa), 214, *216-7*, 234-5
Almeida, Francisco de, 35
Álvaro I (rei do Congo), 13
Ambaca (forte português): acordo para mudar, 60-1, 71; Bárbara (Kambu) em, 187-8, 193; estabelecimento de, 54; iniciativa de construção de igreja, 83, 146; ofensivas contra, 54, 106, 145, 146
Ambrósio (rei do Congo), 94
Andala Gonga Cangombe, 101
Angola: imagem de Jinga em, 255-7; nome de, 14
Ardenburg (Forte de São Miguel), 161
Atumba, Samba, 55
Atungo, Pedro Bamba, 159, 294
Azevedo, Paio de Araújo de, 105, 109-10

## B

Bárbara *ver* Kambu (Bárbara)
Barreira, Baltasar, 36-9, 47, 280*n*
Barreto, Dionísio de Faria, 59-60
batalhas: aparecimentos de espíritos durante, 38, 40, 280*n*; aparecimentos

de espíritos durante; *ver também* Jinga, campanhas militares
Borges Madureira, Gaspar, 136-8, 149, 151-5, 158
Brasil, 9, 34, 47, 60, 76, 94, 103, 138-40, 148, 167, 196, 224, 228, 258-60, 263, 267-72

## C

Cadornega, Antônio de Oliveira de: biografia de Jinga, 252; correspondência com Jinga, 208; frontispício de obra de, *26*; registros de, 285*n*; sobre a morte de Ngola Mbande, 61; sobre Jinga, 65, 89, 143; sobre Kambu, 153
Caheta (imbangala), 164
Cambambe (forte português), 43, 54, 142, 148
Cambambe (província), 38, 43
Candele de Kisos, 102
canibalismo, 7, 44, 113, 116, 125-6, 128, 131, 172, 252-3, 255-6, 296*n*
capoeira, 260
capuchinhos: apoio de Jinga aos, 170-1, 179, 208, 213, 215, 226; como viam Jinga, 172-3; diplomacia por intermédio dos, 163, 171-6, 179, 181-2, 185, 209, 213, 215; e o tráfico de escravos, 172, 223; oposição aos, 186, 213; trabalho missionário, 174-6; *ver também* Cavazzi, Giovanni Antonio; cristianismo; Cortona, Serafino da; Gaeta, Antonio da; jesuítas
Carasco, Giuseppe, 188, 189, 194-5

Cardoso, Bento Banha: e eleição de Ngola Hari, 91, 122; fortes construídos por, 46, 50; morte de, 109; ofensiva contra Jinga, 78-9, 84-8, 92-3

casamento cristão, 203-6

Castilhon, Jean-Louis, 253, 258

Catarina, dona (regente de Portugal), 28

catolicismo *ver* cristianismo

Cavazzi, Giovanni Antonio: e carta do papa, 234; e legado de Jinga, 251; enterro de Kabanga e irmã, 237; ilustração de Jinga, 64, 69; na festa da igreja, 232; na morte e no funeral de Jinga, 238-48; poema sobre Jinga, 249-50, 301*n*; sobre a experiência militar de Jinga, 66; sobre as práticas religiosas de Jinga, 81, 225-6; sobre Jinga e canibalismo, 296*n*; sobre Ndambi a Ngola, 27; sobre o nascimento de Jinga, 63; sobre os imbangalas, 130; trabalho missionário, 176, 221-2

Chapelle, Ferdinand van, 155-7

Coelho, Dionísio, 136-8, 295*n*

Congo, 9-10, 12-3; aliança com Jinga, 94, 155, 213; e Espanha, 295*n*; e Matamba, 12-3; e os holandeses, 143; e Portugal, 9-10, 31, 94, 139, 172-3; Jinga na província de Wandu, 143, 147, 162, 164; mapa, *11*; *ver também* Garcia II

Constantinho, dom (Songa), 38

Cordella, Bonaventura de, 171, 173, 175

Correia da Silva, Francisco, 50

Correia de Sá, Salvador, 160-1, 163, 166, 177-9, 183, 268

Correia de Sousa, João, 57, 61, 64, 66-7, 69, 76, 81, 83, 85, 179, 199

Cortona, Serafino da: correspondência com Jinga, 173, 182, *211*; diplomacia por intermédio de, 174-6, 213; e Bárbara (Kambu), 173, 182-3, 189; e embaixada de Jinga ao Vaticano, 209, 212; sobre Jinga, 173-4; sobre trabalho da missão, 175, 187

Costa, Diogo da, 38

Coutinho, Manuel Pereira, 120-1, 131-3

cristianismo: e casamento, 203; e legitimidade de Ngola Hari, 95; em Ndongo, 37-9, 48, 60, 123; no Congo, 12; papel na política portuguesa, 37-8, 83-4; *ver também* capuchinhos; jesuítas; Jinga, religião

Culembe, 127

# D

Dapper, Olfert, 252

Dembos, região dos: derrota de Jinga na, 150-5; portugueses na, 95, 121, 177; quilombo de Jinga em, 141-2, 146-7

Dias, Sebastião, 85, 94, 98, 109

Dias de Novais, Paulo: como amante da filha de Ngoia Kiluanje, 22; e a missão de 1560 a Ndongo, 27-9; e conquista militar de Ndongo, 31, 34-5, 47; e cristianização de Ndongo, 36-7; e tráfico de escravos, 47

diplomacia *ver* Jinga, diplomacia

Donji (imbangala), 126

Dumbo a Pebo (região), 77, 85

# E

Elizabeth I (rainha da Inglaterra), 7, 9, 261, 289*n*

escravidão *ver* tráfico de escravos/escravidão

Espanha, 12, 49, 79, 83-4, 140, 265

espiritualidade *ver* cristianismo; Jinga, religião; religião tradicional

# F

feiras (ou mercados), 18-9; *ver também* tráfico de escravos

Fernandes Vieira, João, 210, 212, 228

Forte de São Miguel, 161

franciscanos, 49

Funji (Graça): autoridade de, 122-3; batismo de, 61, 116; captura pelos portugueses, 114-5, 119, 136; considerada para substituir Ngola Hari, 122-3; espiã, 149, 154; esterilização pelo irmão, 52; morte de, 157; pais e irmãos, 42

# G

Gaeta, Antonio da: biografia de Jinga,
251; e Bárbara (Kambu), 187-9, 193;
e casamento cristão, 203; e doenças
de Jinga, 192, 236; e embaixada ao
Vaticano, 209-10; e tratado entre
Portugal e Jinga, 195; entrega da
*misete* para, 218, 226; intermediário
diplomático, 214; morte de, 226, 236;
oposição a, 185; recepção por Jinga,
190-1, 199; relação com Jinga, 192,
206-7, 209; sobre o nascimento de
Jinga, 63; sobre o tráfico de escravos,
47; sobre os talentos militares de Jinga,
64, 145; trabalho missionário, 176, 194,
202, 236; transferência para longe de
Matamba, 236
gangas (*ngangas*, sacerdotes), 20-1, 37-41,
49, 62, 171, 201, 218, 221-2, 228-30, 237;
*ver também* religião tradicional
Garcia II (rei do Congo): disputa por bispo,
172-3; e Correia de Sá, 177; e Fernandes
Vieira, 213; e Jinga, 143, 147, 155, 157,
162, 172; e missionários em Wandu, 171;
e os holandeses, 139, 143, 156
Gouveia, Francisco de, 20, 30, 36, 46
Graça *ver* Funji (Graça)
Gregório (aliado dos portugueses), 149
Gusmão, Luisa de (regente de Portugal),
196

# H

Hari a Kiluanje, 75-9, 85, 91-2, 99
Hegel, G. W. F., 254
Heintze, Beatrix, 285n
Herrera, Georgina, 250, 254
Hohoria Ngola, 21
holandeses: acordo formal com Jinga,
155-6; aliança com Jinga, 139-40,
148, 150, 157-60; capitulação para os
portugueses, 160-1; conflito com os
portugueses, 133, 135, 138-9, 142, 151;
no exército de Jinga, 152-3

# I

imbangalas, 44, 127; aliança com Ngola
Mbande, 55-6, 59; aliança com os
portugueses, 44, 50, 53-4, 149; caos
causado por, 56; destruição do
quilombo de Jinga, 293n; familiaridade
de Jinga com, 66, 124; Jinga
transforma-se em líder dos, 127-30;
leis e rituais, 125-7; liderança, 125, 129;
reputação de Jinga entre os, 145; *ver
também* Kalandula; Kasa; Kasanje
Irmandade do Rosário, 225, 241

# J

jesuítas: concessões de escravos para, 47;
concessões de terras para, 36; conflito
com capuchinhos, 173, 186; diplomacia
com, 135; e Ndambi a Ngola, 30; e
Ngola Hari, 123; papel no colonialismo
português, 32, 84, 173; trabalho
missionário, 36-9, 48; *ver também*
capuchinhos; cristianismo
"jinga" (como título), 284n
Jinga, 7, 120, 196-7; casamento com Kasa,
71, 125; casamento com Sebastião, 204;
como divindade, 132; e canibalismo,
172, 296n; esterilização pelo irmão,
52; funeral, 239, 243-5, *244*; imagens
de, *8, 59, 64, 128, 168, 172*; infância, 33,
63; intrepidez, 145; luto por, 243-7;
nascimento, 63; nomes e títulos,
63, 70, 129, 226, 230; relação com os
homens, 65, 132, 203; troca de sexo, 132;
últimos dias e morte, 237-9, 300n; *ver
também* Jinga, campanhas militares;
Jinga, diplomacia; Jinga, legado; Jinga,
política; Jinga, religião
*Jinga* (filme), 258, 260
Jinga, campanhas militares: aquisição
de armas, 113-4; como estratégia de
liderança, 163-7; como líder imbangala,
131; contra Kasanje, 167; contra Yaka,
165; em Dembos, 141-2;

Jinga, campanhas militares (*continuação*)em Matamba, 131, 133, 135, 164; em Mbwila, 165, 189-90; em Wandu, 143, 161-2, 164; experiência militar inicial, 64-5; fugindo dos portugueses, 88-9, 92-3, 111-3; impacto sobre os portugueses, 76, 147, 148, 169; ofensiva conjunta com os holandeses, 157-60; ofensiva contra os portugueses, 76-7, 141, 144-5, 148; ofensiva de Azevedo contra, 108-9; ofensiva de Cardoso contra, 84-9; ofensiva de Fernandes Vieira contra aliados de, 228; ofensiva de Sotomaior e Borges Madureira contra, 148-55, 293n; Vasconcelos da Cunha contra, 135

Jinga, diplomacia: aliança com holandeses, 139-44, 148, 150, 157-60; aliança com Kasanje, 116-17; aliança com o Congo, 94, 154, 213; ataques de gênero contra, 77, 92; com Correia de Sá, 177-8; com Coutinho, 121; com Fernão de Sousa, 70-2, 77-8, 98-100, 102-4, 107; com jesuítas, 135; com Menezes, 136-7; com o Vaticano, 175-6, 208-10, 212-4, 234-5; com os portugueses após a libertação de Bárbara, 212; com Sousa Chichorro, 179-7; como enviada de Ngola Mbande, 57-60, 67-8, 280n; como tática protelatória, 77-9, 87-8; demonstrações de lealdade a Portugal, 206-7; e tráfico de escravos, 121, 163, 207-8; mobilização de apoio, 107; pela continuidade da independência, 206; pela libertação de Bárbara (Kambu), 178-89; política portuguesa a respeito, 123, 147-8, 169; por intermédio de missionários, 169-76, 181-2, 184, 214; recepção de delegações, 199; tratado com os portugueses, 192-6, 297n; *ver também* Jinga, política

Jinga, legado, 247-9, 261; alcance global, 260-1; de acordo com Cavazzi, 249-50; de acordo com Herrera, 250-1; estátua em Luanda, 257, 259; interpretações angolanas, 255-8; interpretações europeias, 7, 252-3, 255; moldado por Gaeta e Cavazzi, 251-2; nas tradições orais ambundas, 255-6, 302n; no Brasil, 258, 260

Jinga, política: adoção de práticas imbagalas, 125, 127-30; ambições políticas, 57, 59, 62, 70; apoio para, 94, 104, 112-3, 118, 155; asccensão ao trono, 61; autoridade legal, *101*, 233; como ameaça aos portugueses, 72-4; como estrategista, 145-6, 155, 163; como potência regional, 130-1, 133, 144; concepções monarquistas, 230-3; consolidação do poder, 70; culpa dos portugueses, 177, 178, 230, 295n; estilo de liderança, 124, 138; exibição de autoridade real, 67-8, 146-7, 199-200, 233-4; nova capital em Matamba, 218; preparação para a liderança, 64; quilombo em Dembos, 141-2, 146-7; recrutamento de apoio, 72-4, 104-7, 110-1, 166; reputação de imbangala, 145; ressurgimento do esconderijo, 98; rivais apoiados pelos portugueses, 74-6; rivalidade com Ngola Mbande, 51, 61, 66; sucessão, 227, 229-30, 234-5; território controlado por, 164-5; *ver também* Jinga, diplomacia

Jinga, religião: apoio a jornadas missionárias, 222; batismo, 58, 80; casamento cristão, 203-4; como modelo cristão, 224; confronto com a religião tradicional, 220-3; construção de igrejas, 218-9, 225-6, 236; consulta aos ancestrais sobre cristianismo, 201-2; controle sobre, 82-3, 138; crucifixo de Jinga a Mona, 190, 201; devoção pessoal ao cristianismo, 224-7; diplomacia com o Vaticano, 175-6, 208-10, 212-4, 234-5; diplomacia por intermédio de missionários, 169-76, 181-2, 184, 214; e capuchinhos, 170-3; educação cristã, 219-20; entrega da *misete*, 218; esforços de cristianização, 197, 199, 202, 204-6; impacto da cristianização, 224; importância da espiritualidade para, 80-1; mistura de tradições, 80-1, 129-30, 232-4; objetivos políticos da cristianização, 163, 199, 205-6, 227, 229; oposição dos seguidores à cristianização, 227-9, 236-7; recepção de Gaeta, 190-1, 199; religião tradicional praticada por, 82, 89, 235-6; retorno ao cristianismo, 191-2; *ver também* cristianismo; religião tradicional

Jinga a Mona: batismo, 203; campanhas militares, 145, 152, 157-9, 165; casamento com Bárbara (Kambu), 206; desqualificação da liderança, 184; e crucifixo de Mbwila, 190; na festa da igreja, 232; no funeral de Jinga, 243; oposição a Jinga, 228-9; relação com Jinga, 228; tratado com os portugueses, 297*n*

João (embaixador proposto ao Vaticano), 209-10

João (frade carmelita), 184, 186

João IV (rei de Portugal): carta de Ngola Hari para, 143; cartas dos governadores para, 148, 178, 182; luto por, 208; na diplomacia, 177, 206; preocupação com Jinga, 147-8, 169; tratado de Jinga com, 194-5

Junot, Laure, 254-5

# K

Kabanga, 237-8

Kabasa (capital de Ndongo), 16-7, 54, 64, 71, 81, 92

Kabuku Kandonga, 144-5, 149, 167

Kafuxi ka Mbari, 40, 43, 49, 280*n*

Kaita ka Kabala, 54

Kakulu ka Hango, 50

Kalandula (imbangala), 145, 165-7, 181, 185, 195

Kalunga (imbangala), 111

Kambambe (soba), 167

Kambu (Bárbara): advertência de Sousa a respeito de, 124; ascensão ao trono, 241; autoridade de, 123; batismo, 61; captura pelos portugueses, 114-5, 119, 153-4, 157; casamento, 205; celebração da libertação, 194-6; como sucessora, 197, 205, 229-30, 235; considerada para substituir Ngola Hari, 121, 123; e Cortona, 174; e luto por Jinga, 245; esterilização pelo irmão, 52; libertação, 133, 186-9, 193-4; na corte de Jinga, 146-7; negociação para sua

libertação, 177-85; oposição à libertação de, 185-6; pais e irmãos, 42

Kanini, João Guterres *ver* Ngola Kanini

Kasa (imbangala): ajuda a Jinga, 93-4, 98, 108; casamento com Jinga, 71, 125; como líder imbangala, 127; conflito por Matamba, 133, 135; e Ngola Mbande, 56, 71; e os portugueses, 100, 107; hostilidade contra Jinga, 86, 94, 98, 111

Kasenda *ver* Ngola Kilombo kia Kasenda

Kassanje (imbangala): aliança com Jinga, 116, 117; aproximações feitas pelos portugueses, 137; batismo, 224; campanha de Jinga contra, 169; como líder imbangala, 127; conflito por Matamba, 148, 161, 165, 178; danos a Ndongo, 61; e Ngola Mbande, 55, 59; e tratado entre portugueses e Jinga, 195; poder político de, 110

Kengela ka Nkombe, 23, 42

Kia Ituxi, 70

Kindonga, ilhas, 15; ataques dos portugueses às, 108-9; base de Jinga nas, 70, 77, 101, 107, 120; jornada missionária às, 222; refúgio de Ngola Mbande nas, 55, 59

Kissama (região), 15, 18, 169-70; ofensiva portuguesa contra, 43, 181; oferta de Jinga de ofensiva conjunta contra, 185; resistência contra os portugueses, 98, 119, 139, 280*n*

Kitexi ka Ndambi, 142, 154

Kwanza, rio, 14-5

# L

Labat, Jean-Baptiste, 252

Ladino, Alexandre, 116-7

Libelo (região), 111

Lopes de Sequeira, Domingos, 116

Luanda: colonização portuguesa de, 31-2; como colônia do Congo, 10; conflito entre portugueses e holandeses pela posse de, 133, 135, 138-9, 142, 160-1; estátua de Jinga em, 257; luto por Jinga em, 247; trabalho missionário em, 49

Lucala, rio, 14, 193

# M

Mascarenhas, Simão de, 61

Massangano (forte português), 32, 35, 54, 141, 151, 158-61

Matamba (Ndongo-Matamba): conquista por Jinga, 7, 131, 133, 135, 163-4; corte de Jinga em, 146, 197; e os portugueses, 54, 110, 170; história anterior, 13; mapa, *198*; reconhecimento como nação cristã, 212, 227, 229; trabalho missionário em, 175-6

Mbande a Ngola, 23, 42-4, 46, 48-51, 61-3, 78

Mbanza Congo (capital do Congo), 10

Mbwila (província), 14, 95, 119, 152, 165, 190-1, 220, 229

Mendes, Antônio, 28, 278*n*

Mendes Castelo Branco, Garcia, 278*n*

Mendes de Vasconcelos, João, 54-5, 66

Mendes de Vasconcelos, Luís, 53-7, 66, 71, 74-5, 83

Menezes, Pedro César de, 136-7, 141-2

missionários *ver* capuchinhos; cristianismo; jesuítas; Jinga, religião

Monteprandone, Antonio Maria de, 176

Moortamer, Pieter, 140

morte de governantes, 132; *ver também tambos*

mulheres, 17-8, 21-2, 165, 301*n*

"Mulheres na História Africana" (Unesco), 261

Muongo (princesa de Matamba), 131, 146-7

Muongo (rainha de Matamba), 131

Museke (província), 33, 36, 44, 53-4, 61, 65, 85

Mussasa, 126

Muxima (forte português), 27, 35, 44, 139, 141-2, 148, 151, 160

# N

Ndala Kisuba, 94, 102, 105-6, 108-9, 111-2, 114, 117

Ndambi a Ngola, 27-30, 264

Ndongo: aliados dos portugueses em, 34-5, 44, 71, 72, 84-5; autoridade espiritual dos governantes, 19-20; autoridade legal, 18, 20-1; clima e recursos naturais, 15; conquista e controle pelos portugueses, 31-5, 40, 43-4, 53-5, 64-5, 98; cristianização de, 37-9, 50, 59, 175; diplomacia com os portugueses, 47-9, 57-60; efeito da conquista sobre, 118; escravidão em, 19, 44; extensão geográfica, 7, 14; funcionários da corte, 16; história anterior, 25; Kabasa (capital), 16-7; liderança e governo em, 122-3; linhagens rivais, 51-2, 75-6; mapas, *11*, *134*, *198*; militares, 17-8; mulheres em, 21-2; organização política, 16; organização social, 17, 44, 46; plano de repovoamento, 97; reinado de Kasenda, 31, 62; reinado de Mbande a Ngola, 42-4, 47-50, 62; reinado de Ndambi a Ngola, 27, 29; reinado de Ngola Kiluanje, 27, 30; reinado de Ngola Mbande, 51-2, 54-6; relações iniciais com Portugal, 22, 27-9; sistema econômico, 18-9; tributos, 19; viagem por rio em, 14-5; *ver também* Matamba (Ndongo-Matamba); Jinga; religião tradicional; *líderes específicos*

ngola (líder ou rei): base da legitimidade, 123; morte de um, 132; papel tradicional de, 16-21

Ngola Hari, 75; apoio dos jesuítas a, 123; ataques de Jinga contra, 107, 133, 141, 143; autoridade de, 98-9; batismo, 97, 224; desejo de atacar Jinga, 170; e Kambu e Funji, 114; e trabalho missionário, 95; e tratado entre os portugueses e Jinga, 195; eleição como rei rival, 91-2; legitimidade de, 91-2, 95, 107, 184; morte do filho de, 160; no exército de Borges Madureira, 151-2; posição fraca como rei rival, 93-4, 97, 105-6, 109-10, 117-8, 121-3, 196; relação com os portugueses, 95-100, 108, 114, 147-8

Ngola Kanini (João Guterres Kanini), 83, 146, 205

Ngola Kilornbo kia Kasenda: e cristianização de Ndongo, 39; e os

314

portugueses, 32-4, 64; e religião
tradicional, 22, 39-40, 62; família, 22;
reinado de, 31, 62; últimos anos, 40
Ngola Kiluanje kia Ndambi, 22, 27, 30, 46,
278n
Ngola Kiluanje kia Samba, 21, 25, 27, 31,
36, 75
Ngola Mbande: acordo com os portugueses,
54, 283n; conflito com os portugueses,
53-4, 66; consolidação do poder,
51-2; consultas ao espírito de, 201-2;
diplomacia com os portugueses,
56-60, 67, 71, 285n; e batismo, 60, 81; e
imbangalas, 55; entrega da *misete* com
relíquias de, 218, 226; morte, 60-1;
reinado de, 42; rivalidade com Jinga,
66, 70; veneração das relíquias de, 82,
90, 201
Ngola Ntombo, 132
Ngolome a Keta, 144, 146, 205
Nzinga a Nkuwu, 10, 12

# O

Ouman, Cornelis, 156, 158-61

# P

Pacconio, Francisco, 95-6, 98, 100
Paulo, dom (genro de Kasenda), 37-8
Pedro II (rei do Congo), 95, 139
Pegado da Ponte, Rui, 178, 294n
Peixoto, Manuel Fróis, 183, 185, 188,
191-5, 297n
Pereira, Manuel Cerveira, 43, 50-1
Pieterszoon, Thyn, 160-1
Portugal: aliado de Ndongo, 34-5, 44, 71-2,
84-5; conflito com os holandeses, 133,
135, 138-9, 142-3, 151, 157-61; conquista
e controle de Ndongo, 31-5, 40, 43-4,
53-5, 64-5, 98; e Matamba, 54, 110, 170;
e o Congo, 9-10, 31, 94, 139, 172-3; e
tráfico de escravos, 12, 34, 47, 50, 56, 60,
71, 107-8, 163; estratégia de conquista
religiosa, 36-8; mapa do território

angolano, *45*, *198*; navegação fluvial,
15; relações iniciais com Ndongo,
22, 27-9; rivais de Ndongo apoiados
por, 74-6; tratado com Jinga, 192-6,
297n; *ver também* Ngola Hari; Jinga,
diplomacia; Jinga, campanhas militares;
*governadores, reis e padres específicos*
Pungo Ndongo (região), 75-6, 84, 91, 95, 148

# Q

quimbundo, língua, 31, 63, 81, 175, 178, 180-1,
183, 185, 194, 207, 222, 225, 234-5, 256, 271

# R

religião tradicional, 20; confronto de Jinga
com, 220-3; confronto dos jesuítas
com, 39; consulta aos ancestrais sobre
cristianismo, 201-2; e Jinga a Mona,
228-9; entrega da *misete*, 218, 226; fé na,
39-40, 49; liderança reforçada pela, 62,
95; mulheres na, 22; papel dos *ngangas*
(sacerdotes), 20; praticada por Jinga,
82, 89, 235-6; veneração das relíquias
de Ngola Mbande, 82, 90, 201; *xingulas*,
20, 201-2; *ver também* sacrifícios
humanos; *tambos* (ritos fúnebres)
religião *ver* cristianismo; Jinga, religião;
religião tradicional
ritos fúnebres *ver tambos*
Roma, Giovanni Francesco da, 173
Romano, Antonio, 174, 214, 297n

# S

Sá Miranda, Estácio de, 149
sacrifícios humanos: durante o reinado de
Kasenda, 40; e ritos fúnebres de Jinga,
239, 247; em Ndongo, 19; em ritos
fúnebres, 27, 124-5; participação de
Jinga em, 82, 90, 236; praticados pelos
imbangalas, 125, 127; proibição de, 222,
224, 230

Sade, Marquês de, 253

São Miguel, Forte de, 161

Sebastião (marido de Jinga), 204-5

Sebastião, dom (rei de Portugal), 28, 32

Sequeira, Jerônimo de, 170

Serrão, Luís, 35

Silva, Ana da, 68, 81, 115

sistema econômico (Ndongo), 18-9; *ver também* tráfico de escravos

Songa (dom Constantinho), 38

Sotomaior, Francisco de, 148-51

Sousa, Fernão de: aliados recrutados por, 72; ataques de gênero contra Jinga, 77, 91; como conselheiro de Coutinho, 121-3; considerado culpado por Jinga, 178; diplomacia com Jinga, 70-2, 77-8, 98-100, 102-4, 107; e Hari a Kiluanje como rei rival, 74-6; e Ngola Hari como rei rival, 91-2, 94-7, 100, 105, 114, 121-2; e repovoamento de Ndongo, 96-7; e trabalho missionário, 82, 83; e tráfico de escravos, 72, 107-8; ofensiva contra Jinga, 84-5, 91; recepção de prisioneiros, 114-5; sobre Angola, 71; sobre Jinga, 70, 74, 103, 104, 118

Sousa Chichorro, Luís Martins de: campanhas militares, 167; correspondência com Jinga, 206-7; e embaixada de Jinga ao Vaticano, 210; e Kassanje, 195; libertação de Bárbara (Kambu), 186-7, 189, 193; negociações com Jinga, 179-86

Straszewicz, Joseph, 254

# T

*tambos* (ritos fúnebres), 150, 222, 230, 236-7, 240, 245-6

Teixeira de Saldanha, Bento, 169

Tembo a Ndumbo, 126-8

tráfico de escravos/escravidão: com os holandeses, 148; conflitos sobre, 47, 207-8; controlado pelos portugueses, 12, 34, 47, 50, 56, 60, 71, 107-8, 163; controle de Jinga, 163; de curandeiros da religião tradicional, 223; e capuchinhos, 172, 223;

e jesuítas, 47; interrupção por Jinga, 120, 133; negociações sobre, 71, 107-8; pelo Congo, 12; regulamentos de Ndongo sobre, 17, 18, 44, 46, 171, 281*n*

tributos, 19, 29, 35-6, 58

# U

Unesco, 260-1

# V

Valsassina, Ignazio de, 193, 218

varíola, 88, 91, 93, 108, 123

Vasconcelos da Cunha, Francisco de, 135

vassalagem, 72, 92, 99, 107, 110, 115, 119, 139

Vaticano, 12-3, 174, 176, 206, 213-5, 228, 230-1, 251-2

Veas, Francisco de, 171, 173, 175

# W

Wandu (província), 111, 143, 147, 162, 164-5, 171, 173, 201

# X

*xingulas*, 20, 201-3, 218, 221, 223-4, 228, 233, 236-8, 240

# Y

Yaka (reino), 165-6

# Z

Zelotes dos Reis Magos, Calisto, 162, 171, 201-2, 218, 220, 222

Zundu (rainha), 21, 125

Zunge a Moke (soba), 94

# Créditos das imagens

**Capa** © National Portrait Gallery, London

**p. 8** Album Maciet 157-58. Bibliothèque des Arts Décoratifs, Paris, França. Fotografia: Suzanne Nagy.

**p. 26** Antônio de Oliveira de Cadornega, Manuscrito Vermelho 78, v. 3, frontispício. Academia das Ciências de Lisboa, Portugal.

**p. 59** Giovanni Antonio Cavazzi da Montecuccolo, "Missione evangelica nel Regno de Congo" (1668), v. A, livro 1, p. 30. Manuscritos Araldi, Modena, Itália. Fotografia: Vincenzo Negro.

**p. 69** Divisão de Livros Raros, Biblioteca Pública de Nova York, Fundações Astor, Lenox e Tilden.

**p. 101** Giovanni Antonio Cavazzi da Montecuccolo, "Missione evangelica nel Regno de Congo" (1668), v. A, livro 1, p. 37. Manuscritos Araldi, Modena, Itália. Fotografia: Vincenzo Negro.

**p. 118** Giovanni Antonio Cavazzi da Montecuccolo, "Missione evangelica nel Regno de Congo" (1668), v. A, livro 4, quarta página não numerada após a p. 32. Manuscritos Araldi, Modena, Itália. Fotografia: Vincenzo Negro.

**p. 128** Giovanni Antonio Cavazzi da Montecuccolo, "Missione evangelica nel Regno de Congo" (1668), v. A, páginas preliminares, xxxiii, p. 45. Manuscritos Araldi, Modena, Itália. Fotografia: Vincenzo Negro.

**p. 168** Giovanni Antonio Cavazzi da Montecuccolo, "Missione evangelica nel Regno de Congo" (1668), v. A, páginas preliminares, xlii. Manuscritos Araldi, Modena, Itália. Fotografia: Vincenzo Negro.

**p. 172** Fólio de "Parma Watercolors" (final do século XVII), n. 101. Coleção particular. Fotografia © Cécile Fromont.

**p. 211** AHU_CU_OOL, Cx. 6, D. 707. Arquivo Histórico Ultramarino (AHU)/ Direção-Geral do Livro, dos Arquivos e das Bibliotecas (DGLAB), Lisboa, Portugal.

**p. 216-7** Archivum Secretum Vaticanum, Epistolae ad Principes, v. 64, fols. 70r-71v.

**p. 244** Giovanni Antonio Cavazzi da Montecuccolo, "Missione evangelica nel Regno de Congo" (1668), v. A, livro 2, entre p. 210 e p. 211. Manuscritos Araldi, Modena, Itália. Fotografia: Vincenzo Negro.

**p. 259** Fotografia © Linda M. Heywood.

*Njinga of Angola* © 2017 by the President and Fellows of Harvard College. Publicado mediante acordo com Harvard University Press.

Todos os direitos desta edição reservados à Todavia.

Grafia atualizada segundo o Acordo Ortográfico da Língua Portuguesa de 1990, que entrou em vigor no Brasil em 2009.

capa
Elohim Barros
Renata Mein
composição
Manu Vasconcelos
preparação
Ana Lima Cecílio
índice remissivo
Luciano Marchiori
revisão
Valquíria Della Pozza
Ana Alvares

2ª reimpressão, 2020

Dados Internacionais de Catalogação na Publicação (CIP)
——

Heywood, Linda M. (1945-)
Jinga de Angola: A rainha guerreira da África: Linda M. Heywood
Título original: *Njinga of Angola: Africa's Warrior Queen*
Tradução: Pedro Maia Soares
Posfácio: Luiz Felipe de Alencastro
São Paulo: Todavia, 1ª ed., 2019
320 páginas

ISBN 978-85-88808-59-1

1. História da África 2. África portuguesa 3. Rainha Jinga
1. Soares, Pedro Maia 11. Título

CDD 960

Índice para catálogo sistemático:
1. História da África 960

**todavia**
Rua Luís Anhaia, 44
05433.020 São Paulo SP
T. 55 11. 3094 0500
www.todavialivros.com.br

fonte
Register*
papel
Munken print cream
80 g/m²
impressão
Geográfica